EL LIBRO DE LA ARQUITECTURA

EL LIBRO DE LA
ARQUITECTURA

DK LONDON

EDICIÓN DE ARTE SÉNIOR
Nicola Rodway

EDICIÓN SÉNIOR
Julie Ferris, Camilla Hallinan,
Kathryn Hennessy, Victoria
Heyworth-Dunne y Ed Wilson

EDICIÓN
John Andrews, Richard Gilbert,
Tim Harris, Dorothy Stannard
y Rachel Warren Chadd

ASISTENCIA EDITORIAL
Bonnie Macleod

ILUSTRACIÓN
James Graham

TEXTOS ADICIONALES
Philippa Willitts

DISEÑO DE CUBIERTA
Stephanie Cheng Hui Tan

DISEÑO DE CUBIERTA SÉNIOR
Sophia MTT

COORDINACIÓN DE PRODUCCIÓN
Gillian Reid

PRODUCCIÓN
Nancy-Jane Maun

DIRECCIÓN DE ARTE SÉNIOR
Lee Griffiths

COORDINACIÓN EDITORIAL
Gareth Jones

SUBDIRECCIÓN DE PUBLICACIONES
Liz Wheeler

DIRECCIÓN DE ARTE
Karen Self

DIRECCIÓN DE DISEÑO
Philip Ormerod

DIRECCIÓN DE PUBLICACIONES
Jonathan Metcalf

Estilismo de

STUDIO 8

DE LA EDICIÓN EN ESPAÑOL

COORDINACIÓN EDITORIAL
Marina Alcione

ASISTENCIA EDITORIAL Y PRODUCCIÓN
Eduard Sepúlveda

Publicado originalmente en Gran Bretaña
en 2023 por Dorling Kindersley Limited
DK, One Embassy Gardens, 8 Viaduct
Gardens, London, SW11 7BW

Parte de Penguin Random House

Título original: *The Architecture Book*
Primera reimpresión 2024

Copyright © 2023 Dorling Kindersley
Limited

© Traducción en español 2023
Dorling Kindersley Limited

Servicios editoriales: deleatur, s.l.
Traducción: Antón Corriente Basús

Todos los derechos reservados.
Queda prohibida, salvo excepción
prevista en la Ley, cualquier forma de
reproducción, distribución, comunicación
pública y transformación de esta obra sin
contar con la autorización de los titulares
de la propiedad intelectual.

ISBN: 978-0-7440-8906-6

Impreso y encuadernado en China

www.dkespañol.com

COLABORADORES

JON ASTBURY

Jon Astbury es historiador de la arquitectura, conservador, editor y conferenciante. Conservador asistente en el Barbican de Londres, previamente trabajó en puestos editoriales en *The Architectural Review* y *Architects' Journal*.

PAMELA BUXTON

Pamela Buxton es periodista independiente de los ámbitos de la arquitectura y del diseño. Ha contribuido a muchas publicaciones sobre arquitectura, entre ellas *The RIBA Journal*, *Architects' Journal* y *Building Design*, y es la autora de *50 architects 50 buildings: the buildings that inspire architects*.

JONATHAN GLANCEY

Jonathan Glancey es periodista, autor y presentador. Fue editor de arquitectura y diseño de *The Independent*, entre 1987 y 1997, y crítico de arquitectura y diseño de *The Guardian*, entre 1997 y 2012. Es miembro honorario del Royal Institute of British Architects y miembro del Comité Internacional de Críticos Arquitectónicos. Ha publicado obras sobre arquitectura, diseño, ingeniería, aviación y viajes. Para Dorling Kindersley, escribió *The story of architecture* y *Architecture: a visual history*.

ANDREW HUMPHREYS

Andrew Humphreys se formó originalmente como arquitecto. Estudió arquitectura islámica en El Cairo antes de dedicarse al periodismo y a la escritura. Sus artículos se han publicado en el *Financial Times*, *The Sunday Times* y *Time Out*. Ha sido colaborador en *Journey: an illustrated history of travel*, *Great cities*, *Great city maps* y *The Islam book*, todos publicados por Dorling Kindersley.

CONTENIDO

DEL RENACIMIENTO AL HISTORICISMO
SIGLOS XV–XVIII

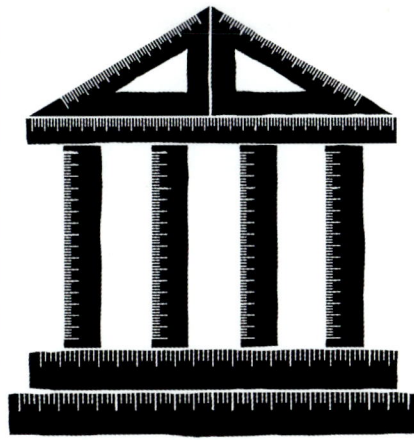

LA ERA INDUSTRIAL
1800–1903

DE LA POSMODERNIDAD EN ADELANTE

1970–PRESENTE

INTRODU

CCION

Este libro trata de responder a preguntas como: ¿Qué es la arquitectura? ¿Por qué importa? ¿Cómo se ha desarrollado a lo largo de los siglos y por todo el mundo? ¿Cómo se está adaptando a fenómenos como la globalización y el cambio medioambiental?

La arquitectura es el marco de nuestras vidas, sobre todo en pueblos o ciudades, que están en continua evolución. Sin ella, los edificios serían solo refugios rudimentarios, pero la arquitectura no se limita a estructuras de piedra, ladrillo, madera, hormigón armado y acero. Construcciones más elementales –como yurtas, tipis, iglús y casas hechas con barro, cañas o paja– son también estructuras proyectadas, con ventajas y belleza propias; para las sociedades pastoriles o de cazadores-recolectores que aún perviven, son tan relevantes hoy como hace miles de años.

Expandir el concepto

El arte, la ciencia y el acto de proyectar y construir edificios surgió en los primeros asentamientos humanos donde se formalizaron gobiernos y religiones y donde tomó forma la vida cívica y se construyeron templos, palacios y tumbas en honor de dioses y soberanos. Gradualmente, el concepto de arquitectura se extendió a edificios de otros tipos.

La arquitectura expresaba algo sobre quienes construían o sobre la sociedad en la que vivían. Podía transmitir poder y autoridad, como la arquitectura romana, o reforzar una identidad. Las tallas en los templos hindúes son relatos del origen del mundo y de los dioses; las iglesias rupestres de Lalibela, en Etiopía, unían a los etíopes en la fe cristiana.

En los inicios, la ambición de quienes encargaban, proyectaban y construían dependía mucho de aspectos como el clima, la geografía, la geología, la economía, la cultura y los conocimientos locales. Con el desarrollo de las sociedades, del comercio exterior y de la conquista territorial, se fue ampliando el concepto de lo posible en arquitectura, y las nuevas ideas recorrieron territorios, naciones y, más tarde, continentes enteros.

A lo largo de los siglos, el desarrollo de la arquitectura generó teorías y codificaciones, con sus reglas, principios y métodos. En las antiguas Grecia y Roma, el estilo y las proporciones de los edificios venía determinado por el estilo de columna (u orden) empleado. En China, los arquitectos se guiaron por la numerología y el *feng shui* –filosofía que da importancia al modo en que se ocupan los espacios.

Al ir adquiriendo los canteros, carpinteros y constructores mayores conocimientos sobre las propiedades de los materiales, se pudo abordar la construcción de estructuras más osadas. Las nuevas ideas y procedimientos produjeron los magníficos edificios del antiguo Egipto, Grecia, Roma y Bizancio, así como los templos de India, China, Camboya y América, además de los edificios religiosos y civiles de la Europa medieval. Al volverse tan importante el interior de los edificios como la expresión externa, se fue pasando de espacios como celdas oscuras a interiores planeados de modo imaginativo.

La figura del arquitecto especializado surgió en el Renacimiento en Europa, pero la arquitectura no fue una profesión en sí misma hasta el siglo XIX, cuando hubo ya escuelas

La arquitectura comienza cuando se juntan bien dos ladrillos.
Mies van der Rohe
Arquitecto alemán (1886–1969)

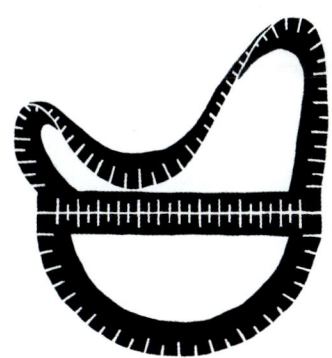

de arquitectura ampliamente asentadas. Antes, el trabajo arquitectónico había sido obra sobre todo de canteros u otros constructores, que conocían el oficio por el aprendizaje y la experiencia, y no gracias a libros o academias.

Diseñar edificios pasó a ser una profesión prestigiosa y lucrativa en Europa, EE. UU. y sus esferas de influencia globales, cambio que separó claramente a los proyectistas de los constructores, y a ambos de los ingenieros, a medida que los edificios incorporaban una complejidad cada vez mayor. Hoy son tantos los nuevos métodos, materiales y requerimientos para las nuevas construcciones que los arquitectos trabajan como parte de equipos interdependientes de especialistas.

Influencias conformadoras

La revolución industrial trajo muchos avances a la arquitectura, estimulados por los desarrollos tecnológicos y la necesidad de nuevos tipos de edificios, desde fábricas a estaciones de tren. Inventos como el acero ligero y el hormigón armado permitieron a los arquitectos construir edificios de gran superficie y altura. Los primeros rascacielos se construyeron en EE. UU., pero pronto transformaron el aspecto de las grandes ciudades del mundo entero.

A fines del siglo XX, el diseño asistido por ordenador (*computer-aided design*, CAD), que empleó algoritmos para generar formas nuevas, llevó los límites de la arquitectura aún más allá. Diseños antes considerados impracticables se volvieron factibles, lo cual produjo algunos de los edificios más apasionantes del mundo. Esto reavivó un antiguo debate: ¿debería la forma (el diseño estético) ser más importante que la función (la finalidad de un edificio)? Por ejemplo, durante gran parte del siglo XX prevaleció la función.

En la arquitectura también influyen cambios culturales de ámbito más amplio, así como las nuevas ideas generadas en otras formas artísticas, en particular, en la pintura y la literatura. El Renacimiento produjo

La arquitectura debería ser capaz de emocionarte, calmarte y hacerte pensar.
Zaha Hadid
Arquitecta anglo-iraquí (1950–2016)

el florecimiento de la arquitectura de inspiración clásica en toda Europa; el movimiento *Arts and Crafts*, de fines del siglo XIX, fue parte de una reacción general contra la inhumanidad de la era industrial; a principios del siglo XX, el cubismo fue una influencia importante en la arquitectura moderna.

En un sentido más fundamental, los edificios también cobran forma en función de las necesidades y del bienestar de quienes viven y trabajan en ellos. En los primeros tiempos de la Unión Soviética, por ejemplo, la arquitectura constructivista se propuso mejorar el nivel de vida de una población hasta entonces en gran parte campesina.

Hoy, sobre la arquitectura recae una gran influencia derivada de la necesidad de proteger el planeta. Esto no solo ha dado lugar a iniciativas para reducir el consumo energético de los edificios y de la propia construcción; también a un retorno a una arquitectura conformada por el entorno en que se ubica. En partes de África y Asia, los arquitectos están adaptando y haciendo revivir ingeniosas formas tradicionales que habían quedado eclipsadas por los estilos importados de Occidente. Crear edificios hermosos, funcionales y que no sean costosos para el planeta es un reto para los arquitectos actuales. ∎

LOS INICIOS DE LA ARQUITE

ANTES DE 650 D. C

DE
CTURA

Se construye uno de
los **primeros zigurats**
(templos escalonados)
conocidos en **Tepe Sialk**,
cerca de la ciudad de
Kashan (Irán).

El faraón Keops
(Jufu) construye la
gran pirámide de Guiza,
al oeste del actual El Cairo.

Se introduce la
columna dórica,
primero y más simple
de los tres órdenes
griegos antiguos:
dórico, jónico y corintio.

Unificación de China bajo
Shi Huangdi, de la dinastía
Qin, que inicia la primera
Gran Muralla, una serie
de fortificaciones en la
frontera norte del país.

C. **3000** A. C.   *C.* **2550** A. C.   *C.* **575** A. C.   *C.* **221** A. C.

C. **2650** A. C.   *C.* **1650–1450** A. C.   *C.* **447–432** A. C.

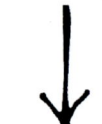

Se construye la
**pirámide escalonada de
Zoser** en Saqqara (Egipto).

Se usan troncos de árbol
sobre basas de piedra para
soportar el tejado del **palacio
minoico de Cnosos** en
la isla de Creta.

Construcción
del **Partenón**
en la Acrópolis de
la antigua Atenas.

Localizando la primera ciudad del mundo, se dice, se encontrará la arquitectura más antigua. Entre las aspirantes se encuentra Chatal Huyuk, en Anatolia (Turquía), cuyas casas de adobe, apiñadas como en un panal de abejas, son de aproximadamente 7100 a. C. La mayoría de los expertos concuerda, sin embargo, en que la primera arquitectura sofisticada surgió en Mesopotamia (el actual Irak y partes de Irán y Siria) alrededor de 3500 a. C.

Monumentos a los dioses

Los templos tuvieron un lugar central en las primeras ciudades. Había que venerar y apaciguar a unos dioses que podían ser temibles, y los edificios más ambiciosos se erigieron en su honor. Los primeros templos fueron los zigurats: estructuras piramidales escalonadas hechas de adobe y ladrillo cocido, una forma presente en varias partes del mundo antiguo, especialmente en Mesopotamia y Egipto, pero también en América del Norte y Central. Hasta qué punto tales estructuras fueron autóctonas o el resultado del intercambio de ideas gracias al comercio transoceánico, sigue siendo un asunto debatido.

Muchas civilizaciones tuvieron afán por construir templos cada vez más altos, tanto como les permitiera su técnica, buscando la proximidad a los dioses, algo que era más común en las ciudades en terreno llano. En Egipto, las pirámides —estructuras sagradas como montañas de geometría perfecta— se alzaban sobre un fondo de horizontes amplios y cielos ilimitados. En la antigua Grecia, desde *c.* 800 a. C., los templos se construyeron sobre colinas con amplias vistas.

Las viviendas consistían principalmente en casas de adobe, a veces con decenas de miles juntas. Los asentamientos grandes no se limitaron a Mesopotamia, el antiguo Egipto y la antigua Grecia. En el valle del Indo (actual Pakistán), Mohenjo-Daro data de alrededor de 2500 a. C., y se cree que tuvo una población de 40 000 habitantes en casas de adobe, con canalizaciones de agua y dispuestas en trazados rectilíneos.

Formas nuevas

La arquitectura era una expresión externa de las creencias religiosas, del poder militar y político y del orgullo cívico de una cultura. Los griegos y romanos introdujeron numerosas innovaciones arquitectónicas. Los egipcios habían inventado la columna como medio para sostener los tejados de vastas salas hipós-

El anfiteatro del **Coliseo** se inaugura en Roma. Cada uno de sus cuatro niveles está compuesto por 80 arcos sustentados por columnas.

Se completa la **pirámide del Sol** en la antigua ciudad de Teotihuacán, en México central.

Se consagra en Constantinopla la iglesia de **Santa Sofía**, que incluye el primer ejemplo de **cúpula circular sobre planta cuadrada**.

80 d. C.   **200 d. C.**   **537 d. C.**

C. 30–15 a. C.   **C. 105 d. C.**   **523 d. C.**

El arquitecto romano **Vitruvio** escribe *De architectura*, la primera obra sobre la teoría de la arquitectura.

Apolodoro de Damasco diseña el **puente de Trajano** sobre el Danubio, cuya longitud no será superada en mil años.

En la provincia china de Hanan se construye una de las primeras **pagodas de ladrillo**, el **templo de Songyue**.

tilas, estilo que adoptaron los antiguos minoicos de Creta. Los griegos emplearon tres estilos (u órdenes) de columnas para determinar el estilo del edificio en su conjunto, incluida la decoración; y sus edificios de proporciones armoniosas asentaron una estética cuya influencia llega hasta la arquitectura de hoy.

Con una combinación dinámica de practicidad y osadía estructural, los antiguos romanos perfeccionaron la cúpula, el arco de piedra y el techo abovedado, y construyeron a una escala monumental templos, anfiteatros, baños públicos y edificios civiles sofisticados que facilitaron la expansión de su imperio. Los puentes de arcos de piedra permitían cruzar grandes ríos con ejércitos y artillería pesada, y los acueductos, transportar agua potable a grandes distancias. La invención

romana del hormigón ligero condujo a hazañas arquitectónicas asombrosas, como la enorme cúpula del Panteón, en Roma.

La adopción del cristianismo en 313 d. C. y el traslado de la capital de Roma a Bizancio en 330 d. C. iniciaron otro periodo arquitectónicamente innovador. Bajo el emperador Justiniano (r. 527–565 d. C.), la iglesia de Santa Sofía («divina sabiduría») en Constantinopla (hoy Estambul), con cúpulas de complejidad sin precedentes y paredes cubiertas de mosaicos, se construyó en solo cinco años. Su influencia sobre el diseño islámico en siglos posteriores sería profunda.

Arquitectura oriental

Los arquitectos del Lejano Oriente también construyeron a una escala épica, de lo cual es muestra la Gran Muralla, obra que conectó una ca-

dena de fortificaciones en la frontera norte de China a partir de 221 a. C. La primera estupa (santuario budista) conocida se construyó en Sanchi, en India central, alrededor de 270 a. C. Aunque era un simple túmulo, después las estupas se fueron volviendo más elaboradas con la difusión del budismo. En China, donde el budismo se convirtió en religión estatal en el siglo VI d. C., la estupa se convirtió en pagoda, torre de varios niveles que adoptaron otros países de Asia. El estilo de las pagodas seguía reglas estrictas aplicadas a toda la arquitectura china, como el número impar de niveles que refleja la creencia en el significado sagrado de los números. Primero hechas de madera, y más tarde de ladrillo o piedra, estas torres se elevaron hacia lo alto mucho antes que los chapiteles góticos de la Europa medieval. ∎

SOSTEN DE LA VIDA MISMA

REFUGIO

EN CONTEXTO

ENFOQUE
Primeros asentamientos

ANTES
Hace 1,8 millones de años
Útiles líticos de australopitecos en la cueva de Wonderwerk en Sudáfrica aportan pruebas de la vida en cuevas.

Hace 77 000–72 000 años
En la cueva de Blombos, cerca de Ciudad del Cabo, marcas de ocre incisas en piedra son las representaciones artísticas más antiguas conocidas de humanos anatómicamente modernos.

DESPUÉS
C. 4000–3100 A. C. En el periodo de Uruk –así llamado por la ciudad del mismo nombre en el actual Irak– surge la vida urbana en Mesopotamia.

C. 3100 A. C. Los primeros monumentos de Stonehenge son parte de un asentamiento neolítico en la llanura de Salisbury, al sur de Inglaterra.

Los **pueblos nómadas** cazadores-recolectores usan refugios provisionales, dejando escasos rastros de su presencia.

Pueblos seminómadas **emplean cuevas** como refugio y base.

Comunidades antiguas crean **asentamientos más permanentes** para facilitar la agricultura.

Con el desarrollo de los asentamientos permanentes surge la arquitectura, que ofrece **más que refugio elemental**.

La arquitectura nació de una de las necesidades relativas a la supervivencia humana: el refugio. La protección de las inclemencias del tiempo y de los depredadores permite tener algún control sobre el entorno inmediato. Los antropólogos creen que, durante al menos el 90 % de la historia humana, nuestros antepasados usaron refugios de forma transitoria. Vivían en campo abierto, viajando en grupos pequeños por un territorio relativamente determinado, acampando junto a fuentes o corrientes. Ciertos lugares habrían sido bases para la caza y recolección, lugares a los que se volvía quizá de forma

Véase también: Viviendas 42–45 · Edificios rupestres 88–89 · El barro 90–93 · Formas orgánicas 174–175 · Arquitectura elemental 228–229

> El primer gesto del arquitecto es separar el microclima del macroespacio exterior.
> **Mario Botta**
> Arquitecto suizo (n. en 1943)

estacional. Algunos de nuestros antepasados pudieron refugiarse en bosques, buscando la protección del denso follaje.

Cuevas y abrigos bajo salientes de roca sirvieron también como refugio, de lo cual se conservan pruebas en las pinturas rupestres de los humanos del Paleolítico en lugares como Chauvet y Lascaux en el sur de Francia, de hace unos 36 500–30 000 y 17 000–15 000 años, respectivamente. Sin embargo, las cuevas solo se dan en terreno rocoso, y por tanto fueron necesarios refugios de otro tipo.

Los primeros asentamientos

Los primeros refugios construidos se habrían hecho con los materiales naturales que hubiera más a mano, como piedras, ramas, hierba, cañas largas y huesos y pieles de animales. Al reducirse la actividad migratoria de algunos grupos, habrían creado estructuras más permanentes, empleando grandes losas de piedra y, más adelante, tierra, tomada del suelo y secada al sol en forma de bloques de arcilla. En Dolní Věstonice, en la actual República Checa, los arqueólogos han identificado un gran asentamiento al aire libre junto a un arroyo. Las hendiduras redondas en el suelo parecen ser indicio de la existencia de cabañas, y hay también pruebas de un cobertizo excavado en un terraplén. La datación por radiocarbono indica que Dolní Věstonice fue habitado por primera vez hace unos 26 000 años.

Los orígenes de la arquitectura

Entre los primeros constructores de lo que reconoceríamos como «casas» están los natufienses, pueblo semisedentario que vivió en la región del Mediterráneo oriental al final de la última glaciación, hace 12 000 años. En lo que hoy es Israel, Líbano y Siria, los natufienses vivieron en aldeas de cabañas circulares, construidas sobre cimientos de piedra, y que se cree tenían tejados de maleza.

El final de la última glaciación fue una época de transición en la que se fue abandonando la caza y la recolección en favor de la agricultura y de una vida sedentaria. Esto llevó inevitablemente a crear aldeas con viviendas y edificios de otros tipos. El vasto yacimiento arqueológico de Chatal Huyuk, en el sur de Turquía, contiene pruebas de ocupación continua desde 7400 hasta 5700 a. C. Las casas son rectangulares, y están apiñadas como las celdas de un panal de abejas. Tienen ventanas, pero no puertas delanteras ni calles entre ellas: se caminaba por los tejados, y se accedía a las casas por una entrada superior, bajando por una escalera.

Con la creación de estos asentamientos permanentes, la construcción fue más allá de ofrecer un mero refugio, y entonces comenzó la historia de la verdadera arquitectura. ∎

Los muros de los edificios de Chatal Huyuk, en la actual Turquía, se construyeron en adobe, y habrían estado cubiertos con una capa de yeso.

EL VINCULO ENTRE EL CIELO Y LA TIERRA

EL ZIGURAT

espués de crear refugios –o quizá, en algunos casos, incluso antes–, en las sociedades antiguas se construyeron edificios con fines rituales o religiosos. A los pilares y cimientos circulares de hace 11 000 años desenterrados en Göbekli Tepe (Turquía) se les atribuye algún tipo de función religiosa, como a los numerosos megalitos (literalmente, «piedras grandes») y círculos de piedras del Neolítico tardío (c. 6400–4500 a. C.) que se encuentran por toda Europa. Algunos conjuntos de piedra prehistóricos fueron desde luego monumentales, pero la verdadera arquitectura comenzó en la cuna de la civilización: la antigua Mesopotamia, en lo que actualmente es Irak, donde se construyeron monumentos y refugios de formas técnica y estéticamente deliberadas.

La Mesopotamia monumental

Los pueblos de Mesopotamia inventaron la escritura, los numerales, la

Los muros de adobe de las plantas de los zigurats se inclinan hacia dentro, dirigiendo la mirada hacia arriba, al templo.

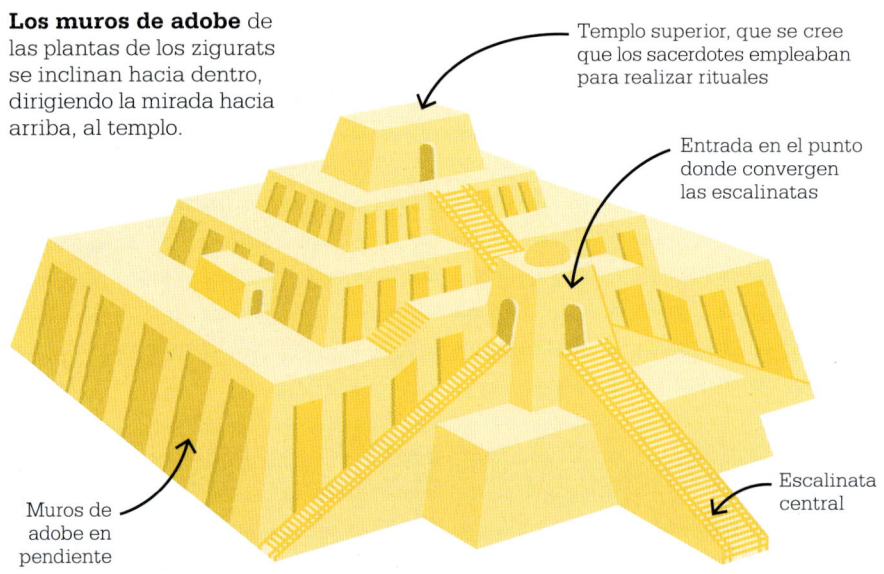

Templo superior, que se cree que los sacerdotes empleaban para realizar rituales

Entrada en el punto donde convergen las escalinatas

Muros de adobe en pendiente

Escalinata central

astronomía y la rueda, y fueron los primeros en construir ciudades planificadas. Un rasgo destacado de estas ciudades era el zigurat, enorme estructura piramidal formada por plantas de tamaño progresivamente menor desde la base. Cada zigurat formaba parte de un complejo de templos que incluía otros edificios. Los arqueólogos han fechado los zigurats más antiguos –entre los que destaca el de Tepe Sialk, en las afueras de Kashan, en Irán– alrededor de 3000 a. C.

Materiales y diseño

El material de construcción más abundante en la región era el barro, y los zigurats se construyeron con adobe, con un recubrimiento exterior de ladrillo cocido de mayor calidad, con frecuencia vidriados en distintos colores dispuestos en patrones. Los zigurats, de entre dos y siete plantas, se consideraban morada de las deidades a las que estaban dedicadas los santuarios de la planta superior. A estos se accedía por escalones externos, en algunos casos dispuestos de manera que había que rodear cada plataforma para ascender a la planta siguiente. Los sucesivos niveles probablemente simbo-

lizaban la distancia entre el mundo de los mortales y el ámbito divino. Solo los sacerdotes y soberanos tenían permitido acceder al santuario en lo alto de la estructura.

El zigurat de Ur

Así como cada faraón del Imperio Antiguo de Egipto hizo construir una pirámide, todos los grandes reyes mesopotámicos construyeron zigurats. El de Nabucodonosor en Babilonia –posible inspiración del relato bíblico de la construcción de la Torre de Babel– fue uno de los mayores, aunque los daños y la erosión a lo largo de los siglos lo redujeran a los meros cimientos.

El mejor ejemplo conservado es el zigurat de Ur, que se encuentra cerca de la ciudad de Nasiriya, en el actual Irak. Dedicado a Nanna, dios de la Luna, fue construido alrededor de 2100 a. C., y luego reconstruido a conciencia en el siglo VI a. C. En la década de 1980, el presidente iraquí Sadam Huseín encargó realizar la restauración de la fachada y la escalinata.

Zigurats actuales

El diseño antiguo del zigurat continúa siendo un arquetipo popular en

De escala monumental, el zigurat de Ur medía 64 m de largo y 45 m de ancho, y se cree que su altura superaba los 30 m.

la arquitectura moderna, e inspiró una serie de edificios del siglo XX. El famoso arquitecto estadounidense Frank Lloyd Wright proyectó un zigurat circular para la cima del monte Sugarloaf en 1925, aunque dicho proyecto no llegó a ver la luz. La rampa espiral que figuraba en los planos apareció más adelante como parte de su Museo Guggenheim de Nueva York, completado en 1959. ▪

Después dijeron: «Vamos a edificar una ciudad y una torre con la cúspide en el cielo».
Génesis 11,4

MAYOR DE LO QUE LAS PALABRAS PUEDEN DECIR

LA PIRÁMIDE

EN CONTEXTO

ENFOQUE
Desarrollo de la pirámide

ANTES
***C.* 3200 A. C.** Newgrange, gran túmulo funerario circular de capas de piedra y tierra, se erige en el actual condado de Meath, en el este de Irlanda.

***C.* 2686 A. C.** La unión del Alto y Bajo Egipto, posiblemente por el faraón Zoser, inicia un periodo de innovación arquitectónica.

DESPUÉS
***C.* 921–944 D. C.** Se erige una pirámide escalonada de cinco plantas en Koh Ker, en el Imperio jemer (Camboya).

1551 Se completa la torre de la catedral de Oviedo (España), rematada por una pirámide octogonal.

1930 Acaban las obras del mausoleo del líder soviético Vladímir Lenin (1870–1924), que recuerda a la pirámide escalonada de Zoser en Egipto.

1993 El Luxor, casino y hotel de 30 plantas en forma de pirámide gigante, abre en Las Vegas (EE. UU.).

L as pruebas arqueológicas indican que los primeros zigurats del sur de Mesopotamia, construidos hacia 3000 a. C., son unos 300 años anteriores a las primeras pirámides del antiguo Egipto. Sin embargo, los egipcios establecieron un sofisticado vocabulario de elementos y estilos arquitectónicos que tendría una profunda influencia en muchas de las civilizaciones si-

Véase también: El zigurat 20–21 ■ Los pueblo 66–67 ■ Edificios rupestres 88–89 ■ La arquitectura como afirmación 238–241 ■ Conectar el cielo y la tierra 288–289

> El hombre teme al tiempo, pero el tiempo teme a las pirámides.
> **Proverbio árabe de origen desconocido**

guientes, principalmente en la griega y la romana.

Una de las razones por las que la arquitectura del antiguo Egipto ha tenido un impacto tan duradero es que, mientras que los mesopotámicos construyeron sus estructuras monumentales con adobe, un material más susceptible al deterioro, los egipcios fueron uno de los primeros pueblos en hacer uso sistemático de la piedra, mucho más duradera.

La primera pirámide

La pirámide escalonada de Zoser, erigida hacia 2650 a. C., es el edificio de piedra más antiguo conservado en Egipto. Hasta entonces, a los faraones se les enterraba en grandes estructuras rectangulares de adobe, llamadas mastabas. En Saqqara, la necrópolis de la antigua ciudad real de Menfis, la tumba del faraón Zoser, que reinó desde c. 2686 a. C. hasta 2648 a. C., consistió en un conjunto de seis mastabas de piedra sucesivas, una encima de otra y de tamaño decreciente. El resultado es como el

La pirámide escalonada de Zoser
fue la tumba de dicho faraón, que fue enterrado en una cámara a unos 30 m por debajo del nivel del suelo.

esbozo escalonado y prototípico de una pirámide.

Puede que la novedad de dicha estructura convenciera al arquitecto de emplear piedra, uno de los grandes recursos naturales de Egipto, y más resistente que el material constructivo convencional, el adobe. Los historiadores creen que dicho arquitecto fue Imhotep, visir (primer ministro o consejero) del faraón Zoser, además de sumo sacerdote y médico. Su nombre se halló inscrito en una estatua cerca de la entrada de la pirámide, por lo cual se lo considera el primer arquitecto conocido del mundo. Fue deificado por sus dotes sanadoras unos 2000 años después de su muerte.

Más allá de su utilidad como tumba, el significado del diseño se desconoce. Como estructura de altura nunca antes vista (62,5 m), pudo ser una manifestación del poder real, o bien el símbolo de una escalinata al cielo por la que había de ascender el faraón. Otra alternativa es que sim-

bolizara la montaña primordial de la creación, que los egipcios creían había surgido de las aguas del caos al principio de los tiempos. Lo seguro es que la pirámide escalonada sentó un precedente, tanto para la construcción en piedra como para erigir otras pirámides aún mayores.

Perfeccionamiento de la pirámide

La construcción de las pirámides de Egipto progresó por el método de prueba y error. En la necrópolis real de Dahshur, al sur de Saqqara, la pirámide construida durante el reinado de Snefru (r. 2613–2589 a. C.) surge de la arena con una inclinación de 54 grados, y a partir de más o menos la mitad de su altura adopta un ángulo menos empinado de 43 grados que le imparte un aspecto acodado visible.

Los arqueólogos interpretan esto como prueba de que el ángulo inicial hacía la pirámide inestable, lo cual corrigieron los constructores sobre »

> [La gran pirámide de Guiza] está hecha de piedra pulida y perfectamente ensamblada.
> **Heródoto**
> **Historiador griego (siglo v a.C.)**

la marcha en la parte superior. Una segunda pirámide construida en el mismo lugar, pero inmediatamente después para el mismo faraón, se construyó con un ángulo de 43 grados desde la base, dando así a los lados un aspecto liso hasta la cima.

En cualquier caso, la perfección de la forma piramidal se alcanzó en la meseta rocosa de Guiza, a escasa distancia al norte de Saqqara, donde el faraón del Imperio Antiguo Jufu (o Keops) –que se cree reinó durante unos 30 años desde aproximadamente 2589 a.C.– mandó erigir la gran pirámide de Guiza. Construi-da alrededor de 2550 a.C., solo cien años después de la pirámide escalonada de Zoser, el monumento de Keops, con 146,6 m, tenía original-mente más del doble de la altura de su predecesora.

Diseño refinado

Además de su extraordinario tamaño, la gran pirámide de Guiza era muchísimo más sofisticada en su ejecución que las precedentes. Los canteros de Saqqara apenas estaban empezando a aprender a trabajar la piedra; los de Guiza lo hicieron con precisión asombrosa. Las cuatro esquinas de la base de la gran pirámide de Guiza están alineadas exacta-mente con los puntos cardinales, con una precisión de una doceava parte de grado. Cada uno de los lados mide 230 m, con una variación máxima entre ellos de solo 4,4 cm. La gran pirámide de Guiza la forman unos 2,3 millones de bloques de piedra, cada uno de unas 2,5 toneladas. Los blo-ques mayores, usados para el techo de las cámaras en lo profundo de la pirámide, pesan hasta 80 toneladas.

Hoy, los 203 niveles de grandes bloques de piedra caliza que compo-nen la estructura tienen un aspecto basto, pero originalmente estaban revestidos con paneles de piedra caliza pulida, tan ajustados que sus juntas eran de una anchura inferior a la de una tarjeta de crédito, lo cual daba al exterior un aspecto comple-tamente liso y blanco.

La gran pirámide de Guiza se alza junto a otras dos grandes pirá-mides –entre otras muchas meno-res–, y cada una de las tres mayores fue originalmente parte de un grupo de estructuras que incluía templos, santuarios y calzadas. La escala, masa y precisión geométrica de la gran pirámide de Guiza, y el enigma de su construcción y relación con las estrellas, hacen de ella un hito arqui-tectónico que sigue cautivando hoy.

La difusión de las pirámides

En Egipto siguieron construyéndo-se pirámides durante unos 400 años después de la construcción de la gran pirámide de Guiza, aunque fue-ron estructuras cada vez menores, y se dedicó mayor atención a la deco-ración de los templos asociados a las pirámides. La última pirámide nota-ble se construyó hacia 1525 a.C., y para entonces se habían abandona-do como enterramientos reales de-bido a la creciente actividad de los saqueadores. Encargada en Hawa-ra por el faraón del Imperio Medio

Escala comparativa de las pirámides

Desde la construcción de la pirámide escalonada de Zoser hacia 2650 a.C. —ella misma un desarrollo de la mastaba—, el tamaño de las pirámides egipcias aumentó hasta culminar en la gran pirámide de Guiza hacia 2550 a.C.

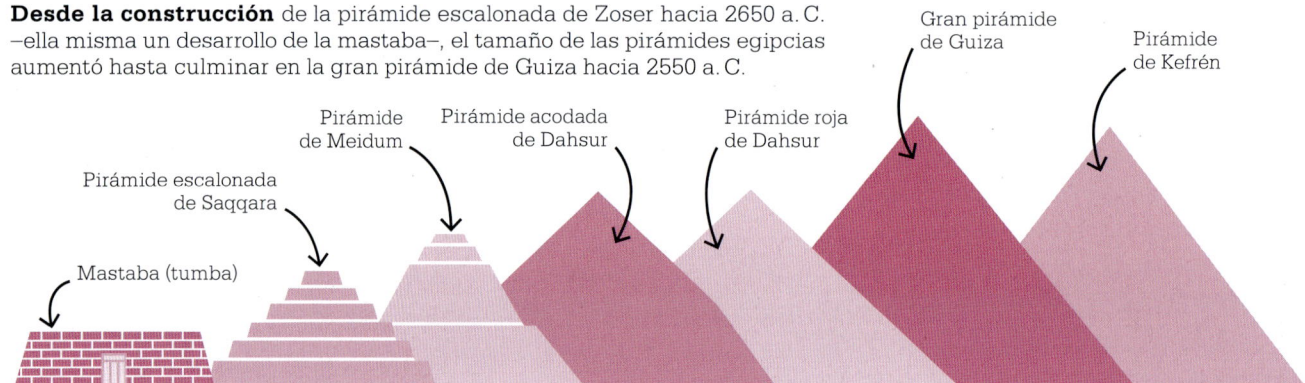

Mastaba (tumba)

Pirámide escalonada de Saqqara

Pirámide de Meidum

Pirámide acodada de Dahsur

Pirámide roja de Dahsur

Gran pirámide de Guiza

Pirámide de Kefrén

Las tres grandes pirámides de la necrópolis real de Guiza son las de Micerino (en primer plano), Kefrén (centro, con el revestimiento de la parte superior conservado) y Keops, o gran pirámide de Guiza (detrás).

Amenemhat III (r. 1854–1808 a. C.), tenía túneles que acababan en callejones sin salida, accesos ocultos en el techo de los pasillos, y pasajes tapados por grandes bloques de piedra, todo ello para frustrar las tentativas de potenciales ladrones de tumbas. Los egipcios acabaron optando por excavar las tumbas reales en las paredes rocosas de valles y barrancos, con la esperanza de mantener secreta su localización.

Con todo, la forma icónica de la pirámide conservaba su atractivo, y entre aproximadamente 300 a. C. y 300 d. C. volvió a florecer en el reino nubio de Kush, en lo que hoy es el norte de Sudán. Durante esa época se construyeron unas 50 pirámides nubias, menores que las egipcias y de lados más empinados, en una necrópolis junto al río Nilo.

Los romanos, que arrebataron Egipto a Cleopatra en 30 a. C., quedaron fascinados por los monumentos de la antigua civilización del Nilo, y embellecieron la ciudad de Roma con obeliscos y esfinges –algunos robados, otros imitaciones, u homenajes– y alguna pirámide. Un ejemplo notable es la de caras empinadas del magistrado Cayo Cestio Epulón: completada hacia 12 a. C., está hecha de hormigón cubierto de mármol blanco, y tiene una altura de 37 m.

Diseño poco práctico

Las pirámides son creaciones asombrosas, pero guardan escasa relación con las estructuras de la historia posterior de la arquitectura. Esto puede deberse a lo poco prácticas que son como tipo constructivo, por sus lados inclinados incapaces de soportar peso. En consecuencia, son pocos los ejemplos de pirámides modernas. La pirámide de vidrio y acero en el patio del Louvre en París (Francia) –diseño del arquitecto sinoestadounidense I. M. Pei en 1984– resulta impactante, pero es poco más que una estructura a modo de claraboya que cubre el vestíbulo subterráneo. ∎

Pirámides mesoamericanas

Las pirámides tienen un lugar destacado en la arquitectura mesoamericana antigua. No eran pirámides puras, de lados lisos, al estilo egipcio, sino mas parecidas a zigurats, con escalinatas procesionales en las cuatro caras hasta el templo situado en la cima llana. Se construyeron en el centro de las ciudades aztecas y mayas, y no alejadas de las poblaciones grandes como en Egipto.

En Teotihuacán (México), que fue la mayor ciudad de la América precolombina en los primeros siglos del I milenio, la pirámide del Sol se completó alrededor de 200 d. C., y la pirámide de la Luna, hacia 400 d. C. También en México, la gran pirámide de Cholula –iniciada en el siglo III a. C. y completada en el siglo IX d. C.– tenía una base mayor que la gran pirámide de Guiza. La ciudad maya de Tikal, en Guatemala, tenía muchos tempos piramidales, algunos de ellos dispuestos según un patrón, lo cual dio pie a especular sobre asociaciones astronómicas similares a las de las pirámides egipcias.

La pirámide del Sol, en Teotihuacán (México), es la tercera mayor pirámide antigua del mundo.

PROPORCION, FUERZA Y BELLEZA

LA COLUMNA

CONTEXTO

ENFOQUE
La columna y los órdenes clásicos

ANTES
***C.* 4800 a.C.** Se erigen edificios con tejados de paja soportados por columnas de madera en el lugar del yacimiento neolítico de Banpo, en la actual China.

***C.* 4000 a.C.** Uso de troncos de palmera como soporte estructural en edificios de Mesopotamia.

DESPUÉS
113 d.C. Se erige la columna de Trajano en Roma. En su fuste, un friso espiral de 30 m representa las victorias militares del emperador sobre los dacios.

360 Consagración de la antigua basílica de San Pedro, en el emplazamiento de la actual basílica en Roma. Incluye un altar con columnas salomónicas (de fuste helicoidal).

1554 El italiano Andrea Palladio, cuya obra retomó el interés por los principios clásicos, diseña Villa Foscari, cerca de Venecia, con un pórtico de columnas jónicas.

1793 Se pone la piedra angular del edificio del Capitolio en Washington D. C., de estilo neoclásico y columnas de orden corintio.

a columna, elemento estructural para soportar tejados o dinteles, permite a los constructores cerrar grandes espacios sin emplear sólidos muros. Estos soportes verticales se hicieron primero con troncos de árboles, ramas grandes o piedras de la forma adecuada; las columnas talladas y uniformes fueron un elemento arquitectónico específico en la antigüedad. Entre los griegos y los romanos, se convirtieron en el elemento vital de los órdenes, o estilos arquitectónicos, que dictan determinadas reglas para impartir armonía y belleza a los edificios. El historiador de la arquitectura británico John Summerson llamó a los órdenes la «gramática de la antigüedad».

Columnas antiguas

Egipto conserva restos estructurales que se cree incluyen los ejemplos más tempranos de columnas que se conservan. En Saqqara, necrópolis de la antigua ciudad de Menfis, los arqueólogos reconstruyeron partes de un gran complejo funerario amurallado que incluye una columnata de 20 pares de columnas a juego. Erigidas alrededor de 2650 a. C., son una muestra de lo temprano que los canteros tradujeron a piedra la anterior arquitectura egipcia de adobe, madera y tallos vegetales: las acanaladuras talladas en las columnas de Saqqara les daban el aspecto de haces de juncos. Los egiptólogos creen que originalmente estaban pintadas de verde, lo cual acentuaría ese vínculo con los materiales orgánicos usado antes; también creen que el tejado de piedra sostenido por la columnata estaba tallado para imitar troncos de árbol.

Alrededor de 2000 a. C., los egipcios habían dejado ya de tratar la piedra para asemejarla a materiales orgánicos, y la estimaban por sus propias cualidades naturales. Construyeron templos excavados en pa-

La gran sala Hipóstila de Karnak consiste en 12 columnas con capitel de altura superior a las de alrededor, formando un área central abovedada.

Véase también: El arco 38–41 ■ La basílica 48–49 ■ El Renacimiento 106–113 ■ El Renacimiento de Francia y España 118–121 ■ El palladianismo 122–123 ■ Regreso al clasicismo 305

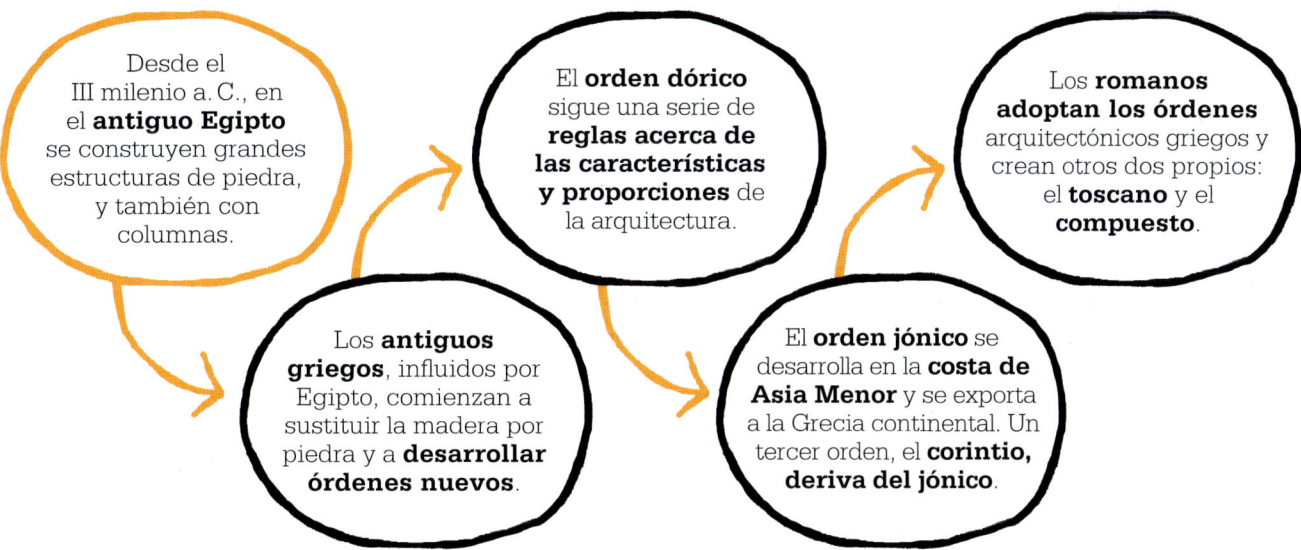

Desde el III milenio a.C., en el **antiguo Egipto** se construyen grandes estructuras de piedra, y también con columnas.

Los **antiguos griegos**, influidos por Egipto, comienzan a sustituir la madera por piedra y a **desarrollar órdenes nuevos**.

El **orden dórico** sigue una serie de **reglas acerca de las características y proporciones** de la arquitectura.

El **orden jónico** se desarrolla en la **costa de Asia Menor** y se exporta a la Grecia continental. Un tercer orden, el **corintio**, deriva del jónico.

Los **romanos adoptan los órdenes** arquitectónicos griegos y crean otros dos propios: el **toscano** y el **compuesto**.

redes de roca, con columnas de sección cuadrada como eco de estas, y también salas hipóstilas –cámaras con tejado soportado por pilares o columnas– que aprovechaban la resistencia de la piedra a la compresión para crear espacios de un tamaño nunca antes visto. En la gran sala Hipóstila (c. 1290–1224 a.C.) del complejo de templos de Karnak en Tebas, capital del antiguo Egipto en su apogeo, un bosque de 134 columnas, algunas de hasta 24 m de altura, creaba un vasto espacio interior. Sus capiteles (los remates de las columnas, del latín *caput*, «cabeza») se tallaron imitando la forma de los tallos de papiro.

Desarrollo de la columna

Algunas columnas se hacían de piezas únicas de piedra, pero al alcanzar los edificios egipcios la escala vista en Karnak, tuvieron que construirse apilando tambores separados, tallados individualmente y sujetos con clavijas en el centro. Además de su función estructural, las columnas egipcias transmitían un significa-do simbólico: además de plantas de papiro, los capiteles se tallaban en forma de loto o con efigies de dioses. Para su templo funerario de Tebas, el faraón Ramsés II (r. 1279–1213 a.C.) encargó columnas que le representaban de cuerpo entero, con los pies como basa y la cabeza como capitel. Las columnas egipcias presentaban también grabados o pinturas de jeroglíficos, o ambas cosas.

En Europa, los minoicos de Creta, la primera civilización avanzada del continente, adoptaron influencias del antiguo Egipto a través del comercio, pero desarrollaron un estilo de columna propio que combinaba troncos con basas y capiteles de piedra. Estas abundan entre los restos del palacio de Cnosos (c. 1650–c. 1450 a.C.), hechas con troncos de ciprés invertidos, de manera que son más anchas por la parte superior que en la base.

La influencia egipcia es aún más clara en Persépolis, en el actual Irán, donde los persas emplearon columnas profusamente decoradas. El rey Darío I (r. 522–486 a.C.) mandó cons-truir esta capital ceremonial, donde aún permanecen restos de la llamada sala de las Cien Columnas, con capiteles en forma de cabezas dobles de toro.

Los órdenes clásicos

A partir del siglo VII a.C., los arquitectos griegos, influidos por lo que habían visto los comerciantes en Egipto, comenzaron a sustituir la »

Consideremos el gran acontecimiento arquitectónico que supuso que se abrieran los muros y aparecieran las columnas.
Louis Kahn
Arquitecto estadounidense (1901–1974)

Los tres órdenes griegos originales

Los órdenes clásicos difieren en su tratamiento de la columna, incluidos la basa y el capitel, así como del entablamento que soportan. El entablamento consta de tres elementos: el arquitrabe, el friso y la cornisa. Tiene como fin soportar la fachada y el frontón triangular, así como las vigas que sostienen el tejado.

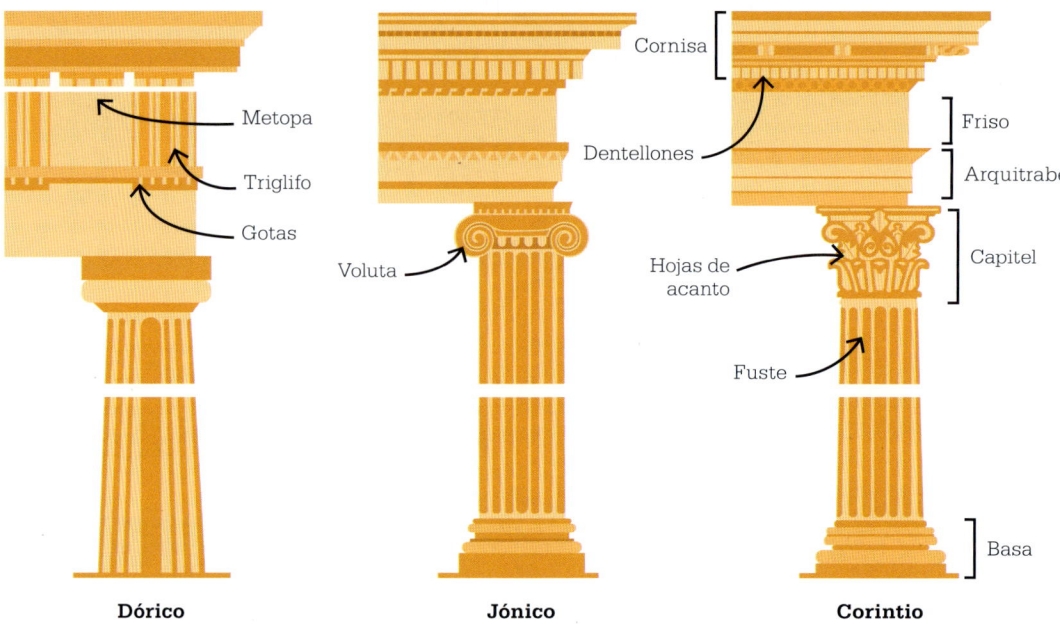

Metopa

Triglifo

Gotas

Dórico

Voluta

Jónico

Cornisa

Dentellones

Friso

Arquitrabe

Capitel

Hojas de acanto

Fuste

Basa

Corintio

madera por la más resistente y duradera piedra como material de construcción principal en estructuras mayores. Desarrollaron un estilo constructivo caracterizado por la atención a la armonía y fuerza de las proporciones, visión que halló expresión sobre todo en la columna

Ningún templo puede presentar una razón en las composiciones sin la proporción.
Vitruvio
De architectura (c. 30–15 a. C.)

y sus partes (basa, fuste y capitel) y el entablamento (arquitrabe, friso y cornisa) que soportaba.

Imitación del cuerpo

El arquitecto romano Vitruvio, autor del tratado *De architectura*, escribió que las proporciones esenciales desarrolladas por los griegos derivaban del mundo natural, en particular de las proporciones del cuerpo humano: «[…] como hay una exacta razón en los miembros de un hombre bien formado», explicaba Vitruvio, «[…] en los edificios perfectos, las diferentes partes deben estar en relaciones simétricas exactas con el esquema general completo».

Los griegos determinaron que el pie de un hombre mide un sexto de su altura, y aplicaron esta proporción de 6:1 a la columna, elevando el fuste –capitel incluido– a seis veces el grosor de la base. Esto se acabaría conociendo como colum-

na dórica, a la que se atribuyen las «proporciones, fuerza y belleza del cuerpo de un hombre». Esta columna aparece en el ámbito continental griego a partir del siglo VII a. C., entre otros lugares, en el templo de Hera en Olimpia.

El entablamento que reposa sobre una hilera de columnas dóricas incluye un friso, consistente en metopas –paneles cuadrados generalmente tallados, y en ocasiones lisos– entre bloques acanalados verticales, denominados triglifos. Bajo cada triglifo hay una hilera de gotas, pequeños elementos troncocónicos que probablemente representan las clavijas usadas para sujetar las vigas de madera de los tejados previos al uso de piedra.

Vitruvio escribe que los griegos, cuando construyeron un templo a la diosa Artemisa, buscando reflejar en la arquitectura su feminidad, introdujeron una columna con una

El Partenón es el
sueño del arquitecto.
Es lo que la arquitectura
fue, es y debería ser.
Edward Hollis
Arquitecto británico (n. en 1970)

«la delicadeza, adorno y proporciones características de la mujer». La explicación, aunque seductora, es fantasiosa: lo cierto es que el nuevo orden se desarrolló en las comunidades griegas de Jonia, en la costa occidental de la actual Turquía, y fue luego adoptado en la Grecia continental. Un tercer y posterior orden, el corintio –que toma su nombre de la antigua ciudad griega de Corintia–, tiene un entablamento similar al jónico, pero capiteles mucho más elaborados, con adornos en forma de hojas de acanto, símbolo antiguo de la inmortalidad.

La arquitectura de los templos griegos

Los órdenes arquitectónicos griegos regían la forma, las proporciones y los detalles no solo de las columnas, sino del edificio entero. Donde mejor se representa la perfección artística de la arquitectura griega es en los templos, y especialmente en el Partenón (c. 447–432 a. C.), considerado la cumbre del logro artístico del clasicismo griego. Encargo del estadista Pericles como símbolo de la riqueza y del poder de Atenas, fue diseñado por los arquitectos Ictino y Calícrates.

Como casi cualquier otro templo de la época, la planta del Partenón era rectangular, con hileras de columnas en los cuatro lados y una cámara central aislada por muros llamada naos (o cella), que contenía la estatua o imagen de la deidad a la que estaba dedicado, en este caso Atenea, patrona de la ciudad. Lo excepcional del Partenón son sus proporciones y su refinamiento perfectos, realzados por el recurso deliberado a la ilusión óptica.

No resulta obvio a la mirada, pero el Partenón tiene pocas líneas o ángulos rectos. Las proporciones de cada elemento están retocadas, para que la vista las perciba sin la **»**

proporción más esbelta de 8:1. Añadieron una basa decorativa de la que carecía el dórico, y un capitel elaborado, con volutas que evocan ondas del cabello de una mujer. El fuste tenía un acanalado vertical suave, en llamadas flautas, como los pliegues de la ropa, un rasgo que presentan también algunas columnas dóricas. En palabras de Vitruvio, este orden, el llamado jónico, poseía

Las columnas dóricas de la fachada del Partenón se inclinan levemente hacia dentro para parecer perfectamente verticales vistas desde el llano de abajo.

distorsión del ojo humano, con un efecto de grandeza. Por ejemplo, las columnas son ligeramente más anchas por el centro, para evitar que esa parte parezca estrecharse al verlas desde lejos, y se inclinan levemente hacia el centro del edificio, para así parecer rectas.

Adiciones romanas

Al erigirse en la mayor potencia del Mediterráneo en el siglo II a. C., los romanos adoptaron el legado de civilizaciones anteriores. En Egipto construyeron templos semejantes a los de los grandes faraones del pasado, mientras que en la orilla opuesta del Mediterráneo aplicaron los órdenes clásicos griegos y sus principios de proporción, armonía y belleza a estructuras de todo tipo, entre ellas, los nuevos tipos de edificación creados por ingenieros romanos: desde arcos, cúpulas y bóvedas hasta basílicas y arcos de triunfo.

Además de imitar los órdenes griegos, los romanos desarrollaron dos órdenes nuevos para sus columnas: el orden toscano y el compuesto. La columna toscana es el más elemental de todos los órdenes, con un fuste liso y más bien rechoncho, y capitel y basa en su expresión más simple. Las proporciones musculosas dan a la columna toscana un aspecto marcial. Por contraste, el compuesto es el más elaborado de los órdenes clásicos: el capitel combina las volutas del jónico con las hojas del orden corintio, y el fuste es el más esbelto de todos, habitualmente con una proporción de altura y base de 10:1.

La arquitectura de los templos romanos

Al igual que en la era clásica en Grecia, los templos estaban entre los edificios más importantes en la cultura romana. Todas las ciudades de alguna importancia tenían al menos un templo principal, y su forma seguía por lo general el modelo griego: planta rectangular con columnatas en los cuatro lados, que sostienen un tejado con frontón, y en el interior, una sala principal (naos, o cella) que contenía la imagen de culto de la deidad a la que estaba consagrado el templo.

En los templos romanos se tiende a realizar la fachada principal del edificio, con escalones anchos que ascienden hasta un pórtico, el espacio cubierto ante la entrada. También, la plataforma sobre la que se erigía la

> Aquí estoy, señora, contemplando horas enteras la «Maison Quarée» [Carrée].
> **Thomas Jefferson**
> **Carta a madame de Tessé (1787)**

estructura solía ser más elevada en los templos romanos que en los griegos. Los lados y la parte trasera estaban con frecuencia poco adornados y eran inaccesibles —había escalinata solo en la entrada—, a diferencia de los templos griegos, concebidos para verse y ser accesibles desde los cuatro lados.

La arquitectura del templo romano quedó ejemplificada en la Maison Carrée (o Casa Cuadrada) de Nimes, en el sur de Francia, uno de los ejemplos mejor conservados. Construido en torno a 19 a. C. durante el reinado del emperador Augusto (r. 27 a. C.

Vitruvio

Poco se sabe de la vida de Marco Vitruvio Polión, aparte de que fue un arquitecto e ingeniero militar romano del siglo I a. C. Aunque su obra fue muy diversa, e incluye relojes solares, bombas de agua y catapultas, su fama no se debe a ninguna de las estructuras que diseñó, sino al tratado en diez volúmenes *De architectura*, que informa de prácticas constructivas antiguas, como las relativas a emplazar una ciudad y situar sus calles, además de describir por primera vez los órdenes clásicos. Vitruvio planteó tres preceptos centrales para la arquitectura: *firmitas* («solidez»), *utilitas* («funcionalidad») y *venustas* («belleza»). Como los antiguos griegos, creía que la verdadera belleza derivaba de las proporciones presentes en la naturaleza, como expresan los órdenes clásicos. Como única obra clásica conservada sobre el asunto, *De architectura* de Vitruvio fue una influencia clave para la arquitectura del Renacimiento italiano y para otras recuperaciones posteriores del clasicismo griego y romano, que la utilizaron como principal guía sobre el estilo clásico.

La Maison Carrée, en Nimes (Francia), es un templo romano cuyas llamativas columnas corintias enmarcan un gran porche frontal y, más atrás, se integran con los muros de la cella.

–14 d. C.), se alza sobre un podio de 2,85 m de altura, y la escalinata conduce a un pórtico profundo y una única gran cella. Las columnas son de orden corintio, uno de los dos más habituales en los templos romanos, junto con su variante, el orden compuesto. Las columnas que perimetran la cella se encuentran medio insertas en el muro. El templo ocupaba un lugar central en la Nimes romana, como parte del foro o plaza pública principal.

Aunque en los templos romanos la construcción no es tan matemáticamente precisa como en los mejores ejemplos griegos, y su decoración es por lo general menos refinada, la Maison Carrée fue el modelo para una serie de hitos arquitectónicos posteriores. En Richmond (Virginia, EE. UU.), el edificio del Capitolio estatal, completado en 1788, fue diseñado por el futuro presidente Thomas Jefferson, dueño de una maqueta en estuco de la Maison Carrée. El templo romano inspiró

No se puede jugar a la originalidad con los órdenes [...] bien usados, tienen el encanto curioso e inalterable de las formas vegetales.
Edwin Lutyens
Arquitecto británico (1869–1944)

también la iglesia de la Madeleine de París, diseñada en 1806 por encargo de Napoleón como «templo dedicado a la gloria de la Grande Armée». Fue consagrado como iglesia en 1842.

El legado clásico

Para los constructores de la antigua Grecia, las columnas tenían una función estructural, y los órdenes, un significado específico. Para los romanos, la función de las columnas podía ser estructural, pero no siempre. A menudo, las columnas iban adosadas a muros que se encargaban de sostener el peso del edificio, y eran por tanto un elemento decorativo del diseño. El extremo de esta estética dio como resultado pilastras escasamente proyectadas desde la pared, que no eran verdaderas columnas aunque tuvieran su aspecto. Los romanos tampoco tuvieron

inconveniente en combinar varios órdenes en el mismo edificio: el Coliseo de Roma, por ejemplo, tiene columnas toscanas en la planta baja, y en los niveles siguientes, por orden ascendente, son jónicas, corintias y compuestas.

La arquitectura clásica griega no progresó más allá de la estructura básica de poste y dintel de elementos verticales, como columnas y muros, para sostener vigas horizontales o tejados de piedra. Fueron los romanos quienes perfeccionaron el arco, la bóveda y la cúpula. Los griegos, sin embargo, crearon las estructuras más lógicas, precisas y hermosas, al atenerse de manera estricta a los órdenes arquitectónicos, los cuales, más adelante, fueron una fuente de inspiración para la obra de los arquitectos renacentistas y neoclásicos. ∎

AMPLIFICAR EL PODER DE LA VOZ
EL TEATRO

Además del templo, los antiguos griegos desarrollaron otros edificios y espacios públicos, como el ágora (la plaza pública), el estadio (para el atletismo), el hipódromo (para las carreras de caballos y cuadrigas) y el teatro al aire libre. En todos aplicaron la misma lógica y orden, para crear una estética unificada que definió su arquitectura. En muchos casos, los principios que establecieron aún conforman hoy el diseño de determinadas estructuras, y un caso notable son los teatros.

El teatro de Epidauro, en el monte Kynortion de la Argólida (Grecia), podía acoger a 13 000–14 000 espectadores en su *theatron* (área de gradas).

Ventajas naturales

Desde el siglo VI a. C. en adelante, la dramaturgia tuvo un papel importante en la vida pública de la antigua Grecia, y en casi todas las ciudades griegas había un teatro (del griego *theatron*, «lugar para mirar»). Los diseñadores de teatros aplicaron sus conocimientos de geometría, de acústica y del paisaje para lograr las condiciones óptimas para las representaciones. En sus escritos del siglo I a. C., el arquitecto romano Vitruvio explicó cómo los griegos aprovechaban laderas para sus teatros, cuidadosamente escogidas por tener líneas de visión despejadas y vientos preponderantes favorables a la transmisión del sonido. Los tea-

tros griegos antiguos han sido alabados por la claridad de su acústica, que puede ser el resultado de la amplificación de las frecuencias altas de las voces de los actores por las filas de gradas empinadas, que tienden a filtrar ruidos de baja frecuencia, como los murmullos del público. El emplazamiento se elegía también por su belleza natural, ofreciendo al público no solo la vista de los actores sobre el escenario, sino también del paisaje de fondo.

Al principio, el público se sentaba sobre la propia ladera. Más tarde se añadieron bancos hechos con piedra local. El foco de la atención del público era el hueco al pie de la ladera, donde estaba el área de representación y coros, llamado *orchestra*. Detrás de la *orchestra* estaba la *skene*, una tienda o estructura provisional en la que los actores cambiaban de atuendo. Posteriormente se introdujo el *proskenion* para la actuación de los intérpretes, un área elevada y techada entre la *orchestra* y la *skene*, equivalente al escenario moderno.

Perfeccionar el arte

El teatro de Dioniso, construido en el siglo VI a. C. como parte de un san-

En Epidauro […] oí latir el corazón del mundo.
Henry Miller
Novelista estadounidense
(1891–1980)

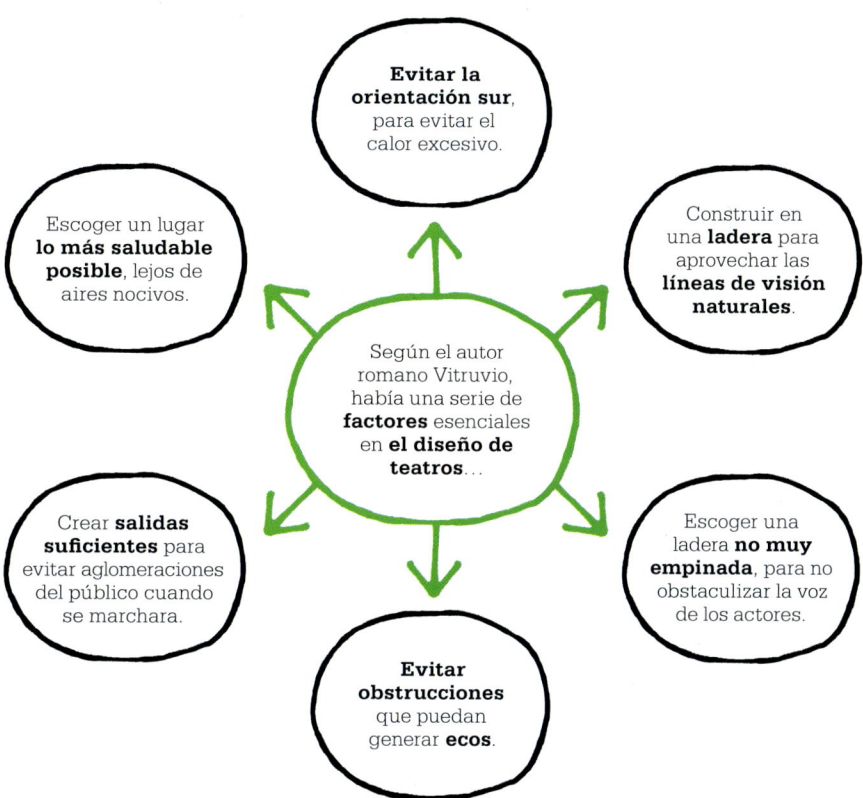

Elementos del diseño de teatros griegos antiguos

Evitar la orientación sur, para evitar el calor excesivo.

Escoger un lugar **lo más saludable posible**, lejos de aires nocivos.

Construir en una **ladera** para aprovechar las **líneas de visión naturales**.

Según el autor romano Vitruvio, había una serie de **factores** esenciales en **el diseño de teatros**…

Crear **salidas suficientes** para evitar aglomeraciones del público cuando se marchara.

Escoger una ladera **no muy empinada**, para no obstaculizar la voz de los actores.

Evitar obstrucciones que puedan generar **ecos**.

tuario dedicado al dios griego del vino en la ladera sur de la Acrópolis de Atenas, se considera el prototipo de los teatros griegos. Cada primavera se celebraban allí las Dionisias, festivales dramáticos en los que los autores más famosos presentaban a concurso sus tragedias, comedias y otras obras.

El arte del diseño de teatros griegos llegó a lo más alto en Epidauro, en el Peloponeso oriental. Construido hacia 340 a. C., posiblemente por el arquitecto Policleto, fue considerado el más perfecto de los teatros griegos antiguos por su acústica y estética. En el siglo II d. C., el viajero Pausanias escribió: «Los epidauros

tienen un teatro dentro del santuario, en mi opinión muy digno de ver. Pues […] ¿qué arquitecto podría rivalizar seriamente con Policleto en cuanto a simetría y belleza?».

Evolución de los teatros

Los griegos exportaron el teatro a sus colonias por todo el mar Egeo, y más tarde los romanos continuaron y desarrollaron esta tradición constructiva. Los romanos construyeron teatros disociados del paisaje y que no dependían de la topografía natural, y añadieron fondos arquitectónicos monumentales y decorativos *(scaenae frons)*, con columnas, estatuas y relieves. ■

QUE SE ALCEN ESTUPAS POR TODAS PARTES
LA ESTUPA

L a estupa, estructura específica del budismo, es en su forma más básica un túmulo de tierra en forma de cúpula, cubierto de ladrillo o piedra. Su origen se remonta probablemente a los túmulos comunes a muchos pueblos antiguos, incluidos los de India, donde surgió el budismo.

La estupa simboliza el túmulo funerario del Buda, y suele contener reliquias, como los restos incinerados de monjes o monjas budistas. Los fieles no entran en las estupas, sino que las circunvalan caminando mientras meditan.

Primeras estupas
La gran estupa de Sanchi, en India central, es del reinado del emperador Asoka (*c.* 269–232 a. C.); es la más antigua conocida, y consiste en una cúpula semiesférica (el *anda*, que representa la bóveda celeste) sobre una plataforma, con un relicario en su interior. El *anda* está rematado por un *chatravali*, pináculo formado por tres discos sobre un eje que representan las llamadas joyas del budismo: el Buda, el Dharma (enseñanzas) y la Sangha (monjes). La estructura está rodeada por una terraza circular inscrita en una barandilla, con los cuatro puntos cardinales señalados por puertas ceremoniales, rematadas con relieves escultóricos de la vida del Buda.

Cuando el budismo se propagó por Asia, se erigieron estupas como centros ceremoniales para los nuevos conversos. La arquitectura de las estupas evolucionó, y se hicieron más altas y de forma alargada, llegando a ser casi piramidales en algunos casos. ∎

Con nuestros pensamientos hacemos el mundo.
Buda
Citado en el Dhammapada (siglo III a.C.)

Véase también: El zigurat 20–21 ▪ La pirámide 22–25 ▪ La cúpula 46–47 ▪ Templos indios 68–69 ▪ Templos del Sureste Asiático 86–87

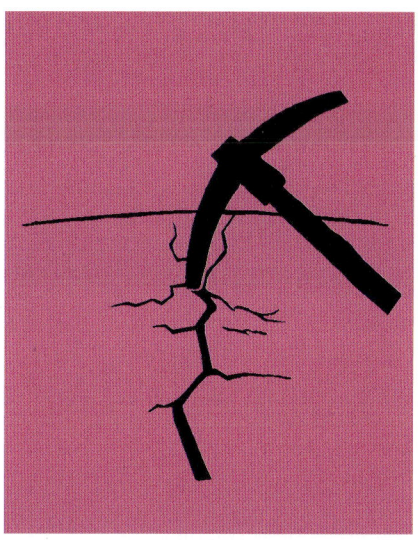

ROMPI LAS VENAS DE LA TIERRA
LA GRAN MURALLA

EN CONTEXTO

ENFOQUE
La unificación de China

EN CONTEXTO

ENFOQUE
La unificación de China

ANTES
770–476 A. C. Se construyen murallas defensivas durante el periodo de las Primaveras y Otoños de China.

475–221 A. C. Durante el periodo de los Reinos Combatientes, China se divide en reinos, hasta que la victoria de la dinastía Qin establece el primer Imperio chino.

DESPUÉS
1213 D. C. Los invasores mongoles de Gengis Kan superan la supuestamente impenetrable Gran Muralla y conquistan China.

1368–1644 La Gran Muralla se reconstruye durante la dinastía Ming, más alta y sólida que antes.

1961–1989 El muro de hormigón de Berlín impide la libertad de movimientos entre la Alemania oriental y el Berlín occidental.

En 221 a. C., la victoria de la dinastía Qin puso fin al periodo de los Reinos Combatientes, y China tuvo un solo líder por primera vez. El emperador Qin Shi Huangdi centralizó el Estado chino, lo dividió en unidades administrativas, estandarizó los pesos, las medidas y la escritura e inició un gran programa de construcción de calzadas y canales. Para proteger el imperio del ataque de los pueblos seminómadas del norte, hizo construir la primera Gran Muralla del país.

Unida por la muralla
Existían ya varias murallas defensivas, la más antigua de las cuales era del siglo VIII a. C. El emperador ordenó hacer de ellas una sola completando los tramos intermedios. Los métodos de construcción variaron según el terreno: en las regiones montañosas se usó piedra, y en otras regiones, tierra compactada. Los constructores sacaron partido del terreno, creando una muralla serpenteante que aprovecha puntos elevados, crestas y barrancos, con torres de vigilancia a intervalos regulares

La Gran Muralla china se midió oficialmente en 21 196,18 km de longitud, incluidas todas las secciones principales y ramales. La de la imagen es la sección restaurada de Jinshanling.

para que los defensores detectaran posibles ataques.

La muralla no solo fue una barrera contra incursiones desde el norte; delimitó además el ámbito de la patria china, definiendo su identidad como cultura y como nación. No queda prácticamente nada de la muralla del primer emperador: la mayor parte de su estructura actual consiste en reconstrucciones posteriores. ■

Véase también: La China imperial temprana 50–51 ■ El castillo 72–73 ■ El barro 90–93 ■ La China imperial tardía 96–97

DOS DEBILIDADES, DE CUYA UNION RESULTA UNA GRAN FORTALEZA

EL ARCO

EN CONTEXTO

ENFOQUE
Soportar estructuras grandes

ANTES
II milenio A. C. Se construyen arcos en templos y entradas de viviendas en Mesopotamia.

C. 1850 A. C. Los cananeos de la Edad del Bronce construyen arcos en puertas de murallas en el actual Israel.

C. siglo IV A. C. Los griegos de Rodas construyen un puente de arcos con dovelas talladas.

DESPUÉS
C. siglos III–VI D. C. El arco de ladrillo cocido de Taq-i Kisra, en el palacio del rey sasánida Cosroes I en Ctesifonte (Persia) será el mayor del mundo durante un milenio.

715 Se construye la gran mezquita de Damasco, en Siria. Sus arcadas serán un rasgo de la arquitectura islámica.

Los ingenieros romanos fueron los primeros en explotar plenamente el arco de piedra para soportar estructuras grandes y abarcar grandes espacios. Los arcos propiamente dichos consisten en una curva hecha de dovelas, bloques en forma de cuña con una dovela central, o clave, que las mantiene fijas en su lugar. Al reconocer el potencial del arco, los romanos pudieron construir estructuras más complejas y ambiciosas que cualquiera de sus predecesores.

Las primeras civilizaciones, desde al menos el III milenio a. C. en adelante, habían construido falsos arcos en los que sucesivos bloques esca-

La Porta all'Arco es un arco verdadero etrusco hecho de dovelas de caliza local. Las tres cabezas meteorizadas de basalto podrían representar dioses etruscos o romanos.

el arco solía aparecer representado conduciendo una cuadriga (carro de cuatro caballos); los arcos posteriores tendían a representar al emperador romano del momento.

Roma tuvo su primer arco de triunfo en 196 a. C., encargado por Lucio Estertinio, procónsul regresado de Hispania Ulterior (sur de la península ibérica). En el siglo IV d. C. había 36 monumentos tales en Roma, de los que se conservan tres; entre ellos está el mayor arco de triunfo romano, el Arco de Constantino sobre la Via Triumphalis, junto al Coliseo, en la ruta hacia el Foro. Dedicado al emperador en 315, consta de un arco central ancho flanqueado por dos arcos menores de menor altura. Está hecho de hormigón revestido de ladrillo, con adornos y estatuas de piedra. El Arco de Constantino inspiró estructuras posteriores, entre ellas, el Marble Arch de Londres (1833), el Arco de Triunfo de París (1836) »

lonados acaban por encontrarse en la parte superior. Constan algunos ejemplos de arco propiamente dicho, más fuerte y duradero, en antiguos templos de adobe y viviendas de categoría en Mesopotamia (actual Irak), así como en graneros de adobe en Egipto. Los antiguos griegos conocían el arco, pero su arquitectura se basó en gran medida en la construcción de poste y dintel: columnas que soportan un dintel, o viga horizontal. Con algunas pocas excepciones, tendieron a emplear el arco solo en estructuras subterráneas, como las cloacas.

La puerta etrusca
Es probable que los romanos aprendieran sobre construcción de arcos de los etruscos, que habitaron parte del oeste de Italia desde alrede-

dor de 900 a. C. hasta el siglo I a. C., cuando fueron asimilados por los romanos. La Porta all'Arco, en Volterra, ciudad en la cima de un monte en Toscana, es una puerta etrusca del siglo IV a. C. y con estructura de arco propiamente dicho. Es casi seguro que su forma influyó a los romanos, que remodelaron parcialmente la puerta en el siglo I a. C.

El arco de triunfo
Algunos de los arcos más impresionantes se construyeron como monumentos a generales victoriosos para celebrar sus victorias militares. Tales arcos se construían a gran escala sobre calzadas importantes, y se remataban con una superestructura, o ático, que servía de base a estatuas. En los primeros ejemplos, el individuo en cuyo honor se erigía

Se procurará también descargar […] el peso de las paredes superiores, haciendo arcos con dovelas.
Vitruvio
Arquitecto e ingeniero romano
(c. 80–15 a. C.)

> Al volverme y encarar
> el puente del Gard,
> mi alma se arroja a
> un asombro profundo
> y prolongado.
> **Stendhal**
> **Escritor francés (1783–1842)**

Las civilizaciones antiguas construyeron **arcos de ménsula,** sucesivos **bloques proyectados hacia dentro** hasta encontrarse arriba.

En Egipto y Mesopotamia se construyen **arcos y bóvedas estrechos** de adobe y mortero de barro.

Los etruscos son los primeros en emplear **arcos de dovelas de piedra** para soportar la carga de las estructuras.

Los romanos emplean **arcos en cadena** para construir puentes y acueductos largos, y experimentan con el arco para desarrollar **bóvedas de tipos nuevos**.

y el monumento a Theodore Roosevelt (1936), en la entrada principal del Museo de Historia Natural de Nueva York.

Construcción de puentes

Los arcos estructurales tuvieron un papel clave en las victorias militares romanas y la expansión del imperio. Gracias a los ingenieros que diseñaban y construían puentes para las calzadas sobre ríos y valles, los ejércitos imperiales podían moverse rápidamente y construir infraestructuras en los territorios conquistados.

Los primeros puentes de arcos de piedra romanos son del siglo II a. C.; el más antiguo todavía intacto y en servicio es el puente Fabricio, en Roma, construido sobre el río Tíber en 62 a. C. La curva de estos arcos tempranos formaba semicírculos perfectos. Los puentes de piedra romanos posteriores reposaban sobre arcos semicirculares montados en pilares, o sobre arcos segmentados, cuya curva es de menos de 180 grados. Los ingenieros romanos fueron los primeros en reconocer que con

arcos en cadena se podían construir estructuras que abarcaran grandes distancias. El puente de Trajano, construido en 105 d. C. sobre el río Danubio en lo que hoy es Rumanía y Serbia, medía 1135 m de largo. Diseñado por el arquitecto Apolodoro de Damasco, fue el puente más largo conocido del mundo durante un milenio. El puente de Trajano fue desmantelado en el siglo IV para prevenir incursiones bárbaras, pero el de Alcántara, en España, de 194 m, también encargo del emperador Trajano, continúa en servicio en la actualidad. Salva el río Tajo con seis arcos amplios que sostienen la calzada a 48 m sobre el agua.

Transporte de agua

Los romanos también construyeron estructuras largas de arcos para la conducción de agua, los acueductos, que requirieron hazañas ingenieriles aún más espectaculares que los puentes. Un ejemplo es el puente del Gard de tres niveles, en la Provenza (Francia), parte principal de un acueducto de 50 km de largo, construido

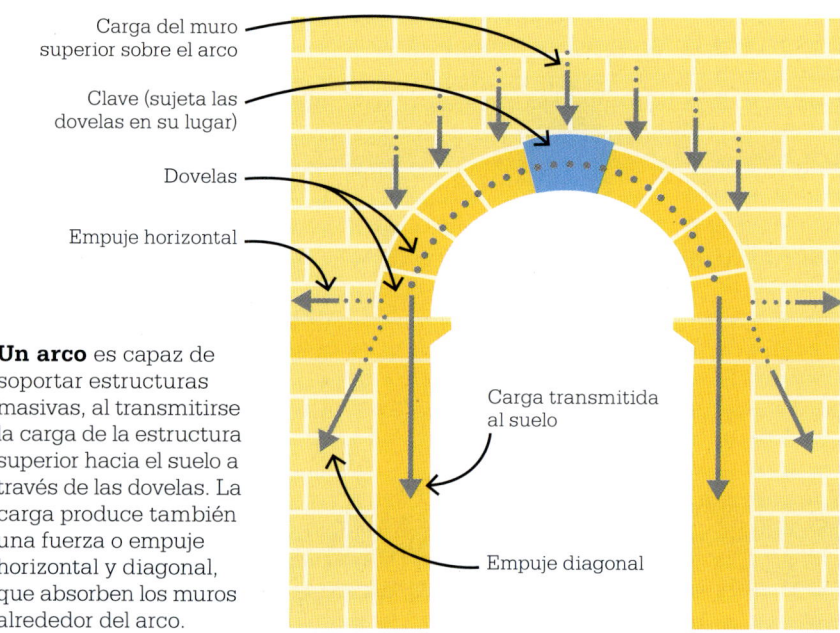

Carga del muro superior sobre el arco

Clave (sujeta las dovelas en su lugar)

Dovelas

Empuje horizontal

Un arco es capaz de soportar estructuras masivas, al transmitirse la carga de la estructura superior hacia el suelo a través de las dovelas. La carga produce también una fuerza o empuje horizontal y diagonal, que absorben los muros alrededor del arco.

Carga transmitida al suelo

Empuje diagonal

Las arcadas de la fachada del Coliseo estaban originalmente cubiertas de mármol local, que fue arrancado a lo largo de los siglos para hacer cal viva.

alrededor de 60 d. C. para abastecer de agua a la ciudad de Nimes; con 48 m de altura, es el más alto de los acueductos romanos. También del siglo I d. C. es el acueducto de Segovia, en España, con dos niveles de arcos de bloques alargados de granito, y aún funcional.

Arquitectura de los anfiteatros

El Coliseo de Roma tiene una fachada de cuatro niveles, tres de ellos formados por arcos. Su forma evolucionó a partir del anfiteatro griego, espacio circular para espectáculos. A diferencia de los anfiteatros anteriores, que se construían sobre laderas, el Coliseo es una enorme estructura exenta y elíptica, cuyos arcos sólidos y elegantes soportan gradas de ladrillo.

Construido a lo largo de ocho años y completado en 80 d. C., durante el breve reinado del emperador Tito, el edificio tiene una planta de unos 24 000 m^2, y una altura original de unos 48 m. Cada uno de los tres niveles inferiores de la fachada están formados por 80 arcos, y el nivel superior es un muro continuo. Todos los arcos están flanqueados por semicolumnas adosadas. Las del nivel inferior son del sobrio orden toscano, las del segundo son jónicas, y las más decorativas corintias conforman el tercero. Esta disposición refleja la jerarquía de los órdenes y es común a la mayoría de los edificios clásicos. Aquí, las columnas no tienen valor estructural, ya que son los arcos los que soportan la carga.

Diseñado para multitudes

En el nivel inferior, cada arco tiene un numeral romano inscrito en la piedra que tiene encima. Como ocurre en los teatros actuales, los espectadores tenían entradas numeradas, y entraban por el arco correspondiente. Las entradas daban a los pasillos que rodeaban el área interior del Coliseo, y sobre estos había otros arcos que soportaban la carga enorme de las gradas y el público que los

La bóveda

Es una estructura formada por varios arcos consecutivos, unidos para soportar un techo o tejado. Las bóvedas de cañón (de arcos semicirculares, que forman un techo en forma de túnel) existen desde la antigua Mesopotamia y Egipto, pero fueron los romanos quienes las desarrollaron y emplearon con gran efecto arquitectónico en estructuras como el Panteón y el Coliseo.

Los romanos recurrieron mucho a la bóveda de cañón, que, rotada en círculo, forma cúpulas y semicúpulas. También desarrollaron bóvedas de arista, la intersección de dos bóvedas de cañón en ángulo recto. Como se transmite la carga por las diagonales hasta las cuatro esquinas de la intersección, no requiere tanto apoyo como las bóvedas de otro tipo. Un buen ejemplo de bóveda de arista puede verse aún en el Mercado de Trajano, antiguo centro del comercio en Roma. Después de la caída del Imperio romano, la bóveda de arista cayó en el olvido, hasta recuperarla la arquitectura románica en el siglo XI.

ocupaba. El edificio entero estaba diseñado para llenarse y vaciarse de público rápidamente, y garantizar que desde las gradas se tuviera una vista ininterrumpida de los espectáculos, ya fueran luchas de gladiadores, ejecuciones o recreaciones de batallas navales.

En su apogeo, el Coliseo podía albergar a unos 55 000 espectadores, capacidad similar a la del estadio Etihad del Manchester City Football Club de Reino Unido, completado en 2002, casi dos mil años más tarde. ∎

CONSTRUIR CASAS NUEVAS, UNA TRAS OTRA

VIVIENDAS

EN CONTEXTO

ENFOQUE
Evolución de los estilos de vivienda

ANTES
***C.* 10 000 A. C.** En el Mediterráneo oriental, los natufienses construyen cabañas semicirculares con cimientos de piedra cubiertas de maleza, primeras pruebas de la vida semisedentaria.

***C.* 6000 A. C.** En Chatal Huyuk, en la actual Turquía –uno de los primeros asentamientos urbanos–, las casas de adobe tienen ventanas pero no puerta (se accedía por el tejado).

DESPUÉS
1046–1052 D. C. El poeta persa Nasir Jusraw escribe sobre edificios de 14 pisos para hasta 350 personas, en la capital de Egipto, Al Qahirah (El Cairo).

1537 La Villa Godi, del arquitecto renacentista Andrea Palladio, inicia una tendencia de casas nobles de diseño romano.

as casas unifamiliares para los pudientes y las viviendas para las masas coexisten desde hace miles de años. En la antigua Mesopotamia había palacios, casas y también viviendas de alta densidad de múltiples plantas. Alrededor de 2500 a. C., Mohenjo-Daro, asentamiento del valle del Indo en el actual Pakistán, pudo tener una población de 40 000 habitantes en un plan rectilíneo de viviendas de ladrillo cocido.

Durante el II milenio a. C., el Estado egipcio construyó asentamientos para acomodar a los trabajadores de grandes proyectos faraónicos como

Véase también: Refugio 18–19 ▪ Los pueblo 66–67 ▪ El barro 90–93 ▪ Ciudades de montaña 100–101 ▪ La ciudad ideal 115 ▪
El palladianismo 122–123 ▪ *Arts and Crafts* 178–179 ▪ La ciudad jardín 182–183 ▪ Vivienda expresiva para las masas 226–227

Mohenjo-Daro prosperó en el III milenio a. C. gracias a los próximos suelos fértiles, adecuados para la agricultura. La ciudad tenía baños públicos, salas de reuniones, pozos y un alcantarillado eficaz.

las tumbas del Valle de los Reyes, en la actual Luxor, al sur de Egipto, donde las excavaciones arqueológicas revelaron manzanas de viviendas adosadas, además de mansiones con muchas habitaciones. Las casas de adobe de los trabajadores en la aldea amurallada de Deir el Medina, en las afueras de Luxor, estaban apiñadas a lo largo de una calle principal estrecha. La mayoría eran de tres habitaciones consecutivas, con un patio interior abierto y escaleras externas al tejado, espacio que pudo usarse para dormir al raso en verano.

Viviendas griegas

Desde el siglo VIII a. C., las viviendas de Grecia fueron estructuras elementales de dos habitaciones y porche abierto. Los muros se construían rellenando un marco de ma- dera con paja y arcilla, sobre una base de piedra que aportaba estabilidad y protegía de la humedad. Con la urbanización creciente de las ciudades-estado griegas, se construyeron algunas casas mayores hechas enteramente de piedra y con tejados de teja. Las habitaciones en estas casas solían dar a un peristilo interior, galería de columnas que aportaba luz natural, ventilación y un espacio al aire libre que los residentes podían disfrutar en la intimidad. En el lado de la calle, la fachada era lisa, con una puerta pequeña.

Las excavaciones en Olinto, ciudad griega arrasada por Filipo de Macedonia en 348 a. C. y redescubierta a finales de la década de 1920, revelaron un trazado en damero de manzanas formadas por diez casas de dos pisos cada una, con patios pavimentados. La función exacta de la mayoría de las habitaciones se desconoce, pero el *andron*, reservado a los hombres, estaba destinado a recibir invitados y habría tenido divanes *(klinai)* como los que se ven pintados a menudo en la cerámica griega.

Viviendas urbanas romanas

En el ámbito romano se dieron desarrollos en la arquitectura, sofisticación y variedad de las viviendas, tanto en las humildes como en las más lujosas. La casa urbana romana típica, la *domus*, compartía algunos rasgos con las viviendas unifamiliares actuales: tenía dos plantas, »

En Roma hay una necesidad continua de madera y piedra para la incesante construcción debida al colapso frecuente de las casas, y a los incendios y ventas que no parecen cesar nunca.
Estrabón
Geógrafo e historiador griego
(*c.* 64 a. C.–*c.* 24 d. C.)

habitaciones, comedor y cocina. Otros rasgos son específicos de las casas romanas, en particular el muy adornado atrio, centro de la vida doméstica donde el cabeza de familia recibía a invitados o clientes. El *impluvium* (estanque central rebajado) estaba situado directamente debajo del *compluvium* del tejado, apertura que dejaba entrar el aire y la luz, y también el agua de lluvia que llenaba el *impluvium* y se filtraba entre las baldosas de piedra hasta una cámara subterránea o cisterna.

Alrededor del atrio estaban las habitaciones, un comedor *(triclinium)* y un *tablinum*, cámara pequeña usada como oficina para recibir a clientes y guardar registros comerciales y domésticos. A menudo, el *tablinum* servía también como ruta a áreas más privadas de la casa. Estas podían disponerse alrededor de un peristilo con columnas donde podía haber un jardín y una fuente, según el tamaño de la casa y riqueza de sus ocupantes, con un área de comedor descubierta para el verano, los baños y la cocina.

Decoración interior rica

En Pompeya y Herculano, poblaciones romanas ricas conservadas al quedar enterradas en ceniza por la erupción del Vesubio en 79 d. C., las casas tenían por lo general una fachada exterior desnuda, como las griegas, y sin ventanas al exterior. En cambio, por dentro estaban muy adornadas, con suelos de mosaico y frescos en las paredes. En Pompeya, la casa del Fauno —así llamada por la estatua en el *impluvium*— tiene un mosaico en el atrio en el que se lee HAVE (variante del saludo *ave*, «que estés bien, bienvenido»), y en la casa del Poeta Trágico hay otro de un perro encadenado con la frase CAVE CANUM («cuidado con el perro»). Una casa de Herculano, en la costa cercana, tiene una fuente en el patio adornada con mosaicos de Neptuno y su esposa Salacia, dioses del mar. Junto a esta hay una tienda que vendía vino, muestra de que muchas casas romanas eran también negocios.

Casas para los pobres

Gran parte de la población romana era rural y de escasos recursos, y son pocos los vestigios de viviendas unifamiliares rurales, más allá de los restos de posibles cabañas y refugios de barro, madera y paja. Las grandes villas rurales (p. siguiente, recuadro) tenían a menudo aposentos para los

> Como resultado de los muchos pisos elevados, el pueblo romano encuentra fácilmente lugares excelentes donde vivir.
> **Vitruvio**
> *De architectura* (c. 30–15 a. C.)

trabajadores, mientras que los trabajadores estacionales agrícolas o de industrias como la producción de aceite de oliva vivían en espacios comunales anexos al lugar de trabajo cuando este abundaba.

En ciudades como Roma, cuya población pudo superar el millón durante los siglos I y II d. C., la clase humilde vivía hacinada en el equivalente antiguo de los bloques altos de viviendas, las llamadas *insulae* («islas»). Antes, en el siglo I a. C., el arquitecto Vitruvio consideraba las *insulae* el único modo práctico de alojar a la población creciente de la ciudad, y alabó la tecnología que permitía construir edificios altos.

Los bloques, de ladrillo cubierto de hormigón, tenían cinco plantas o más, a pesar de las leyes promulgadas por Augusto que las limitaban a 21 m de altura, y luego a 17 m, en la época de Trajano. A los apartamentos, dispuestos alrededor de un patio interior, se accedía por una escalera

El jardín del peristilo de la casa de Menandro, en Pompeya, presenta columnas dóricas. El nombre de la casa se debe a un fresco del dramaturgo griego Menandro en una de las habitaciones adyacentes al peristilo.

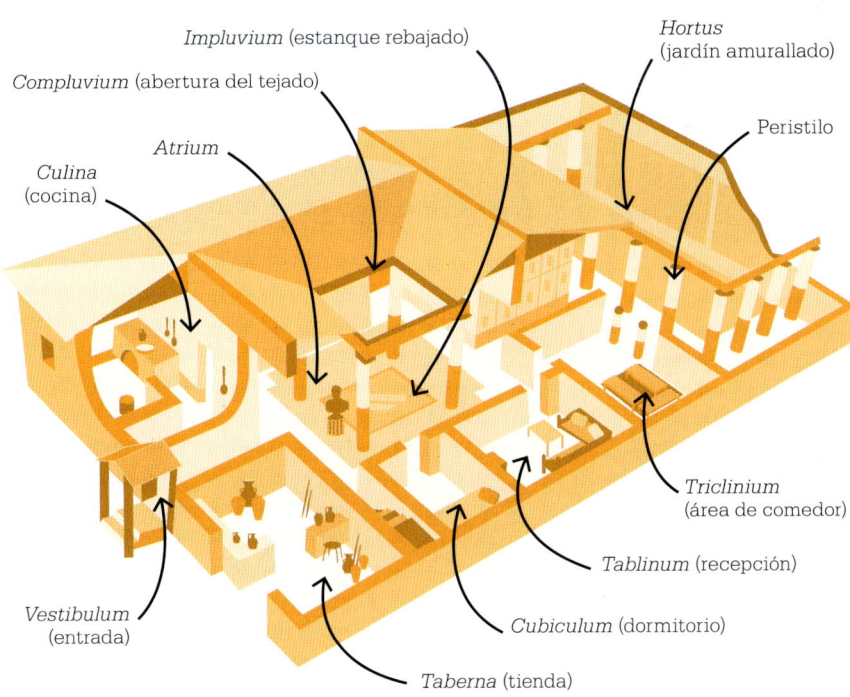

Compluvium (abertura del tejado)

Impluvium (estanque rebajado)

Atrium

Culina (cocina)

Hortus (jardín amurallado)

Peristilo

Triclinium (área de comedor)

Tablinum (recepción)

Cubiculum (dormitorio)

Vestibulum (entrada)

Taberna (tienda)

La *domus* romana era una residencia urbana de clase media o alta, y generalmente era tanto hogar como comercio. Su forma variaba mucho según el estilo constructivo local y la categoría social del dueño. Las casas mayores, como esta, tenían un peristilo (patio rodeado de columnas), mientras que las menores podían tener un jardín pequeño (*hortus*).

interior. En la planta baja de los edificios, de cara a la calle solía haber comercios y talleres. Aunque en ciertos aspectos las *insulae* se parecían a las grandes viviendas de pisos actuales, carecían de ventanas de vidrio, y todos los vanos tenían contraventanas. Aunque solían tener abastecimiento de agua y alcantarillado, había que subir el agua de los pozos a los pisos, así que los apartamentos más bajos eran los más deseables, mientras que los superiores eran los de alquiler más barato.

Los romanos construyeron decenas de miles de *insulae*, sobre todo durante los primeros siglos de la era común. En 315 d. C., un estudio topográfico romano registraba un total de 1781 *domus* y 44 850 *insulae* en Roma. Un *boom* de la construcción

en Ostia, puerto próximo a Roma, en la desembocadura del Tíber, levantó un gran número de *insulae* en los siglos I y II d. C.

Antiguos problemas de vivienda

Los autores de la época, como el geógrafo griego Estrabón, cuentan que los especuladores construían bloques de viviendas tan deprisa que eran propensos al incendio y el derrumbe, y otros los describen como ruidosos y miserables. Así, con la invención de las casas de pisos hace unos 2000 años, surgieron también los problemas sociales asociados –construcciones de mala calidad, propietarios abusivos y hacinamiento–, problemas que siguen siendo comunes hoy en día. ∎

La villa romana

La *villa*, o casa rural, podía ser una casa de campo sencilla, pero el nombre solía referirse a un retiro lujoso de la élite urbana. Muchas villas eran parte de propiedades agrícolas o vinícolas; otras eran residencias opulentas en la costa u otros lugares privilegiados, destinadas solo al ocio.

Según Plinio el Viejo (23 d. C.–79 d. C.), la *villa urbana* estaba próxima a la ciudad, y la *villa rustica*, más alejada. El autor agronómico Lucio Columela describió villas con tres partes: la *pars urbana*, los aposentos de la familia del dueño; la *pars rustica*, donde vivían los trabajadores; y la *pars fructuaria* para elaborar y almacenar productos agrícolas. Las villas solían tener un atrio y patio en el centro, con habitaciones ricamente decoradas para el ocio y los banquetes. El exterior solía tener un pórtico, y a menudo se construían sobre terrazas naturales o artificiales para tener la mejor vista posible del entorno.

Frescos excelentes adornan una habitación de la villa de Publio Fannio Sinistor en Boscoreale. Al igual que Pompeya, fue cubierta de ceniza y preservada para la posteridad por la erupción del Vesubio en 79 d. C.

EL TEMPLO DEL MUNDO ENTERO
LA CÚPULA

Una cúpula es la forma tridimensional que resulta al rotar un arco en círculo. Como el arco, es una forma autosustentante que transfiere toda la carga a la estructura sobre la que reposa. La introducción de la cúpula permitió a los arquitectos cerrar espacios grandes sin necesidad de apoyo extra, y permitió crear algunos de los edificios más arrebatadores del mundo.

Primeras cúpulas romanas
Aunque algunas civilizaciones anteriores habían experimentado ya con la cúpula, fueron los romanos quienes la perfeccionaron, y las emplearon en villas, baños públicos, templos y palacios. Hay cúpulas en los restos de los baños de Pompeya, de los siglos II y I a. C. En Roma, la Domus Aurea («Casa Dorada»), el palacio construido en el siglo I d. C. para el emperador Nerón, está coronada por una cúpula de ladrillo y

En la Villa Adriana, de Adriano, en Tívoli, cerca de Roma, la cúpula de los baños Heliocaminus tenía un óculo («ojo») a través del cual el sol aportaba luz y calor.

Véase también: Arquitectura bizantina 52–53 ▪ La inspiración islámica 58–63 ▪ El románico 70–71 ▪ El Renacimiento 106–113 ▪ Armazones de hormigón 188–189

Hormigón romano

Muchos podrían pensar que el hormigón es una invención del siglo XX, asociada a la arquitectura del movimiento moderno y al brutalismo, pero lo cierto es que el hormigón estructural lo inventaron y utilizaron muy a menudo los romanos. La mezcla de roca, escombros de ladrillo, puzolana (ceniza volcánica), cal, arena y agua se vertía en moldes de madera. Como podía dársele la forma que se deseara, los ingenieros romanos pudieron crear formas curvas como arcos, bóvedas y cúpulas, que a menudo se revestían luego con ladrillo o piedra.

Tras el incendio de 64 d. C., que destruyó grandes áreas de la ciudad, el nuevo código constructivo obligó a emplear hormigón revestido de ladrillo en las estructuras mayores como medida preventiva. El hormigón se usó en estructuras de todo tipo, como acueductos, puentes, calzadas y cúpulas, cuyo ejemplo más memorable es la del Panteón.

hormigón de 13 m de diámetro, con un *oculus* (abertura circular) en la cima que ilumina la cámara que cubre. A inicios del siglo II d. C., los ingenieros imperiales tenían la confianza suficiente en sus conocimientos como para construir cúpulas de 30 m de diámetro en el complejo de baños del emperador Trajano, también en Roma.

El Panteón

La finalización del Panteón de Roma hacia 126–128 d. C. marcó un punto culminante en el diseño de cúpulas. Encargado probablemente por el emperador Adriano, el templo (hoy iglesia) tiene un gran frontón triangular en la fachada, soportado por ocho gruesas columnas de granito. Desde esa perspectiva parece un templo clásico griego, pero tras el pórtico hay una gran rotonda, o sala circular, cubierta por una cúpula de hormigón. Esta tiene un diámetro interior de unos 43 m, y sigue siendo la mayor cúpula de hormigón no armado del mundo.

La enorme cúpula del Panteón tiene cinco anillos concéntricos horizontales de 28 casetones cada uno. El diámetro de la cúpula es igual a su altura desde el suelo.

El hormigón se vertió en moldes de madera sujetos por andamios de madera. Para minimizar el peso, el hormigón es más delgado en la cima que en la base, y el interior de la estructura está ahuecado por un patrón de huecos rectangulares, llamados casetones. Estos forman nervios horizontales y verticales que aportan rigidez. En la cima de la cúpula, el óculo también reduce su peso, además de dejar entrar un círculo de luz que recorre la cámara inferior, iluminando por turno las estatuas de los dioses en sus nichos.

Tras la caída del Imperio romano de Occidente en 476, la cúpula siguió siendo un rasgo de la arquitectura del Imperio de Oriente (bizantino), pero la tecnología de la cúpula no progresó hasta el Renacimiento, en el siglo XV. ▪

Quise que este santuario de todos los dioses [el Panteón] representase el globo terrestre y la esfera celeste.
Emperador Adriano
(r. 117–138 d. C.)

UN LUGAR DE REUNION PARA EL PUEBLO
LA BASÍLICA

E l lugar de reunión por excelencia en el mundo romano era el foro, antecesor de la plaza y del mercado públicos. La basílica era su equivalente cubierto, también empleado para el comercio y otras actividades diversas, como reuniones y debates públicos y políticos. Situada a menudo junto al foro, la basílica era un edificio grande que cumplía múltiples funciones oficiales y públicas, desde centro comunitario a tribunal. Con la extensión del dominio imperial de Roma a las colonias y provincias, se construyeron basílicas en las ciudades como centros del gobierno local y administración de la justicia.

Una gran sala y naves

A diferencia de la *stoa* griega, paseo de lados generalmente abiertos, y por lo general cubierto solo por un tejado sujeto por columnas, la basílica era un edificio cerrado. En un principio se llamó basílica a todo edificio público grande y cubierto usado como lugar de reunión, pero

Las primeras basílicas romanas tenían múltiples funciones. Como tribunal, los magistrados presidían desde la plataforma elevada que se muestra en el plano. En la era cristiana, se situó el altar sobre la plataforma, delante del ábside.

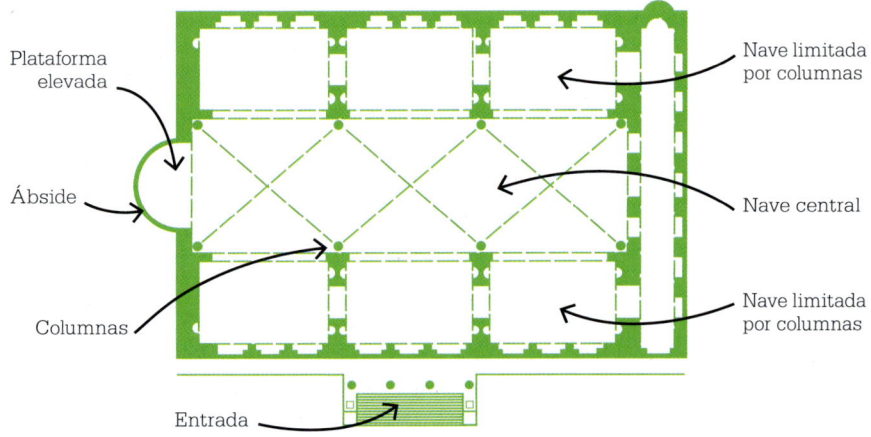

Plataforma elevada

Ábside

Columnas

Entrada

Nave limitada por columnas

Nave central

Nave limitada por columnas

Véase también: La columna 26–33 ■ El arco 38–41 ■ Arquitectura bizantina 52–53 ■ El románico 70–71 ■ El gótico 74–81 ■ El Renacimiento 106–113 ■ El Barroco 138–145

El Aula Palatina de Tréveris (Alemania) tiene la mayor sala romana aún en uso, de 67 m de largo, 26 m de ancho y 33 m de alto. La decoración fue destruida por un bombardeo en 1944, y los muros son ahora de ladrillo desnudo.

con el tiempo el término quedó asociado a un tipo particular de edificio, con una gran nave central rectangular y naves laterales paralelas, separadas del espacio principal por columnatas. En uno o ambos extremos había una plataforma elevada, a menudo delimitada por una proyección semicircular, o ábside, en el extremo más alejado de la entrada. Más tarde, se dio a la nave central de la basílica arquetípica un techo más elevado que el de las naves laterales.

La basílica de Majencio

La basílica más antigua que se conserva, de 120 a. C., es una estructura relativamente simple construida en Pompeya (Italia). Con el tiempo, sus dimensiones irían siendo cada vez más monumentales. La basílica Emilia de tres plantas, en el foro romano, era tan imponente que Plinio el Viejo, autor del siglo I d. C., la consideró uno de los edificios más hermosos de la ciudad.

La basílica de Majencio, última basílica secular de Roma, fue una de las mayores que se hayan construido, pero se conserva muy poco de ella. Iniciada en 308 d. C., con Majencio como emperador, completó la estructura su rival Constantino en 312. Por los restos que se conservan, está claro que representaba una hazaña espectacular de ingeniería y ostentación.

La nave central tenía un techo elaborado de bóvedas de arista, mientras que las naves laterales las formaban tres bóvedas semicirculares de cañón perpendiculares a la nave central. Todas las bóvedas de la basílica tenían casetones octogonales –paneles hundidos decorativos y reductores del peso– y estaban adornadas con estuco pintado y dorados. Los suelos y muros estaban cubiertos con mármol de colores, y los numerosos nichos albergaban estatuas, entre ellas una colosal de Constantino en el ábside.

Lugar de encuentro cristiano

A lo largo de la historia romana, la basílica sirvió ocasionalmente como lugar de culto a grupos de varias religiones, entre ellos, la diáspora judía. La protección oficial ofrecida al cristianismo por Constantino en el Edicto de Milán en 313 fue el inicio de la asociación más estrecha de la basílica con esa religión en particular. Constantino encargó construir tres grandes basílicas en Roma, entre ellas la original de San Pedro, en pie desde el siglo I hasta el XVI.

La forma de tales basílicas cristianas tempranas es claramente visible en Tréveris (Alemania), donde vivió Constantino durante seis años y donde encargó una de gran tamaño junto a su palacio. Con su nave central elevada y ábside curvo, el Aula Palatina de Tréveris, o basílica de Constantino, fue el patrón de la arquitectura eclesiástica occidental posterior durante siglos, y aún es un lugar de culto cristiano diecisiete siglos después de su construcción. ■

[Las basílicas de Constantino expresan] la grandeza del fundador imperial y el triunfo de la religión que había tomado bajo su protección.
Richard Krautheimer
Historiador de la arquitectura germano-estadounidense (1897–1994)

UNA TORRE QUE TOCABA LA LUNA
LA CHINA IMPERIAL TEMPRANA

La arquitectura tradicional
china presenta una regulari-
dad notable, no solo de diseño, planta y estructura; también en
el color y la decoración. Esto refleja
el empeño del Estado, desde los inicios del gobierno imperial, en mantener normas comunes para crear y
asentar una cultura china unificada.

Resistente y flexible

Miniaturas de cerámica de casas
de la dinastía Han (206 a. C.–220
d. C.) muestran que muchos de los
elementos asociados con la arquitectura tradicional china ya existían
en esa etapa temprana. En lugar de
muros de carga, el peso de los tejados lo soportaban marcos de made-

ra. Esto permitía hacer muros de ladrillo ligero o bambú y yeso entre los
postes, e incluso ubicar ahí grandes
puertas. Los planos de planta podían
contemplar un tratamiento adaptable del espacio mediante pantallas
móviles. Tales ideas no llegaron a
Occidente hasta los edificios con armazón de hierro o acero del siglo XIX.

Para soportar tejados amplios, el
extremo de los postes de madera se
extendía en horizontal por medio de
ménsulas (*dougong*), con ornamen-
tos cada vez más elaborados con el
tiempo. Para que los edificios fueran
más flexibles a fin de protegerlos de
los terremotos, se empleaban pocos
clavos; las partes de madera casaban por medio de ranuras y proyec-

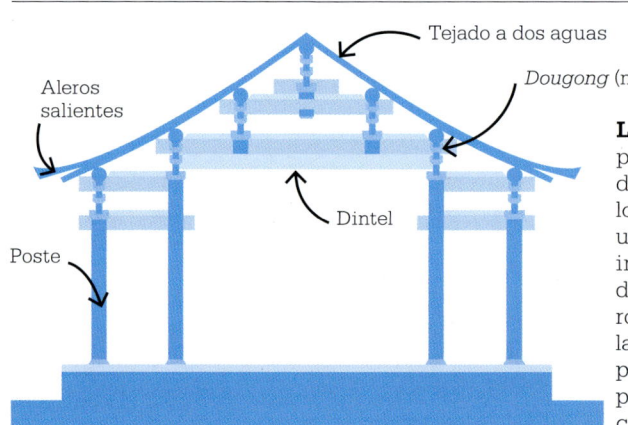

Tejado a dos aguas

Aleros
salientes

Dougong (ménsula)

Dintel

Poste

La arquitectura china
presenta un alto grado
de uniformidad. Hasta
los colores seguían
un código ritual que
indicaba la función
de cada parte: pintura
roja para los postes y
la estructura, amarilla
para las tejas, y verde
para partes decorativas,
como las ménsulas.

El puente de Anji, en la provincia de Hebei (China), fue diseñado por Li Chun y su construcción duró diez años. De 37 m de arcada y 7 de altura, es el puente más antiguo del mundo con este diseño, y ha sobrevivido a 1500 años de terremotos e inundaciones.

Perfeccionamiento del arco

La arquitectura china era hermosa y sofisticada, pero al mismo tiempo conservadora por sus planes y diseño altamente formalizados. Los arquitectos chinos antiguos preferían la construcción sencilla de poste y dintel a los arcos, bóvedas y cúpulas de soporte intrincado que elevaron la arquitectura de otras partes del mundo. Con todo, conocían el arco y lo utilizaron, en ocasiones con resultados magníficos. El puente de Anji, por ejemplo –el más antiguo conservado en China, completado en 605 d. C.– es una maravilla de la ingeniería por la gran arcada que sostiene un arco extremadamente llano, de menos de un cuarto de la circunferencia de un círculo. Este arco está asistido por varios arcos menores entre el tablero y la arcada principal, que transfieren la carga y permiten al agua de las crecidas pasar por la estructura sin dañarla. Hasta mediados del siglo xiv no se construyeron puentes similares en Europa. El puente tiene un aspecto extraordinariamente moderno aún hoy.

ciones, el método llamado de espiga y mortaja (o caja).

El marco de poste y dintel soportaba un tejado de tejas a dos aguas proyectado más allá de los muros, probablemente para proteger los postes y bases de madera de la lluvia. Los edificios solían ser anchos y no muy profundos, con los hastiales (lados del edificio) perpendiculares a la fachada delantera. El origen del tejado curvo característico, que aparece alrededor del siglo vi d. C., se desconoce, pero pudo inspirarse en los tejados de bambú, que tienden naturalmente a combarse.

Forma evolutiva

A partir del siglo iv d. C., el budismo comenzó a difundirse por China a través de los mercaderes de la Ruta de la Seda, y desde principios del siglo vi contó con el estímulo adicional del favor imperial. Al extenderse el budismo por Asia, lo hizo también la estupa como formato arquitectónico. En China, la estupa se adaptó a las tradiciones locales, transformándose en una torre de varios niveles, o pagoda. Las primeras pago-

das fueron probablemente de planta circular –como las estupas indias– o cuadrada, pero pronto se desarrolló una arquitectura angular distintiva, de forma poligonal y aleros en pendiente para marcar los niveles sucesivamente menores.

Las primeras pagodas emplearon la construcción de marco y ménsulas de la arquitectura nacional china, pero la mayoría de las que se conservan se hicieron de ladrillo o piedra, como la torre de doce lados del templo de Songyue, en la provincia de Henan. Esta, el ejemplo más antiguo conservado en China, se construyó en 523 d. C. Los soportes proyectados de piedra indican que había plantas en el interior, a diferencia de la mayoría de las pagodas, enteramente huecas por dentro, salvo por el santuario en la planta baja. Algunas pagodas tenían una escalera interior para que los visitantes pudieran

ascender y atisbar la vista desde las pequeñas ventanas superiores. En Songyue, hay cámaras subterráneas para las reliquias bajo la pagoda, reflejo de la disposición y uso de las estupas indias. En el sudeste asiático, la estupa adoptó formas diversas que reflejan la arquitectura propia de cada región. ∎

La pagoda del templo de Songyue combina las líneas rectas –visibles en sus 12 caras– de la arquitectura china con la forma circular de las estupas budistas indias.

UNA CÚPULA DORADA SUSPENDIDA DEL CIELO

ARQUITECTURA BIZANTINA

EN CONTEXTO

ENFOQUE
Arquitectura del Imperio romano de Oriente

ANTES
184 A. C. La primera basílica de Roma es un lugar de reunión secular para fines diversos.

128 D. C. Se completa el Panteón de Roma, gran templo con cúpula dedicado a los dioses romanos.

DESPUÉS
976 Incendio de la basílica bizantina de San Marcos en Venecia; la actual data de 1071.

1037 Yaroslav I el Sabio encarga la catedral de Santa Sofía de Kiev (Ucrania), que toma su nombre de la de Constantinopla.

1575 Se inaugura en Edirne (Turquía balcánica) la mezquita de Selimiye, diseñada por el arquitecto otomano Mimar Sinan para superar a la basílica bizantina de Santa Sofía.

En 330 d. C., el emperador Constantino trasladó la capital romana al este, a la ciudad griega de Bizancio en el Bósforo, situada estratégicamente en la ruta comercial entre Europa y Asia. Allí se propuso crear una *Nova Roma*, y llamó a la ciudad Constantinopla (hoy Estambul). La arquitectura característica que evolucionó allí, mezcla de influencias romanas y de Oriente Próximo, se conocería posteriormente como bizantina.

La cúpula principal de Santa Sofía tiene 40 ventanas en su base, a través de las cuales la luz baña el mosaico dorado restaurado que la reviste. La corona se eleva a unos 55 m del suelo.

El emperador, que en 312 d. C. se convirtió al cristianismo, hizo de su nueva capital oriental el centro de la cristiandad. En la vieja Roma, los asuntos estatales y religiosos habían sido esferas separadas; en Constantinopla, Estado e Iglesia eran uno.

> 66
>
> Desafiando toda ley de la estática […], Hagia Sophia se alza por puro milagro.
> **Richard Krautheimer**
> **Historiador de la arquitectura germano-estadounidense (1897–1994)**
>
> 99

La Iglesia se convirtió en reflejo de la gloria imperial, y sus lugares de culto fueron las grandes manifestaciones de la arquitectura bizantina.

Bajo el emperador del siglo VI Justiniano I, el imperio alcanzó su máxima expansión, al reconquistar gran parte del territorio del Imperio romano de Occidente. La riqueza obtenida de tales conquistas sirvió para financiar una fiebre constructiva de proyectos de prestigio.

Esfera celeste

Antes de Justiniano, la mayoría de las iglesias adoptaban la forma conocida de basílica. Justiniano y sus constructores rompieron con la tradición para crear un nuevo estilo arquitectónico, de cuyo enfoque innovador el epítome es la basílica de Santa Sofía, o Hagia Sophia (en griego, «divina sabiduría»). Sus creadores fueron los matemáticos griegos bizantinos Antemio de Trales e Isidoro de Mileto.

El rasgo definitorio del edificio es el vasto espacio iluminado bajo su cúpula celeste. Con sus 33 m de diámetro, no es tan ancha como la del Panteón de Roma, pero es mucho más alta, y casi parece flotar sobre la cámara que cubre. El efecto se logró con el empleo de pechinas, elementos estructurales que permiten cubrir una estructura de planta cuadrada con una cúpula circular (ilustración, abajo). La cúpula puede alcanzar una altura imponente, al dirigir las pechinas su peso a los pilares de las esquinas, aliviando así de la carga a los muros, en los cuales pueden abrirse así vanos que inundan de luz el interior. Sostienen también la cúpula principal dos semicúpulas, que aumentan el volumen del edificio y hacen que la estructura parezca más ligera. El efecto deslumbrante se ve realzado por los mosaicos del interior, en los que predomina el dorado, que refleja los haces de luz y crea una experiencia intensamente espiritual.

Culto centralizado

La nueva arquitectura fue el producto de la teoría litúrgica y del ingenio científico. En los templos clásicos de la antigua Roma, el exterior tenía la mayor importancia, dado que solo los sacerdotes podían acceder al interior y las ceremonias se celebraban fuera. La misa cristiana tenía lugar en el interior de edificios que fueron en un principio basílicas utilitarias, salas públicas que mantenían a los fieles a una cierta distancia del altar. Las iglesias bizantinas, por contraste, tenían una planta en forma de cruz griega de brazos iguales que reunía a los fieles alrededor de un gran punto central, área que fue posible ampliar en altura con una cúpula elevada gracias a los avances de la ingeniería del siglo VI.

Más allá de Constantinopla

Las estructuras bizantinas se difundieron al resto del imperio: en 548 se completó la basílica de San Vital de Rávena, al noreste de Italia, que contiene dos mosaicos célebres que representan a Justiniano y su consorte Teodora. En 836 se construyó la iglesia original de San Marcos en Venecia, en el estilo cruciforme bizantino.

Tras la conversión al cristianismo de Vladímir I, gran príncipe de Kiev, en 988, la arquitectura bizantina fue adoptada en el Estado eslavo del Rus de Kiev, origen tanto de Ucrania como de Rusia y Bielorrusia. La influencia del estilo llegó hasta Persia e India y, tras la caída de Constantinopla en 1453, fue el modelo de las mezquitas de cúpulas múltiples del Imperio otomano. ▪

Dos grandes innovaciones estructurales, la pechina y la trompa, resolvieron el problema de cubrir una estructura cuadrada con una cúpula elevada. Las pechinas son triángulos curvos que aportan apoyo circular a la cúpula; las trompas son soportes para la cúpula que abarcan las esquinas superiores de la estructura cuadrada. Ambas datan aproximadamente del siglo V d. C.

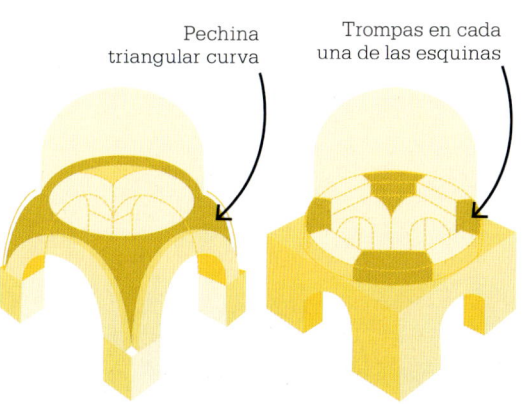

Pechina triangular curva

Trompas en cada una de las esquinas

LA EDAD
650–1420

MEDIA

Se construye en
Jerusalén la **Cúpula de la Roca**, que marca el lugar en el que, según la tradición, el profeta Mahoma ascendió al cielo.

El **Imperio Chola**, en India, construye grandes templos muy ornamentados, dedicados a los dioses hindúes.

Comienzan las obras de la **catedral de Espira** (Alemania). Sus arcos de medio punto, su simetría y su galería ejemplifican el **románico**.

Con sus terraplenes y enormes torres, el **Crac de los Caballeros**, en Siria, establece un patrón nuevo en el diseño de castillos.

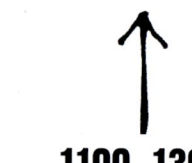

692 D. C.   **848–1279**   **1030**   **1100–1300**

750–1300   **988**   **1100**

La **cultura pueblo** prospera en lo que hoy es el suroeste de EE. UU. Los pueblo construyen **estructuras complejas**, incluso excavadas en acantilados de roca.

Se completa la **gran mezquita de Córdoba**, en Al Ándalus. Su sala de oración tiene más de 850 columnas.

En China, el arquitecto Li Jie escribe el *Yingzao fashi* («Métodos de construcción»), conjunto de **normas para la arquitectura china**.

Para el erudito y poeta italiano del siglo XIV Petrarca, el periodo histórico que siguió a la caída del Imperio romano de Occidente en 476 d. C., –posteriormente llamado Edad Media, y que se considera dura hasta el Renacimiento, en el siglo XV– fue una edad oscura en la que las invasiones, la intolerancia religiosa, la inestabilidad política y la destrucción de ciudades y pueblos romanos habían extinguido la luz del saber y de la cultura clásicos.

Es cierto que Europa, Oriente Próximo y el norte de África se vieron muy afectados por el fin de 500 años de jurisdicción romana, pero ese periodo incluye también algunos de los mayores logros arquitectónicos europeos y globales. Esta fue la época de la cultura de los pueblo en el actual suroeste de EE. UU., de la expansión del islam desde Arabia, del auge del hinduismo en India, de la difusión del budismo en China, Corea y Japón, y del imperio de los incas en Perú.

Arquitectura religiosa

Con la expansión del islam más allá de Arabia tras la muerte de Mahoma en 632 d. C., la corriente arquitectónica islámica fluyó hacia el este, hasta Asia Central, y hacia el oeste, por el norte de África, hasta la península ibérica. La mezquita, basada al principio en una sala de oración sencilla construida por el propio Mahoma, fue adquiriendo formas cada vez más elaboradas e imponentes; en parte, eso se debió a la necesidad de los musulmanes de impresionar a los pueblos conquistados, pero también a razones prácticas: muchas basílicas cristianas fueron convertidas en mezquitas, y se usaron plantas de iglesias para construir mezquitas nuevas. La Cúpula de la Roca, en Jerusalén, cubierta de mosaicos, se inspiró en las basílicas bizantinas, mientras que la gran mezquita de Córdoba, en Al Ándalus (la península ibérica), incorporó columnas romanas y visigodas reutilizadas.

La conquista islámica fue fruto de la guerra, el comercio y las conversiones. El cristianismo acabó por retomar la península ibérica como resultado de un largo proceso de más de 700 años de conflictos, la llamada Reconquista. En el siglo XIII, solo seguía siendo musulmana Granada, el reino de la dinastía nazarí (1238–1492), cuyo palacio de la Alhambra, con sus esbeltas columnas, arcos de herradura y mosaicos, se considera una joya arquitectónica.

En gran parte de este periodo, cristianos y musulmanes combatieron también por el control de Tierra

La **iglesia de madera de Urnes**, en la costa oeste de Noruega, ejemplifica la **arquitectura tradicional en madera** escandinava.

El rey Lalibela de Etiopía manda construir un complejo de **iglesias rupestres** y otras estructuras excavadas.

Se construye la **Ciudad Prohibida** en Pekín como palacio imperial de la nueva capital china.

C. 1130

C. 1200

1406–1420

C. 1113

1135

Siglo XIII

1420

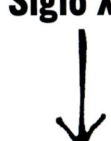

En **Camboya**, el rey jemer Suryavarman II asciende al trono. Encarga **Angkor Wat**, el mayor complejo religioso de la Tierra.

La **abadía de Saint-Denis**, cerca de París, es remodelada con contrafuertes, arcos ojivales y un rosetón, todos ellos rasgos del **gótico**.

Se construye en Malí el mayor ejemplo del mundo de arquitectura de barro, la **gran mezquita de Yenné**.

En Perú, los incas construyen la ciudadela de **Machu Picchu** en un paso estrecho de los Andes.

Santa, en el Mediterráneo oriental. Los castillos que construyeron allí los cruzados –como el Crac de los Caballeros, en Siria– eran más sofisticados que cualquiera de los de Europa.

En el siglo XII, el islam comenzó a expandirse por gran parte del norte de India. El Imperio Chola hindú prosperó en el sur, desde el siglo IX hasta mediados del XIII, reemplazando al budismo y dando lugar a un gran florecimiento de la construcción de templos hindúes.

El vaivén de las mareas religiosas fue especialmente evidente en el sudeste asiático: el complejo de templos de Angkor Wat, en Camboya, fue construido como templo hindú, pero dedicado luego al budismo.

Románico y gótico

En el oeste y norte de Europa, los estilos arquitectónicos dominantes ya entrada la Edad Media fueron el románico y el gótico, caracterizado el primero por muros gruesos, bóvedas de cañón y arcos de medio punto, y el segundo por chapiteles elevados, arcos apuntados, contrafuertes y arbotantes. La población de ciudades enteras cabía en las catedrales góticas, que alcanzaron alturas improbables y tenían grandes vidrieras de colores. La gran época de construcción de catedrales, de 1050 a 1350, solo terminó con la pandemia de la peste negra y la guerra de los Cien Años.

Materiales disponibles

Durante el periodo medieval, la conquista y el comercio condujeron a un rico intercambio de ideas y a la difusión de innovaciones arquitectónicas. Con todo, la arquitectura estaba en gran medida determinada por los materiales de construcción localmente disponibles. En Escandinavia, por ejemplo, donde abundaban los pinos y las píceas, la mayoría de los edificios se hacían de madera, como las iglesias de madera (*stavkirker*) de poste y dintel. En Inglaterra se usaba el roble, madera dura que sirvió para construir los muy resistentes techos de vigas jabalconadas (*hammerbeams*).

Incluso en lugares donde escaseaban la madera y la piedra, el ingenio local produjo arquitectura excelente. La gran mezquita de Yenné, en Malí, por ejemplo, se hizo de adobe cubierto de arcilla, y en Lalibela (Etiopía) se excavaron iglesias en la roca, como en la ciudad nabatea de Petra (actual Jordania) en el siglo I d. C. En Perú, los incas moldearon la ciudadela de piedra de Machu Picchu sobre el contorno rocoso de los Andes. ∎

EL PUERTO

DONDE EL ESPIRITU, EL ALMA Y EL CUERPO DEL HOMBRE HALLAN REFUGIO

LA INSPIRACIÓN ISLÁMICA

EN CONTEXTO

ENFOQUE
Construir para una nueva fe

ANTES
Siglo IV D. C. Los emperadores romanos de Constantinopla financian la construcción de iglesias en el nuevo estilo bizantino.

622 Mahoma construye en Medina la primera mezquita –de ladrillo, con patio en el centro– tras huir de la persecución en La Meca.

661 Muawiyya, emir de Siria, funda el Califato omeya. Él y sus sucesores construyen las mezquitas más antiguas conservadas.

DESPUÉS
711 Un ejército musulmán y bereber cruza el estrecho de Gibraltar y conquista la Hispania visigoda, donde se desarrolló la arquitectura islámica de Al Ándalus.

1335 La ciudad bizantina de Bursa, tomada en 1326 por Orhan, hijo del fundador del Imperio otomano Osmán I, se convierte en su primera capital y centro de una arquitectura otomana en evolución.

1501 Ismaíl I funda la dinastía safaví que dominará Irán durante más de 200 años. La arquitectura islámica florece en la capital, Isfahán.

1526 Baber conquista gran parte del norte de India y funda el Imperio mogol, que un siglo después producirá el Taj Mahal, entre otros muchos edificios esplendorosos.

Ejércitos invasores árabes establecen un **nuevo imperio islámico** en Oriente Próximo y el Norte de África.

Las primeras estructuras islámicas reflejan **influencias grecorromanas, bizantinas** y de la tradición mesopotámica del adobe.

Con la difusión del islam, **evolucionan estilos diversos de arquitectura** islámica en los distintos Estados del islam.

La arquitectura islámica temprana desarrolla rasgos propios, como **patrones geométricos** y **arcos apuntados**.

Elementos islámicos como el arco apuntado **influyen en la arquitectura gótica** medieval europea.

A inicios del siglo VII d. C., una nueva religión surgió en la península Arábiga. Su fundador fue Mahoma, comerciante de La Meca y profeta tenido por receptor de las revelaciones divinas contenidas en el Corán, el texto sagrado de lo que se conocería como el islam. Las ideas encarnadas en el islam se difundieron rápidamente por Oriente Próximo, por el norte de África y el sur de Europa.

En el camino, el islam creó grandes centros del saber, que daban cabida tanto a los estudios teológicos y la formulación del derecho islámico como a la filosofía, medicina, astronomía y otras ciencias y artes. La nueva fe conformó también un nuevo estilo arquitectónico islámico que, si bien sujeto a variaciones regionales importantes, desarrolló un conjunto coherente de principios de diseño claramente diferenciado de las tradiciones occidentales.

Centrada en el interior
Dos de los monumentos islámicos más antiguos que se conservan ilustran la evolución gradual de la arquitectura del islam. La Cúpula de la Roca, en Jerusalén, el más antiguo que existe, fue completada en 692 por el califato omeya, primero de los grandes califatos islámicos, y dueño por la fuerza del derecho a suceder a Mahoma como líder de todos los musulmanes. El diseño de la Cúpula, que es santuario, y no mezquita, no es islámico, sino bizantino, de planta octogonal y cúpula central.

A diferencia de edificios posteriores, la Cúpula de la Roca no presenta lo que no tardaría en ser uno de los aspectos más identificativos de la arquitectura islámica: el én-

Véase también: El arco 38–41 ▪ La cúpula 46–47 ▪ Arquitectura bizantina 52–53 ▪ El gótico 74–81 ▪ El Imperio otomano 124–125 ▪ El caravasar 126 ▪ El jardín islámico 127 ▪ El Imperio safaví 132–133 ▪ El Imperio mogol de India 134–137

Los mosaicos originales de la fachada de la Cúpula de la Roca se sustituyeron por azulejos de fayenza en el siglo XVI. El dorado de la cúpula fue restaurado en la década de 1990.

esta política también en Mushatta (Jordania), donde los restos de un palacio omeya del siglo VIII tienen muros decorados con relieves de animales reales y mitológicos. Las tallas de una de las secciones, sin embargo, son solo de diseños caligráficos abstractos. Se cree que esta parte era el muro de la mezquita del palacio, en el que los artesanos tenían prohibido representar nada sospechoso de idolatría.

Los arabescos de Mushatta, así como otros tipos de patrones geométricos complejos, pasaron a ser un elemento fundamental de la arquitectura islámica. Los patrones —en relieves, baldosas o mosaicos— solían cubrir todas las superficies, desde entradas a paredes, techos y suelos. El detalle exquisito de formas **»**

fasis en el interior de los edificios, y no en el exterior. La Cúpula está cubierta de mosaicos llamativos, pero los edificios construidos poco después presentarían por lo general fachadas sin adorno, que daban poca o ninguna indicación del esplendor del interior.

Los mosaicos deslumbrantes son también un rasgo de la mezquita de piedra más antigua que se conserva, la gran mezquita de Damasco, completada en 715 por los omeyas en el emplazamiento de una iglesia cristiana y un templo pagano anterior. En su día, unos 4000 m² de mosaico dorado cubrían la sala interior y el patio. Aún visibles son los diversos paisajes representados, que se cree representan el paraíso del Corán, con ciudades, casas grandes, un río y grandes árboles.

Patrones geométricos

Los mosaicos de la gran mezquita de Damasco parecen obra de artesanos versados en la tradición bizantina y en otras anteriores, y no hay nada semejante en ninguna otra mezquita. Se muestran imágenes de vegetación, pero no de ningún otro ser vivo, cuya representación pronto prohibiría el islam en la mayoría de sus edificios, para evitar que las imágenes se convirtieran en objeto de culto. Hay pruebas tempranas de

Alá es bello,
y ama la belleza.
Profeta Mahoma
Hadiz **tradicional
(dicho de Mahoma)**

La talla de los arcos de la mezquita de Ibn Tulun, en El Cairo (Egipto), muestra los patrones geométricos que se desarrollaron durante el califato abasí.

geométricas repetidas, con frecuencia solapadas y entrelazadas, sugiere la naturaleza infinita de Alá (Dios), y refleja la unidad y el orden del universo.

Diversidad dinástica

Sin dejar de compartir elementos comunes, el estilo de los edificios islámicos –mezquitas, mausoleos, palacios y madrasas (escuelas religiosas)– varió ampliamente en función de las tradiciones locales, regionales y nacionales, así como de los materiales y la tecnología disponibles. Entre los siglos VII y XVI, las distintas dinastías del mundo islámico, entre ellas los omeyas de Damasco, los abasíes de Bagdad, los fatimíes del norte de África, los selyúcidas turcos y los mamelucos y ayubíes de Egipto, tuvieron cada una un estilo arquitectónico definitorio.

Como sus predecesores en Mesopotamia, los abasíes construyeron con ladrillos; el minarete elevado de adobe de la gran mezquita de Samarra del siglo IX, en Irak, está envuelto por una rampa espiral, inspirada en los antiguos zigurats de la región. En Egipto, los artesanos de El Cairo eran canteros expertos, como sus antepasados faraónicos, mientras que los selyúcidas hicieron amplio uso de los azulejos vidriados, una tradición anterior al islam característica de Asia Menor y Central.

Gloria de los mamelucos

La arquitectura del mundo islámico alcanzó un nivel de sofisticación notable durante el sultanato mameluco de Egipto, de 1250 a 1517. Los mamelucos, originalmente soldados esclavos, tomaron el poder en Egipto y acabaron por controlar gran parte de

> La relación causal entre la revelación islámica y el arte islámico [...] se expresa en la sintonía orgánica entre dicho arte y el culto islámico.
> **Seyyed Hossein Nasr**
> **Filósofo iraní**
> **(n. en 1933)**

Oriente Próximo. Los sultanes financiaron programas de construcción fastuosos, en particular en El Cairo y Damasco, los centros de su poder. El conjunto mameluco arquetípico incluye una mezquita, una madrasa y un mausoleo (para el mecenas), en un complejo que rara vez era simétrico. La falta de simetría fue común en la arquitectura islámica, a menudo porque los edificios tenían que encajar en un trazado urbano precedente y cumplir con la orientación hacia La Meca requerida en los espacios internos. Aún así, los edificios eran equilibrados y armoniosos, muchos de ellos rematados por cúpulas de piedra con techos exquisitamente tallados con patrones geométricos, estrellas entrelazadas o arabescos.

Las cúpulas se solían elevar sobre tambores cilíndricos para aumentar el volumen de los espacios interiores. Las pechinas, soportes triangulares curvos que llenan las esquinas en la transición de un espacio cuadrado a la cúpula, se volvieron extraordinariamente elaboradas, embellecidas con tallas decorativas, llamadas *muqarnas*.

Los minaretes ornamentados mamelucos tenían con frecuencia

Toda mezquita tiene determinados elementos esenciales: lo más importante es un espacio despejado en el que orar, un *mihrab* para indicar hacia dónde hacerlo y una fuente de agua limpia para las abluciones de los fieles. Otros rasgos son opcionales o simbólicos.

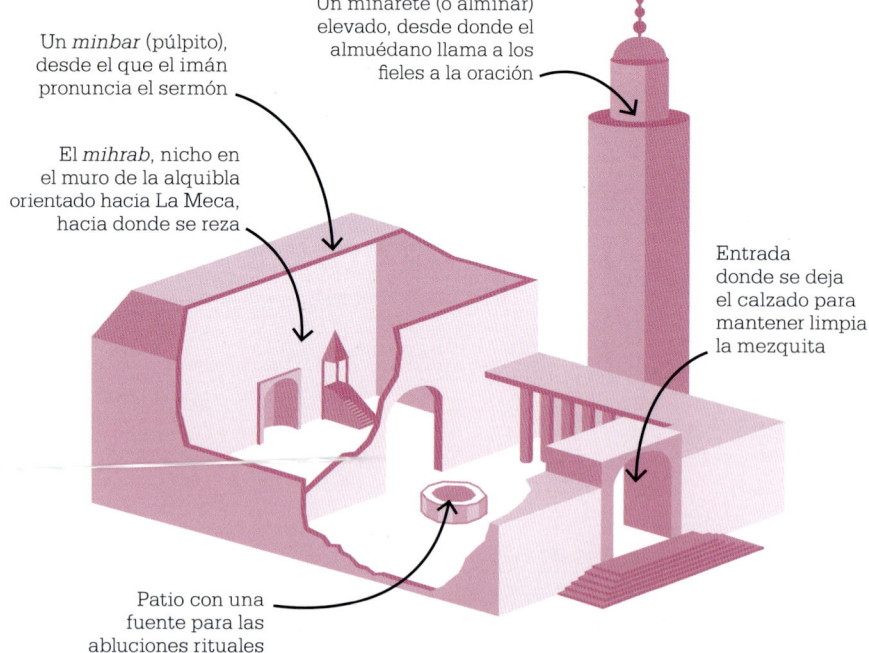

Un *minbar* (púlpito), desde el que el imán pronuncia el sermón

Un minarete (o alminar) elevado, desde donde el almuédano llama a los fieles a la oración

El *mihrab*, nicho en el muro de la alquibla orientado hacia La Meca, hacia donde se reza

Entrada donde se deja el calzado para mantener limpia la mezquita

Patio con una fuente para las abluciones rituales

Las ornamentadas bóvedas de la mezquita del Viernes, en Isfahán (Irán), son un ejemplo temprano de las decorativas *muqarnas*.

tres niveles: una base cuadrada, un tramo octogonal encima y, luego, otro cilíndrico, cuya parte superior podía tener una columnata. Ventanas y patios bien situados distribuían la luz por los edificios, refrescados por medio de un catavientos, el *malqaf*, estructura triangular con un lado vertical abierto orientado hacia el viento.

Intercambios culturales

La arquitectura mameluca era en su esencia cosmopolita, ya que El Cairo era un gran centro político y comercial que atraía artesanos y viajeros de todo el mundo islámico y de más allá. Incorporaba influencias norteafricanas y persas, así como de los edificios construidos por los cruzados que combatían a los mamelucos en Palestina.

El intercambio fue mutuo, y los desarrollos de la arquitectura mameluca, como los de otras dinastías islámicas, fueron exportados a Europa. El origen de los arcos apuntados, bóvedas de crucería, chapiteles y rosetones –elementos fundamentales del estilo gótico– se puede relacionar con edificios del ámbito del islam. En el norte de Italia, en la ciudad-estado de Venecia, que mantenía un comercio importante con los mamelucos, muchos edificios medievales exhiben influencias islámicas: la fachada del palacio Ducal, por ejemplo, recuerda poderosamente a la disposición de las columnatas, ventanas ciegas y redondas y crestería de algunas mezquitas de El Cairo.

Siglos antes de los intercambios arquitectónicos entre culturas de la época de los mamelucos, incluso la arquitectura islámica más temprana incorporó algunos principios de construcción griegos y romanos clásicos. Ciertos elementos del diseño se exportaron luego a Occidente, al adoptarlos los mecenas cristianos. Más tarde, con la difusión del islam en Asia Central e India, su arquitectura absorbió las tradiciones locales, alcanzando nuevas cumbres de perfección en los imperios safaví y mogol. ■

La puerta de Bagdad, en Raqqa (Siria), fue antes parte de una gran muralla construida por los abasíes en el siglo VIII.

El arco apuntado

Un rasgo definitorio de la arquitectura tanto islámica como gótica es el arco apuntado, en cuya parte superior se hallan los dos lados en un ángulo relativamente agudo, en contraste con el arco tradicional romano, semicircular y con una dovela central, o clave.

Existen ejemplos de arcos apuntados en India y Oriente Próximo que datan de la era preislámica, pero no se volvieron más comunes hasta el califato de la dinastía abasí, que gobernó desde Bagdad entre 750 y 1258.

Desde esta época en adelante, en los edificios islámicos se construyeron arcos apuntados sobre ventanas y puertas, en bóvedas y columnatas y en el diseño del *mihrab*, el nicho en las salas de oración que indica la dirección de La Meca.

Durante los siglos XI y XII, los turcos selyúcidas emplearon arcos apuntados al reconstruir puentes romanos. Más tarde, los persas y mogoles los construyeron de tamaño enorme en los grandes portales o patios abovedados enteramente abiertos por un lado (iwán).

EL ADORNO DEL MUNDO

ARQUITECTURA HISPANOMUSULMANA

En 718, el califato omeya se había apoderado de la mayor parte de la península ibérica, lo cual puso fin al reino cristiano de los visigodos.

El dominio musulmán se extendió a casi toda la península ibérica, menos a las regiones del norte próximas al mar Cantábrico, y duró casi 800 años. Esos territorios se llamaron Al Ándalus, que fue uno de los centros del saber, de las artes y del comercio más importantes del mundo. Córdoba, capital del emirato y califato de su mismo nombre, fue un puente entre las ciudades cultural y académicamente avanzadas del mundo islámico y una Europa que estaba emergiendo del colapso del Imperio romano. En Córdoba y otras ciudades de Al Ándalus, como Granada y Sevilla, se desarrolló una arquitectura propia diferenciada de la del resto del mundo islámico.

Influencias e innovación
La arquitectura de Al Ándalus incorporó elementos de las tradiciones visigótica y romana, como el arco de herradura, las columnas y los mo-

Influencias visigóticas:
arcos de herradura; motivos animales y vegetales.

Influencias romanas y bizantinas:
columnas con capiteles corintios; mosaicos; arcos de medio punto; cúpulas.

Influencias omeyas:
patios y fuentes; patrones geométricos; motivos islámicos y caligrafía.

Arquitectura de Al Ándalus

Véase también: El arco 38–41 ▪ La inspiración islámica 58–63 ▪ El jardín islámico 127 ▪ El Imperio safaví 132–133 ▪ El Imperio mogol de India 134–137

La sala de oración de la gran mezquita de Córdoba combina dovelas de piedra y ladrillo en los arcos y en las bóvedas.

saicos. A estos se añadieron motivos propios de Siria, base del poder omeya, como los patrones geométricos y las decoraciones elaboradas en estuco y azulejos. También introdujeron nuevas formas arquitectónicas más complejas, ejemplo de lo cual es la gran mezquita de Córdoba, uno de los mayores logros arquitectónicos de la Europa medieval.

Dicha mezquita se construyó en el siglo VIII, y fue ampliada en los siglos IX y X. La planta era la misma de otras mezquitas en todo el mundo islámico: un patio con arcadas y una sala de oración cubierta, ambos espacios rectilíneos. El rasgo más extraordinario era un bosque de más de 850 columnas que soportaba el tejado de la sala de oración, un eco de las salas hipóstilas del antiguo Egipto y la antigua Grecia (el término *hipóstilo* es de origen griego, y significa «techo soportado por columnas»). El edificio original reutilizó también columnas romanas y visigodas, pero no eran de altura suficiente, de modo que los ingenieros construyeron dos niveles de arcos sobre ellas, quizá inspirados en las arcadas dobles de los acueductos romanos de Hispania.

Paraíso oculto

En Granada, los sultanes de la dinastía nazarí, que la gobernaron desde 1238 hasta 1492, crearon una vasta obra maestra arquitectónica, encaramada sobre una colina en las estribaciones de Sierra Nevada. La Alhambra (que significa «la roja» en árabe) era un palacio-fortaleza ideado como versión del paraíso en la Tierra. El complejo de edificios, de unas 10,5 hectáreas, comprende una sucesión de salas y cámaras cada vez más privadas, conectadas por patios y jardines con fuentes, adornadas con esculturas de estuco y azulejos polícromos.

Las representaciones de la Alhambra se difundieron por Occidente a partir del siglo XVIII, familiarizando a un público nuevo con la arquitectura hispanomusulmana, e inspirando a su vez a arquitectos de Europa y América a construir en el estilo llamado alhambresco. ∎

El legado de Al Ándalus

Los ejércitos musulmanes que conquistaron la Hispania visigoda procedían del norte de África, y no sorprende, por tanto, que la región, y en particular Marruecos, comparta arquitectura con Al Ándalus. Los estilos y motivos arquitectónicos hispanomusulmanes siguieron empleándose en Marruecos mucho después de la caída de Granada a finales del siglo XV, y varias ciudades con centros medievales bien conservados, como Fez y Marrakech, conservan muchos ejemplos de ello.

Desde el siglo XX, elementos de dicho estilo, como las tallas de estuco, la orfebrería y los azulejos han sido sinónimos del diseño marroquí de interiores. Los reyes recientes de Marruecos han fomentado que se mantengan vivas estas tradiciones arquitectónicas: la mezquita de Hasán II, en Casablanca, completada en 1993, dio empleo a miles de profesionales, y sirvió como escuela de formación de futuros artistas y artesanos.

La mezquita de Hasán II, de influencia andalusí, tiene capacidad para 105 000 fieles.

LA UNIDAD DE LOS HUMANOS CON LA TIERRA Y EL CIELO

LOS PUEBLO

L os colonizadores españoles llamaron «pueblos» a los conjuntos de núcleos de viviendas que encontraron en el territorio del actual Nuevo México. Hoy, los habitantes de aquellos núcleos se conocen como los pueblo, cultura que floreció desde alrededor de 750 hasta 1300 d. C., y que se desarrolló en el suroeste del actual territorio de EE. UU.

Dichos núcleos urbanizados de los pueblo parecen formar parte del paisaje, lo cual contrasta con los estilos urbanísticos y arquitectónicos que imponen a modo de desafío al entorno circundante. Las construcciones de los pueblo recuerdan a complejos de apartamentos, en muchos casos de múltiples plantas; generalmente se construían junto a paredes de roca o acantilados, y en algunos casos estaban excavados en la ladera de un cañón. Algunos

El Cliff Palace de Colorado contiene más cámaras ceremoniales que otros asentamientos pueblo, por lo que pudo ser un lugar de reunión de los clanes locales.

Véase también: Refugio 18–19 ■ Viviendas 42–45 ■ Edificios rupestres 88–89 ■ El barro 90–93 ■ Ciudades de montaña 100–101

Vista aérea de las ruinas de Pueblo Bonito, la mayor casa del Parque Histórico Nacional de la Cultura Chaco, en Nuevo México.

Los misterios de la cultura pueblo

La mayoría de los asentamientos pueblo fueron abandonados antes de la llegada de los colonizadores europeos, y es mucho lo que se ignora sobre su cultura. Un misterio es el de las denominadas «casas grandes». Algunos historiadores creen que eran espacios centrales y almacenes, donde se reunían los distintos clanes con fines rituales, o bien para intercambiar noticias y bienes.

Los arqueólogos consideran altamente sofisticada la sociedad de los pueblo: muchos edificios están alineados con los puntos cardinales, y algunos están situados de modo que, durante los equinoccios de primavera y otoño, el sol ilumina puntos de la roca señalados con pictogramas.

Los motivos del colapso de esta cultura en el siglo XIV no están claros. El análisis climático histórico revela que hubo años de sequía prolongada, y puede que la amenaza del hambre masiva moviera a la población a abandonar su tierra ancestral para no volver nunca.

de estos núcleos tenían miles de habitantes, y en ellos había una destacada actividad, incluidos festivales culturales. Asimismo, sus habitantes mantenían contactos comerciales que llegaban hasta el océano Pacífico, al oeste, y los actuales Canadá, al norte, y México, al sur. Ya en el siglo XI d. C., los antiguos pueblo tenían un estilo de vida rico, altamente desarrollado y complejo, más avanzado que el de parte alguna de Europa en la época.

Diseños sofisticados

Los asentamientos por los que se conoce a los pueblo consisten en complejos de viviendas con tejados de vigas de madera y muros de losas de arenisca, adobe o ladrillo, levantados con mortero de barro hecho de arcilla, arena y cieno. La mayoría de los edificios eran estructuras rectangulares, con otra menor encima y otra aún menor sobre esta, formando una terraza en cada planta. Los edificios más altos tenían cuatro o cinco plantas. Para facilitar la defensa, no había puertas en la planta baja, sino entradas en los tejados, a los que se accede

día mediante escaleras exteriores de madera que se retiraban a voluntad.

En el actual parque nacional de Mesa Verde (Colorado) hay unas 600 viviendas –algunas agrupadas en aldeas– excavadas en acantilados y en otros emplazamientos naturalmente protegidos del clima extremo, los animales salvajes y los invasores humanos. Muchas de las viviendas consisten en una o dos estancias construidas en cuevas poco profundas, y el lugar hoy conocido como Cliff Palace contiene unas 150 estancias y 23 *kivas*, salas subterráneas circulares de más de 100 m², que se cree se utilizaban para reuniones y ceremonias religiosas.

Proliferación de estilos

Avances agrícolas y medios eficaces de almacenamiento de agua permitieron a los pueblo desarrollar asentamientos complejos y organizados a gran escala. Uno de ellos se halla en el cañón del Chaco, en Nuevo México, donde hay más de una docena de estructuras inmensas, llamadas «casas grandes» por los arqueólogos. La mayor de estas, Pueblo Bonito,

es de forma semicircular y contiene unas 800 estancias en edificaciones de cuatro o cinco plantas, que pudieron dar cabida a hasta mil personas.

Al establecer comunidades propias en la región en el siglo XVII, los colonos españoles adoptaron los métodos de construcción con adobe de los pueblo. Esta fusión de influencias nativas americanas y españolas dio lugar al estilo neopueblo, conocido en EE. UU. como *Spanish Pueblo*, y la construcción con adobe sigue siendo popular en esta parte del país. ■

Las comunidades pueblo […] supieron siempre que no somos algo aparte de la naturaleza, sino parte de ella.
Terry Tempest Williams
Conservacionista estadounidense
(n. en 1955)

LA FORMA FISICA DE DIOS

TEMPLOS INDIOS

Los estilos de templo indio varían según la región y la época de construcción, pero comparten algunos elementos comunes.

Kalasha Pináculo de piedra o metal sobre la shikhara

Amalaka Corona de piedra sobre la shikhara que puede tener forma de pétalos de flor de loto

Shikhara Torre («pico de montaña») sobre el santuario interior que puede ser alta y curva o escalonada como una pirámide

Ardhamandapa Pórtico o sala semiabierta por la que se accede al templo

Mandapa Gran sala abierta, a menudo con columnas, como entrada principal

Garbhagriha Cámara interior ricamente decorada («casa-matriz») que alberga el icono principal del templo

En las tres grandes religiones monoteístas del mundo, el judaísmo, el cristianismo y el islam, la sinagoga, la iglesia y la mezquita están concebidas como lugares donde se congregan los fieles para el culto comunal. No es el caso del templo indio, sea budista, hindú o jainista. Los hindúes, con mucho el mayor grupo religioso de India, no visitan regularmente el templo, pues pueden hacer la *puya* –ritual para honrar a sus muchos dioses– en un santuario en su propia casa. El templo es un lugar de peregrinaje ocasional, un lugar sagrado que simboliza el modo de vida hindú y celebra el mundo natural y los placeres

Véase también: La estupa 36 ▪ Templos del Sureste Asiático 86–87 ▪ Edificios rupestres 88–89 ▪ El Imperio mogol de India 134–137

> *Un templo es el cosmos entero en miniatura.*
> **Swaraj Prakash Gupta**
> **Arqueólogo e historiador**
> **del arte indio (1931–2007)**

terrenales, además de representar el ámbito de los dioses.

Tales aspectos multifacéticos de la fe se reflejan en tallas exteriores elaboradas, de modo que los templos indios son obras escultóricas, además de arquitectónicas.

Espiritual y físico

Los primeros templos hindúes eran santuarios con una estructura simple de madera o excavados en cuevas. En India, la construcción de templos a escala mayor y geográficamente más extensa coincidió con el auge de las poderosas dinastías Gupta y de los pallavas del siglo IV d. C. Emergían entonces sectas hindúes nuevas, y el hinduismo estaba superando en popularidad al budismo.

Los arquitectos de la dinastía pallava excavaron sus primeros templos en la roca, antes de erigir edificios exentos. En Mahabalipuram, en la bahía de Bengala, los templos pallavas construidos en los siglos VII y VIII combinan pabellones y santuarios tallados en el paisaje granítico con estructuras hechas de piedra tallada. El lugar incluye un enorme relieve al aire libre que representa el descenso del Ganges, con cientos de dioses, seres mitológicos, humanos, monos y elefantes.

El amor a la naturaleza expresado en el relieve es un rasgo de los templos tempranos. Otros posteriores celebraron los placeres físicos humanos, caso de las figuras eróticas en el exterior de los templos de Khajuraho, en India central, construidos en 885–1050 durante la dinastía chandela.

La cumbre de la construcción de templos

La arquitectura de los templos indios alcanzó el mayor grado de ambición bajo el Imperio Chola (848–1279) de Tamil Nadu, en el sur de India. Sus emperadores hicieron construir tres complejos de templos en la capital Thanjavur y alrededores. Una estatua gigante de Nandi, el toro sagrado que monta el dios Shiva, de 25,4 toneladas y tallado de un único bloque de piedra, guarda la entrada al templo Brihadisvara, completado en 1010. Corona el templo una torre de granito de 13 plantas y 66 m de alto, cubierta de figuras esculpidas. El templo menor del mismo nombre en Gangaikonda Cholapuram, completado en 1035, tiene una torre más curvilínea, pero del mismo estilo piramidal preferido en el sur de India. El menor pero más ricamente decorado de los tres templos, Airavatesvara, tiene un carro y caballos esculpidos en la piedra del vestíbulo. Al final del Imperio Chola, en el siglo XIII, los invasores musulmanes destruyeron muchos templos, pero las tradiciones arquitectónicas hindúes sobrevivieron en el sur. Más allá del subcontinente, el crecimiento de las comunidades indias emigradas condujo a un renacimiento de la construcción de templos, siguiendo los mismos principios antiguos, en países como Australia, Reino Unido, Canadá y EE. UU. ∎

La densamente ornamentada torre del templo de Brihadisvara está hecha de granito, una de las rocas más difíciles de tallar. Su empleo reflejaba el poder y ambición de los soberanos Chola.

EL RENACIMIENTO DE LA ROMA DORADA
EL ROMÁNICO

EN CONTEXTO

ENFOQUE
**La influencia
del Sacro Imperio
Romano Germánico**

ANTES
Siglo II A. C. Los romanos
desarrollan la basílica, edificio
que posteriormente será el
modelo para las primeras
iglesias cristianas.

330 D. C. La ciudad de
Bizancio recibe el nuevo
nombre de Constantinopla.

DESPUÉS
1135 Comienzan los trabajos
en la basílica de Saint-Denis
(Francia), considerada el primer
ejemplo del gótico evolucionado
a partir del románico.

1844 Empieza la construcción
de la iglesia de los Peregrinos de
Nueva York, primer ejemplo del
neorrománico en EE. UU.

1881 Acaban los trabajos del
Museo de Historia Natural
de Londres, edificio civil de
estilo neorrománico.

Los arcos de medio punto de la
capilla Palatina de Aquisgrán (hoy
en Alemania) son típicos del estilo
carolingio. Hay poca luz natural,
pero el interior está adornado con un
revestimiento de mármol de colores.

Con la caída del Imperio romano de Occidente en el siglo V d. C., Europa quedó escindida en un mosaico de Estados menores. La excepción fue el periodo 800-843, cuando el franco Carlomagno (747–814) logró reunir gran parte de Europa occidental y central bajo el llamado Imperio carolingio. Bajo su reinado se dio un renacimiento cultural, y la arquitectura adoptó el arco de medio punto, las columnas y las basílicas de la antigua Roma, rasgos que desembocarían más tarde en el románico, la primera arquitectura paneuropea desde la era romana. La

más alta expresión del arte carolingio es la capilla Palatina, encargada por Carlomagno para su palacio en Aquisgrán (Alemania). Consagrada en 805, tanto su planta de 16 lados como su cúpula octogonal se inspiraban en las iglesias bizantinas, como la de Santa Sofía, en Constantinopla (hoy Estambul, en Turquía), y la de

Véase también: La columna 26–33 ▪ El arco 38–41 ▪ La basílica 48–49 ▪ Arquitectura bizantina 52–53 ▪ El castillo 72–73 ▪ El gótico 74–81 ▪ El eclecticismo 172–173 ▪ Revivir el pasado 196–197 ▪ Regreso al clasicismo 305

> Una de las grandes experiencias arquitectónicas de Europa.
> **Nikolaus Pevsner**
> **Historiador de la arquitectura británico (1902–1983), sobre la catedral de Durham**

San Vital de Rávena (Italia). Al tomar prestada la arquitectura de Constantino el Grande, Carlomagno quería subrayar su categoría como heredero del Imperio romano.

Rasgos románicos

Tras el declive del Imperio carolingio, e impulsado por el monasticismo en el siglo X, el románico se dio en lo que hoy es Italia, Francia, Alemania y el norte de España, llegando a Escandinavia y las islas británicas. Sus rasgos clave eran los muros gruesos y los vanos pequeños, estructuralmente necesarios para una altura y solidez que soportara los techos cóncavos formados por bóvedas de cañón. La función de los arcos semicirculares romanos era tanto estructural como decorativa, y se disponían a menudo de forma consecutiva, como arcada soportada por columnas o pilares, estructuras cuadradas o rectangulares de ladrillo o piedra. En el estilo románico se construyeron edificios muy

La capilla de Cormac, una de las primeras iglesias románicas de Irlanda, consagrada en 1134, tiene el interior pintado, una puerta norte elaborada, vanos pequeños y muchas ménsulas.

diversos, como casas de comerciantes, edificios civiles, palacios y castillos, pero la gran mayoría de los que se conservan son iglesias. En los siglos XI y XII se construyeron cada vez más grandes, para dar cabida al creciente número de fieles y peregrinos. Las iglesias adaptaron la planta de la basílica romana, pero con el añadido del transepto, estructura que atraviesa la nave en ángulo recto, formando una cruz latina de tramo vertical alargado. Muchas incluían también un deambulatorio, por el que los fieles podían recorrer el perímetro interior.

Estilos en evolución

La catedral de Espira, en Alemania, es un parangón del románico. De arenisca roja con aspecto de fortaleza, esta iglesia fue la mayor del mundo cuando se completó en 1106. Un ejemplo más estilizado del románico lo encontramos en la catedral de Pisa, en Italia. Completada en 1092, los niveles de columnatas en la fachada y en su torre inclinada (con función de campanario) ilustran la continuidad entre los mundos clásico y medieval.

El románico adoptó formas más rotundas tras la conquista de Inglaterra por Guillermo el Conquistador en 1066. Tanto en Inglaterra como en Francia, los normandos expresaron su autoridad con catedrales enormes, como las de Caen y Durham, y con el poderío defensivo de los castillos. La Torre Blanca, la parte más antigua de la torre de Londres, fue uno de los primeros castillos ingleses, y otros se construyeron como parte de las campañas militares normandas en Italia, Sicilia y Tierra Santa. En definitiva, el románico fue un puente entre la pulcra arquitectura romana y el refinamiento artístico del gótico, cuyas manifestaciones empiezan a aparecer a mediados del siglo XII. ■

PILARES MONUMENTALES EN EL FLUIR DEL TIEMPO
EL CASTILLO

La gran era de los castillos comenzó en el siglo IX d. C. La muerte del emperador Carlomagno en 814 inició un periodo de conflictos internos e invasiones en Europa central y occidental, que hicieron necesarias las construcciones defensivas.

Los primeros castillos fueron versiones mejoradas de las empalizadas y fosos existentes. Construidas por los terratenientes para proteger el grano cosechado y el ganado, estas estructuras, muy comunes en Francia durante el reinado de Carlomagno, consistían en un cerro o montículo (mota) dentro de un recinto o patio cerrado (*bailey*) por una empalizada, con una puerta fortificada. Sobre la mota había un torreón, o torre del homenaje, de madera.

Después de invadir Inglaterra Guillermo el Conquistador en 1066, los normandos construyeron rápidamente una red de fortalezas de mota y *bailey* para someter a los ingleses y controlar el territorio conquistado. A finales del siglo XI, las torres de ma-

Los inclinados glacis de piedra del Crac de los Caballeros eliminaban los puntos ciegos, dando a los defensores una vista despejada de todo asaltante que tratara de escalar la muralla.

Véase también: Arquitectura bizantina 52–53 ▪ El Japón del periodo Edo 128–131 ▪ El Imperio mogol de India 134–137 ▪ El eclecticismo 172–173

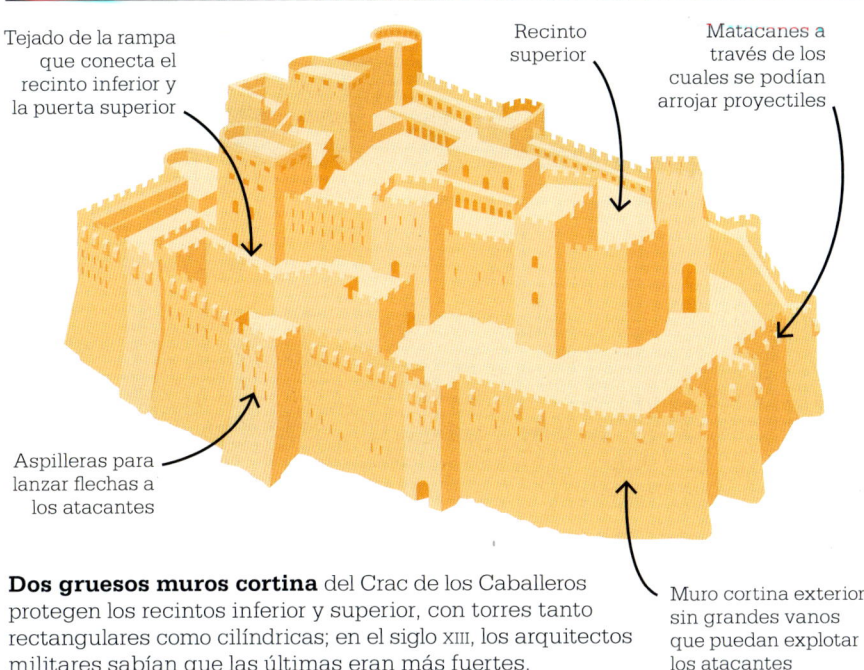

Tejado de la rampa que conecta el recinto inferior y la puerta superior

Recinto superior

Matacanes a través de los cuales se podían arrojar proyectiles

Aspilleras para lanzar flechas a los atacantes

Muro cortina exterior sin grandes vanos que puedan explotar los atacantes

Dos gruesos muros cortina del Crac de los Caballeros protegen los recintos inferior y superior, con torres tanto rectangulares como cilíndricas; en el siglo XIII, los arquitectos militares sabían que las últimas eran más fuertes.

dera empezaron a sustituirse por estructuras de piedra. Estos castillos albergaron a los nobles normandos y sus familias, además de soldados, armerías, establos y capillas.

Arquitectura de conquista

El diseño de los castillos evolucionó para sacar partido de rasgos topográficos que podían ofrecer defensas naturales, como afloramientos rocosos o meandros de ríos. El gran salto adelante en el diseño llegó del Mediterráneo oriental, cuando los caballeros europeos establecidos allí en la Primera Cruzada (1096–1099) necesitaron fortificaciones para conservar las tierras conquistadas.

Los cruzados combinaron sus propios conocimientos de construcción de castillos con lo que habían visto en el Imperio bizantino, como las líneas de defensa concéntricas –castillos dentro de castillos– y torres cilíndricas, proyectadas desde el muro exterior para dar a los defensores (por ejemplo, a los arqueros) un mayor ángulo de tiro. La cumbre de sus logros fue el Crac de los Caballeros, en Siria: construido por fases en los siglos XII y XIII, tenía dos anillos de murallas defensivas, glacis y enormes torres; resistió tres asedios.

Un símbolo ideológico

Las innovaciones de los castillos cruzados no tardaron en copiarse en Europa. Posteriormente, en respuesta al uso bélico de la pólvora, hubo que adaptar los castillos para y contra nuevos tipos de artillería, con muros más gruesos y emplazamientos para cañones. A finales del siglo XVI, sin embargo, los cañones pudieron abrir brecha en los muros cortina más macizos, y los castillos se volvieron mucho menos efectivos. En el siglo XIX se dio un renacimiento romántico de la construcción de castillos, como parte del neogótico. ∎

Fortalezas indias

La tradición de la construcción de fortalezas en India es al menos tan antigua como la construcción de castillos en Europa. La más antigua que se conserva, Qila Mubarak, en Bathinda (Punyab), se considera obra de la dinastía Kushan, en 90–110 d. C.

Entre las mejores fortalezas indias están las de montaña que sirvieron de bases del poder de los principados rajputas, que prosperaron entre los siglos VIII y XVIII en lo que hoy es Rajastán. Una de ellas, la ciudad-fortaleza Chittorgarh, fue construida en la cima de un monte en el siglo VIII. Sus 13 km de murallas abarcan palacios, 19 templos, unos 20 lagos, estanques y embalses, así como una población en ruinas.

La fortaleza elevada de Kumbhalgarh es aún mayor, con unos 36 km de muralla perimetral, la llamada «Gran Muralla de India». Esta tiene siete puertas fortificadas y encierra un complejo palaciego y más de 70 templos.

[…] se alza entre las estrellas como nido de águila y morada de la luna.
Abu Shama
Historiador árabe (1203–1267), describiendo la fortaleza de Belvoir, en Palestina

LA INFINITUD
HECHA IMAGINABLE

EL GÓTICO

EN CONTEXTO

ENFOQUE
Bóvedas ambiciosas

ANTES

Siglo II A. C. Se desarrolla la basílica romana, modelo de la iglesia cristiana posterior.

750 D. C. La dinastía abasí de Bagdad se hace con el control del mundo islámico. Los arcos apuntados serán un rasgo de las mezquitas y de otros edificios abasíes.

775 Consagración de la abadía de Saint-Denis, cerca de París, tras reconstruirse al estilo de basílica romana.

1066 Guillermo, duque de Normandía, conquista Inglaterra y comienza a construir y reconstruir iglesias en el estilo románico normando.

1096 La Primera Cruzada familiariza a muchos europeos con la arquitectura islámica.

DESPUÉS

1337–1453 Durante la guerra de los Cien Años entre Inglaterra y Francia, divergen los estilos góticos y se desarrolla el gótico perpendicular inglés.

Década de 1540 La catedral gótica de Santa María la Menor, la más antigua de América, se completa en La Española (República Dominicana).

1907–1990 Se construye en Washington D. C. (EE. UU.) la catedral Nacional de Washington, sexta mayor del mundo, en estilo gótico inglés del siglo XIV.

Tanto en la forma como en la tecnología, el gótico supuso una clara revolución en la arquitectura europea. Surgió a mediados del siglo XII a partir del románico en el norte de Francia, y rápidamente se diferenció de dicho estilo. Alcanzó una edad dorada durante la primera mitad del siglo XIII, para luego florecer tardíamente un siglo después. El estilo fue desplazado por el Renacimiento italiano, en cuyo seno se acuñó el término *gótico*, en alusión despectiva a la arquitectura angulosa y poco racional de los «bárbaros del norte», o godos, uno de los varios pueblos germánicos invasores que precipitaron la caída del Imperio romano de Occidente. Sin embargo, cualidades del gótico como la verticalidad vertiginosa, los espacios cavernosos, la ligereza y la decoración intrincada conservaron su atractivo. De hecho, este estilo resurgió con fuerza en el neogótico del siglo XIX, y siguió dando forma a proyectos arquitectónicos hasta entrado el siglo XX.

La cuna del gótico

El gótico es una rareza entre los grandes movimientos arquitectónicos, en tanto que sus orígenes se

Toda buena arquitectura es moderna en su tiempo. El gótico fue una conmoción fantástica.
Richard Rogers
Arquitecto británico (1933–2021)

pueden rastrear y fijar en un edificio concreto. La abadía de Saint-Denis (actualmente basílica de Saint-Denis), en el norte de París, había sido el lugar del entierro de casi todos los reyes de Francia desde al menos el siglo VII. En el siglo XII, el mausoleo real se encontraba en mal estado, y el nuevo abad Suger se propuso restaurar el edificio de un modo que expresara la grandeza tanto de la corona como de Dios. Con los generosos fondos aportados por Luis VI (y después por su hijo y sucesor, Luis VII), Suger se sirvió de la filosofía teológica y de la nueva tecnología para sentar las bases del estilo gótico: creía

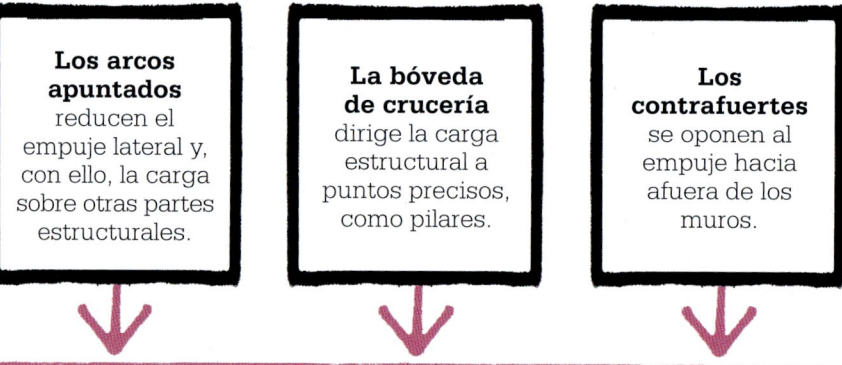

Los arcos apuntados reducen el empuje lateral y, con ello, la carga sobre otras partes estructurales.

La bóveda de crucería dirige la carga estructural a puntos precisos, como pilares.

Los contrafuertes se oponen al empuje hacia afuera de los muros.

La arquitectura gótica nació de innovaciones tecnológicas y estilísticas inspiradas en construcciones bizantinas, románicas e islámicas.

La fachada oeste de Saint-Denis incluye elementos arquitectónicos góticos clásicos como contrafuertes proyectados, un rosetón circular y tallas exteriores de figuras bíblicas.

en la luz como representativa de la divinidad, y uno de los fines principales de la reforma de Saint-Denis fue introducir en el edificio tanta luz y espacio como fuera posible.

Suger concentró los trabajos en dos áreas: la fachada oeste y, en el lado este, el ábside que albergaba el altar. Hizo demoler la fachada del siglo VIII, y la reemplazó por un diseño en el que cuatro contrafuertes masivos dividen la fachada en tres. Los contrafuertes se habían empleado antes, en los edificios románicos en particular, pero generalmente de forma más discreta, más a modo de pilastras. El empleo de contrafuertes visualmente dominantes sería un elemento clave del nuevo estilo. Elevado sobre la entrada principal, Suger añadió otra innovación, el rosetón. Se habían visto antes vanos redondos en edificios eclesiásticos, pero no en la fachada.

Más elevado y ligero

Durante siglos, se habían empleado arcos y bóvedas –arcos sucesivos que forman un techo o tejado– en la arquitectura romana, bizantina, islámica y románica. En Saint-Denis, sin embargo, estos elementos críticos de carga se usaron de un modo nuevo e innovador.

Para reconstruir el ábside y su deambulatorio –pasillo tras el altar–, Suger derribó la pesada y oscura estructura románica existente y, a lo largo de tres años, creó algo completamente distinto. Sus canteros usaron arcos apuntados –anteriormente vistos sobre todo en la arquitectura islámica– y bóvedas de crucería, elementos ambos que transmitían la carga de forma controlada –en el caso de la bóveda de crucería, a filas de columnas o pilares. Esto permitía hacer muros más delgados y altos entre las columnas y pilares, a los que se añadía el apoyo exterior de una serie de medios arcos, los arbotantes (recuadro, p. 79).

Juntos, estos tres elementos arquitectónicos clave –arcos apuntados, bóvedas de crucería y arbotantes– permitieron a los constructores elevar el techo hasta una impactante altura de 28 m. También pudieron llenar gran parte del espacio del muro con vanos grandes, por los que entraba abundante luz natural al interior, filtrada a través de vidrieras »

Los chapiteles de Chartres son de distinto estilo: el del sur, más sobrio, es de mediados del siglo XII; el del norte se reconstruyó en el estilo gótico flamígero tras un incendio en 1506.

multicolores con escenas bíblicas que parecían hechas de joyas, toda una rareza en la época. Suger había creado una arquitectura que se veía como lo más próxima posible a una visión de los cielos que pudieran llegar a experimentar los fieles cristianos sujetos a la tierra. Radicalmente distintas de todo lo visto antes, las innovaciones de Suger dejaron sentado el modelo para el nuevo estilo arquitectónico gótico.

Florecimiento francés

La forma gótica –conocida entonces como *opus francigenum* («obra francesa»)– se asentó pronto en Francia, donde fue rápidamente adoptada para tres nuevas catedrales, la de Sens, en Borgoña, y las de Laon y Noyon, al noreste de París. Dominaron en altura sus ciudades, igualando en esplendor a palacios y castillos en los que la mayoría del pueblo no entraría nunca.

En el centro antiguo de París, la construcción de la gran catedral de Notre Dame comenzó en 1163, siguiendo el estilo de la de Saint-Denis. En la fachada de Notre Dame se usó también el patrón de cuatro contrafuertes que la dividían en tres, con tres grandes puertas de arco, dos torres (de las que Saint-Denis perdió una) y un gran rosetón central. En Notre Dame se emplearon casi todos los avances tecnológicos de Saint-Denis, incluidos los arbotantes –siendo una de las primeras catedrales en hacerlo–, pero con una nave aún más elevada, de 35 m.

Notre Dame de París superó también a su predecesora en el uso de la decoración. Saint-Denis era de una osadía arrebatadora por su estructu-

ra, pero sobria en cuanto a la ornamentación. Notre Dame, en cambio, estaba abundantemente adornada con esculturas, una tendencia que se desarrollaría a lo largo de los siglos, con tracería en piedra cada vez más elaborada en las ventanas y nervaduras en el techo, además de una plétora de tallas de ángeles, demonios y gárgolas, figuras grotescas animales o humanas que adornaban los caños de desagüe de las canaletas.

Muros de luz

La creciente habilidad –y atrevimiento– de los canteros para desviar el peso de los muros de las catedrales permitió a sus constructores crear ventanas cada vez mayores. En 1194, un incendio en la catedral de Chartres, al suroeste de París, dejó solo su fachada oeste, su cripta y sus torres; pero las obras de reconstrucción empezaron de inmediato, y a finales de la década de 1220 estaba prácticamente completa. El chapitel sur, de 105 m de altura, ejemplificó otro rasgo importante del gótico: la verticalidad de estructuras que querían alcanzar el cielo, de alturas que superaban con mucho las de la arquitectura eclesiástica anterior. El resultado de la reconstrucción de la catedral de Chartres representa

Brillante es el noble edificio impregnado por una nueva luz.
Abad Suger
De administratione
(c. 1144)

Los arbotantes repetidos ayudan a sostener la alta bóveda de piedra de la sala capitular de la catedral de Lincoln (Inglaterra).

Arbotantes

Las nervaduras de un techo abovedado canalizan el peso de este hacia los pilares, y estos lo transmiten al suelo, que absorbe la carga, pero también se produce un empuje lateral sobre los pilares, que en la arquitectura gótica queda neutralizado de forma elegante por la fuerza opuesta e igual que ejercen los arbotantes desde el exterior del edificio.

Lo que diferencia a un arbotante de un contrafuerte convencional es que no está en contacto con el muro al nivel del suelo, sino que consiste en un pilar apartado del muro, con un segmento de arco aéreo que hace de puente entre el muro y el pilar. La eficacia del pilar para absorber empuje y transmitir carga permitió a los arquitectos del gótico construir catedrales cada vez más elevadas. Concebidos con un fin estructural, los arbotantes fueron también un rasgo característico del estilo gótico que contribuía poderosamente a su atractivo estético.

la pronta madurez de la arquitectura gótica. Junto con otras catedrales del norte de Francia, como las de Amiens, Beauvais y Bourges, es un ejemplo del alto gótico, estilo que floreció entre *c.* 1200 y 1250. En Chartres, la ingeniosa estructura esquelética, con la carga transmitida por arcos, crucerías y contrafuertes, aligera y despeja el interior, y permite abrir vanos que predominan sobre los muros hasta casi suplantarlos. Hay 167 ventanas, la mayoría de ellas con escenas bíblicas y de la vida de Cristo y de los santos. Iluminadas por el sol, parecen arder con luz fogosa, y, como todas las innovaciones góticas de Chartres —desde los chapiteles de piedra y las largas arcadas hasta la abundancia de estatuas y arbotantes—, estaban diseñadas para inspirar pasmo a los fieles que acudían a orar en lo que era una casa verdaderamente digna de Dios. Al pueblo llano, sin embargo, no se le habría permitido ver la mejor exhibición de vidrieras góticas de colores, la creada para la

Las espectaculares vidrieras de la Santa Capilla de París están hechas de 1113 láminas individuales de vidrio policromado con escenas bíblicas.

Santa Capilla, o capilla real de la Isla de la Cité, en el seno del París medieval. Completada en 1248, fue encargada por Luis IX de Francia para albergar reliquias sagradas, como la corona de espinas de Cristo y un fragmento de la cruz.

Esta capilla es un espacio increíblemente vertiginoso, donde los muros son meras delgadas columnas entre las que se ubican deslumbrantes vidrieras de más de 15 m de altura. El efecto es el de una capilla envuelta en paredes resplandecientes de luz, mientras que el techo es de un azul profundo, salpicado de estrellas doradas. Es la expresión definitiva de la ambición por la luz y el espacio que había animado al abad Suger en Saint-Denis.

Los límites del gótico

La catedral de Beauvais, al norte de París, iniciada en 1225, debería haber sido la culminación de la ambición arquitectónica del gótico francés, pero sucesivos desastres impidieron terminarla. Su mayor gloria, el coro, era el más alto de Francia, pero se vino abajo en 1284 debido a debilidades estructurales y a su vulnerabilidad ante los vientos fuertes. Se reconstruyó en 1337, en gran medida conforme al diseño »

original, pero reforzado con columnas extra y tirantes de hierro.

Un siglo de guerra contra Inglaterra y el gasto que suponía construir a escala semejante impidieron retomar las obras en el resto de la catedral hasta el siglo XVI. En 1569, al completarse la torre central de 153 m y su aguja de madera, era la estructura más alta del mundo, pero se derrumbó en 1573, y la nave no fue acabada. La de Beauvais sigue siendo una versión truncada de lo que aspiraba a ser una catedral mayor que las de Chartres o Amiens, pero con sus 48,5 m de altura, el coro sigue siendo el más alto que se ha llegado a construir.

Contagio de la inspiración francesa

El estilo gótico viajó a casi todas las ciudades de Europa occidental, salvo a gran parte de Italia, que se resistió a la influencia llegada del norte y mantuvo la tradición constructiva románica. Una excepción notable fue la catedral gótica de Milán, el Duomo. Poco después de que se iniciara su construcción en 1386, se contrató a ingenieros franceses para que ayudaran con el diseño.

Durante varios siglos después de la invasión normanda de Inglaterra (1066), los reyes de Inglaterra fueron, en lo fundamental, franceses. Dados los fuertes vínculos culturales resultantes entre ambos países, el gótico fue rápidamente adoptado por Inglaterra. El arquitecto francés Guillermo de Sens, que había trabajado en la catedral de Sens, tomó parte en la reconstrucción del extremo oriental de la catedral de Canterbury, tras un devastador incendio en 1174. Se rehízo en el nuevo estilo gótico, con arcos apuntados, bóvedas de crucería y arbotantes.

Alrededor de la misma época comenzaron las obras de una catedral nueva en Wells. Esta fue la primera catedral inglesa construida por entero en el nuevo estilo, en lugar de sobre los cimientos de un edificio anterior, como fue el caso de la mayoría de las demás grandes catedrales de Inglaterra.

Una nueva perspectiva inglesa

La catedral de Salisbury, iniciada en 1220, fue construida en un emplazamiento nuevo, como Wells, y fue la primera catedral gótica en adaptar el formato francés, divergiendo de él. Los arquitectos ingleses usaron los mismos arcos ojivales, bóvedas de crucería y arbotantes, pero con diferencias sutiles.

En las catedrales francesas, la vista era atraída hacia lo alto de la nave por los pilares que ascendían ininterrumpidamente hasta el techo, mientras que en Salisbury la nave asciende en niveles de arcadas, creando líneas horizontales que dirigían el foco hacia la lejana capilla dedicada a la virgen (*lady chapel*), en el extremo este. También, las ca-

Las nervaduras de la bóveda de la catedral de Salisbury arrancan a partir de ménsulas situadas en lo alto del muro, hechas de mármol de Purbeck, piedra oscura que fue empleada en varias catedrales góticas inglesas.

tedrales francesas estaban concebidas como un todo unificado, y si bien Salisbury estaba casi completa en 1258, su chapitel de 123 m de altura –junto con los contrafuertes añadidos necesarios para soportarlo– fue añadido más tarde.

El gótico ornamentado

A partir de mediados del siglo XIII, Francia e Inglaterra experimentaron una segunda fase del gótico: en Francia se llamó *rayonnant* («radiante»), y en Inglaterra, *decorated gothic*. Ambos estilos se caracterizaban por el adelgazamiento de los soportes verticales y la ampliación de las ventanas, que convertía los muros en pantallas de tracería de piedra y vidrio. También se destacaban más los rosetones, que aumentaron en tamaño y complejidad; el transepto de Notre Dame de Paris, por ejemplo, se reconstruyó para acomodar dos rosetones enormes alrededor de 1250.

La decoración de los interiores se volvió más abundante, y los motivos decorativos se extendieron al exterior de los edificios, a la fachada y a los contrafuertes, rematados por agujas y pináculos que a su vez se adornaron con *crochets* (pequeñas tallas estilizadas de hojas, frutos o capullos en forma de gancho).

La catedral gótica es un florecimiento en piedra dominado por la exigencia insaciable de armonía del hombre.
Ralph Waldo Emerson
Escritor estadounidense (1803–1882)

Tras asistir Enrique III de Inglaterra, cuñado de Luis IX de Francia, a la consagración de la Santa Capilla de París en 1248, elementos del estilo radiante aparecieron pronto en las partes reconstruidas de la abadía de Westminster, en Londres. Un elemento notable de este nuevo estilo «decorado» fueron las ligaduras, nervaduras no estructurales añadidas a la bóveda para formar, entre otros, patrones en forma de estrella. La técnica adquirió mayor popularidad a principios del siglo XIV, con ejemplos notables de techos abovedados en la *lady chapel* de la catedral de Ely, el coro de la catedral de Bristol y la *lady chapel* de la catedral de Wells.

Desarrollos posteriores

En su forma más pura, el gótico alcanzó su máxima expresión en edificios franceses del siglo XIII como la Santa Capilla de París, las catedrales de Chartres y Amiens y sus imitaciones en Inglaterra, pero el estilo se seguiría desarrollando en Europa durante otros 250 años.

Sobre el fondo sangriento de la guerra de los Cien Años (1337–1453) entre Francia e Inglaterra, el gótico tuvo una transformación tardía cuando los arquitectos ingleses desarrollaron una forma más simple, llamada gótico perpendicular. El gótico alemán se caracterizó por torres y chapiteles altos y por naves laterales tan altas como la central; y, en el reino de Castilla, la riqueza de la Sevilla medieval tuvo su reflejo en la mayor catedral gótica del mundo, iniciada en 1401.

La influencia del gótico se difundió también a los dominios coloniales europeos. A partir del siglo XIX, la extravagancia y la grandeza inspiradora del gótico lo convirtió en estilo predilecto para las catedrales y grandes edificios públicos de países emergentes como EE. UU., Canadá y Australia. ■

Ventanas góticas

A partir de raíces románicas relativamente simples, la ventana de arco gótica se volvió mayor y más compleja con el tiempo.

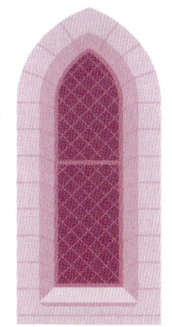

Finales del siglo XII
Las primeras ventanas góticas eran estrechas, aspecto por el que se conocen como lanceoladas.

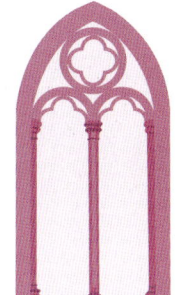

Siglo XIII La tracería –obra ornamental geométrica en piedra– separaba la parte superior del arco del resto de la ventana.

Siglo XIV La subdivisión cada vez más compleja de las ventanas con tracería elaborada –llamada de barras– se usó para crear arcos dentro de los arcos.

Siglo XV La tracería de panel, en la que se repiten arcos en horizontal y vertical, transformó muros en enormes ventanas de arcos múltiples.

ARQUITECTURA SIN ARQUITECTOS

ENTRAMADOS DE MADERA

EN CONTEXTO

ENFOQUE
**Inventiva estructural
con materiales locales**

ANTES
10 000 A. C. En el Mesolítico
se construyen refugios con
entramados de madera.

79 D. C. Las cenizas de
la erupción del Vesubio
conservan entramados de
madera en Herculano (Italia).

Siglo VII El monasterio de
Jokhang, en Lhasa (Tíbet,
China) se considera el edificio
de entramado de madera más
antiguo del mundo.

DESPUÉS
1997 Tras el incendio de la
capilla de San Jorge del castillo
de Windsor, se construye un
techo de vigas jabalconadas
con métodos tradicionales.

2019 La torre de 18 pisos de
Mjøstårnet (Noruega) es el
edificio de madera más alto
del mundo.

D esde el siglo XII, el Estado
y la Iglesia en países como
Francia, España e Inglate-
rra hicieron construir en piedra edificios memorables, como catedrales
y palacios. Para la arquitectura más
humilde, como las iglesias pequeñas
y viviendas, la madera seguía siendo el material de construcción primordial, sobre todo en las regiones
boscosas del norte de Europa. Los
sistemas de construcción variaban
mucho en función de la madera disponible, así como de las diferencias
regionales, tanto climáticas como de
actividad económica.

Algunos de los ejemplos más notables de arquitectura medieval en

Véase también: La China imperial temprana 50–51 ▪ El gótico 74–81 ▪ La China imperial tardía 96–97 ▪ Arquitectura verde 292–299

Borgund es una de las 28 *stavkirker* conservadas en Noruega. La mayoría de las 2000 que se construyeron se sustituyeron por iglesias de piedra, o bien se deterioraron conforme se iban perdiendo las técnicas tradicionales.

madera son las *stavkirker* (iglesias de madera) de Noruega, país especialmente rico en bosques. Construidas en su mayoría entre los siglos XII y XIV, cuando el románico y el gótico eran los estilos eclesiásticos predominantes en las ciudades de Europa, en estas iglesias se emplearon técnicas avanzadas tan sofisticadas como las de las grandes catedrales de piedra.

Veneración en madera

Las *stavkirker* son un testimonio de la habilidad carpintera que hizo de los vikingos de Escandinavia constructores de barcos tan formidables. Se caracterizan por postes gruesos en las esquinas y vigas verticales de madera que soportan la estructura. Reposan sobre una plataforma de piedra, que, además de aportar estabilidad, protege la madera de la tierra húmeda. Sobre las columnas se ancla el entramado, cubierto después con tablas, cada una de ellas con muescas y surcos para formar un muro al trabarlas entre sí. El tejado lo soportan cerchas, armaduras elaboradas y que normalmente se dejan a la vista desde abajo.

Las iglesias se construían a menudo sin clavos, gracias a uniones preparadas con gran destreza. La técnica constructiva no se prestaba a dimensiones muy grandes: de tamaño modesto, las iglesias atendían a congregaciones pequeñas en áreas escasamente pobladas.

Aunque se erigieron iglesias de entramado de madera por toda Escandinavia, los mejores ejemplos conservados están en Noruega. La más antigua es la de Urnes, construida hacia 1130, aunque algunas de sus partes se remontan a 1069–1070. La nave central elevada está soportada por 14 vigas verticales, unidas por arcos, con elaborados adornos tallados que incorporan representaciones de animales de estilo vikingo.

Cristianismo y paganismo

La más peculiar de las iglesias de entramado de madera es Borgund, en el este de Noruega, construida alrededor de 1180. La planta es una cruz aproximada, con la nave central, dos laterales, ventanas elevadas y ábside en común con las iglesias medievales europeas. Por fuera, en cambio, tiene el aspecto de la clase de morada mágica asociada a las sagas nórdicas. Dispuesta en una progresión de seis tejados empinados que recuerdan a una pagoda, tiene aleros proyectados y cabezas talladas de dragón que surgen del »

El techo de vigas jabalconadas de Westminster Hall, en Londres, combina enormes vigas de roble y contrafuertes de piedra para sostener horizontal y verticalmente cada arco de 670 toneladas.

extremo de las crestas, como la proa tallada de los barcos vikingos. En el interior, las tallas elaboradas incluyen runas, a las que la mitología nórdica atribuye poderes mágicos.

La fuerza del roble

El tipo de madera de cada región dictaba el estilo constructivo. En Escandinavia abundaban el pino y el abeto, árboles que crecen alto y recto y se prestan para hacer columnas, varas y tablas, mientras que en Inglaterra eran más comunes el roble y otros árboles de madera dura. El roble no crece recto, pero es adecuado para hacer entramados. Un ejemplo temprano es la iglesia de San Andrés en Greensted, en Essex, probablemente la iglesia de madera más antigua. Las tablas de roble que forman la nave datan de alrededor de 1060, aunque hay pruebas de una iglesia de madera anterior en ese emplazamiento que se remontan al siglo VII.

El roble de Essex se usó también para construir graneros enormes y

Esos constructores que convirtieron el necesario techo en algo hermoso lograron un triunfo mayor que quienes [...] lo ocultaron con una bóveda de cantería.
F. E. Howard
Arquitecto británico (1888–1934)

de imponentes estructuras de madera para almacenar las cosechas. Dos de los mejores ejemplos, el Barley Barn y el Wheat Barn, se construyeron en el siglo XIII en tierras agrícolas de la casa señorial de Cressing, propiedad de los caballeros templarios, orden militar fundada en Jerusalén durante las Cruzadas, en 1119. El Barley Barn (granero de cebada), de hacia 1205–1230, mide 36 m de largo, y está considerado como el granero de estructura de madera más antiguo del mundo aún en pie. El Wheat Barn (granero de trigo) es unos 50 años posterior.

Ambos tienen una luz (distancia entre apoyos) notablemente ancha, que es de 13,6 m en el ligeramente mayor Barley Barn, un rasgo típico de los graneros medievales. Esta gran anchura se logra con filas paralelas de postes internos que divi-

den el interior, al modo de la nave central y las laterales en las iglesias. Un sistema de tirantes, puntales y correas (vigas largas horizontales) soporta los travesaños que forman el vasto tejado. Las partes actúan juntas en un equilibrio complejo, como la cantería que sostiene las catedrales góticas.

Techos abiertos

La invención inglesa del techo de vigas jabalconadas permitió conseguir luces aún mayores usando madera. En este tipo de techo, las vigas superiores quedan sujetas por otras cortas y jabalconadas que se proyectan desde el muro, lo cual posibilita cubrir espacios de más longitud que con una viga individual.

El ejemplo de techo de vigas jabalconadas más antiguo que se conserva está en el Pilgrims' Hall, construido hacia 1310 en la catedral de Winchester (Inglaterra). El de Westminster Hall, antes parte del palacio de Westminster, en Londres, es el mayor tejado medieval del norte de Europa. Encargado por el rey Ricardo II en 1393, mide 73,2 m de largo y tiene una luz de 20,7 m, con una altura central de 28 m. Se trata de un logro tan glorioso de la ingeniería medieval como las maravillas góticas de la catedral de Chartres.

Algunos tejados de vigas jabalconadas eran muy decorativos, con tallas de ángeles y otras figuras en los extremos de las vigas. El tejado de la iglesia de Saint Wendreda, en March (Inglaterra), está adornado con 118 ángeles con las alas extendidas. Aquí hay una segunda estructura de vigas jabalconadas sobre la primera, disposición doble desarrollada en el siglo XV y que abre un espacio aún mayor para tallas decorativas.

Mostrar la madera

En la Europa del norte medieval, en particular en Alemania, el exterior de muchas casas dejaba visible el entramado de madera. En Alemania se llamó a este estilo *fachwerk* («obra de mitades»), en referencia a la costumbre de dividir los troncos en dos a lo largo para hacer el entramado,

> Vale la pena recorrer 40 millas en bicicleta contra el viento para verla.
> **John Betjeman**
> **Poeta británico (1906–1984),**
> **sobre la iglesia de Saint Wendreda**

que luego se rellenaba con yeso o ladrillo. En Alemania central, solo en la ciudad de Quedlinburg se conservan más de mil casas de este estilo del siglo XIII en adelante.

La construcción con entramado de madera siguió evolucionando, también en Inglaterra, donde fue la arquitectura arquetípica asociada al periodo Tudor (1485–1603), que contrastaba la madera expuesta elaborada y tratada con alquitrán con paneles intermedios encalados. El estilo inglés alcanzó su culminación en las casas señoriales de terratenientes ricos, como Little Moreton Hall, en Cheshire, aunque el peso del tejado

de la Long Gallery, unas 32,5 toneladas, ha combado el entramado y generado una deformación estructural.

La fe en la madera

A mediados del siglo XVII, la mayoría de las iglesias se hacían de piedra, pero los luteranos de Silesia (actualmente parte de Polonia) construyeron tres de las mayores iglesias de entramado de madera de Europa. Conocidas como las iglesias de la Paz, se construyeron después del Tratado de Westfalia de 1648, que puso fin a la guerra de los Treinta Años que había devastado el Sacro Imperio Romano Germánico. El emperador católico Fernando III de Habsburgo, cuyos dominios incluían Silesia, decretó que las iglesias protestantes solo podían construirse en madera, arena, barro y paja, que no podían tener chapitel ni campanas y que se debían construir en el plazo de un año.

Se conservan dos iglesias, las de Świdnica y Jawor. La de Świdnica se completó en 1657, sin emplear un solo clavo. Su interior de múltiples niveles y unos 1090 m², tiene capacidad para hasta 7500 personas. La belleza y complejidad de estas iglesias es un testimonio de la excelencia de la construcción en madera y la habilidad de los carpinteros. ∎

Las formas más comunes de construcción de techos de madera en Inglaterra en los siglos XII y XIII fueron la cercha de pendolón y la cercha en corona. En el siglo XIV, el nuevo techo de viga jabalconada permitió cubrir espacios más anchos.

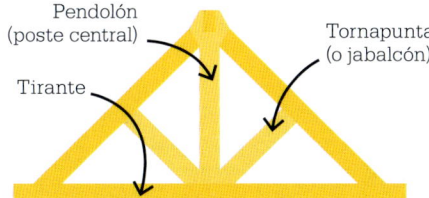

Pendolón (poste central) · Tornapunta (o jabalcón) · Tirante

Los tejados de cercha de pendolón se sostienen sobre un poste central (pendolón), que traslada el peso al tirante; y las tornapuntas (unidas a los pares, o vigas superiores) dan más solidez.

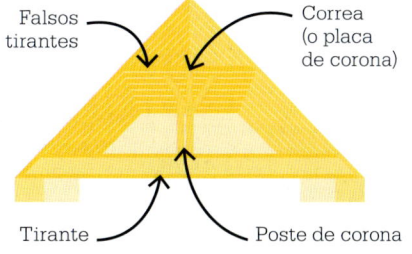

Falsos tirantes · Correa (o placa de corona) · Tirante · Poste de corona

En los tejados de cercha en corona, un poste soporta la correa que recorre toda la longitud del techo y soporta los falsos tirantes.

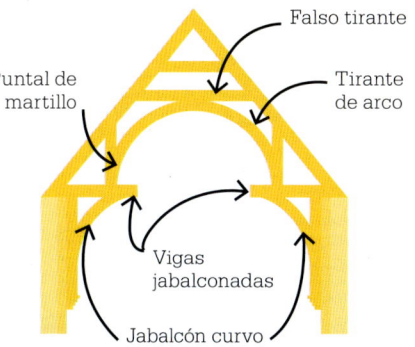

Falso tirante · Puntal de martillo · Tirante de arco · Vigas jabalconadas · Jabalcón curvo

En un tejado de vigas jabalconadas, las vigas, los puntales y los jabalcones transfieren la carga a los muros de piedra, lo cual admite tejados más pesados.

UN ACTO DE PIEDAD

TEMPLOS DEL SURESTE ASIÁTICO

Las cinco torres centrales de Angkor Wat se reflejan en el foso. Para construir el templo se usaron más de cinco millones de bloques de arenisca.

EN CONTEXTO

ENFOQUE
Arquitectura monumental de templos

ANTES
C. **siglos I–VII d.C.** Surgen los primeros Estados jemer en el área del río Mekong.

802 Jayavarman II unifica distintos reinos jemer y se declara *chakravartin* («soberano universal»), inicio del Imperio jemer en la antigua Camboya.

*C.***900** Angkor –«ciudad» en lengua jemer– se convierte en capital del imperio.

DESPUÉS
1431 El saqueo de Angkor por los siameses (tailandeses) del reino de Ayutthaya supone el fin del Imperio jemer.

1863 La publicación póstuma de los viajes del explorador francés Henri Mouhot en el Sureste Asiático da a conocer Angkor Wat al resto del mundo.

En 1113, el rey Suryavarman II ascendió al trono jemer, poniendo fin a 50 años de agitación y división en el imperio. La nueva era de estabilidad trajo el desarrollo de Angkor como capital política y centro espiritual. A lo largo del siglo siguiente, su población creció hasta los 700 000–900 000 habitantes, haciendo de Angkor la mayor ciudad preindustrial del mundo.

Suryavarman II inició también la construcción del complejo religioso de Angkor Wat («ciudad del templo»), en honor del dios hindú Vishnú, y como su futura tumba. Se trataba de arquitectura a una escala colosal,

y, con sus 163 hectáreas, la mayor estructura religiosa jamás erigida. Las inscripciones del propio templo hablan de 300 000 trabajadores y 6000 elefantes empleados en su construcción.

Santuarios para los dioses
Las religiones de los jemer, el hinduismo y el budismo, procedían de India, al igual que la arquitectura de los templos, pero esta no tardó

Véase también: La estupa 36 ▪ Templos indios 68–69 ▪ La China imperial tardía 96–97

Angkor Thom

Angkor Wat no duró mucho como centro del Imperio jemer. Hacia 1200 se formó cerca, al norte, una nueva ciudad: Angkor Thom. Construida sobre un plan cuadrado, la delimitaban murallas de 8 m de altura y 3 km de largo, atravesadas por cinco puertas principales, todas ellas con torres con la forma de rostros humanos gigantes.

La ciudad del interior del recinto ha desaparecido en gran parte, pues sus edificios estaban construidos con madera y otros materiales perecederos. Los templos y otras estructuras que se conservan, como los muros y las puertas, son de arenisca de la cercana cordillera Phnom Kulen. Uno de ellos es Bayon, un espectacular complejo de templo y tumbas de 54 torres (de las que se conservan 37), adornadas con 216 rostros, serenos y sonrientes, y relieves con más de 11 000 figuras. Bayon pudo representar el propio Imperio jemer –dividido en 54 provincias–, siendo así un símbolo del poder político, y no solo divino.

La identidad de los rostros gigantes del templo de Bayon es un misterio. Podrían ser dioses hindúes o budistas, o el propio Jayavarman VII.

en desarrollar características jemer propias. El templo era un modelo del universo: la torre central sobre los niveles de la base representaba el monte Meru, morada de los dioses, y en la cima de la torre había un santuario central. Angkor Wat tenía cinco torres, la central y cuatro subsidiarias, que representaban los cinco picos de la montaña. Una serie de recintos simbolizaban las cordilleras que rodean el monte Meru, y el foso que rodea el complejo, los océanos. Otros componentes incluían una torre de entrada y una calzada con esculturas de serpientes mitológicas.

Aunque con mucho el mayor de sus monumentos religiosos, Angkor Wat era solo uno de cientos de templos en la región de Angkor. Muchos los construyó Jayavarman VII, descendiente de Suryavarman y budista devoto que reinó desde 1181 y estableció una nueva capital jemer en Angkor Thom («gran ciudad»).

Profusión de templos

La abundante construcción de templos fue también un rasgo de Pagan, antigua capital del reino del mismo nombre que unificó las regiones que se convertirían posteriormente en Myanmar (Birmania). Durante su apogeo entre los siglos XI y XIII, la fiebre edificatoria iniciada por el rey Anawrahta produjo la construcción de más de 10 000 templos, estupas y monasterios budistas, de los que se conservan más de 2000. En su mayoría son de ladrillo rojo cubierto de estuco, y rematados por torres en forma de campana con agujas doradas.

A finales del siglo XIII, el reino de Pagan fue acosado por las invasiones de los mongoles, que combinadas con la influencia creciente de las ideas y creencias islámicas puso fin a la gran era de construcción de templos hindúes y budistas en el Sureste Asiático. ▪

El centro sagrado del complejo del templo de Angkor Wat está protegido por los cuatro lados por un muro, o *prakara*, con galerías que exhiben 1200 m² de bajorrelieves intrincados que representan ocho relatos sagrados hindúes. El santuario central se encuentra en la base de la torre principal, de 42 m de altura.

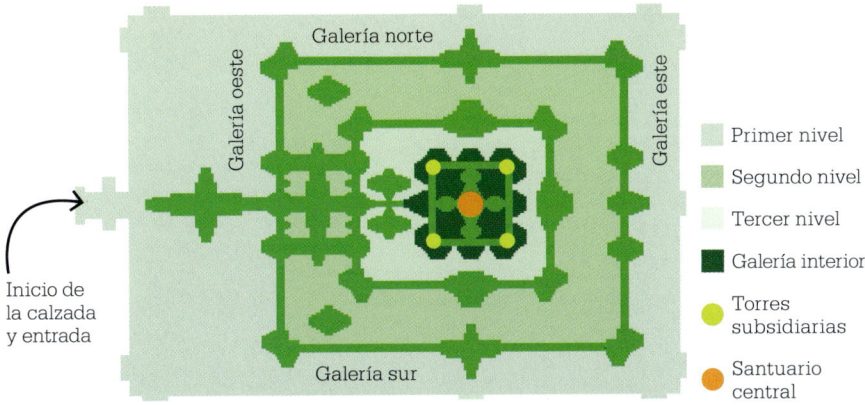

Galería norte
Galería oeste
Galería este
Galería sur

Inicio de la calzada y entrada

Primer nivel
Segundo nivel
Tercer nivel
Galería interior
Torres subsidiarias
Santuario central

DE LA ROCA COMO POR ARTE DE MAGIA

EDIFICIOS RUPESTRES

La arquitectura rupestre consiste en crear «edificios» por medio de la excavación y la talla de estructuras de piedra. Se trata de una práctica relativamente rara, pues el método de extracción y talla de la roca es algo sumamente laborioso y lento.

Este tipo de arquitectura requiere roca fácil de trabajar, y por tanto depende de la geología local. Entre los lugares notables se encuentran las tumbas y templos rupestres del antiguo Egipto (desde alrededor de 2200 a. C.), los monumentos de los frigios (del siglo VII a. C.) en la actual Turquía y muchas estructuras religiosas budistas, jainistas e hindúes en India, cuyos ejemplos plenamente tallados más tempranos datan del siglo III a. C.

Empezar por el tejado

Uno de los ejemplos más impactantes de arquitectura rupestre es Lalibela, un complejo de iglesias y edificios ocultos en el norte montañoso de Etiopía. Llamada originalmente Roha, el nombre Lalibela es el del rey al que se atribuye la construcción de las estructuras más recientes. Comprometido el acceso a los lugares de peregrinaje cristianos en Tierra Santa por la toma de Jerusalén por los musulmanes en 1187, el rey Lalibela (r. 1181–1221) transformó el lugar en una «Nueva Jerusalén» para los peregrinos, construyó las iglesias de San Jorge y Gólgota y la Tumba de Adán, y rebautizó un río con el nombre Jordán.

A diferencia de la mayoría de las estructuras rupestres, vaciadas a partir de cuevas existentes, o excavadas horizontalmente en paredes de roca, los edificios del complejo de Lalibela se excavaron literalmente en el suelo. La planta se trazaba en la roca madre, y a continuación se iba excavando la roca de alrededor para revelar lentamente un edificio «construido» a la inversa, vaciando

Humanos trabajaban durante el día, y ángeles por la noche.
Dicho popular sobre la construcción de las iglesias rupestres de Lalibela (Etiopía)

las cámaras interiores mientras se embellecía el exterior. Algunos de los edificios de Lalibela continúan unidos a la pared de roca, mientras que otros se alzan como monolitos aislados en fosas profundas. Un sistema de pasadizos como trincheras conecta las iglesias y otras estructuras del lugar, entre las que hay tumbas, nichos, almacenes y cuevas pequeñas que servían de habitación individual a peregrinos o ermitaños.

Estilos diversos

Los edificios más antiguos de Lalibela se creen de fecha tan temprana como el siglo VII d. C., y fueron probablemente estructuras defensivas antes de su conversión en iglesias. Biete Medhani Alem («Casa del Salvador del Mundo») se cree anterior al reinado de Lalibela, y está considerada la mayor iglesia rupestre del mundo. Presenta 34 columnas rectangulares en su perímetro exterior, con las cuatro esquinas formadas por tres columnas juntas, que representan la Trinidad. Las once iglesias de Lalibela son arquitectó-

La iglesia de Biete Giyorgis, dedicada a San Jorge, fue el último edificio tallado en la roca volcánica de Lalibela. Las cruces talladas en el tejado subrayan su plan cruciforme.

nicamente muy diversas, un reflejo de su construcción y modificación a lo largo de siglos. Las iglesias, de hasta cuatro plantas, tienen elaborados adornos tallados en tejados, techos, columnas, arcos y bóvedas. En algunas partes, el exterior está acabado en bandas horizontales. Parte de la decoración revela la influencia copta, que muestra el control sobre la cristiandad etíope de la Iglesia copta de Alejandría (Egipto) desde el siglo IV d. C.

Aunque las paredes de la mayoría de las iglesias de Lalibela son de roca desnuda, las paredes y los techos de la pequeña Biete Maryam («Casa de María»), del siglo XII, ricamente adornados, son la excepción: los frescos vibrantes representan escenas bíblicas, y entre las tallas de animales hay un toro blanco y un toro negro, como símbolos del bien y del mal. ■

La ciudad rupestre

En lo que a escala se refiere, no hay estructuras rupestres comparables a Petra, ciudad excavada en el desierto de lo que actualmente es Jordania. Comenzaron a construirla ya en el siglo IV a. C. los nabateos, originarios del noroeste de Arabia, y prosperó gracias a las rutas comerciales entre Arabia y el Mediterráneo oriental. Construida en torno a una serie de *uadis* (lechos secos que recogen el agua de las lluvias torrenciales) y dominada por acantilados, Petra tenía 30 000 habitantes alrededor del año 100 a. C. Alberga tumbas, templos y un anfiteatro, tallados en la arenisca rosa como expresión de la riqueza de la ciudad. A pesar de la grandeza exterior, es poca la profundidad detrás de las fachadas, donde hay habitualmente una única sala y algunos nichos. Esto es propio de la arquitectura rupestre.

El Khazneh (o Tesoro) de Petra, en Jordania, tiene una fachada de estilo romano con dos plantas de columnas, frontones y estatuas.

MATERIAL REGALO DEL CIELO

EL BARRO

EN CONTEXTO

ENFOQUE
Arquitectura en barro

ANTES
C. **3100** A. C. En el valle del Nilo (Egipto) se construye en adobe, empleado también para las tumbas (mastabas) reales.

C. **3000** A. C. En Mesopotamia se construyen zigurats monumentales en adobe.

DESPUÉS
1610 D. C. Se construye en adobe la misión de San Miguel en Santa Fe (Nuevo México), una de las iglesias más antiguas de EE. UU.

Siglo XVIII La construcción con tierra amasada (tapial) se populariza en la Francia rural, en particular en Grenoble y Lyon, donde abunda la tierra adecuada.

2014 J. Herzog y P. de Meuron construyen con tapial una fábrica de procesado de hierbas en Suiza.

Aunque ha sido el material de construcción predominante en muchas partes del mundo durante milenios, el barro recibe relativamente poca atención en la historia escrita de la arquitectura mundial. Esto se debe en parte a su carácter perecedero, que hace que sean pocas las estructuras históricas de barro que se conservan: incluso cocido como ladrillo, el barro sometido a compresión o tensión es poco estable. También lo daña fácilmente el agua, y por tanto no es adecuado para regiones con precipitaciones abundantes. La vulnerabilidad de los edificios de barro quedó de manifiesto en 2003, cuando un

[…] los edificios se funden con el suelo a su alrededor.
Andrew Waugh
Arquitecto británico (n. en 1967), describiendo la construcción con tierra amasada

terremoto destruyó el mayor asentamiento de adobe del mundo, la ciudadela de Bam en Irán, junto con gran parte del antiguo asentamiento parto de adobe que lo rodeaba.

Una ventaja de los edificios de adobe es que son fáciles de restaurar con métodos ancestrales relativamente sencillos. Dada su masa térmica elevada, absorben despacio el calor del sol durante el día y lo liberan lentamente de noche, contribuyendo así a regular los extremos de temperatura. Esto los hace adecuados para regiones cálidas y secas, como determinadas partes de África y Oriente Próximo, donde se pueden encontrar algunas de las muestras de arquitectura en barro más espectaculares.

Torres de viviendas
Cerca de los montes Hadramaut, en Yemen, la ciudad de Shibam es famosa por su arquitectura característica en barro. En ningún lugar del mundo se ha empleado el barro para

«Manhattan del desierto» fue el término que usó la viajera británica Freya Stark para describir Shibam, tras visitar este rincón apartado de la península arábiga en la década de 1930.

construir hasta tanta altura: sus edificios separados por callejones estrechos tienen entre cinco y once pisos, y pueden llegar a los 40 m de altura. Con una historia escrita que se remonta al siglo III d. C., es un ejemplo extraordinario de construcción en barro y planificación en altura. El desarrollo de Shibam fue determinado por su emplazamiento en un oasis a orillas de un *uadi* (curso de agua estacional) rodeado por desierto y montañas. El agua de las lluvias torrenciales fluye rápido por el *uadi* durante la breve estación lluviosa, y las viviendas se construyeron sobre un terreno rocoso poco elevado junto al río. Al crecer la ciudad, no era posible construir más allá de ese emplazamiento, y hacerlo en vertical fue la única opción.

La técnica constructiva tradicional yemení incluye el encalado o enyesado de los muros de adobe para protegerlos del agua. Los troncos de palmera sirven como columnas para sostener techos y tejados, pero las casas que llevan cinco siglos sobre los mismos cimientos rocosos deben

reconstruirse constantemente, dada la inestabilidad inherente a los muros de barro. Hoy, muchas de las torres corren peligro de derrumbe debido al empleo de electrodomésticos, como lavadoras y lavavajillas, desde los que se puede filtrar agua a las paredes, altamente porosas.

La mezquita de barro
Yenné, en Malí, se encuentra en lo que fue una ruta comercial clave entre el Sáhara, al norte, y la costa atlántica tropical de África, al oeste. Tras la llegada del islam a partir del siglo IX, la importancia de la ciudad era tal que, hacia el siglo XIII, se construyó la gran mezquita, que domina la plaza del mercado. Al igual que la población que la rodea, se construyó con adobe y se recubrió con capas de arcilla, o *banco* (arcilla mezclada con cáscara de arroz), para darle un acabado liso. Cuando la visitó el explorador francés René Caillié en 1828, la mezquita estaba en ruinas. Cuando Malí quedó sometido al gobierno colonial francés en 1892, se contrató »

a Ismaila Traoré, al frente del gremio de albañiles de Yenné, para su reconstrucción. Los trabajos de restauración se completaron en 1907.

Aspecto erizado

La gran mezquita de Yenné, el mayor edificio construido en barro, se alza sobre una plataforma elevada 3 m sobre la plaza del mercado de la ciudad, para protegerla de las inundaciones del cercano río Bani. Sus altos muros, como de una fortaleza, están reforzados por contrafuertes, y tiene tres minaretes en la fachada. Dan un curioso aspecto espinoso a la mezquita los *toron*, troncos de palmera que se proyectan 60 cm fuera del muro, y que se usan para apoyar los andamios de madera que emplean los trabajadores para restaurarla. En 1911, el periodista y explorador francés Felix Dubois describió la mezquita como un cruce entre un erizo y un órgano de iglesia.

La gran mezquita de Yenné
tiene una huella irregular, trapezoidal, acorde con la forma biomórfica de su arquitectura en barro. Un huevo de avestruz remata cada minarete.

> En Yenné hay una mezquita hecha de tierra, rudamente construida, pero muy grande.
> **René Caillié**
> *Journal d'un voyage à Temboctou et à Jenné* (1830)

A pesar de su inmenso tamaño, los espacios interiores de la mezquita son reducidos: solo hay disponible madera de palmera para construir el tejado, y con ella no es posible cubrir una superficie muy extensa. La solución fue una serie de enormes pilares de ladrillo, unidos por arcos, que soportan el tejado y ocupan gran parte del interior del edificio.

Pese a lo sólido de la construcción, las grietas y la erosión son constantes, debido a la lluvia, la humedad y los cambios de temperatura. Cada año se vuelve a cubrir la mezquita con una capa nueva de arcilla, en la ceremonia popular y festiva de la *crépissage* («enlucido»), acontecimiento en el que participa toda la población. La arcilla se extrae del río cercano y se transporta en forma de bloques secos, que se deshacen y humedecen junto a la mezquita, con el añadido de cáscaras de arroz, que convierte la arcilla en una pasta suave y pegajosa, el *banco*.

Restauración continua

Durante la restauración a cargo del Aga Khan Trust for Culture en 2009, se descubrió que tras un siglo de reparaciones y material acumulado, las capas de barro de la gran mezquita de Yenné estaban afectando a su integridad estructural. Los restauradores retiraron gran parte del barro de la superficie, adelgazando los muros con líneas más rectas y bordes más afilados. El trabajo fue criticado porque eliminaba la cualidad orgánica y escultural de la mezquita.

Un proceso de renovación anual similar se emplea en muchas de las casas de adobe de Yenné, algunas

Rasgos sencillos repetidos –piel exterior enlucida, medios caños de arcilla y *toron* de palmera– dan a la mezquita un aspecto impactante y arquitectónicamente coherente.

de dos pisos, con grandes entradas y contrafuertes, que surgen de la tierra como un espejismo. Una vez al año, las familias dueñas de las viviendas pagan a los albañiles por el enlucido del edificio.

Arquitectura de la tierra

El egipcio Hasán Fathi (1900–1989), defensor de la arquitectura en adobe en su país, diseñó y comenzó a construir el pueblo de Nueva Gurna en 1946, y escribió un libro sobre el proyecto, *Arquitectura para los pobres*. Situado en la ribera oeste del Nilo en Luxor, su finalidad era realojar a la población que vivía entre las tumbas faraónicas. Para Fathi, el barro era la opción más cabal: era abundante, barato y daba pie a recuperar técnicas de construcción tradicionales desplazadas por el cemento y los bloques de hormigón. Pero los habitantes de la ciudad vieja de Gurna fueron reacios a abandonar sus hogares y su actividad de venta de

hallazgos arqueológicos, su fuente de ingresos, así que la construcción de Nueva Gurna nunca se completó.

En África occidental, las casas y los edificios civiles de adobe son parte de la vida cotidiana. En Burkina Faso hay una larga tradición constructiva de este tipo, y una nueva generación de arquitectos ha renovado las técnicas y creado edificios adaptados a las mayores temperaturas y a las inundaciones producto del calentamiento global. Aunque el hormigón sigue siendo popular –por percibirse como moderno y por su mayor resistencia y menor riesgo de derrumbe–, algunas innovaciones, como los tejados de chapa metálica con aleros proyectados que protegen los muros de adobe de la lluvia, así como la mezcla de pequeñas cantidades de cemento con el barro para mayor durabilidad, han situado el barro como material seguro, sostenible y duradero.

La arquitectura en adobe es popular también en México y el suroeste de EE. UU. La ciudad de Santa Fe, en Nuevo México, tiene un estilo arquitectónico propio de edificios de adobe, mezcla de barro y paja secada al sol. Al ser una arquitectura con raíces históricas en la región, la normativa urbana local exige que las nuevas construcciones en los distritos históricos armonicen con la estética de las antiguas.

Futuro sostenible

Hay mucho que alabar en la arquitectura en adobe: emplea un material localmente disponible, y bastan conocimientos básicos para construir con él. La construcción en adobe no implica un gran gasto de energía, como el que requiere manufacturar ladrillos, cemento, acero y hormigón. También, el reciclaje de los materiales de construcción modernos es costoso, mientras que el coste de reciclar barro se mide exclusivamente en trabajo. Es un ejemplo oportuno de cómo la arquitectura tradicional de las regiones no occidentales del mundo ofrece un modelo no destructivo, no contaminante y sostenible para el desarrollo futuro. ∎

El barro se mezcla con otros materiales, se comprime o se hornea para darle resistencia y obtener un **material barato y que no daña el medio ambiente**.

Sin embargo, la regulación térmica de las estructuras de barro es excelente, y son relativamente **baratas y fáciles de reparar**.

El principal inconveniente del barro es su **poca durabilidad y su riesgo de degradación** al ser expuesto al agua, la humedad y los cambios de temperatura.

LA VIDA CIVIL INSCRITA DE MODO INDELEBLE

EL GÓTICO CIVIL

La mayoría de los edificios góticos que se conservan se construyeron a la mayor gloria de Dios, y las cumbres creativas del estilo son sus grandes catedrales, iglesias y capillas; pero este estilo se plasmó también en muchos edificios civiles, como ayuntamientos, castillos, palacios e incluso viviendas particulares.

Durante la Edad Media, con el desarrollo del comercio, crecieron rápidamente pueblos y ciudades. A finales del siglo XII, varias ciudades del norte de Alemania se asociaron en una federación comercial y defensiva, más tarde conocida como la Liga Hanseática. En su apogeo, del siglo XIII al XV, la liga incorporaba más de 200 poblaciones, en su mayoría en la costa del Báltico, y el poder creciente de estas ciudades tuvo su reflejo en sus edificios mercantiles y civiles.

La arquitectura gótica evoluciona en el norte de Francia, en nuevas **abadías y catedrales** espectaculares.

El **crecimiento de las ciudades mercantiles** alemanas y de los Países Bajos genera riqueza y **orgullo civil**.

Muchas grandes **estructuras civiles**, como ayuntamientos y gremios, **adoptan el gótico**.

Este **gótico civil se difunde** por Europa, desde castillos en España hasta hospitales y universidades en Inglaterra.

Véase también: El románico 70–71 ■ El gótico 74–81 ■ Florecimiento gótico tardío 98–99 ■ El Renacimiento 106–113 ■ El neogótico 164–167

La riqueza y el lujo se ponen de manifiesto en los monumentos de la época.
Helen Zimmern
Escritora germano-británica
(1846–1934)

Debido a la escasez de piedra fácilmente accesible en el norte de Europa, el ladrillo fue el principal material de construcción. Las estructuras civiles se erigieron en ladrillo rojo cálido, en un estilo llamado *Backsteingotik*, o gótico de ladrillo. Sus elementos más claramente góticos son las columnatas y ventanas de arcos apuntados y hastiales rematados por pináculos y cresтería. En el puerto báltico alemán de Lübeck, el barrio antiguo está repleto de edificios góticos, entre ellos el catedralicio Hospital del Espíritu Santo, del siglo XIII, y el Ayuntamiento, con sus hastiales y arcadas góticas. Se construyeron también ayuntamientos impresionantes, no todos de ladrillo rojo, en los antiguos Países Bajos, en ciudades como Gante, Lovaina, Mons y Oudenaarde, todas en la actual Bélgica.

Gótico meridional

La Italia medieval estaba dominada por ciudades-estado en competencia, los cuales tenían estilos propios de gótico civil, que generalmente, como en el norte de Europa, se aplicaron en edificios pagados por gremios y comerciantes ricos. Al crecer la influencia de las familias de comerciantes a partir del siglo XIII, para equilibrar el poder de las élites respecto de las nacientes clases medias se instituyó la nueva figura del *capitano del popolo*. Estos capitanes ocupaban palacios de estilo gótico, de los que se conservan ejemplos en Orvieto, Asís y otros pueblos y ciudades. En Siena (en la Toscana actual), el palacio Público (o Comunal), completado en 1310, fue un encargo del consejo de gobierno de comerciantes y banqueros para otra figura política local, el *podestà*, o primer magistrado. Su impresionante fachada, que da a la plaza del Campo, es ligeramente cóncava, con niveles de triforas (ventanas de tres arcos). La planta baja es de piedra, y los niveles superiores, de ladrillo rojo. Domina el palacio la torre del Mangia, de 102 m de altura, la torre municipal más alta de Italia, terminada en 1348.

Antes de un siglo, el Renacimiento temprano empezó a dominar la arquitectura civil italiana, con la notable excepción de edificios góticos tardíos en Venecia, como el palacio Ca' d'Oro. En el norte de Europa, el estilo persistió hasta bien entrado el siglo XVI. ■

La torre del Mangia se construyó hasta la misma altura de la catedral de Siena, símbolo de un poder del Estado igual al de la Iglesia.

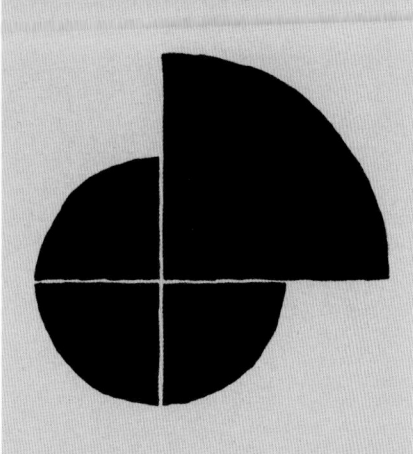

UN SENTIDO DE LA PROPORCION DEL TODO NUEVO

LA CHINA IMPERIAL TARDÍA

La dinastía Ming duró casi tres siglos en China, desde 1368 hasta 1644. Los principios de la arquitectura Ming reflejaban creencias tradicionales chinas relacionadas con los buenos augurios, como la numerología y el *feng shui*, o geomancia china (el significado espiritual del lugar y la colocación). La forma de los edificios tenía también un significado simbólico: un cuadrado representaba la tierra, y un círculo, el cielo.

Manuales con la sanción imperial, como el *Yingzao fashi* (recuadro, abajo) del siglo XII, establecieron reglas para los métodos de construcción de distintos tipos de edificio. Los edificios chinos se diseñaban invariablemente como parte de un conjunto mayor, y como tales debían considerarse, y no de forma individual. Los recintos y patios eran fundamentales en la arquitectura Ming, y los edificios solían encontrarse entre murallas.

Las particularidades arquitectónicas de este periodo eran sutiles, aplicadas en ciertas proporciones consideradas agradables o en la personal decoración de los *dougongs* (ménsulas del tejado) o de los pe-

Yingzao fashi

En 1100, el arquitecto Li Jie, de 35 años, presentó sus escritos sobre construcción al emperador Zhezong, de la dinastía Song del Norte. Tres años más tarde, Li Jie publicó el manuscrito como codificación ilustrada de métodos y prácticas titulada *Yingzao fashi* («Método de construcción»), y lo distribuyó para fomentar la coherencia de los estilos arquitectónicos. Li Jie da consejos sobre cómo disponer de forma simétrica los edificios sobre un eje central, y explica cuestiones prácticas, como el modo de proteger los edificios de los terremotos. Especificó longitudes y proporciones para las vigas, y un código de color estricto. La obra fue influyente durante siglos, y construcciones chinas tan diversas como la Ciudad Prohibida de Pekín y el monasterio colgante de Hunyuan se diseñaron de acuerdo con sus instrucciones. Olvidado al fin, el *Yingzao fashi* fue redescubierto por estudiosos chinos en 1919, y publicado de nuevo para reforzar la identidad nacional china.

Véase también: La Gran Muralla 37 ▪ La China imperial temprana 50–51 ▪ Templos del Sureste Asiático 86–87 ▪ Conectar el cielo y la tierra 288–289

destales de las columnas. La arquitectura cambió poco a lo largo del tiempo o de un lugar a otro, y era, por tanto, fácilmente comprensible para todos.

La Ciudad Prohibida

A principios del siglo xv, el emperador Yongle encargó un nuevo e imponente complejo palaciego en Pekín. En su construcción, que tuvo lugar entre 1406 y 1420, se dedicaron mucho tiempo y recursos a asegurar que los detalles del plan fueran de buenos augurios y acordes con lo establecido por la tradición. El complejo se construyó con arreglo a un plan simétrico con un eje norte-sur, con los edificios y las puertas principales orientados hacia el sur, la dirección más favorable. La Ciudad Prohibida –así llamada por tener estrictamente limitado el acceso– era parte de un plan concéntrico mayor: la Ciudad Interior rodeaba los muros de la Ciudad Imperial, que a su vez rodeaba el complejo palaciego amurallado del emperador.

Un foso ancho y muros altos de tierra amasada revestida de ladrillo

Una iglesia o un palacio europeo puede considerarse individualmente; un templo o palacio chino, jamás.
**Charles Chen
(Chen Chan-siang)**
Urbanista y arquitecto chino
(1916–2001)

En Qinian Dian, obra maestra circular de la técnica de construcción en madera china, celebraba el emperador el ritual anual para pedir la bendición para el año agrícola.

circunscribían la Ciudad Prohibida, cuyo interior se dividía en los patios exterior e interior. Los patios delantero y trasero del complejo eran grandes, pero sus edificios eran por lo general sencillos, estructuras rectangulares bajas hechas de madera, animadas con pinturas y tallas decorativas.

El templo del Cielo

Varios complejos de templos budistas tuvieron un papel fundamental en la concepción simbólica de Pekín; el más notable es el templo del Cielo, construido al mismo tiempo que la Ciudad Prohibida y siguiendo los mismos principios preconfucianos. En su conjunto, el complejo pretendía reflejar la relación entre la tierra y el cielo; sus edificios son redondos, como el cielo que representan, pero los cimientos y ejes son rectilíneos, cualidad atribuida a la tierra. Las partes principales del complejo están conectadas sobre el favorecido eje norte-sur. Anillos concéntricos de losas de piedra en múltiplos de nueve, el número tenido por más favorable, forman un altar redondo al aire libre. Con sus tres niveles de tejados circulares, el mayor edificio de todos es el central, el Qinian Dian (pabellón de la Oración por las Buenas Cosechas), que presenta una serie de columnas concéntricas que simbolizan los meses, estaciones y horas del día. ▪

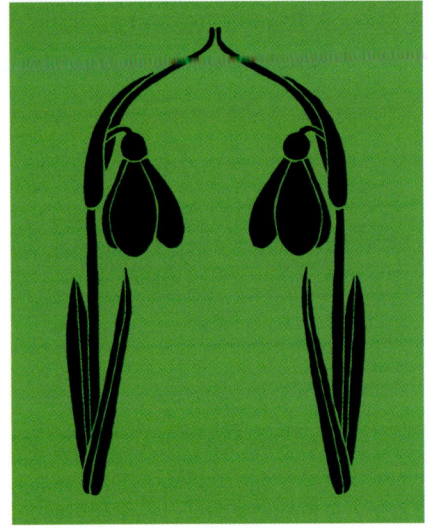

NO SE PUEDE CONCEBIR ALGO MAS ELEGANTE

FLORECIMIENTO GÓTICO TARDÍO

l norte de Francia, cuna de la arquitectura del gótico, fue también el campo de pruebas para su evolución estilística y tecnológica. En los siglos XIII y XIV, su influencia se difundió a Inglaterra y a los Estados de la península ibérica, de Alemania e Italia, donde se desarrollaron estilos góticos característicos.

En 1337, el rey Eduardo III de Inglaterra declaró su derecho al trono de Francia, dando inicio a la guerra de los Cien Años entre ambos países.

En Inglaterra arraigó un espíritu de orgullo nacional y pragmatismo bélico, reflejado en una interpretación nueva del gótico radiante, el estilo decorativo francés de la arquitectura gótica. Este enfoque sería conocido como gótico perpendicular inglés.

Dicho estilo se definía por líneas verticales limpias que dirigen hacia

La capilla del King's College, obra del cantero John Wastell en 1512–1515, es la mayor del mundo y tiene la mayor bóveda de abanico de Europa.

Véase también: Arquitectura bizantina 52–53 ▪ La inspiración islámica 58–63 ▪ El gótico 74–81 ▪ El gótico civil 94–95 ▪ El neogótico 164–167

El gótico florido de las plantas superiores de la Ca' d'Oro en Venecia refleja su uso como recepción. Los suministros se entregaban en la más sencilla planta baja.

arriba la mirada del observador. Las ventanas se hicieron más anchas y mayores para captar más luz del exterior, y se abandonaron la decoración prolija y las tallas abundantes.

El estilo perpendicular alcanzó su forma más pura en la capilla del King's College en Cambridge, iniciada en 1446, pero no terminada hasta 1515, gracias a una donación de Enrique VII en 1509. La capilla tiene una planta rectangular simple, sin naves, de modo que el interior es un espacio único, y los altos muros son casi por entero de vidrio. Algo similar se había hecho ya en la Santa Capilla de París, en este caso con un efecto aún más arrebatador.

Gótico alemán

En Alemania se desarrolló un estilo gótico propio durante el siglo XIII. Las iglesias y catedrales alemanas de la época son más sencillas que las francesas, pero presumen de torres y chapiteles enormes. Muchas son *hallenkirke* («iglesias salón»), en las que la nave central y los laterales son de la misma altura, sin un nivel superior de ventanas como en las iglesias góticas francesas o inglesas.

La catedral de Colonia, que comenzó a construirse en 1248, es la mayor iglesia gótica del norte de Europa. La altura de sus torres gemelas, de 157 m, solo la supera la más reciente torre de 161,5 m de la iglesia mayor de Ulm, en el suroeste de Alemania; además, el espectacular coro de la catedral de Colonia es el de mayor altura en relación con el tamaño de la planta de entre todas las iglesias medievales. La escasez de fondos y un menor entusiasmo por el gótico detuvieron las obras durante el siglo XV, y no se acabó de construir hasta 1880.

Gótico veneciano

En Italia, solo en las ciudades-estado prósperas se aceptó plenamente el gótico. En Venecia, los motivos decorativos del estilo se aplicaron a edificios civiles en lugar de eclesiásticos, caso del palacio Ducal, iniciado hacia 1340, y de la Ca' d'Oro («Casa de Oro»), palacio construido entre 1428 y 1430 junto al Gran Canal. Ninguno de los dos tiene las bóvedas de crucería ni contrafuertes y arbotantes del gótico del norte de Europa, pero sí otros rasgos asociados al estilo, en particular los arcos ojivales y la tracería elaborada en piedra, incluidos los cuadrilóbulos (diseño de cuatro círculos solapados). El peculiar gótico italiano debe poco a Francia y más a influencias orientales e islámicas, resultado de los vínculos culturales y comerciales de Venecia con el Imperio bizantino y el mundo islámico. ▪

Bóvedas de abanico

La bóveda de abanico es uno de los rasgos más exuberantes e innovadores del gótico perpendicular. Recurso puramente decorativo para cubrir techos, tiene nervaduras finas de piedra, a menudo por docenas, que irradian de lo alto de los pilares en curvas equidistantes que recuerdan a abanicos o palmeras.

La bóveda de abanico se empleó por primera vez entre 1351 y 1377 en el claustro de la entonces abadía de Gloucester (Inglaterra), y su tamaño fue aumentando, como en la abadía de Bath, la catedral de Peterborough, la capilla mariana (*lady chapel*) de Enrique VII en la abadía de Westminster y la capilla del King's College en Cambridge, la más impresionante de todas. Completadas todas a inicios del siglo XVI, su construcción fue decayendo, probablemente por el alto coste, incluidos los gastos de una cantidad enorme de andamios.

Solo los monjes benedictinos pudieron ser testigos de las glorias del claustro de Gloucester, hasta que Enrique VIII disolvió la abadía y se dio la categoría de catedral al edificio en 1541.

PALACIOS ENTRE LAS NUBES

CIUDADES DE MONTAÑA

ENFOQUE
Superar desafíos ambientales

ANTES
C. 800 Los taironas empiezan a construir los templos, las casas, los lugares de reunión y las terrazas de piedra de Ciudad Perdida, en el norte de Colombia.

C. 1400 El Imperio inca surge en los Andes centrales, en el actual Perú.

DESPUÉS
1532 Los conquistadores españoles llegan a Perú; al año siguiente toman Cuzco, la capital andina de los incas.

1572 Con la muerte del último soberano inca, se abandona la ciudad de Choquequirao.

1911 El profesor de historia estadounidense Hiram Bingham da con las ruinas de Machu Picchu.

Es relativamente poco lo que saben los historiadores de los incas, cuyo imperio en el oeste de América del Sur se extendía en un gran franja a lo largo de 4000 km desde Ecuador, al norte, por Perú y Bolivia, hasta Argentina y Chile, al sur. Su civilización estaba en su apogeo hace poco más de 500 años, pero los incas no tenían escritura como tal, y no dejaron registros. Tampoco parece que usaran la rueda, y su conocimiento de los metales era escaso, pero en el emplazamiento elevado de Machu Picchu, en los Andes peruanos, los incas crearon una ciudadela de piedra bien construida, con calles, terrazas y sistemas de drenaje impresionantes.

Machu Picchu se halla a 2430 m sobre el nivel del mar, en lo alto de los

Machu Picchu destaca por su alto grado de conservación. Calzadas y miles de escalones comunican sus plazas, edificios y terrazas de cultivo.

Véase también: El arco 38–41 ■ Viviendas 42–45 ■ Los pueblo 66–67 ■ Edificios rupestres 88–89 ■ Ciudadelas italianas elevadas 114

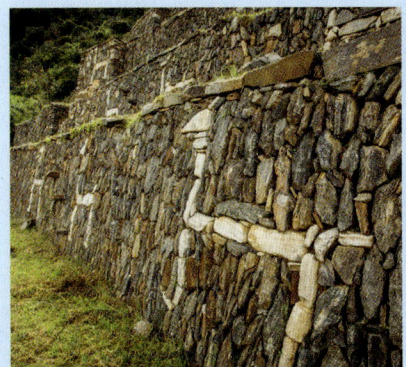

Las terrazas de Choquequirao presentan, en piedra blanca, figuras de llamas o alpacas, el ganado más importante de los incas.

Otras ciudadelas de montaña

El yacimiento de Choquequirao, en el sur de Perú, contiene los restos de una ciudad inca. Es menor que Machu Picchu, pero de diseño similar, con edificios y terrazas emplazadas en una cumbre a 3050 m sobre el nivel del mar. Las principales estructuras del lugar son templos, viviendas y baños, concentradas en torno a dos plazas asentadas sobre una cresta. El asentamiento data del siglo XV o del XVI.

Lejos de allí, hacia el norte, se halla Ciudad Perdida, antiguo asentamiento en la Sierra Nevada de Santa Marta, en Colombia. Se cree que fue fundado en torno a 800 d. C., más de 600 años antes que Machu Picchu. Situada a unos 1150 m sobre el nivel del mar, Ciudad Perdida consiste en más de cien terrazas excavadas en la ladera de la montaña y varias plazas circulares. Este asentamiento fue construido por pueblos precolombinos, y tuvo probablemente una población de entre 1400 y 3000 habitantes.

Andes, rodeado de bosque de montaña. Representa la cumbre de lo que se conoce de la arquitectura inca. Fue construida probablemente como propiedad real de un emperador inca hacia 1420, y estuvo habitada solo hasta 1532, cuando fue abandonada por razones que se desconocen. Aunque los españoles nunca encontraron Machu Picchu, su campaña militar contra el imperio pudo forzar su evacuación. También es posible que la población muriera, víctima de la viruela traída por los conquistadores.

Edificios y terrazas

Murallas de granito gris encierran Machu Picchu y sus aproximadamente 200 edificios, que incluyen palacios, templos, baños y almacenes. Unas 150 de las estructuras son viviendas, dispuestas en grupo alrededor de patios comunales, construidos a su vez alrededor de grandes plazas abiertas.

Grandes escalinatas de piedra conectaban las distintas partes de la ciudadela, cuyo punto más alto ocupaba un templo, con un altar tallado en la roca misma de la montaña donde se ubica. Los incas cultivaban las terrazas escalonadas que rodean la ciudadela.

A prueba de terremotos

Los incas construyeron su imperio explotando las barreras naturales de las montañas, por una parte, y la costa y el desierto costero, por la otra. Esto suponía trabajar en una topografía difícil y, en algunas regiones, con materiales naturales limitados. En Machu Picchu integraron afloramientos rocosos en estructuras de piedra construidas, y dieron forma a la ciudad adaptándose al contorno del terreno. La cantería sin cemento utilizada es prueba de una gran habilidad, y para las estructuras más modestas usaron piedras del tamaño de una hogaza. Los edificios mayores están hechos con losas grandes que encajan entre sí, para que resistan los frecuentes terremotos. Durante un seísmo, las piezas de la construcción podían moverse y después volver a asentarse en su posición anterior. La ligera inclinación hacia dentro de los muros también aumentaba su resistencia. Los incas desconocían el hierro y otros metales duros; cortaron el granito con herramientas de bronce, y le dieron forma con percutores hechos con otras rocas.

Los incas no desarrollaron el arco, pero las puertas y ventanas se estrechaban hacia arriba para reducir el tamaño del dintel. Los edificios son de una planta, con un tejado empinado para drenar el agua de las frecuentes y abundantes lluvias, función que cumplía también un sistema excelente de pequeños canales, que hoy sigue funcionando perfectamente. ■

Pocos romances pueden superar el de la ciudadela de granito sobre los escarpados precipicios de Machu Picchu.
Hiram Bingham
La ciudad perdida de los incas (1948)

DEL RENAC
AL HISTOR
SIGLOS XV–XVII

IMIENTO
CISMO

Las **ciudadelas italianas** de Urbino y Corsignano (hoy Pienza) se remodelan siguiendo **principios renacentistas** de armonía y equilibrio.

Leon Battista Alberti publica *De re aedificatoria*, el **primer libro impreso sobre arquitectura**.

El arquitecto y pintor italiano Miguel Ángel diseña parte de la **Biblioteca Laurenciana** de Florencia, ejemplo temprano del **manierismo**.

Comienzan las obras del mayor edificio renacentista de España, **el Escorial, palacio real y monasterio** cerca de Madrid.

Siglo XV   **1485**   **1523**   **1563**

1418   **1519**   **1563**

Filippo Brunelleschi gana el concurso convocado para diseñar la cúpula de la catedral de Florencia, **inicio de la arquitectura renacentista**.

Se completa en el valle del Loira el castillo de Chambord, ejemplo deslumbrante de la **arquitectura renacentista francesa**.

Se completa en Constantinopla la **mezquita de Solimán**, diseñada por **Mimar Sinan**.

Es difícil decir exactamente cuándo comenzó el Renacimiento, así llamado por encarnar el regreso a los valores y la estética de las antiguas Grecia y Roma. Desde finales del siglo XIII circularon en algunos lugares de Europa teorías acerca de la importancia de la razón y la expresión individual, y en el siglo XV tales ideas habían conformado un movimiento cultural.

Un nuevo comienzo

El Renacimiento transformó las artes. En la arquitectura supuso una vuelta a la simetría y las proporciones precisas de los órdenes clásicos. Una hazaña estructural asombrosa del arquitecto italiano Filippo Brunelleschi, la gran cúpula de la catedral de Florencia, se cita a menudo como inicio del movimiento. Desde Florencia, el Renacimiento se difun-dió rápidamente al resto de Europa, espoleado desde la década de 1430 por la invención en Alemania de la imprenta de tipos móviles metálicos.

Se redescubrieron escritos de autores clásicos que llevaban siglos acumulando polvo en las bibliotecas de los monasterios, entre ellos la obra del arquitecto e ingeniero romano Vitruvio. Su *De architectura*, de *c*. 30–15 a. C., se publicó de nuevo en 1486, un año después de la primera impresión de un tratado de arquitectura, *De re aedificatoria* («El arte de edificar») del arquitecto florentino Leon Battista Alberti. La obra de Alberti, que describía con detalle matemático los elementos principales de la arquitectura clásica romana, marcó el rumbo a la arquitectura durante el Renacimiento italiano y asentó principios importantes del urbanismo.

Otras obras de tema similar publicadas más tarde animaron a los arquitectos a realizar dibujos a escala y publicar planos, secciones y elevaciones precisos, para que otros los pudieran luego estudiar y emular.

Corrientes principales

En la década de 1520, algunos arquitectos en Italia comenzaron a rebelarse contra los principios renacentistas estrictos, y a adoptar una interpretación más inventiva de las formas clásicas, corriente después conocida como manierismo. Sin embargo, para las clases regentes de Europa, la arquitectura renacentista siguió encarnando la grandeza, el poder y el conocimiento. En España, el Escorial, vasto palacio y monasterio de inspiración renacentista cerca de Madrid, simbolizó la unión de Iglesia y Estado, mientras que el

En Kioto, antigua capital de Japón, se construye el **Palacio de retiro imperial Katsura** en el estilo rústico y sencillo *sukiya*.

En Italia, Gian Lorenzo Bernini diseña uno de los primeros ejemplos de arquitectura **barroca**, la **plaza de San Pedro** en Roma, que alberga la basílica de San Pedro.

En Francia, se diseña el interior del Hôtel de Soubise en el recargado y **altamente decorativo** estilo **rococó**.

1620–1658

1638–1665

1735–1740

1611

1632–1648

1725

En Persia (hoy Irán), el sah Abás I encarga la **Masyid-i Sah** (mezquita del Sah, o Real).

Se construye en Agra (India) el **Taj Mahal**, mausoleo de la esposa del emperador Sah Jahan que combina **influencias indias e islámicas**.

El arquitecto británico John Wood el Viejo planifica el ensanche de **Bath**, ciudad balneario en el suroeste de Inglaterra, en estilo **neoclásico**.

---

palacio de Carlos V, construido en los jardines de la Alhambra en Granada —poco antes reino de la dinastía musulmana nazarí—, fue un símbolo del restablecimiento del cristianismo por la católica Monarquía Hispánica. En Francia se construyeron castillos renacentistas en el valle del Loira.

El interludio barroco

A mediados del siglo XVII, un nuevo estilo arquitectónico barrió Europa: el Barroco, producto de la Contrarreforma, con la que la Iglesia católica se propuso recuperar la influencia perdida ante la Reforma protestante. El ornamentado estilo barroco apelaba al sentimiento y las emociones de los feligreses. Después de derivar en el rococó, estilo profusamente decorativo aplicado principalmente a los interiores, hubo un regreso a las líneas limpias y a las proporciones de

la arquitectura clásica, influidas por la obra del arquitecto italiano Andrea Palladio.

Intercambio cultural

Más allá de Europa, las ideas arquitectónicas se continuaron difundiendo a través del comercio, la conquista y la exploración. Algunos soberanos poderosos favorecieron el intercambio cultural: en Constantinopla (actual Estambul), la mezquita de Solimán diseñada por Mimar Sinan, el brillante arquitecto del sultán otomano del siglo XVI Solimán el Magnífico, fue claramente influida por la basílica bizantina de Santa Sofía en la misma ciudad, pero también es posible que Sinan viera los diseños de Miguel Ángel para la basílica de San Pedro, en Roma. La arquitectura de Sinan influiría a su vez en los grandes edificios mogoles

de la India del siglo XVII, entre ellos el Taj Mahal.

La arquitectura se entendió también como una expresión de unidad nacional. La unificación de Japón a finales del siglo XVI —a la que siguieron los más de 250 años de paz de la época conocida como periodo Edo— fue acompañada de un regreso a la sencillez rústica, hermosamente expresada en el estilo *sukiya*, característico de las casas de campo y las casas de té. En torno a esa misma época, en Persia, la dinastía safaví estableció bajo el sah Abás I una escala arquitectónica aplicada igual de noblemente a cualquier estructura, desde palacios cubiertos de mosaicos a los cotidianos caravasares (edificios para alojar a los comerciantes), y tanto en Isfahán, la capital safaví, como en ciudades y pueblos lejanos. ■

EL HOMBRE ES LA MEDIDA DE TODAS LAS COSAS

EL RENACIMIENTO

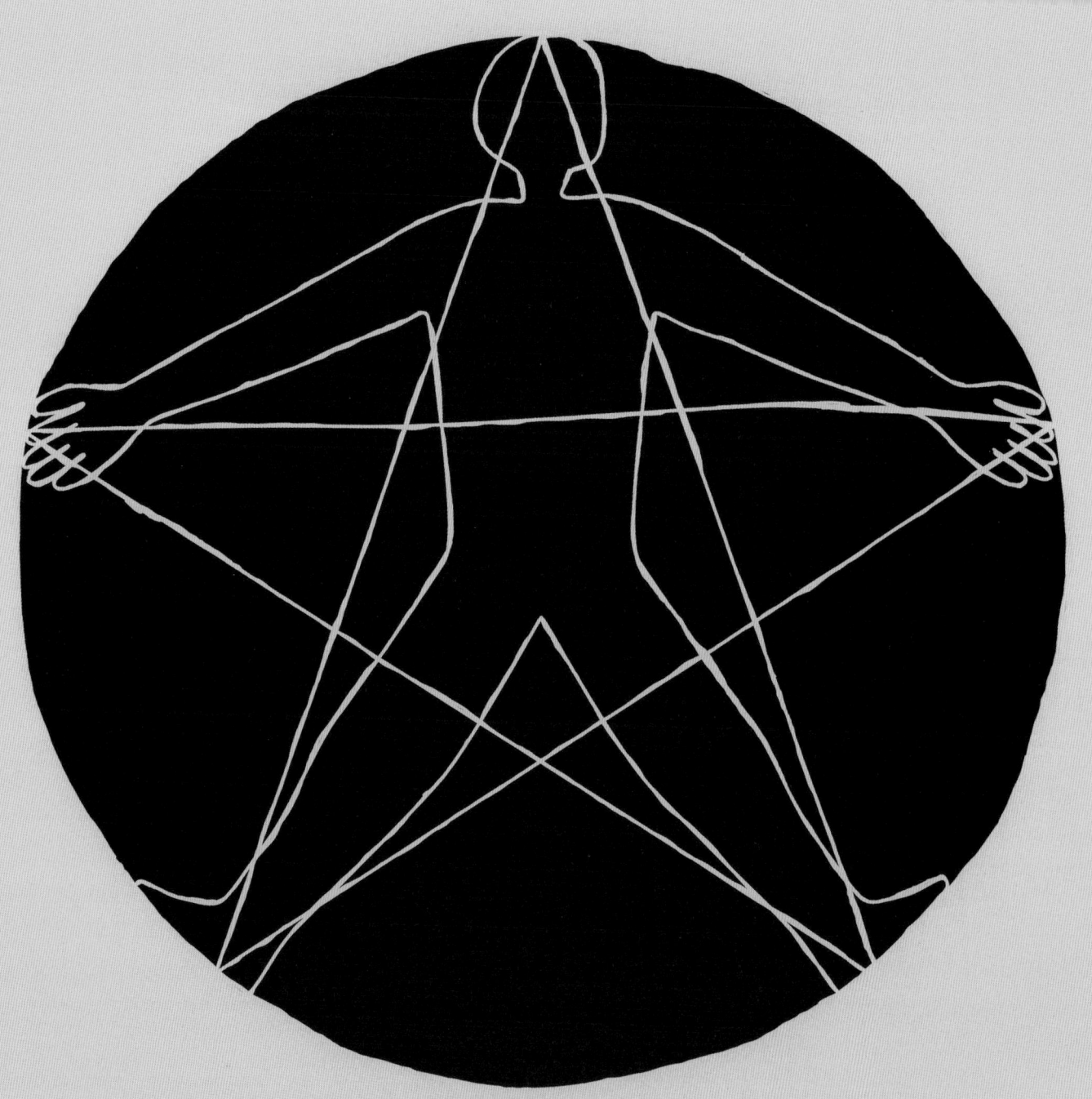

EN CONTEXTO

ENFOQUE
**El renacimiento de
los principios clásicos**

ANTES
432 A. C. Se completa el
Partenón, templo dórico
celebrado posteriormente
como la estructura griega
antigua más importante
que se conserva.

72 D. C. Comienza en Roma
la construcción del Coliseo,
gran anfiteatro que abrirá
ocho años después, durante
el reinado del emperador Tito.

C. 126–128 D. C. El emperador
Adriano reconstruye el Panteón
de Roma, templo con una gran
cúpula con casetones y un
pórtico corintio en la fachada.

DESPUÉS
C. 1540 En Italia, Andrea
Palladio diseña la Villa Godi,
casa de campo de estilo
romano muy influida por el
arquitecto clásico Vitruvio.

1546 El arquitecto francés
Pierre Lescot introduce en
París el estilo renacentista
con el diseño clásico del
ala suroeste del palacio
del Louvre.

1830–1899 El *beaux arts*, estilo
de arquitectura enseñado en
la Escuela de Bellas Artes
de París, incluye elementos
renacentistas y barrocos junto
con el neoclasicismo francés.

1931 Se completa una réplica
permanente del Partenón en
Nashville, Tennessee (EE. UU.).

Los **arquitectos e ingenieros** romanos amplían los órdenes clásicos griegos y **desarrollan el arco, la bóveda y la cúpula.**

En el Renacimiento, los **arquitectos italianos** rechazan el gótico medieval y admiran la **simetría y las proporciones** de las ruinas romanas antiguas.

Con la invención de la **imprenta**, sus nuevas **ideas sobre arquitectura se difunden** y cobran ímpetu.

Los arquitectos del temprano y alto Renacimiento siguen **principios clásicos estrictos** al diseñar edificios impactantes en Florencia y Roma.

A partir del Alto Renacimiento **evoluciona el manierismo,** que influirá en la **arquitectura barroca.**

Gracias al Renacimiento, la **arquitectura clásica continuará inspirando** el diseño de monumentos, edificios civiles y otras construcciones relevantes.

E l Renacimiento se caracterizó por la vuelta al saber antiguo griego y romano y por un florecimiento de las artes y las ciencias. Comenzó en Italia a inicios del siglo xv, impulsado por ciudades-estado prósperas como Florencia y Venecia, que favorecieron las artes al competir por ganar prestigio. La nueva estética arquitectónica renacentista se extendió por Italia y Europa, relegando en gran medida el gótico medieval. Los nuevos edificios se proyectaban por entero sobre papel, y los nombres de sus arquitectos se hicieron famosos. A Filippo Brunelleschi se le considera el primero de esta nueva hornada.

El Renacimiento temprano
Brunelleschi, nacido en Florencia en 1377, estudió matemáticas y literatura antes de formarse como orfebre y escultor en bronce fundido. Entre los años 1402 y 1404 visitó Roma, donde se conservaba el mayor número de ruinas clásicas antiguas. Los artistas habían comenzado a

Véase también: La columna 26–33 ▪ La cúpula 46–47 ▪ El románico 70–71 ▪ El manierismo 116–117 ▪ El Renacimiento de Francia y España 118–121 ▪ El palladianismo 122–123 ▪ El Barroco 138–145 ▪ El clasicismo 150–153

> La belleza surgirá de la forma y de la correspondencia del todo con las partes.
> **Andrea Palladio**
> *Los cuatro libros de la arquitectura (1570)*

examinar su estructura, admirando su lógica, orden y proporciones matemáticamente armoniosas, y consideraban la antigua escultura romana más realista y vital que el arte religioso de la época medieval.

Posiblemente a través del estudio de las ruinas, Brunelleschi adquirió el concepto de la perspectiva, ya conocida por los antiguos griegos y romanos, y que iba a ser fundamental en el arte renacentista. Aplicando sus principios, dibujó el baptisterio de San Juan en Florencia sobre una cuadrícula en un panel de madera, creando por primera vez la ilusión de un objeto tridimensional sobre una superficie plana. Otros artistas desarrollaron la técnica, produciendo los primeros cuadros con ilusión de profundidad.

El primer encargo arquitectónico de Brunelleschi fue el diseño del Hospital de los Inocentes en 1419. No fueron raros en la época los encargos de este tipo: los edificios eran diseñados por polímatas con conocimientos diversos, que a menudo incluían la pintura, la escultura y otras disciplinas, como las matemáticas y la filosofía.

Armonía a escala humana

El Hospital no se completó hasta 1445, y en él trabajaron otros arquitectos. La primera fase bajo supervisión de Brunelleschi fue notable por la arcada de nueve arcos soportada por esbeltas columnas corintias. Como primer edificio nuevo de Florencia en emplear los principios arquitectónicos de la antigüedad clásica, ofreció un modelo para el diseño de plazas y terrazas.

En vez de copiar edificios romanos como harían los arquitectos neoclásicos posteriores, Brunelleschi restableció los preceptos antiguos para el diseño de edificios. Al reconstruir la basílica de San Lorenzo, su siguiente encargo, ingenió un plan basado en una unidad de medida modular que se podía multiplicar o dividir y aplicar a todas las partes del diseño. El resultado fueron una serie de elementos y espacios en armonía unos con otros. Esto reflejaba los principios humanistas de la nueva hornada de pensadores renacentistas, cuyos estudios de los textos antiguos situaron a la humanidad, en lugar de a Dios, en el centro de su visión del mundo. En la nave central de la basílica de »

Brunelleschi enmarcó entre columnas corintias y un techo plano de casetones la nave central de la basílica de San Lorenzo, acabada en la década de 1490, mucho después de su muerte, en 1446.

San Lorenzo, Brunelleschi sustituyó los pilares góticos por columnas corintias, esbeltas y proporcionadas, y la bóveda del techo, por un techo plano con casetones, paneles hundidos decorativos como los empleados en la antigua Roma y en Grecia para reducir su peso.

Enfrentarse al desafío

Brunelleschi es quizá más conocido por su trabajo en Santa Maria del Fiore, el duomo (catedral) de Florencia. Al comenzar la construcción en 1296, se había previsto una cúpula grande, pero los autores del plan carecían de los conocimientos de ingeniería necesarios para construirla. Para cubrir el gran espacio interior, la cúpula tenía que ser mayor que la del Panteón y que cualquier otra cúpula existente en la época.

En 1418, Brunelleschi ganó el concurso para diseñar y construir dicha cúpula, y las obras resultantes ocuparon gran parte de su vida. Como su tamaño sin precedentes, de 45,5 m de diámetro y 93,5 m de altura –sin incluir la linterna, añadida en 1461–, era demasiado vasto para emplear los andamios de madera al uso, para elevar los materiales Brunelleschi inventó una máquina movida por bueyes, combinada con un sistema ingenioso en el que cada porción de la estructura reforzaba la siguiente, a medida que se iba levantando la cúpula de nivel en nivel. Los obreros trabajaban en el tejado desde plataformas ancladas en agujeros (mechinales) en las paredes.

Estabilizar la estructura

Las obras de la cúpula comenzaron en 1420. La estructura consistía en una cúpula dentro de otra: una interior, estructural, y una exterior, protectora, más ligera y compuesta por ocho arcos sujetos por costillas exteriores. Para resistir el empuje hacia el interior, a la cúpula interior se añadieron cuatro cadenas rígidas de hierro y bloques de arenisca, y una quinta hecha de madera, espaciadas por igual a lo largo de la altura de la cúpula. Los ladrillos se pusieron sobre las cadenas –que quedaron permanente y horizontalmente incrustadas en la estructura– en un patrón novedoso de espina de pez, que las mantenía en su lugar mientras se inclinaba el ángulo de la cúpula. Se estima que se emplearon para construirla unos cuatro millones de ladrillos, con un peso de unas 22 680 toneladas. Al completarse en 1436, Brunelleschi ganó un segundo concurso para diseñar la linterna decorativa que la remata, pero murió

La magnífica cúpula de Santa Maria del Fiore está cubierta con tejas de terracota, soportadas por ocho costillas de mármol, y rematada por una linterna: una torre de mármol de 21 m de altura.

Propongo construir para la eternidad. He decidido, por tanto, emplear arcos apuntados que arrancan de los ocho ángulos de los muros [del duomo]. Con la carga de la linterna, cada uno estabilizará el otro.
Filippo Brunelleschi

en 1446, antes de que se instalase. La cúpula, que domina aún el paisaje urbano de Florencia, sigue siendo uno de los logros culminantes del Renacimiento. Ofreció un modelo para incontables grandes cúpulas posteriores, entre ellas la de los Inválidos, en París, y la de la catedral de San Pablo, en Londres.

Difusión de las ideas clásicas

Leon Battista Alberti compartía la veneración de Brunelleschi por la arquitectura romana. De viaje con la corte papal tras haber recibido el sacramento del orden sacerdotal, llegó a Florencia a principios de la década de 1440, donde conoció a Brunelleschi. Uno de los primeros encargos arquitectónicos de Alberti fue el palacio Rucellai, construido en Florencia entre 1446 y 1451, y que fue el primer edificio privado que reflejó los principios del clasicismo renacentista. La fachada consta de tres niveles con pilastras (pilares decorativos rectangulares y poco proyectados) de distintos órdenes clásicos, rematados por entablamentos (las molduras y franjas horizontales sobre las

El palacio Rucellai, en Florencia, diseñado por Alberti, exhibió nuevos principios renacentistas, eco de la arquitectura de la antigua Roma en las proporciones, la simetría y la decoración de su fachada de piedra.

pilastras) clásicos, en un eco de su disposición en el Coliseo de Roma.

La difusión del Renacimiento

Más allá de Florencia, la influencia del clasicismo se debió en gran medida a Alberti, que viajó extensamente y realizó proyectos por toda Italia. En 1450, en Rímini, diseñó la fachada del templo Malatestiano, cuyas formas derivan del templo romano. Su basílica de San Andrés en Mantua, iniciada en 1472, incluye también numerosas referencias a la arquitectura romana, con una fachada de formas y proporciones inspiradas en el Arco de Trajano de Ancona. Alberti remató la fachada con un frontón clásico, e introdujo una innovación radical: pilastras corintias de altura triple, estilo que se popularizaría, y que se conoce como orden gigante. En el interior, la inmensa nave con bóveda de cañón

Belleza: el ajuste de todas las partes proporcionalmente de manera que no se puede sumar o restar o modificar sin alterar la armonía del conjunto.
Leon Battista Alberti

de San Andrés se inspiró en las antiguas ruinas de la basílica de Majencio y Constantino en el Foro romano. Alberti difundió sus ideas sobre arquitectura renacentista a través de *De re aedificatoria*, obra completada en 1452. El libro guarda una estrecha relación con *De architectura* de Vitruvio, del siglo I a. C., incluida la división en diez volúmenes.

Arquitectura impresa

Gracias a la invención de la imprenta por Johannes Gutenberg en la década de 1440, fue posible producir libros en grandes cantidades, y, en 1485, la obra de Alberti fue el primer libro impreso sobre arquitectura. La imprenta favoreció la difusión de las ideas, y el libro de Alberti fue la biblia de la arquitectura renacentista. La obra original de Vitruvio se imprimió en 1486, y continuó siendo una referencia importante, aunque »

Iglesias de planta centralizada

A diferencia del diseño gótico de iglesias, en el que es clave la verticalidad, los arquitectos renacentistas atendían a la simetría, la proporción y la geometría en su búsqueda de la armonía y la perfección. Las iglesias que construyeron solían tener planta de cruz, con un altar central, concepto derivado del cuerpo humano con los brazos extendidos, como describiera el arquitecto romano Vitruvio, e ilustrara más tarde Leonardo da Vinci.

En *De re aedificatoria*, Alberti propone que, como el cuerpo, un edificio sagrado debía tener un centro del que surgen partes equilibradas. Consideraba que este plan centralizado situaba a Dios y al hombre en el centro del universo. Las dimensiones de la cruz dictan las proporciones del edificio, y así se logra la correspondencia del todo con las partes y la forma bella por la que abogaba Alberti.

Bramante diseñó la basílica de San Pedro, en Roma, como cruz griega de cuatro brazos iguales, pero luego se modificó y pasó a ser de cruz latina.

El **«Hombre de Vitruvio»**, dibujo de Leonardo da Vinci a partir de escritos del arquitecto romano Vitruvio, ilustra las proporciones humanas y las relaciona con la geometría, el arte y la arquitectura.

los escritos de Alberti incorporaban avances de la ingeniería y la tecnología constructiva.

Estrellas del alto Renacimiento

Al periodo entre 1401 y 1495, habitualmente llamado Primer Renacimiento, o Quattrocento, le siguió el Alto Renacimiento, o Cinquecento, durante el cual artistas y arquitectos que habían estudiado el arte y los edificios de la antigüedad clásica se esforzaron por crear obras que superaran cualquier cosa hecha antes. Aunque el Alto Renacimiento se extiende solo durante 40 años, el periodo condensa una cantidad enorme de creatividad y talento: los tres grandes nombres de la época fueron Miguel Ángel, Rafael y Leonardo da Vinci, más conocidos como pintores y escultores, pero cuyas aportaciones a la arquitectura fueron asimismo importantes.

Miguel Ángel alcanzó fama con esculturas como la *Pietà*, creada en 1498–1499 para Jean de Bilhères, embajador francés en Roma, y el *David*, para la catedral de Florencia en 1504, y su renombre le valió recibir numerosos encargos arquitectónicos. Miguel Ángel se consideraba ante todo escultor, y habitualmente hacía primero un esbozo y luego trabajaba con modelos de cera o arcilla. Entre sus edificios destaca la Biblioteca Laurenciana, en Florencia, encargada en 1523 por Julio de Médicis, el papa Clemente VII, para albergar su colección de libros. Miguel Ángel intervino más tarde en la remodelación de la plaza del Campidoglio, en la colina capitolina de Roma, donde, en 1546, a los 71 años,

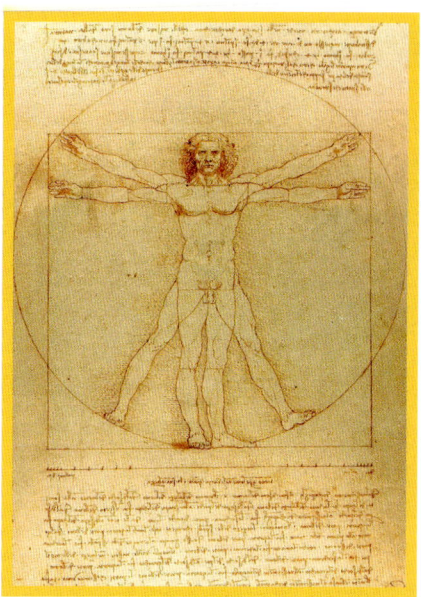

fue el arquitecto escogido para continuar las obras de la enorme basílica de San Pedro. Rafael, que asentó su reputación como pintor en Florencia, se trasladó más tarde a Roma, donde fue un arquitecto notable, y trabajó en la basílica de San Pedro desde 1514 hasta su muerte, en 1520. Su obra más importante es la Villa Madama en las afueras de Roma, encargada en 1518 e inspirada en la villa romana clásica, pero nunca terminada.

Las ideas del polímata Leonardo da Vinci tuvieron también gran influencia: llenó cuadernos de dibujos y notas sobre propuestas de iglesias y sus partes constituyentes, todas basadas en las proporciones y la simetría clásicas, aunque ninguno de sus diseños arquitectónicos se realizó.

Un templete perfecto

Sería Donato Bramante, nacido cerca de Urbino y formado como pintor, el arquitecto más aclamado del Alto Renacimiento. En 1499 se mudó a Roma, entonces epicentro de la arquitectura renacentista, gracias en gran medida al mecenazgo espléndido de sucesivos papas. En 1502 se le encargó a Bramante el diseño de una capilla en el lugar donde se creía habían crucificado a San Pedro.

El templete de San Pietro in Montorio, completado en 1505, mide solo 4,5 m de diámetro. Es un pequeño templo redondo de base escalonada y peristilo dórico, con columnas espaciadas por igual. La cella (estancia interior de un templo clásico), que se extiende por encima del entablamento, está rematada por una pequeña cúpula. Pese a lo modesto de la escala, por su perfección armoniosa el templete está considerado como uno de los mejores y más influyentes edificios del Renacimiento. La ampliación de la cella a la cúpula fue una innovación muy imitada por arquitectos posteriores, como Christopher Wren en la catedral de San Pablo en Londres.

La basílica de San Pedro

En 1506, el papa Julio II nombró a Bramante arquitecto pontificio para acometer el proyecto y la construcción de la nueva basílica de San Pedro, destinada a sustituir la iglesia que había hecho construir Constantino en el siglo IV d. C. Cuando Julio II murió, en 1513, apenas habían comenzado las obras, y el propio Bramante murió un año después. Rafael lo sustituyó, y reformuló los planos, pero murió en 1520, con solo 37 años.

Las tensiones políticas y religiosas de la década de 1520 alejaron de Roma a muchos artistas y arquitectos, y en 1527 la ciudad fue saqueada por las tropas del emperador Carlos V. Aun así, las obras de la basílica continuaron bajo la supervisión de varios arquitectos, y en 1546 se puso al frente de las mismas Miguel Ángel, considerado autor de gran parte del edificio tal como hoy existe. Así fue como la obra más renombrada de la arquitectura renacentista, y la iglesia con el mayor interior del mundo, se benefició del talento de tres genios de la época: Bramante, Rafael y Miguel Ángel.

> Bramante llevó a la arquitectura en Italia a esa fase de conquista completa de lo antiguo y de confianza plena en ampliarlo y adaptarlo.
> **John Summerson**
> **Historiador de la arquitectura británico (1904–1992)**

Consagrada en 1626, la basílica tardó casi 120 años en construirse, y refleja varios estilos, desde el del Alto Renacimiento, pasando por el más decorativo manierismo posterior, hasta formas propias del siglo XVII, cuando Gian Lorenzo Bernini añadió el baldaquino de bronce sobre la tumba de San Pedro y la plaza que conduce a la basílica.

Un estilo duradero

Los principios de la arquitectura renacentista reflejada en la basílica de San Pedro y otras obras de referencia influyeron en el diseño de edificios posteriores, y lo siguen haciendo hoy. Ejemplos recientes del nuevo clasicismo estadounidense son el Museo Meadows, en Dallas (Texas), completado en 2001, y el vasto Schermerhorn Symphony Center, en Nashville (Tennessee), inaugurado en 2006. ∎

El templete de San Pietro in Montorio, de Bramante, se inspiró en el templo de Vespa, en Tívoli. Las pilastras que rodean la cella se corresponden con las 16 columnas clásicas lisas –recuperadas de ruinas romanas– del peristilo dórico.

UN MICROCOSMOS DE ARMONIA COSMICA

CIUDADELAS ITALIANAS ELEVADAS

EN CONTEXTO

ENFOQUE
Urbanismo renacentista

ANTES
Siglo I A. C. El asentamiento etrusco de Volterra, fundado en la cima de un monte antes de 700 a. C. en Toscana (Italia), pasa a ser *municipium*, o ciudad aliada de Roma.

Siglo X D. C. Se funda sobre un monte toscano el pueblo de Scarlino, uno de muchos fundados en los siglos IX y X.

Siglo XII Familias de San Gimignano, en Toscana, construyen torres de hasta 70 m de altura para reforzar las defensas.

DESPUÉS
2019 La despoblación en pueblos de emplazamiento elevado en Italia lleva a los municipios a ofertar alquileres y ventas por precios bajísimos, algunos de solo un euro.

Los asentamientos en emplazamientos elevados en lo que hoy es Italia se remontan al menos a los etruscos, dueños de gran parte de la costa occidental de la península desde aproximadamente 750 hasta 500 a. C. La seguridad que ofrecían –reforzada por altas murallas defensivas– volvió a ser un factor importante durante la Edad Media, al fragmentarse la región en ciudades-estado rivales.

En el siglo XV, las poblaciones elevadas de Urbino, en las Marcas, y Corsignano, en Toscana, fueron experimentos tempranos del urbanismo renacentista para introducir orden, organización y armonía. Corsignano era el pueblo natal del papa Pío II (r. 1458–1464), quien, durante su pontificado, encargó su reconstrucción completa al arquitecto florentino Bernardo Rossellino –y el pueblo fue rebautizado como Pienza («ciudad de Pío»).

El diseño de esta pequeña ciudad buscaba la armonía, y subrayaba la fuente eclesiástica de sus nuevas hechuras: las calles emanan de una plaza central delimitada por la catedral, el ayuntamiento y dos palacios –el mayor y más grandioso de los cuales era la residencia estival del papa. El entorno construido y el emplazamiento natural están integrados, y los edificios y las calles principales tienen vistas al valle de Orcia, más allá de las murallas. Las descripciones de Pienza de la mano del propio Pío muestran que veía la ciudad y su entorno como «un microcosmos de armonía cósmica». ∎

La catedral de Pienza, en Toscana, limita un lado de la plaza central de la ciudad, la plaza de Pío II. Construida sobre la cresta de un monte, tiene una vista imponente del valle de Orcia.

Véase también: Ciudades elevadas 100–101 ▪ El Renacimiento 106–113 ▪ La ciudad ideal 115 ▪ La ciudad jardín 182–183

CLARIDAD CRISTALINA, COMPLEJIDAD SIMETRICA
LA CIUDAD IDEAL

En *De re aedificatoria (El arte de edificar)*, puesta al día de la obra de Vitruvio publicada en diez volúmenes entre 1443 y 1452, el polímata genovés Leon Battista Alberti planteó directrices para la ciudad ideal. Estas reflejan las tendencias renacentistas a la simetría y la modularidad, así como al ideal de progreso característico del humanismo –tal como lo concibió el filósofo y estadista inglés Tomás Moro en su tratado sobre la comunidad ideal, *Utopía* (1516). Todo ello se aplicó a los planos de asentamientos enteramente nuevos.

El encuentro de idealismo y realidad

En la década de 1460, inspirado por Alberti, el escultor y arquitecto florentino Antonio Averlino dibujó el plano de Sforzinda, una ciudad en forma de estrella de ocho puntas, con calles concéntricas y radiales, e inscrita en un foso circular, con canales en calles alternas para el transporte.

Debido a su coste excesivo, Sforzinda nunca se construyó, pero en

Palmanova se diseñó para proteger a la población con fortificaciones complejas y promover la armonía social con trazados urbanos bien ordenados.

1593 se fundó la ciudadela de Palmanova, al este de Venecia. Influido por Sforzinda, el arquitecto italiano Vincenzo Scamozzi trazó un plano en forma de estrella de nueve puntas. El lugar estaba tan aislado y cercano a la disputada frontera con el Imperio Habsburgo que pocos quisieron asentarse allí. En 1622, para aumentar su población, fueron liberados presos de las cárceles venecianas, y se les dieron solares donde construir. ∎

Véase también: El Renacimiento 106–113 ∎ La ciudad jardín 182–183 ∎ Una nueva ciudad 262–263

INVENTIVA EXTRAVAGANTE

EL MANIERISMO

EN CONTEXTO

ENFOQUE
La subversión de los ideales renacentistas

ANTES
1445 Se completa el Hospital de los Inocentes en Florencia, uno de los primeros ejemplos de arquitectura renacentista.

1485 Leon Battista Alberti publica *De re aedificatoria*, texto influyente que plantea las reglas de la arquitectura clásica.

DESPUÉS
1569 El arquitecto maltés Girolamo Cassar viaja por Italia, y a su regreso a Malta diseña edificios manieristas para la capital, La Valeta.

1914 Se inaugura en Nueva York el actual edificio de uso mixto James A. Farley, de estilo *beaux arts* y con la mayor columnata corintia de orden gigante del mundo.

Los arquitectos del Alto Renacimiento **perfeccionan el uso de los principios clásicos** en sus proyectos.

Esto anima a la siguiente generación de arquitectos a **buscar nuevos enfoques**.

No abandonan por completo los principios clásicos, pero los **alteran y trastocan**.

El resultado son edificios que **subvierten las expectativas del observador**.

Arquitectos italianos como Filippo Brunelleschi y Leon Battista Alberti habían definido las reglas del enfoque clásico renacentista del diseño arquitectónico. Otros arquitectos, entre ellos Donato Bramante, encarnaron dichas reglas en edificios hermosa-mente proporcionados y ordenados, inspirados en los principios clásicos. La maestría alcanzada en este enfoque en el siglo XV y principios del XVI movió a la generación siguiente de arquitectos a reaccionar e intentar hacer progresar el arte de construir, con frecuencia de manera lúdica,

Véase también: La columna 26–33 ▪ El Renacimiento 106–113 ▪ El palladianismo 122–133 ▪ El Barroco 138–145 ▪ La posmodernidad 280–285

El patio interior del palacio del Té está separado del jardín formal por una galería con un frontón, arcos desigualmente espaciados y una secuencia irregular de columnas de estilos diferentes.

contra lo que veían como casta perfección del idealista diseño renacentista. Su obra, que se sirvió de los ideales clásicos como trampolín para la experimentación, la inventiva y la imaginación, sería calificada posteriormente como manierista.

Jugar con los elementos

Miguel Ángel, uno de los arquitectos vinculados al Alto Renacimiento, fue uno de los primeros en trastocar las reglas. En el *ricetto* (vestíbulo) de la Biblioteca Laurenciana, en Florencia, empleó formas ya conocidas, pero en configuraciones desacostumbradas. Un ejemplo de ello son las columnas, que estaban insertas en el muro, con ménsulas debajo. Las ménsulas solían portar elementos decorativos, pero aquí parecen soportar las columnas, y con ello el propio tejado, un detalle lúdico propio del enfoque manierista.

En Mantua, el palacio del Té ofrece otro ejemplo del ánimo travieso del manierismo. Proyectado por Giulio Romano (discípulo de Rafael), e iniciado alrededor de 1525, es una casa de campo construida para el duque Federico II Gonzaga, reputado mecenas que permitió a Romano incorporar elementos más experimentales entre los rasgos clásicos convencionales.

En el friso que rodea el patio interior, algunas de las piedras están colocadas de modo que parecen desplazadas de su lugar, como en las ruinas. El espaciado de pilastras y arcos, a menudo desigual, subvierte la simetría y el ritmo esperados en un edificio clásico. Se trata de un juego arquitectónico, uno que solo apreciaba plenamente quien conociera las reglas subvertidas.

El manierismo fue criticado más tarde por artificioso y estilizado, y por contravenir las reglas del clasicismo renacentista, pero sus actitudes hallarían eco a fines del siglo XX, al reaccionar algunos arquitectos contra las líneas limpias y la funcionalidad del racionalismo, y abrazar la subversión del posmodernismo. ▪

Órdenes gigantes

A Miguel Ángel se lo asocia con frecuencia con uno de los elementos típicos de la arquitectura manierista, el orden gigante, denominado también orden colosal, que se caracterizaba por columnas o pilastras que abarcan dos o más plantas.

Desconocido en la antigüedad, el orden gigante pudo haber sido utilizado por primera vez por Alberti, en la fachada de la iglesia de San Andrés, en Mantua, iniciada unos meses antes de su muerte, en 1472. En la década de 1560, Miguel Ángel lo usó de modo más espectacular, al combinar pilastras corintias gigantes con columnas jónicas de un solo piso en la renovación y rediseño de los palacios de la colina capitolina en Roma.

El chocante y teatral orden gigante hizo fortuna más allá del manierismo, integrado como rasgo del palladianismo, el Barroco y el clasicismo georgiano inglés, además de la arquitectura *beaux arts* de finales del siglo XIX.

Las pilastras abarcan dos plantas en la fachada del palacio de los Conservadores, en la colina capitolina, en la actualidad parte del Museo Capitolino.

NOBLEZA SIN ARROGANCIA

EL RENACIMIENTO EN FRANCIA Y ESPAÑA

EN CONTEXTO

ENFOQUE
La difusión de las ideas renacentistas

ANTES
1428 El pintor flamenco Jan van Eyck pinta a la princesa Isabel de Portugal; es uno de muchos artistas del Renacimiento nórdico que trabajan en la península ibérica a inicios del siglo XV.

1492 Colón funda la primera colonia del Nuevo Mundo, en La Española.

DESPUÉS
1667 Se introducen elementos barrocos en la estructura renacentista de la catedral de Granada, del siglo XVI, que reflejan la difusión de las ideas más recientes de Italia.

1835 El historiador francés Jules Michelet adopta el término «Renacimiento» para la cultura posmedieval.

Florencia es generalmente considerada la cuna del Renacimiento, pero las ideas que triunfaron allí no tardaron en difundirse al resto de Italia y más allá. El estudioso, pintor y arquitecto Leon Battista Alberti tomó lo aprendido en Florencia acerca de arte, perspectiva y arquitectura clásica y lo aplicó a una serie de encargos en otras ciudades de Italia. En 1494 y 1505, el pintor alemán Alberto Durero visitó Italia, y absorbió el arte y la arquitectura que vio. La obra que desarrolló en Alemania a su regreso contribuyó al desarrollo del llamado Renacimiento nórdico, y la invención de la imprenta, hacia 1436–1440, aceleró la transmisión del saber y de las

Véase también: El Renacimiento 106–113 ▪ El manierismo 116–117 ▪ El palladianismo 122–123 ▪ El Barroco 138–145 ▪ El clasicismo 150–153

En el **primer Renacimiento, Florencia** es el núcleo de las **nuevas ideas artísticas y arquitectónicas**.

La **imprenta acelera su difusión**, primero a otras ciudades italianas, siendo Roma la más importante.

Artistas y arquitectos italianos **pioneros de técnicas nuevas** inspiran a otros por toda Europa.

Comercio, política y guerras contribuyen todos a la **mayor difusión** de las ideas renacentistas.

ideas, ya que los folletos y tratados teóricos alcanzaron mayor difusión que nunca antes.

Las ambiciones territoriales de las grandes monarquías europeas contribuyeron a diseminar las nuevas ideas por todo el continente. En 1494 comenzaron las guerras italianas, al reclamar por la fuerza Francia el reino de Nápoles, en la primera de una serie de invasiones. España intervino en el conflicto, y a mediados del siglo XVI se había hecho con el control de la mayor parte del sur de Italia y de Milán, en el norte. La familiaridad con los logros artísticos de Italia tuvo su expresión en España, y dio lugar, entre otros desarrollos, a movimientos arquitectónicos de inspiración renacentista.

Italianos en Francia
En 1515, a los 21 años, Francisco I fue coronado rey de Francia. Mientras se formaba fue creciendo la influencia de las ideas del Renacimiento italiano, y el nuevo rey fue un gran mecenas de las artes. Invitó a Francia a artistas italianos, entre ellos, Leonardo da Vinci, pero los propios franceses desarrollaron un estilo renacentista propio, del que son ejemplos los muchos castillos construidos para la realeza, la aristocracia y la nueva y adinerada burguesía.

La arquitectura francesa del Renacimiento destaca por su inventiva más que ninguna otra fuera de Italia. Un ejemplo espectacular del Renacimiento temprano francés es el castillo de Chambord, concebido por Francisco I como refugio de caza, eso sí, de 426 habitaciones. El proyecto del castillo, iniciado en 1519, se atribuye al arquitecto italiano Domenico da Cortona, y la construcción, al francés Pierre Nepveu. Fue algo habitual que constructores franceses ejecutaran planes de arquitectos italianos, pero a menudo introducían cambios considerables en el diseño. La fachada tiene pilastras a intervalos regulares, mientras que en el interior predomina la decoración inspirada en el norte de Italia. El elemento central, la escalinata exenta compuesta por dos espirales entrelazadas que ascienden por tres plantas, pudo ser un diseño de Leonardo da Vinci. »

El castillo de Chambord, en el valle del Loira, combina rasgos renacentistas de inspiración clásica, como arcos separados por pilastras, con elementos medievales, como los torreones.

El origen renacentista del Louvre

El primer Louvre fue un castillo construido para Felipe II de Francia (r. 1180–1223) para reforzar las murallas de París. Hacia 1545, Francisco I decidió sustituirlo por un palacio. Un plan del arquitecto italiano Sebastiano Serlio se rechazó en favor de otro del francés Pierre Lescot, y las obras comenzaron en 1546. Aunque el plan incluía grandes apartamentos en tres lados de un patio cuadrado, solo llegó a completarse una de sus alas. Hoy llamada ala Lescot, es la parte aérea más antigua del Louvre. La planta baja, construida en el estilo manierista, tiene ventanas profundamente empotradas rematadas por frontones, y divididas por pilastras que recuerdan a una columnata italianizante. Durante los siglos siguientes, al irse ampliando el Louvre, los nuevos edificios se atuvieron al estilo del ala Lescot con el fin de mantener la armonía arquitectónica.

Desde que vi Chambord, voy preguntando a todo el mundo: «¿Has visto Chambord?».
Victor Hugo
Escritor francés
(1802–1885)

Francisco I convocó a arquitectos y artistas italianos para que asistieran en la reconstrucción de un castillo medieval en Fontainebleau, aldea al sureste de París, obra que comenzó hacia 1530. Entre ellos estaba Sebastiano Serlio, autor del influyente tratado *Los siete libros de la arquitectura* (1537–1551). El castillo resultante se convirtió en el centro más importante del Renacimiento en el norte, al dar lugar a la escuela de Fontainebleau, aunque los logros de esta se dieron en las artes visuales, y no en la arquitectura.

La plaza pública

La plaza Real, después rebautizada como plaza de los Vosgos, fue la primera plaza pública residencial de París. Encargada por el borbón Enrique IV, las obras comenzaron en 1605, y dieron forma a un jardín público rodeado de viviendas por los cuatro lados sobre una galería de arcadas en la planta baja. Más que la arquitectura en sí, es el concepto del plan lo que más encarna los valores del Renacimiento italiano. Hasta entonces, los espacios urbanos abiertos eran el escenario habitual para la pompa y la opulencia; la plaza de los Vosgos se concibió como espacio

Los 36 edificios que bordean la plaza de los Vosgos, en París, son de diseño uniforme, con la excepción de dos grandes pabellones reales en lados opuestos de la plaza.

para acomodar talleres de manufactura de la seda, con fábricas en las plantas primera y segunda, y las viviendas de los trabajadores en la tercera. Era un plan casi utópico, expresión del humanismo que animaba el Renacimiento italiano. Después de la muerte de Enrique IV, en 1610, el plan original fue abandonado, y la aristocracia se adueñó de la plaza.

El Renacimiento español

El Renacimiento llegó a España poco más tarde que a Francia. El primer gran edificio renacentista en la península ibérica fue el palacio de Carlos V, iniciado en 1527, en Granada. Su construcción en la medina de la Alhambra afirmaba la victoria del cristianismo tras la conquista del emirato musulmán de Granada por la católica Monarquía Hispánica de Fernando e Isabel, en 1492. El arquitecto fue Pedro Machuca, formado en Italia y posible discípulo de Miguel Ángel. El diseño era de influencia romana, con pilastras en los órdenes toscano y jónico, y sillares almohadillados (con una cara sin labrar), pero también aportó la innovación de un patio interior circular con dos niveles de columnatas. El palacio fue el precedente de la difusión de un clasicismo monumental de inspiración renacentista en España, que, como símbolo del poder católico, sustituyó de modo gradual el gótico y las formas de influencia islámica. La catedral de Granada es un claro ejemplo de ello; sus cimientos se pusieron en 1518 en el lugar de la mezquita principal de la ciudad, pero el proyecto comenzó propiamente diez años más tarde, y, para entonces, el plan gótico inicial se había cambiado por otro de estilo renacentista.

El Escorial

La arquitectura renacentista española culminó en el palacio-monasterio del Escorial, el mayor edificio renacentista del mundo. El proyecto acaparó el interés de Felipe II (r. 1556–1598), que buscaba cumplir así el deseo paterno de construir un monasterio donde se le enterrara con su esposa. Se escogió un lugar adecuado para un proyecto a gran escala en la sierra próxima a Madrid, y el resultado fue una ciudadela o fortaleza religiosa que incluye un monasterio, una basílica, un palacio, tres bibliotecas, una universidad, una escuela y un hospital: la unión arquitectónica de la Monarquía Hispánica y la Iglesia católica.

La piedra angular del edificio se puso en 1563. Los trabajos se encargaron a Juan Bautista de Toledo, formado en Italia (al igual que Machuca), donde trabajó en la basílica de San Pedro, en Roma. Después de su muerte, en 1567, el proyecto del Escorial pasó a manos de Juan de Herrera, quien había ayudado a diseñar y construir el palacio real de Aranjuez, al sur de Madrid. Las instrucciones de Felipe II fueron construir un complejo palaciego definido por la «sencillez en la forma, severidad en el conjunto, nobleza sin arrogancia, majestad sin ostentación», tarea que Herrera llevó a cabo a la perfección.

El lugar central en el complejo lo ocupa la majestuosa basílica en forma de cruz griega, rematada por una cúpula, la primera de España construida con tambor, basada en el diseño de Miguel Ángel para San Pedro en Roma, pero de interior más austero, con sobrias pilastras dóricas, y un área más decorada alrededor del altar.

Incluso antes de completarse en 1584, el estilo del Escorial ejerció una influencia enorme en la arquitectura española. La Monarquía Hispánica estaba colonizando vastas áreas del Nuevo Mundo, y el estilo resulta manifiesto también en algunos ejemplos de la arquitectura eclesiástica hispanoamericana, como la catedral de Puebla, en México. ∎

El exterior simple y geométrico del Escorial popularizó en España y otros lugares el estilo herreriano, nombrado así en referencia a su último arquitecto, Juan de Herrera.

UNA ARMONIA DULCE

EL PALLADIANISMO

Andrea Palladio, exponente de la arquitectura renacentista, diseñó varios edificios majestuosos en el norte de Italia, desde casas de campo hermosamente proporcionadas a las imponentes iglesias venecianas de San Giorgio Maggiore y el Redentor. Su obra *Los cuatro libros de la arquitectura*, publicada por primera vez en 1570, establecía reglas y orientaciones arquitectónicas claras que, si bien estaban poderosamente influidas por los principios clásicos, los ponía también al día. El palladianismo, nombre dado a su estilo característico, estaba destinado a ejercer una influencia profunda en todo el mundo.

Forjar un estilo

Los primeros encargos de Palladio fueron una serie de villas o casas de campo alrededor de la ciudad de

Los frontones de los pórticos de Villa Capra están coronados por tres estatuas de dioses clásicos, atribuidas al escultor y arquitecto italiano Giovanni Battista Albanese, de Vicenza.

Véase también: La columna 26–33 ▪ El arco 38–41 ▪ El Renacimiento 106–113 ▪ El manierismo 116–117 ▪ El Barroco 138–145 ▪ El clasicismo 150–153

Andrea Palladio

Andrea di Pietro della Gondola nació probablemente en Padua, en la República de Venecia, en 1508. Se formó como aprendiz de cantero, y en 1538 conoció al estudioso y arquitecto aficionado Giangiorgio Trissino (1478–1550) mientras trabajaba en la construcción de Villa Trissino. Trissino tomó a Gondola como protegido, y lo apodó Palladio («el sabio»). Juntos viajaron varias veces a Roma, donde Palladio estudió las ruinas clásicas. En 1554 reflejó lo aprendido en estos viajes en una guía famosa, *L'antichità di Roma (Las antigüedades de Roma)*, en la que describía las iglesias y otros monumentos antiguos de la ciudad.

Desde la década de 1540 en adelante, Palladio fue famoso como diseñador de palacios y villas para clientes adinerados en la República de Venecia. En su carrera posterior creó edificios públicos, iglesias y proyectos de ingeniería civil. Su última obra, el teatro Olímpico de Vicenza, es un buen ejemplo del dominio de Palladio de los principios del diseño de teatros antiguo, pero no se terminó hasta 1585, cinco años después de su muerte.

Vicenza, y sus diseños estaban influidos por algunos de sus contemporáneos manieristas, notablemente por Giulio Romano. En 1544, Palladio supervisó la terminación del palacio Thiene en Vicenza, proyecto que se cree inició Romano en 1542.

El edificio con el que Palladio asentó su reputación fue la basílica Palladiana de Vicenza, que empezó a construirse en 1549. El diseño de arcadas gemelas recuerda al Coliseo, pero debe su belleza al empleo decidido de un sistema de proporciones relativas. La basílica incluye también el primer uso por Palladio de lo que sería un rasgo característico de su arquitectura, la ventana palladiana, un vano tripartito con un arco central.

Villa Capra

Uno de los mejores ejemplos de la aplicación de los principios clásicos por Palladio es Villa Capra, también conocida como la Rotonda. Iniciada en 1567, es un retiro campestre sobre una colina en las afueras de Vicenza. Diseñada a partir de las formas de una esfera y un cubo, sigue reglas matemáticas estrictas: la planta cuadrada es totalmente simétrica, e inscrito en el centro del cuadrado hay un círculo, una sala cilíndrica rematada por una cúpula, cuya altura es la de un doble cubo. Las habitaciones alrededor de esta sala tienen todas cuadrado y medio de planta, excediendo en medio cuadrado la longitud a la anchura.

Para ampliar las vistas al campo circundante, Palladio situó un pórtico jónico con una amplia escalinata en cada una de las cuatro fachadas del edificio. La construcción entera es modular y proporcionada, aunque los resultados de la precisión, disciplina y sobriedad de Palladio crean efectos que pueden resultar austeros.

Palladio fue un custodio fiel de los principios clásicos, pero también un innovador cuya obra trascendió la mera imitación y fue a su vez muy imitada. Villa Capra fue un ejemplo temprano de lo que sería una larga tradición de casas de campo con cúpula, en particular en Gran Bretaña y EE. UU. De modo similar, su empleo del pórtico en casas de este tipo sería muy imitado en los siglos XVII y XVIII. ▪

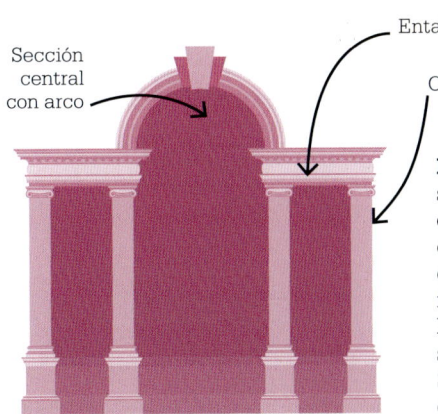

Sección central con arco

Entablamento

Columna o pilastra

La ventana palladiana consta de una sección central con arco, separada de dos laterales rectangulares por columnas o pilastras con entablamentos. Aunque es un rasgo clave en su obra, Palladio no fue el inventor de este motivo tripartito, llamado también ventana veneciana o serliana, por el arquitecto del siglo XVI Sebastiano Serlio, uno de los primeros en emplearla.

EDIFICIOS ESPLENDIDOS Y CUPULAS EXTRAORDINARIAS
EL IMPERIO OTOMANO

Mehmet II tomó Constantinopla (la actual Estambul) en 1453, poniendo fin con la conquista a los mil años de existencia del Imperio bizantino. Mehmet hizo de la ciudad la capital otomana, y mandó convertir en mezquita su catedral cristiana, Santa Sofía. La arquitectura bizantina de esta inspiró luego a los arquitectos otomanos el diseño y la ingeniería de sus mezquitas y otros edificios imperiales.

La construcción de mezquitas acompañó a la expansión territorial otomana bajo Solimán I el Magnífico (r. 1520–1566). Tenían planes claros y lógicos, y elevaciones generalmente de volumen cúbico, rematadas por cúpulas hemisféricas sin adornar y minaretes altos y esbeltos. Las cúpulas, soportadas por semicúpulas a modo de contrafuertes, crecieron hasta rivalizar con la de Santa Sofía. Los minaretes aumentaron en número, de uno hasta seis, cada uno con hasta tres balcones.

Paraíso en la Tierra
Las mezquitas más bellas fueron diseñadas por el arquitecto real de Solimán, Mimar Sinan, cuya creación más notable es el complejo de la mezquita de Solimán (o Süleymaniye), situado en una colina que domina el estuario del Cuerno de Oro en Estambul. Aunque influida por Santa Sofía, Sinan construyó la

Las **iglesias bizantinas** suelen tener un interior centralizado –sin naves lineales– **rematado por una gran cúpula**.

La arquitectura selyúcida emplea **azulejos vidriados de colores, a menudo azules**.

La arquitectura otomana muestra una gran **influencia de la bizantina y selyúcida**.

Mimar Sinan

Nacido en Anatolia hacia 1489, de familia griega cristiana, Mimar Koca Sinan («gran arquitecto Sinan» en turco) fue reclutado para el cuerpo de jenízaros, de los que llegó a ser oficial de caballería y, más tarde, arquitecto militar. Solimán I le nombró arquitecto de la corte otomana en 1539; y, a lo largo de una carrera que duró 49 años, diseñó y supervisó la construcción de más de 340 edificios, entre ellos baños, palacios, tumbas, acueductos, escuelas, cocinas, hospitales, caravasares, graneros y 81 mezquitas.

La arquitectura de Sinan dejó su impronta no solo en la capital otomana, Estambul —donde sus creaciones aún dominan el horizonte urbano—, sino en todo el imperio, desde la mezquita Khusruwiyah, en Alepo (Siria), hasta madrasas en La Meca (Arabia Saudí) y la mezquita de Mustafá Pasha, en Budapest (Hungría). Sinan murió en 1588.

mezquita de Solimán sin ninguna de la pesadez externa aparente en su homóloga bizantina. Completada en 1557, su cascada de cúpulas y semicúpulas parece flotar serenamente sobre el horizonte urbano.

Las mezquitas otomanas, muchas de ellas acompañadas de jardines, solían ocupar el centro de un complejo de edificios. El de la mezquita de Solimán, por ejemplo, contaba con escuelas, un hospital, un hamam (baño turco), un hostal, cocina y tumbas. Cada edificio se diseñaba como parte del conjunto, en armonía también con la naturaleza en forma de árboles y agua que encarnaban el concepto de paraíso terrenal. Pese a la elegancia del complejo de la mezquita

La mezquita de Selim tiene una cúpula central y ocho pilares a modo de contrafuertes. Los niveles de ventanas que abren los muros y semicúpulas iluminan el interior ricamente decorado.

de Solimán, Sinan consideraba la mezquita de Selim —en Edirne (Turquía)— su obra maestra. Iniciada en 1569, cuando Sinan tenía 80 años, su monumental sala de oración, de más de 30 m de diámetro, está rematada por una cúpula de 42 m de altura. Sus cuatro minaretes, los más altos de Turquía, miden 83 m. Según sus propios escritos, Sinan creía que la mezquita de Selim superaba incluso a Santa Sofía. ▪

[…] como el creador jugando con el mundo.
Epitafio en la tumba de Mimar Sinan

PARA LA COMODIDAD DE LAS CRIATURAS DE DIOS

EL CARAVASAR

EN CONTEXTO

ENFOQUE
Alojamientos para viajeros

ANTES
C. 2100 A. C. El *Poema de Gilgamesh* sumerio hace la primera referencia conocida a un alojamiento para viajeros.

Siglo I D. C. La ciudad de Palmira, en el desierto de Siria, tiene un antiguo caravasar.

Siglo VIII Khan al Zabib (Jordania) es probablemente el primer caravasar para peregrinos a La Meca.

1504–1505 La Wikala de Al Ghuri, en El Cairo (Egipto), es un caravasar de cinco pisos.

1574 Se construye el Khan al Jumruk en Alepo (Siria), uno de los muchos caravasares urbanos aún usados por comerciantes.

DESPUÉS
1959 Un gran caravasar safaví del siglo XVIII en Isfahán (Irán) se convierte en el Hotel Sah Abás (hoy Hotel Abasi).

Los pueblos de Oriente Próximo ofrecieron alojamiento provisional a los viajeros desde al menos el III milenio a. C. Más tarde, los romanos tuvieron alojamientos diversos, como *cauponae* –posadas con habitaciones baratas– y *hospitia*, muchas de las cuales eran viviendas reconvertidas para ofrecer comida, vino y alojamiento.

Oriente próximo era el nexo de rutas comerciales importantes, en particular de Arabia a Anatolia, continuando a Europa, y de Anatolia a China, la llamada Ruta de la Seda. Una red de grandes hostales en el camino, llamados caravasares, acogían a las caravanas de los mercaderes. Estos edificios estaban situados a un día de viaje uno de otro, de manera que los comerciantes pudieran evitar pasar noches expuestos a los peligros del viaje, dar de comer y beber a sus animales e intercambiar noticias y bienes.

Plan coherente
La arquitectura de los caravasares, aunque variaba en los detalles, compartía unos rasgos comunes: eran todos de planta extraordinariamente similar, con un gran patio rodeado de almacenes y establos y estancias en la primera planta. Tenían muros altos y una sola puerta fácilmente defendible. Un buen ejemplo es el caravasar Sah Abasi, en Nishapur, al noreste de Irán. Construido en el siglo XVII, es una gran estructura con muros de ladrillo sin ventanas al exterior, con patio central y acceso por una puerta cubierta por una cúpula. ∎

Los comerciantes depositaron allí su bagaje [en el caravasar de Acre, en Israel] y se alojaron en la planta de arriba.
Ibn Jubair
Viajero árabe (1145–1217)

Véase también: Viviendas 42–45 ▪ La inspiración islámica 58–63 ▪ El castillo 72–73 ▪ El Imperio safaví 132–133

UN SIMBOLO UNIVERSAL DEL ARQUETIPO CELESTIAL

EL JARDÍN ISLÁMICO

EN CONTEXTO

ENFOQUE
Crear un remanso de calma

ANTES
IV milenio A.C. En la antigua mitología sumeria, el mundo comienza en un jardín del paraíso llamado Dilmun.

Siglo VI A.C. En la antigua Persia, Ciro el Grande crea un jardín real en la capital imperial Pasargada, con palacios, monumentos y fuentes en un parque rodeado de árboles.

1238 D.C. Los soberanos del emirato de Granada en la península ibérica comienzan a construir la Alhambra, ciudadela con patios en terrazas con estanques, fuentes y jardines.

DESPUÉS
2011 La Unesco declara Patrimonio Mundial el Jardín Persa, colección de nueve jardines de Irán descritos como «obra maestra del genio creativo humano».

El Corán presenta la idea del paraíso como jardín –imagen presente ya en la literatura sumeria–, quizá inspirada por el contraste con el entorno desértico de la mayor parte de Arabia. El agua es un rasgo clave de casi todos los jardines islámicos, así como de la arquitectura islámica en general. Es parte del ritual en las mezquitas, y de las fuentes, canales y estanques decorativos y refrescantes de patios y jardines.

Las áreas plantadas se disponen alrededor del agua en patrones simétricos o geométricos, e incluyen árboles grandes para dar sombra,

El pórtico del pabellón *(kushk)*
de Chehel Sotún está soportado por 18 pilares de madera, y se refleja en el largo estanque rectangular del jardín.

especies fructíferas menores y lechos llenos de flores fragantes, como jazmines y rosas.

La propia palabra «paraíso» procede del persa antiguo *paridaida*, jardín amurallado que aparece por primera vez en la época aqueménida (559–331 a.C.). Era tradicionalmente rectangular y dividido en cuatro partes *(chahar bagh)*, con un estanque central, estilo difundido a todo el mundo islámico.

Los jardines formales siguieron siendo muy apreciados en Persia, sobre todo en el periodo safaví. Buen ejemplo es el jardín del Paraíso en Isfahán, completado en 1647 por el sah Abás II, donde el pabellón Chehel Sotún se asoma a un estanque arbolado entre canales y fuentes, todo dispuesto en perfecta simetría. ∎

Véase también: La inspiración islámica 58–63 ▪ El Imperio safaví 132–133 ▪ El Imperio mogol de India 134–137 ▪ La ciudad jardín 182–183

LA GRAN PAZ BAJO EL CIELO

EL JAPÓN DEL PERIODO EDO

EN CONTEXTO

ENFOQUE
La edad de oro de Japón

ANTES
Siglo VI D. C. El budismo llegado a Japón desde China y Corea trae ideas arquitectónicas ampliamente aceptadas.

780 Comienza el periodo de Heian, en que se desarrolla un estilo constructivo japonés distinto del de China o Corea.

DESPUÉS
1870 El gobierno Meiji ordena demoler los castillos de Japón, considerados un recordatorio vergonzoso del reciente pasado feudal.

1923 Tras licenciarse en la Escuela de Bellas Artes de Tokio, el arquitecto Isoya Yoshida será el pionero de una forma nueva del estilo *sukiya* (tradicional japonés), combinado con elementos de la modernidad.

A finales del siglo XVI, después de unos 150 años de conflictos internos, se logró la unificación de Japón durante los reinados de tres señores feudales poderosos: Oda Nobunaga (r. 1578–1582), Toyotomi Hideyoshi (r. 1586–1598) y Tokugawa Ieyasu. Aunque Ieyasu gobernó oficialmente durante dos años, desde 1603 hasta ser reemplazado como sogún («jefe militar») por su hijo en 1605, siguió controlando el país hasta su muerte en 1616. Este periodo fue el inicio de más de 250 años de paz generalizada y de unidad, una era conocida como el sogunado Tokugawa, por el nombre del clan regente, o periodo Edo (1600–1868), por su nuevo centro po-

Véase también: La estupa 36 ▪ Entramados de madera 82–85 ▪ La China imperial tardía 96–97 ▪ Inicios de la arquitectura moderna 190–195

El castillo de Himeji, en el sur de Japón, incorpora elementos defensivos, como rejas en las ventanas, paredes empinadas y conductos para lanzar piedras a los atacantes; otros son decorativos, como los frontones triangulares (*chidorihafu*) en los tejados, hastiales ondulados chinos (*karahafu*) y tejas ornamentales (*shibi*).

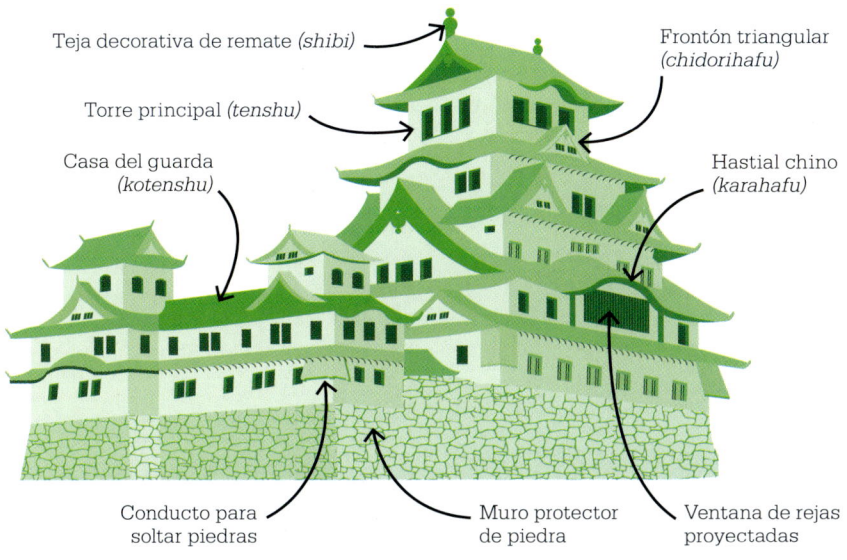

Teja decorativa de remate (*shibi*)

Torre principal (*tenshu*)

Casa del guarda (*kotenshu*)

Frontón triangular (*chidorihafu*)

Hastial chino (*karahafu*)

Conducto para soltar piedras

Muro protector de piedra

Ventana de rejas proyectadas

lítico (siendo Edo el antiguo nombre de Tokio). La estabilidad contribuyó a un florecimiento de las artes, la literatura, la jardinería, el ritual social y la arquitectura.

La edad de los castillos

Irónicamente, las especialidades arquitectónicas de esta época apacible de la historia de Japón fueron castillos y mansiones, las residencias y fortalezas de los daimios (señores feudales militares), quienes con sus samuráis (guerreros) constituían una dictadura militar regida por un sogún. La tradición constructiva de los castillos comienza con los daimios Nobunaga y Hideyoshi, quienes construyeron fortalezas para asegurar su poder. Nobunaga encargó el castillo de Azuchi en 1576, y Hideyoshi supervisó la terminación del castillo de Fushimi-

Momoyama en 1594. Los nombres de estos dos castillos sirven para identificar la época inmediatamente precedente al periodo Edo: el periodo Azuchi-Momoyama (1568–1600).

Hasta la época, no había habido en Japón nada que pudiera llamarse propiamente castillo, sino más bien residencias defendidas por muros de tierra, fosos y empalizadas. El castillo de Azuchi fue el primero en tener grandes murallas de piedra, fortificaciones concéntricas y una torre central elevada. La idea de las fortalezas de estas características pudieron introducirla en Japón los portugueses: en 1543, un barco mercante fue desviado por una tormenta, y se cree que los tres portugueses a bordo fueron los primeros europeos en poner pie en Japón.

Azuchi no era solo una estructura militar, sino también una man-

sión para impresionar e intimidar a los rivales. La torre (*tenshu*) era una estructura de siete plantas, con salas de audiencia, cámaras privadas y oficinas, posiblemente coronada por un mirador dorado octogonal, aunque esto no se sabe con certeza, ya que el castillo fue incendiado en 1582, y únicamente quedan los cimientos de piedra.

Estructuras monumentales

Muchos castillos se construyeron a principios del siglo XVII, entre ellos la sede del sogún en Edo, donde se terminó un castillo nuevo en 1636. Alrededor de esta fortaleza se erigieron edificios administrativos, residencias para los daimios y, con el tiempo, el resto de la ciudad. Sin embargo, uno de los mejores y mayores ejemplos conservados de la arquitectura militar japonesa es el castillo de Himeji, en la prefectura de Hyōgo, en el sur de Japón. Himeji se construyó principalmente entre 1601 y 1609 sobre el emplazamiento de un castillo anterior, y, como Azuchi, tiene murallas altas de piedra. Las domina una profusión de estructuras pintadas de blanco, entre ellas una gran torre central comunicada »

El edificio entero es hermoso, excelente y brillante [...] parece querer alcanzar las nubes.
Luis Frois
Misionero jesuita (1532–1597),
acerca del castillo de Azuchi

con torres secundarias por pasillos y salas, todas con tejados de teja gris con aleros. La disposición evoca un ave emprendiendo el vuelo, de donde el apodo *Shirasagi-jō*, o castillo de la Garza Blanca.

Fuerza y prestigio

Para entrar en Himeji, los invasores tendrían que atravesar una serie de puertas, a cada una de las cuales se accedía por una calzada estrecha, de modo que la parte central del castillo era prácticamente inexpugnable. En cuanto a la construcción, las torres y otros edificios elevados tenían entramado de madera: la arquitectura japonesa optó siempre por la madera, en parte por la abundancia

El palacio imperial de Katsura

se diseñó para interactuar con la naturaleza con un efecto rústico, pero en los jardines, fruto de un estudio muy deliberado, se crearon un estanque, colinas e islas.

de árboles en el archipiélago, pero también porque las estructuras de piedra y ladrillo eran más vulnerables a los terremotos. Las superficies de madera se recubrieron con yeso blanco para protegerlas del fuego. Los defensores disparaban a través de aberturas de formas diversas a medida de las armas, entre ellas, los *ishi-otoshi*, desde donde se lanzaban piedras sobre los atacantes. El complejo incluía callejones sin salida y rincones ciegos, para impedir al enemigo armado con mosquetes disparar a los edificios del interior. Había un foso externo y también fosos interiores, que además de un obstáculo para los invasores, servían como reserva de agua potable. Dada la larga paz que caracterizó el periodo Edo, ningún ataque puso a prueba las cualidades defensivas del castillo. Lo cierto es que la función de los castillos japoneses construidos en esta época no era tanto defensiva como una manifestación

del poder y la riqueza de sus constructores. Himeji fue, ante todo, un hermoso hogar palaciego. Su interior elegante y laberíntico presume de galerías exquisitas, habitaciones con *fusama* (pantallas deslizantes) y tatamis de tejido de paja en disposición geométrica.

Estilo *sukiya*

Los castillos son exponentes de la arquitectura del periodo Edo, pero igual o más representativo del enfoque constructivo de la época es el estilo *sukiya*, originalmente un tipo de arquitectura propio de las casas de té. La ceremonia del té, de gran relevancia cultural en Japón, tiene sus raíces en el budismo zen y en la importancia dada a los estados de quietud y contemplación. La ceremonia había requerido siempre un edificio propio, y, más tarde, el estilo se extendió a *ryokan* (posadas), restaurantes, tiendas y residencias privadas. Se inspiraba en un concepto

Entre las tallas del santuario de Nikko Toshogu, cerca de Tokio, hay animales reales y míticos, como los tres monos que ilustran la noción de no ver, oír ni decir el mal o la injusticia.

Santuario de Nikko Toshogu

Al morir Tokugawa Ieyasu en 1616, fue enterrado en la región montañosa de Nikko, al norte de Edo (Tokio). El santuario de Toshogu, construido entre 1630 y 1636, incluye unas 30 estructuras, y no podría ser más diferente de la arquitectura sencilla que se suele considerar la mejor expresión del periodo Edo: es una explosión de oro y lacado multicolor, adornada con tallas elaboradas de un gran número de animales, personas, plantas y bestias mitológicas. Ornamentado, florido y muy ambicioso, al santuario de Nikko Toshogu se le ha llegado a llamar el Versalles de Japón.

El estilo del santuario —encargado por el hijo de Ieyasu, Tokugawa Hidetada, y cuya ampliación encargó su nieto Tokugawa Iemitsu— deriva de la función de deificar a Tokugawa Ieyasu, y trata de expresar la divinidad por medio del tamaño y de la suntuosidad. En palabras de Bruno Taut: «[...] las artes arquitectónicas de Japón no podían elevarse más alto que Katsura, ni caer más bajo que Nikko».

de sencillez rústica en el que los edificios debían armonizar con el entorno natural. La madera, por ejemplo, se dejaba en su estado natural –a veces, sin retirar siquiera la corteza–, y los muros solían ser de arcilla.

Palacio de retiro imperial Katsura

Una de las estructuras de estilo *sukiya* más famosas que se conservan es el palacio de retiro imperial Katsura, construido en 1620–1658 al suroeste de la ciudad de Kioto, capital de Japón en la época. La residencia principal es una estructura abierta de entramado de madera con estancias simples, con tatamis y galerías elevadas *(engawa)*. Una serie de pabellones rodea el edificio principal, en una secuencia de rutas cuyos meandros deliberados recuerdan a los paisajes descritos en la poesía clásica japonesa. El complejo incluía originalmente no menos de cinco casas de té.

Todos los edificios son de una sencillez sobria, y el terreno del emplazamiento, de 6,5 hectáreas, fue sutilmente manipulado para desdibujar los límites entre el entorno construido y el natural. Los edificios están situados con precisión para tener vistas de los jardines, árboles, cursos de agua y estanques.

La arquitectura abierta de edificios como el Katsura –con sus pantallas deslizantes en el interior y persianas tejidas en el exterior, que podían abrirse por completo– permitía una ventilación eficaz en los días calurosos y húmedos. También creaba líneas de visión despejadas para que los residentes observaran los cambios estacionales, como los cerezos en flor, o el color cambiante de las hojas en otoño. Sin embargo, aunque los aleros proyectados alejaran el agua, las pantallas delgadas que servían como paredes ofrecían escaso aislamiento para protegerse del frío en otoño e invierno.

Una estética refinada

En el estilo *sukiya* está el origen de las cualidades habitualmente asociadas a la mejor arquitectura japonesa: la delicadeza, la serenidad, el refinamiento en las proporciones y la armonía con la naturaleza. En 1933, huyendo del régimen nazi, el arquitecto alemán Bruno Taut emigró a Japón. Fascinado por Katsura, identificó paralelos con la sencillez elegante que constituía uno de los rasgos de la emergente arquitectura del movimiento moderno, y comparó la importancia de Katsura con el Partenón de Atenas. Gracias a sus escritos, visitaron el lugar, entre otros, los arquitectos europeos Le Corbusier y Walter Gropius, así como el estadounidense Frank Lloyd Wright.

Con el aumento de la población de Japón, al ser necesario habitar en espacios cada vez más limitados, la estética *sukiya* suponía que el menor templo, casa o jardín podía convertirse en espacio para la quietud y la contemplación. El estilo se mantuvo sin cambios hasta mediados del siglo XIX, cuando comenzó la apertura de Japón a Occidente. ■

Tomamos prestado de la naturaleza el espacio sobre el que construimos.
Tadao Ando
Arquitecto japonés
(n. en 1941)

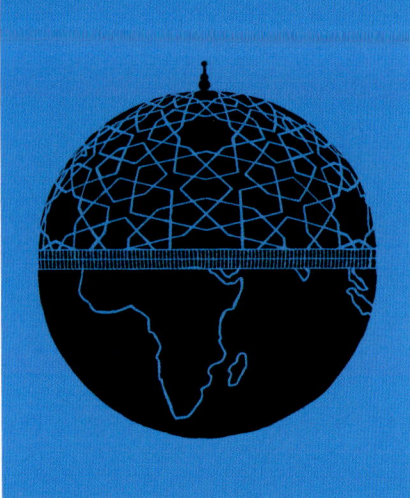

ISFAHAN ES LA MITAD DEL MUNDO

EL IMPERIO SAFAVÍ

Persia, conquistada por ejércitos musulmanes a mediados del siglo VII, e invadida posteriormente por turcos selyúcidas y mongoles de Asia central, pudo reafirmar finalmente su identidad cultural a partir de 1501, cuando el jeque azerbayano Ismaíl I tomó Tabriz y se proclamó sah (rey), fundando la dinastía safaví. Su nieto, llegado al trono en 1587 como sah Abás I el Grande, trasladó la capital a Isfahán, en Irán central, con la intención de crear la mayor ciudad del mundo islámico.

Plaza Naqsh-i Yahan

El núcleo de la nueva ciudad de Abás I era una vasta plaza pública, la Naqsh-i Yahan (plaza Modelo del Mundo). Con una longitud tres veces su anchura, sus proporciones eran las del templo de Salomón como las describe el Antiguo Testamento. Tales dimensiones fueron escogidas como símbolo de la condición de Abás como nuevo Salomón y la de ciudad santa de su capital. La plaza era el centro político, económico y arquitectónico de la Persia safaví, tanto en lo funcional como en lo ceremonial: acogía, por ejemplo, tanto mercados como exhibiciones ecuestres militares.

El epítome del mundo
es Irán, el epítome
de Irán es Isfahán.
Mulá Salih Qazvini
Estudioso persa del siglo XVII

La plaza estaba rodeada por un perímetro de tiendas bajo arcadas, hileras de plátanos de sombra y canales. La arcada del lado norte estaba conectada al vasto bazar, un laberinto de amplias avenidas abovedadas. La gran puerta en la arcada oeste conducía a los jardines reales y al palacio imperial. Frente a la puerta situada al otro extremo de la plaza se encontraba la mezquita del jeque Lotf Allah, lugar de culto exquisitamente decorado reservado al sah y a las mujeres de la corte. En el cuarto lado de la plaza estaba la mezquita pública, la gran Masyid-i Sah, o mezquita del Sah –hoy llamada mezquita del Imán.

Véase también: La cúpula 46–47 ▪ La inspiración islámica 58–63 ▪ El Imperio otomano 124–125 ▪ El caravasar 126 ▪ El jardín islámico 127 ▪ El Imperio mogol de India 134–137

El iwán de la entrada de la Masyid-i Sah de Isfahán está decorado por una bóveda con mocárabes *(muqarnas)*, y numerosas subestructuras de arcos apuntados, cubiertas de azulejos de colores de efecto exquisito.

Diseñada por el arquitecto persa Alí Akbar Isfahani y completada en 1629, la Masyid-i Sah es un ejemplo sobresaliente de la arquitectura safaví. Ocupa un lugar privilegiado junto a un gran portal adornado con azulejos, pero, en cuanto los fieles lo atraviesan, el eje de la mezquita gira unos 45 grados para alinearse con La Meca. La puerta conduce a un gran patio, en cuyo centro hay un estanque que refresca el ambiente y en el que los fieles que acuden a la mezquita se lavan las manos y los pies antes de la oración. En el centro de cada uno de los cuatro lados del patio hay un gran iwán, esto es, un espacio abovedado cerrado por tres lados, con uno completamente abierto. Los iwanes este y oeste conducen a madrasas (escuelas islámicas), y el iwán sur a la sala de oración, rematada esta por una enorme cúpula de ladrillo de 54 m de altura, elevada sobre un tambor. La cúpula es una estructura doble, con 14 m de separación entre la capa interior y la exterior.

Azulejos de colores

Azulejos de color azul y turquesa cubren el exterior de la cúpula de la mezquita, evocando los colores de la cola del pavo real. La cúpula interior, vista desde la sala de oración que cubre, es una visión celestial de patrones geométricos y florales en oro y en un azul más profundo, hecha de azulejos vidriados polícromos que relucen al sol. El ámbito terrenal de la plaza Naqsh-i Yahan y la orientación espiritual de la Masyid-i Sah representan una gloria culminante del urbanismo y de la construcción islámicos. ▪

Iwanes y madrasas

Históricamente, en la arquitectura islámica, la madrasa fue casi tan relevante como la mezquita. Proliferó desde los siglos XI y XII, bajo los selyúcidas de Jorasán en Asia Central, al fundar el estudioso y visir Nizam al Mulk (1018–1092) madrasas como parte de su estrategia para reimponer la ortodoxia en el islam. Las casas grandes de Jorasán eran de planta cruciforme, con cuatro entradas con iwanes y un patio central. El diseño se adaptó a las necesidades de la madrasa, donde se enseñaban las cuatro principales escuelas ortodoxas de la jurisprudencia islámica. Con el tiempo, la distinción entre mezquitas y madrasas fue menos clara, pues un solo edificio podía contener ambas, como es el caso de la Masyid-i Sah de Isfahán.

[…] la mayor y más hermosa ciudad de todo el Oriente.
Jean Chardin
Viajero francés (1643–1715), sobre Isfahán

UNA MENTE INCLINADA POR ENTERO A CONSTRUIR

EL IMPERIO MOGOL DE INDIA

EN CONTEXTO

ENFOQUE
La fusión imperial de estilos indios e islámicos

ANTES
1206 El general gúrida Qutab-ud-din Aibak se erige en sultán de Delhi, primer reino musulmán de India, donde construye el Qutab Minar (alminar y torre de la victoria), el minarete de ladrillo más alto del mundo, de 72,5 m.

1235 Los encargos de Ogodei, gran kan del Imperio mongol, para su nueva capital Karakórum (actual Mongolia) comienzan por el palacio Tumen Amgalan Ord.

1403 Comienzan los trabajos de Gur-i Amir, mausoleo del emperador turcomongol Tamerlán en Samarcanda (Uzbekistán), que influirá en las grandes tumbas mogoles posteriores.

DESPUÉS
Década de 1840 Se completa en Delhi el palacio de verano de tres plantas Zafar Mahal, última gran estructura de la era de los mogoles.

1915 La gran mezquita Yami Masyid, en la Universidad Musulmana de Aligarh (norte de India), conserva mármol blanco inscrito por el calígrafo del Taj Mahal.

E l término «mogol» deriva del nombre persa dado a los mongoles, una referencia al origen centroasiático de Baber («el Tigre»), fundador de la dinastía de los mogoles. En 1526, Baber (o Babur), descendiente de dos grandes empe-

Véase también: La inspiración islámica 58–63 ▪ Templos indios 68–69 ▪ El Imperio otomano 124–125 ▪ El jardín islámico 127 ▪ El Imperio safaví 132–133 ▪ El legado imperial 204–205

radores guerreros mongoles, Gengis Kan y Tamerlán, invadió India desde Afganistán y derrotó al sultán de Delhi. Como los sultanes de Delhi a los que reemplazaron, los mogoles eran una élite musulmana que gobernaba un país de población hindú, y, en lugar de imponer el islam a sus súbditos, favorecieron la mezcla cultural. Esta incluyó el desarrollo de una arquitectura que combinaba influencias indias e islámicas, con resultados espectaculares, siendo uno de ellos (y no el menor) el monumental Taj Mahal de mármol blanco, en Agra (India).

Amalgama de influencias

Los mogoles desarrollaron un estilo arquitectónico heredero de los edificios de sus antepasados en Asia central y de los de los sultanes de Delhi de los siglos XIII y XIV. El edificio mogol de importancia más antiguo fue la tumba de Humayun, hijo de Baber, construida en Delhi alrededor de 1570 y diseñada por arquitectos persas.

La arcada delantera del enorme mausoleo, del siglo VIII, presenta arcos apuntados de estilo persa, entre otros elementos islámicos, como el gran iwán (entrada abovedada cerrada por tres lados) y una cúpula elevada sobre un tambor. Rasgos inspirados en el estilo indio son el pabellón abovedado, denominado *chhatri* («sombrilla» o «dosel», en hindi), y la mezcla de arenisca roja y mármol blanco, de efecto mucho más sobrio que el de los edificios persas, muchos de ellos adornados con azulejos de colores vivos.

Tumba de Humayun, en Delhi, muestra de la mezcla de influencias islámicas −entradas de tipo iwán y cúpula central− e indias −arenisca roja y pabellones *(chhatri)* en el tejado− del estilo mogol.

Ambición dinástica creciente

En la década de 1570, el hijo de Humayun, Akbar −emperador mogol de 1556 a 1605− encargó uno de los ejemplos más gloriosos de la arquitectura indoislámica, la nueva capital Fatehpur Sikri, a 36 km de distancia de Agra. A su gran mezquita Yami Masyid se accede por la inmensa puerta sur, Buland Darwaza (o puerta de la Victoria), por una pirámide empinada de escaleras hasta el enorme iwán y una sala semioctogonal. El patio es un claustro con » arcadas cubiertas por un friso de *chhatri*. Cerca se encuentra el Panch Mahal, un palacio de cinco plantas de tamaño decreciente, coronadas por un único *chhatri* de gran cúpula. En otros lugares, los numerosos pabellones de arenisca roja se utilizaron como salas de audiencias, residencias ministeriales, tesorerías, harenes, baños y establos.

Akbar fue enterrado en Sikandra, cerca de Agra –su capital desde 1598–, en un mausoleo ornamentado completado unos nueve años después de su muerte. El elemento más hermoso del complejo funerario, la puerta Sur, es otro ejemplo del gusto del emperador por la síntesis artística hindú e islámica. Esta estructura independiente tiene una imponente entrada, o iwán, de 18,5 m de altura, flanqueada por un par de espacios menores al estilo del iwán, uno sobre otro, que recuerdan a un arco triunfal romano. El tejado de la puerta sirve de plataforma a cuatro minaretes de mármol blanco, cada uno rematado por un *chhatri*. La estructura es de arenisca roja, pero en los muros hay patrones ornamentales intrincados de mármol blanco, material que tendría un protagonismo creciente en la arquitectura mogol. La puerta conduce a un jardín vasto, con el mausoleo en el centro, y en cuya placa se lee: «Estos son los jardines del Edén: entre y viva eternamente».

Las devociones de un emperador

A Akbar le sucedió como emperador su primogénito Yahangir, cuyo nombre persa significa «conquistador del mundo», y luego el tercero de sus

> [...] la pasión orgullosa del amor de un emperador plasmada en piedra viva que resplandece y se eleva.
> **Edwin Arnold**
> **Poeta británico (1832–1904), sobre el Taj Mahal**

hijos, el príncipe Khurram, quien ascendió al trono como emperador Sah Yahan I en 1628. El suyo fue un reinado de paz y prosperidad imperial, reflejada en proyectos de construcción fastuosos. Al trasladar la capital de los mogoles de Agra a Delhi en 1638, Yahan construyó allí la gran mezquita Yami Masyid y el fuerte Rojo Imperial –su residencia principal– , así llamado por sus muros perimetrales de arenisca roja, de 2,5 km de longitud. Dentro del fuerte Rojo se construyeron en mármol blanco varios palacios, entre ellos la residencia privada del emperador, como el *hamam* (baños) y el salón de audiencias privadas Diwan-i-Khas.

Los constructores de Yahan reservaron el uso más espectacular del mármol blanco para el Taj Mahal, monumento dedicado a su amada esposa, Mumtaz Mahal, fallecida en 1631. El mausoleo con cúpula, construido entre 1632 y 1648 sobre una terraza junto al río Yamuna en Agra, está reconocido como una de

Los cuatro minaretes del Taj Mahal se alzan independientes en las esquinas del pedestal de mármol elevado, a diferencia de otras tumbas mogoles en las que surgen del tejado.

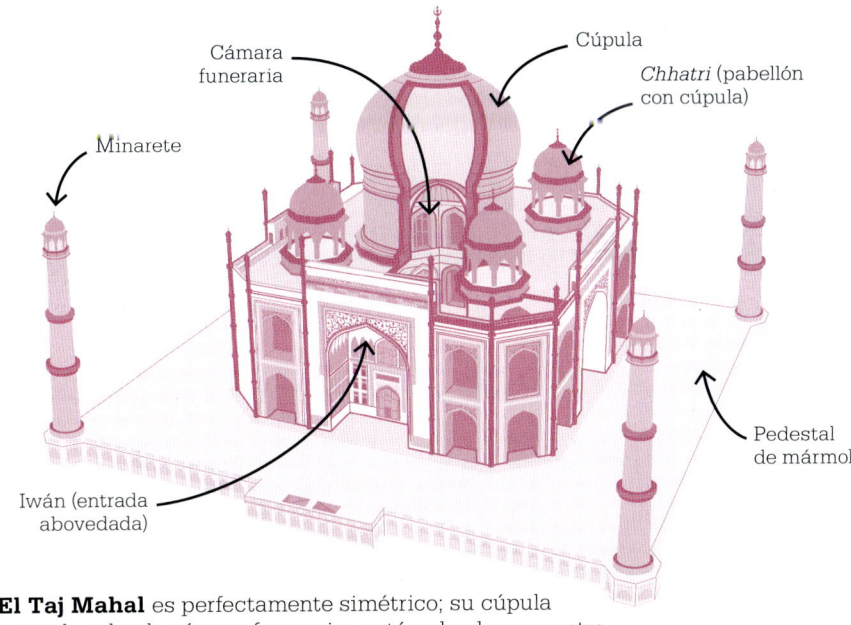

Cámara funeraria

Cúpula

Chhatri (pabellón con cúpula)

Minarete

Iwán (entrada abovedada)

Pedestal de mármol

El Taj Mahal es perfectamente simétrico; su cúpula central –sobre la cámara funeraria– está rodeada por cuatro minaretes idénticos y cuatro *chhatris* en forma de cúpula.

Jardines mogoles

La influencia persa no es manifiesta solo en los edificios mogoles, sino también en los jardines mogoles indios. Se cuenta que el tipo de jardín favorito del primer emperador, Baber, era el *chahar bagh* («cuatro partes»), diseño muy popular en Persia, desarrollado en referencia al capítulo 55 del Corán, donde se lee que en el paraíso hay dos jardines, y, junto a ellos, otros dos. En la práctica, esto suponía un jardín cuadrado o rectangular dividido en cuartos, a menudo por canales de agua. Para la irrigación y alimentación de los estanques y canales, los mogoles utilizaron ingenios complejos para elevar el agua, como los que se pueden ver en Shalimar Bagh, en Lahore (Pakistán).

En Agra, los emperadores desde Baber hasta Sah Yahan crearon jardines junto al río Yamuna. Se conservan más de 40, entre ellos el Mehtab Bagh («jardín de la luz de la luna») en la orilla opuesta al Taj Mahal.

las maravillas arquitectónicas del mundo. Su plano deriva de la tumba de Humayun: una cámara octogonal rodeada por una serie de corredores conectados, con una cámara octogonal subsidiaria en cada unión, todo ello en torno a una cúpula central de 35 m de altura, elevada sobre un tambor cilíndrico de unos 7 m de alto que realza su forma bulbosa. Dentro de la cúpula principal, un segundo nivel forma el techo de la estructura, rasgo introducido por los arquitectos islámicos. La cúpula simboliza el poder dominante de los cielos, que disponen y protegen el mundo material de abajo.

Equilibrio perfecto

Lo que hace que el Taj Mahal destaque sobre otras obras maestras mogoles es la perfección de sus proporciones y de su simetría, amplificadas por la belleza del emplazamiento. Un largo estanque rectangular se extiende ante el mausoleo, creando una imagen especular de su perfil majestuoso en el agua quieta. La

decoración, que incluye una inscripción que rodea el iwán principal y taraceados florales en las enjutas (las superficies entre el trasdós de los arcos y sus marcos rectangulares), añade formas y textura exquisitas sin imponerse a la estructura.

Fin del imperio

En 1658 usurpó el trono el hijo de Yahan, Aurangzeb, y Yahan vivió como prisionero en el fuerte Rojo. Al morir ocho años después, su cuerpo fue llevado al Taj Mahal, junto al de Mumtaz Mahal. El viejo emperador dejó un legado de edificios magníficos, pero la extravagancia arquitectónica agotó los recursos del imperio. Cuando Aurangzeb encargó una tumba para su esposa, fue de la mitad aproximada del tamaño del Taj Mahal, y mucho menos ambiciosa tanto en la construcción como en la decoración. Tras la muerte de Aurangzeb, el Imperio mogol entró en un rápido declive, reflejado en la arquitectura, ante la dominación creciente de los colonizadores europeos. ∎

Los Shalimar Bagh, trazados por Sah Yahan en 1641–1642, tienen más de 400 fuentes, alimentadas por estanques de mármol.

LOS QUE NO SE ATREVEN A ROMPER LAS REGLAS NUNCA LAS SUPERARAN

EL BARROCO

La arquitectura barroca se caracteriza por la ornamentación osada, las formas complejas y los elementos en contraste, que combinados crean una sensación de movimiento y dramatismo. El estilo surgió en la Italia de fines del siglo XVI, producto de la Contrarreforma, el empeño de la Iglesia católica para ganar voluntades y almas como respuesta a la amenaza a su autoridad que representaba el protestantismo. Las iglesias barrocas impresionaban y encantaban a sus congregaciones con columnas de fuste en espiral y grandes cúpulas, y con la abundancia de dorados, bronces, mármol y estuco decorativos. El estilo fue adoptado también en nuevos palacios, fuentes y edificios civiles, y se difundió rápidamente por Europa.

La plaza de San Pedro

Estrictamente hablando, la basílica de San Pedro, en Roma, no es un edificio barroco: iniciada en 1506 y completada en 1626, es obra de varias generaciones de consumados arquitectos renacentistas italianos. La génesis arquitectónica del Barroco, sin embargo, se puede identificar en el diseño de su cúpula. Miguel Ángel, nombrado arquitecto

> Yo definiría el barroco como aquel estilo que agota [...] deliberadamente sus propias posibilidades, y que roza la autocaricatura.
> **Jorge Luis Borges**
> Escritor argentino (1899–1986)

pontificio de San Pedro por el papa Pablo III en 1546, escribió que «es necesario tener el compás en los ojos y no en la mano», es decir: el arquitecto debe concebir los edificios del mismo modo que los artistas imaginan un cuadro o escultura. Miguel Ángel murió antes de completarse la cúpula, pero sus sucesores inmediatos, Giacomo della Porta y Domenico Fontana, conocían bien sus dibujos e intenciones: combinar los elementos de la basílica en un todo convincente y cautivador. La cúpula de San Pedro –de 137 m de altura hasta lo alto de la cruz, la más alta

---

Gian Lorenzo Bernini

Gian Lorenzo Bernini, nacido en Nápoles en 1598 y reconocido como niño prodigio, personificó el florecimiento del Barroco en Roma. Escultor, pintor, urbanista, artista decorativo, arquitecto y dramaturgo, reunió las artes en una síntesis gloriosa. El papa Pablo V, que conoció a Bernini cuando este era muy joven, dijo de él: «Este niño será el Miguel Ángel de su tiempo».

Bernini pasó casi toda su larga y productiva vida en Roma, dando forma a una galaxia de obras maestras en distintas artes, entre ellas: la estatua el *Éxtasis de Santa Teresa*, en la iglesia de Santa Maria della Vittoria; la fuente de los Cuatro Ríos, en la plaza Navona; y una serie de obras en la basílica de San Pedro, como el enorme baldaquino de bronce sobre el altar papal. Su última obra para la basílica de San Pedro fue el diseño de la plaza que conduce a la basílica. Completada en 1667, la plaza fue un triunfo arquitectónico, a pesar de la escasa formación como arquitecto de Bernini, quien continuó esculpiendo, pintando y diseñando edificios casi hasta su muerte, en 1680.

Las grandes columnatas de la plaza de San Pedro atraen a los visitantes hacia la basílica. Sus columnas están rematadas por 160 estatuas de santos que continúan las de la fachada.

del mundo– no es hemisférica, inspirada en el Panteón de Roma, como la había concebido originalmente Miguel Ángel, sino ovoide, y con otra cúpula oculta en su interior. Además de reducir el empuje sobre los pilares que la sustentan, esto le da su altura y cualidad escultórica.

La iglesia de San Pedro en sí no es barroca, pero sí lo es el entorno de la mayor iglesia del mundo, tal como se ve desde las columnatas de la plaza de San Pedro, que se extiende inmensa ante ella. Aquí, un arquitecto de gran talento, Gian Lorenzo Bernini, creó un entorno arquitectónico y urbano teatral y grandioso para la basílica paradigma de la ambición y la creatividad barrocas. En las décadas de 1650 y 1660, Bernini unificó la basílica y su entorno. Desde entonces, a San Pedro se accedería por un tejido denso de calles e iglesias menores, y solo en el último momento se vería cómo se abren los «brazos» de la columnata de Bernini, para abrazar a los fieles y convocarlos hacia a la entrada del templo.

Belleza sensual

No puede subestimarse la importancia de la escultura en el desarrollo del estilo barroco. En tanto que el *David* de Miguel Ángel (1501–1504) es resuelto, casto y desapegado, el *Éxtasis de Santa Teresa* de Bernini (1647–1652) es una obra animada, dramática y asombrosamente sexual. Donde Miguel Ángel hizo de la figura masculina objeto de una nueva belleza, Bernini sedujo con su representación de las mujeres.

Para la Iglesia católica, el foco puesto en la mujer tenía importancia, pues desde la época del Concilio de Trento (1545–1563), en el que la jerarquía de la Iglesia reafirmó las doctrinas de la fe católica, se hizo nuevo hincapié en la figura y el papel de la Virgen María. El arte y la arquitectura, sobre todo en Italia, fueron un medio para comunicarlo a las masas.

Durante la mayor parte de su larga y creativa vida, Bernini fue el favorito de sucesivos papas. Sus esculturas, edificios, fuentes y entornos urbanos seductores ofrecieron exactamente lo esperado de los artistas y arquitectos de la Contrarreforma: una representación de la Iglesia católica que atrajera y atrapara la atención de los fieles.

La música y la escena

No es de ningún modo casual que la arquitectura barroca surgiera más o menos a la vez que ciertos cambios en la música, tanto religiosa como profana. Una de las primeras obras consideradas óperas fue *La fábula de Orfeo*, de Claudio Monteverdi, basada en la antigua leyenda griega de Orfeo y representada en la corte de Mantua en 1607; y, tras ella, el melodrama, las arias y la rica orquestación de la ópera se habían asentado en Roma en la década de 1620. A la vez, la escenografía visualmente impactante y mecánicamente compleja del teatro italiano jugaba con perspectivas, fondos y fachadas. Por su parte, la arquitectura barroca plasmó en la realidad de edificios, calles y »

Francesco Borromini

Francesco Castelli, nacido en 1599 en Bissone (en el cantón italohablante del Tesino, en Suiza), cambió su apellido a Borromini, apellido de soltera de su madre, antes de los 30 años. Se formó como cantero, como su padre, y trabajó en la catedral gótica de Milán y San Pedro en Roma antes de pasar a la arquitectura en 1633.

Para el estudioso, solitario y espartano Borromini, la arquitectura era cuestión de vida o muerte, y cuando un trabajador desfiguró unas losas de piedra en una iglesia que estaba renovando, le hizo dar tal paliza que murió. Bernini dijo de Borromini que nunca estaba contento, y que quería siempre «vaciar una cosa dentro de otra y otra dentro de esa sin llegar nunca al final».

Aunque Borromini fue reconocido posteriormente como un gran arquitecto que combinó clasicismo, pasión, experimentación, movimiento, geometría compleja y sensualidad sutil, muchos consideraron que estaba mentalmente enfermo cuando se suicidó en 1667, en plenas facultades creativas.

Construida 25 años después que el interior, la fachada ondulante de San Carlo alle Quattro Fontane produce una ilusión de movimiento, característica fundamental de la arquitectura barroca.

plazas ese artificio y fantasía del teatro, así como la pasión y experiencia multidimensional de la ópera.

La obra maestra de Borromini

El único verdadero rival contemporáneo de Bernini como arquitecto fue Francesco Borromini, cuyo edificio más cautivador es la pequeña iglesia de San Carlo alle Quattro Fontane (San Carlos de las Cuatro Fuentes), en Roma. Construida entre 1638 y 1665 en un limitado solar en la confluencia de calles concurridas, fue su primer encargo independiente. La fachada es asombrosa, una danza cóncava y luego convexa al borde de la calzada, representación arquitectónica coreografiada en la que se entretejen columnas corintias heroicas y nichos curvos, cornisas curvas y un balcón curvo. En el interior domina el óvalo central, cuyas paredes curvas no solo contienen la nave, sino que incorporan también altares laterales y nichos en sus concavidades y convexidades, creando una sensación de fluidez y dramatismo. Arriba, la cúpula se

Una vez te muerde Borromini, ya no te suelta.
Anthony Blunt
Historiador del arte británico
(1907–1983)

alza hasta un techo de casetones inteligentemente iluminado de óvalos en intersección.

Capilla de la Sábana Santa

Construida en 1668–1694, la impactante y dramática capilla circular de la Sábana Santa, en Turín, fue proyectada por el sacerdote teatino, arquitecto y matemático Camillo Guarino Guarini, claramente influido por Borromini y Bernini durante sus años formativos en Roma. Desde lo alto de una escalinata de mármol negro que parte del ábside de la catedral de Turín se accede a la Capilla, revestida de mármol negro lustroso, a la vez teatral y funerario. En su centro hay un altar exuberante negro y dorado, con una vitrina que contiene el Santo Sudario: una tela de lino de origen desconocido con la imagen impresa de un hombre, que muchos cristianos devotos creen es Jesús. Las ventanas de la linterna, que se eleva desde la cúpula en una serie de niveles ingeniosamente construidos, proyectan patrones de luz difusa sobre el altar.

Uno de los cuatro libros que escribió Guarini sobre matemáticas, *Euclides adauctus*, es un tratado temprano de geometría descriptiva (la representación de objetos y espacios tridimensionales en dos dimensiones). Fue esta habilidad, junto con sus estudios de la arquitectura hispanomusulmana, lo que le permitieron modelar la cúpula con semejante imaginación y precisión. Guarini enmarcó la Sábana Santa bajo una cúpula de una sofisticación incomparable.

Santa Maria della Salute

El estilo barroco había llegado de Roma a otras partes de Italia ya cuando Baldassare Longhena ganó un concurso en 1630 para diseñar la iglesia de Santa Maria della Salute en Venecia, devastada por una epidemia de peste que había matado a un tercio de la población. Emplazada en Punta della Dogana, parcela triangular a la entrada del Gran Canal, las obras de la gran iglesia octogonal comenzaron en 1631, y se completaron en 1687. Soportada por miles de pilotes de madera para ganar terreno al mar, la domina la enorme cúpula principal, con el refuerzo de 16 volutas como rollos de piedra que representan olas. Una segunda cúpula y los campanarios gemelos dan al edificio un aire bizantino. La puerta de entrada es un arco de triunfo romano de mármol blanco resplandeciente, con una estatua de la Virgen María sobre el frontón. Frente a la plaza de San Marcos y el palacio Ducal al otro lado del Gran Canal, la nueva iglesia fue el logro culminante de la arquitectura barroca veneciana.

Más allá de Italia

En 1712, un brote de peste asoló Viena. El sacro emperador Carlos VI mandó construir una iglesia para conmemorar su fin. Esta fue la Karlskirche, construida en 1715–1737 y dedicada al mismo San Carlos Borromeo que dio nombre a la iglesia de Borromini en Roma. Johann Bernhard Fischer von Erlach, arquitecto de la corte del Imperio Habsburgo, se había formado en el taller »

La cúpula de la capilla de la Sábana Santa –rematada por una linterna extravagante– quedó muy dañada por un incendio en 1997, pero fue restaurada y recuperó su esplendor anterior.

He creado una iglesia en forma de rotonda, una obra de nueva inventiva.
Baldassare Longhena

La **Contrarreforma** promueve nuevas formas de arte.

La **ópera** y el **teatro** florecen en Italia.

La escultura florece con **Miguel Ángel y Bernini**.

Se cuestionan las certezas del **Renacimiento**.

Las libertades del Barroco se difunden.

de Bernini. Hombre muy viajado, en 1721 publicó *Entwurf einer Histo rischen Architectur* («Plan de arquitectura civil e histórica»), uno de los primeros libros en considerar la arquitectura en un contexto geográfico amplio. La iglesia de San Carlos Borromeo, aunque barroca, tiene influencias arquitectónicas de las antiguas Grecia y Roma, y también del París y Londres contemporáneos. Esto le da un aire muy teatral, una exhibición de la arquitectura predilecta de Von Erlach, por fuera, y de dorado y glorioso barroco, en el interior.

El atractivo del Barroco fue tal que el estilo católico por excelencia hizo conversos arquitectónicos en la Europa protestante. La Frauenkirche (iglesia de Nuestra Señora), construida en 1726–1743 en Dresde, fue un edificio barroco exquisito diseñado por el arquitecto municipal George Bähr. Como casa de oración protes-

tante, el púlpito, en lugar del altar, ocupa el centro, bajo una cúpula de altura osada en forma de campana, y rematada por una linterna alargada que simboliza la diseminación de la luz y la razón. El lugar central del púlpito refleja la importancia de la prédica en el protestantismo.

En 1945, en la última fase de la Segunda Guerra Mundial, los bombardeos aliados de Dresde redujeron la iglesia a escombros. Las autoridades comunistas de posguerra planearon construir un aparcamiento en el lugar, pero la población local había reunido y catalogado las piedras de la iglesia, y entre 1994 y 2005 fue reconstruida fielmente, órgano incluido.

Barroco inglés

Inglaterra fue otra nación protestante en la que floreció el Barroco durante un periodo breve, y con un estilo

El genio de Van, sin pensamiento ni lectura, está muy volcado a la arquitectura.
Jonathan Swift
Satirista angloirlandés (1667–1745), sobre el dramaturgo convertido en arquitecto John Vanbrugh

muy propio. Sus mayores proponentes fueron los arquitectos ingleses Christopher Wren, John Vanbrugh y Nicholas Hawksmoor. Las obras de reconstrucción considerables requeridas después del gran incendio de Londres en 1666 dieron a Wren y Hawksmoor la ocasión de diseñar muchas iglesias nuevas en la capital, entre ellas, la catedral de San Pablo, construida por Wren entre 1666 y 1710. La cúpula, posiblemente la mejor de las cúpulas barrocas, consiste en una cúpula exterior de madera recubierta de plomo, una cúpula interior de piedra y un cono de ladrillo entre ambas que soporta la torre de la linterna y la cruz.

En 1699, John Vanbrugh, que había sido soldado, comerciante y dramaturgo antes que arquitecto, pidió a Hawksmoor, formado por Wren, que le ayudara en su primer encargo, la construcción del castillo de Howard, en Yorkshire, para el tercer conde de Carlisle. Vanbrugh y Hawksmoor crearon una casa de

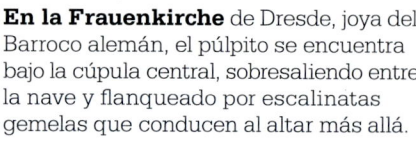

En la Frauenkirche de Dresde, joya del Barroco alemán, el púlpito se encuentra bajo la cúpula central, sobresaliendo entre la nave y flanqueado por escalinatas gemelas que conducen al altar más allá.

campo de suprema grandeza a escala palaciega, con una cúpula que es la encarnación del Barroco inglés. Aunque el exterior y el opulento interior estaban terminados en su mayor parte al morir Vanbrugh, en 1726, el edificio no se completó hasta 1811. Menos ornamental que sus homólogos europeos, el estilo del castillo de Howard era también dramático, y estaba adornado con referencias históricas. Vanbrugh diseñaría más tarde el palacio de Blenheim, en Oxfordshire, también de estilo barroco.

¿Extravagante y ostentoso?

En Europa, la arquitectura barroca pasó de moda, desplazada por el gusto por el diseño clásico que empezó a arraigar hacia 1715. La exuberancia barroca resultaba excesiva a la nueva generación de arquitectos, que buscó precedentes e inspiración en la antigua Roma en lugar de en el siglo XVII.

Durante el siglo XVIII, «barroco» fue sinónimo de extravagante, decadente y ostentoso. El término podría guardar alguna relación con el portugués *barroco*, perla imperfecta o malformada, o el latín *baroco* («rebuscado, innecesariamente complicado»), pero la primera referencia conocida como nombre de un estilo artístico característico fue la del historiador del arte suizo Heinrich Wölfflin en 1888, uso que gradualmente se difundió y asentó, al mismo tiempo que se volvía a valorar la arquitectura propia de esta época de creencias tan arraigadas, pasiones expresadas con energía y suprema habilidad artística. ∎

El castillo Howard, de vasto tamaño, fachadas decoradas y cúpula sobre el salón central, marcó un nuevo nivel de extravagancia de las casas de campo inglesas.

El Barroco acabó […] por escapar de la realidad a un mundo ilusorio.
Kenneth Clark
Historiador del arte británico
(1903–1983)

LA EMOCION, EL DOLOR, EL EXTASIS, LA FE

EL BARROCO LATINOAMERICANO

EN CONTEXTO

ENFOQUE
Arquitectura eclesiástica católica colonial

ANTES
1584 Los arquitectos italianos Giacomo Barozzi da Vignola y Giacomo della Porta diseñan la primera iglesia barroca, la iglesia del Sacro Nome di Gesù, en Roma.

DESPUÉS
1924 El arquitecto chileno Ramos Correas diseña la sucursal neoplateresca del Banco Hipotecario en Mendoza (Argentina).

1955 Comienzan las obras de la basílica de Nuestra Señora Aparecida, del arquitecto brasileño Benedicto Calixto Neto, fusión de los estilos neorrománico y barroco.

1970 Consagración de la catedral católica de Brasilia (Brasil), diseñada por el arquitecto brasileño Oscar Niemeyer.

En 1540, el papa Pablo III aprobó la nueva Compañía de Jesús (los jesuitas), orden fundada por Ignacio de Loyola seis años antes, y que después ejercería un importante papel misionero y de impulso de la Contrarreforma, la respuesta de la Iglesia católica a la Reforma protestante. Una consecuencia inesperada de este movimiento sería la difusión de una nueva interpretación de la arquitectura barroca en el Nuevo Mundo.

Construir iglesias nuevas
En 1549 había jesuitas españoles y portugueses predicando y enseñando en Brasil, y en pocos años tenían una presencia activa en todas las colonias ibéricas americanas. Construyeron iglesias en variantes creativas de la arquitectura barroca italiana, española y portuguesa. Durante generaciones, el Barroco jesuita sería el modelo de la arquitectura civil y eclesiástica en el Nuevo Mundo.

Muchas de las iglesias jesuitas más ambiciosas, de estilo raramente purista, se construyeron durante

La fachada de inspiración barroca de la catedral de Cuzco tiene relieves elaborados alrededor de la entrada principal, y piedra lisa a los lados.

La fachada de la catedral de Zacatecas, en México, exhibe motivos de ángeles y plantas, además de tallas de los apóstoles.

El churrigueresco

El arquitecto y escultor español José Benito de Churriguera (1665–1725) nunca pisó América, pero su influencia abunda en muchas iglesias del continente americano. El estilo barroco de sus iglesias españolas era exuberante y prolijo en el adorno, hasta un grado que casi abruma al observador, e incorpora detalles mudéjares y renacentistas.

El estilo churrigueresco no tenía cánones fijos, y estaba abierto a la interpretación de arquitectos y artesanos locales.

En la América hispana, los diseños churriguerescos podían desatarse en fachadas, altares y capillas saturadas con columnas salomónicas espirales envueltas en vides trepadoras, con tallas floridas y dorado en todas las superficies. La fachada de la catedral basílica de Zacatecas (México), descrita a menudo como labor de encaje en piedra, es un ejemplo glorioso de este estilo ultrabarroco. A principios del siglo xx se desarrolló el churrigueresco californiano en San Diego, San Francisco y Los Ángeles.

varias generaciones. Por ejemplo, las obras de la iglesia de la Compañía de Jesús en Quito (Ecuador), empezaron en 1605, pero no acabaron hasta 1765. Los jesuitas traían un proyecto procedente de Roma, pero a lo largo de los 160 años siguientes hubo muchos otros que contribuyeron a su construcción. Los jesuitas fueron expulsados de la América española en 1759, y al regresar sus sucesores, en 1850, se prodigaron sobre todo en el interior.

El resultado es una profusión de dorados de influencia mudéjar y churrigueresca, combinada con motivos vegetales locales y símbolos indígenas antiguos. La dramática fachada de la iglesia tiene columnas salomónicas como las usadas por Bernini en el baldaquino (dosel sobre el altar) bajo la cúpula de San Pedro, en Roma.

Cuzco y más allá

La catedral de Cuzco, en los Andes peruanos, se reconstruyó en el estilo barroco en la década de 1650, posiblemente obra del jesuita flamenco Juan Bautista Egidiano, diseñador de la cercana iglesia de la Compañía de Jesús, de estilo similar. La catedral fue el resultado de la reconstrucción de las ruinas del templo inca de Kisoarkancha, destruido por los conquistadores de Francisco Pizarro.

La catedral de Cuzco estableció el precedente para otras grandes iglesias hispanoamericanas, con su exterior generalmente sobrio, salvo la muy adornada fachada entre dos grandes campanarios. Coronada con una cúpula sobre el cruce de la nave central y el transepto, el interior tiene altares adornados con diseños decorativos barrocos e indígenas, que incluyen símbolos religiosos incas.

Tradición duradera

La tradición barroca, con variaciones locales, perduró durante siglos en iglesias tan diversas como la iglesia de Nuestra Señora del Pilar, en Ouro Preto (Brasil), construida entre 1712 y 1848; la catedral de Zacatecas (1752–1841), en México; y la capilla del Pocito, en Ciudad de México (1777–1791), diseño del arquitecto Francisco Guerrero y Torres. Tales edificios hablan de una cultura religiosa en la que se entreveran costumbres, creencias y tradiciones artesanas locales. ▪

Los jesuitas introducen el **Barroco europeo** en las **iglesias de Iberoamérica**.

⬇

El estilo incorpora influencias de **Italia, España y Portugal**.

⬇

Los arquitectos locales introducen **interpretaciones propias**.

⬇

La decoración incorpora a menudo elementos de las **creencias indígenas**.

⬇

El Barroco latinoamericano evoluciona.

DECORACION GLORIOSAMENTE ESPONTANEA

EL ROCOCÓ

El **Barroco** de Luis XIV se percibe como **demasiado formal**.

La **aristocracia francesa** prefiere una decoración más **alegre** en sus casas.

El estilo rococó florece durante 50 años.

Arquitectos y artistas del estuco bávaros colaboran en interiores de iglesias.

Una ola de **nuevo talento decorativo** recorre Europa.

Para los aristócratas franceses, cansados de la grandeza formal del palacio de Versalles de Luis XIV, cerca de París, el estilo rococó ofrecía una libertad embriagadora. Cuando Luis XV sucedió a Luis XIV, en 1715, dicho estilo surgía ya con notable fuerza en la pintura, y su influencia llegó a la arquitectura en la década de 1730. En Francia, el rococó expresó alegría, feminidad y una cierta decadencia; sin embargo, en manos de los arquitectos bávaros, definiría de una manera inesperada algunos de los espacios más sagrados.

Estilo decorativo de interiores en sus comienzos, el nombre *rococó* juega con los términos *rocaille* —los adornos de piedra que imitan el interior de las grutas, empleados para decorar fuentes y edificios de fantasía— y *coquille* («concha»), patrones ornamentales con forma de concha en la *rocaille*. Estos motivos y muchos otros figuran en los interiores rococó, y mucho menos en los exteriores; aunque la casa Heibling, en Innsbruck (Austria), de fachada «glaseada» con conchas de estuco, entre otros adornos, es una notable excepción.

Véase también: El Barroco 138–145 ▪ El clasicismo 150–153 ▪ El Imperio ruso 154–155 ▪ El *art nouveau* y el modernismo 180–181 ▪ Revivir el pasado 196–197

El palacio de Catalina, cerca de San Petersburgo (Rusia), fue reconstruido con un interior rococó por el arquitecto ítalo-ruso Francesco Bartolomeo Rastrelli entre 1751 y 1756.

Interiores rococó

Entre los interiores rococó más conocidos de Francia están los del Hôtel de Soubise, en París, creado entre 1735 y 1740 por el arquitecto Germain Boffrand y el pintor y escultor Charles-Joseph Natoire. El nuevo estilo era todo curvas y contracurvas de estuco inspiradas en las letras «S» y «C», con colores pastel, vegetación dorada, querubines y espejo tras espejo, de efecto resplandeciente a la luz del sol o de los candelabros.

Interpretación bávara

Adoptado por arquitectos-artesanos en la católica Baviera, al rococó se le insufló el fervor religioso. Entre 1737 y 1747, Joseph y Franz Xaver Schmuzer, padre e hijo, esculpieron un interior repleto de querubines en la igle-sia medieval de la antigua abadía de Röttenbach. El estuco del techo y las paredes fluye entre rizos de tal modo que es difícil determinar dónde acaban estas y empieza el techo. Entre 1745 y 1754, los hermanos Dominikus y Johann Baptist Zimmermann crearon la Wieskirche, iglesia alegre y hábilmente iluminada al pie de los Alpes bávaros. La iglesia es barroca por fuera y rococó por dentro: dorado y blanco compensado por rojos y azules, con figuras bíblicas pintadas de aire más amigable que las figuras imponentes del Barroco.

En Múnich, el retiro y pabellón de caza Amalienburg, creado por François de Cuvilliés entre 1734 y 1739 en los terrenos del palacio de Nymphenburg, es de exterior sobrio, pero alberga quizá la mejor secuencia de interiores rococó. En su sala de los espejos, de cuento de hadas, se reflejan glorias en estuco de Johann Baptist Zimmermann, tallas en madera de Joachim Dietrich y cuadros de Joseph Pasqualin Moretti. ▪

Antônio Francisco Lisboa

Hijo de arquitecto portugués y madre africana esclavizada, Antônio Francisco Lisboa nació cerca de Ouro Preto (Brasil), en 1730 o 1738, y llegó a ser un gran cantero y arquitecto. Su obra maestra es la iglesia de San Francisco de Asís en Ouro Preto, del Barroco tardío, con un interior rococó ondulante tras una fachada cóncava, inusuales torres circulares gemelas y una entrada suntuosamente modelada. Lisboa diseñó tanto la estructura como la decoración tallada del interior.

Lisboa padecía una enfermedad degenerativa congénita, y trabajó con las herramientas atadas a los brazos tras perder los dedos. Perdió también los dedos de los pies, y más adelante, la vista. Conocido como el Aleijadinho («Lisiadito»), Lisboa continuó trabajando hasta que le fue imposible, y murió en 1814.

La iglesia de San Francisco de Asís, obra de Lisboa, alberga un techo de colores vivos del pintor brasileño Manoel da Costa Ataíde.

UNA SENCILLEZ HERMOSA Y PROPORCIONAL

EL CLASICISMO

A ndrea Palladio, arquitecto italiano del siglo XVI, innovó a partir de los principios estéticos de la antigua Roma, y su obra constructiva y sus escritos impulsaron una corriente clasicista que se difundió a otras partes de Europa. A Gran Bretaña llegó en dos olas: el arquitecto y pintor inglés Inigo Jones preparó el camino en el siglo XVII, al aplicar los preceptos de *I quattro libri dell'architettura (Los cuatro libros de la arquitectura)* de Palladio a proyectos como la Banqueting House (casa de celebraciones), inserta en el ámbito del palacio de Whitehall, en Londres. Si bien las guerras civiles inglesas (1642–1651) interrumpieron los progresos inicia-

Véase también: La columna 26–33 ▪ El arco 38–41 ▪ La cúpula 46–47 ▪ El palladianismo 122–123 ▪ El barroco 138–145 ▪ Diseño arquitectónico 234–235 ▪ La arquitectura como proclamación 238–241 ▪ Clasicismo posmoderno 286–287

> El exceso de ornamento es en todos los casos síntoma de un gusto vulgar o degenerado.
> **Robert Smirke**
> **Tratado de arquitectura inédito (*c.* 1815)**

les del movimiento, el palladianismo reemergería a inicios del siglo XVIII. Su sencillez resultaba atractiva en una nación que había expulsado a la monarquía católica de los Estuardo en la Revolución Gloriosa de 1688, y en la que hubo una reacción contra lo que se consideraban excesos del Barroco. Del clasicismo palladiano, en gran parte derivado de fuentes literarias, se pasó, a fines de siglo, a un neoclasicismo con bases arqueológicas, pues los arquitectos estudiaron *in situ* los monumentos antiguos.

Simetría y proporción
En 1714, Jorge, elector protestante de Hannover, fue coronado rey de Gran Bretaña e Irlanda. Su hijo, nieto y bisnieto (todos llamados Jorge) le sucedieron durante la llamada época georgiana, que duró hasta 1830 y estuvo muy vinculada a la arquitectura palladiana. Entre 1715 y 1725, el escocés Colen Campbell publicó *Vitruvius Britannicus*, un catálogo de grabados de grandes casas que exploraba la aplicación de los principios de simetría y proporción descritos por el arquitecto romano Vitruvio.

El mecenas angloirlandés de Campbell, Richard Boyle, tercer conde de Burlington, había admirado mucho las villas de Palladio en el norte de Italia durante sus *grands tours* europeos y se propuso promover el movimiento clasicista. Los arquitectos empezaron a aplicar la sencillez elemental y la perfección geométrica de las villas palladianas a las grandes casas urbanas y rurales, y luego a las elegantes casas adosadas de Bath, Edimburgo, Dublín y otros lugares.

El Royal Crescent de Bath
En 1725, John Wood el Viejo, arquitecto autodidacta de 21 años, trazó planos extensos para el ensanche de su ciudad natal, Bath, célebre por sus balnearios y su pasado romano.

Las calles de inspiración clásica serían construidas por especuladores, como el propio Wood. Su obra maestra fue el Circus, círculo de viviendas que reflejaba su fascinación por el Coliseo y el diseño palladiano. Su hijo John Wood el Joven completó el Circus antes de dedicarse al Royal Crescent, complejo residencial que sigue un trazado curvo, construido entre 1767 y 1774. Ambos tenían viviendas diversas, construidas tras una fachada palladiana imponente y regular de piedra de Bath color miel. El Royal Crescent, sin embargo, era una gran hilera curva de 30 casas adosadas, delimitadas por 114 columnas jónicas altas con base en la »

Los rasgos típicos de las casas georgianas adosadas incluyen la simetría geométrica, plantas baja y primera de techos altos (a menudo más bajos en las superiores), áticos y sótanos. Muchas tenían fachadas de piedra o ladrillo, y algunas posteriores de la Regencia eran de estuco blanco (con yeso).

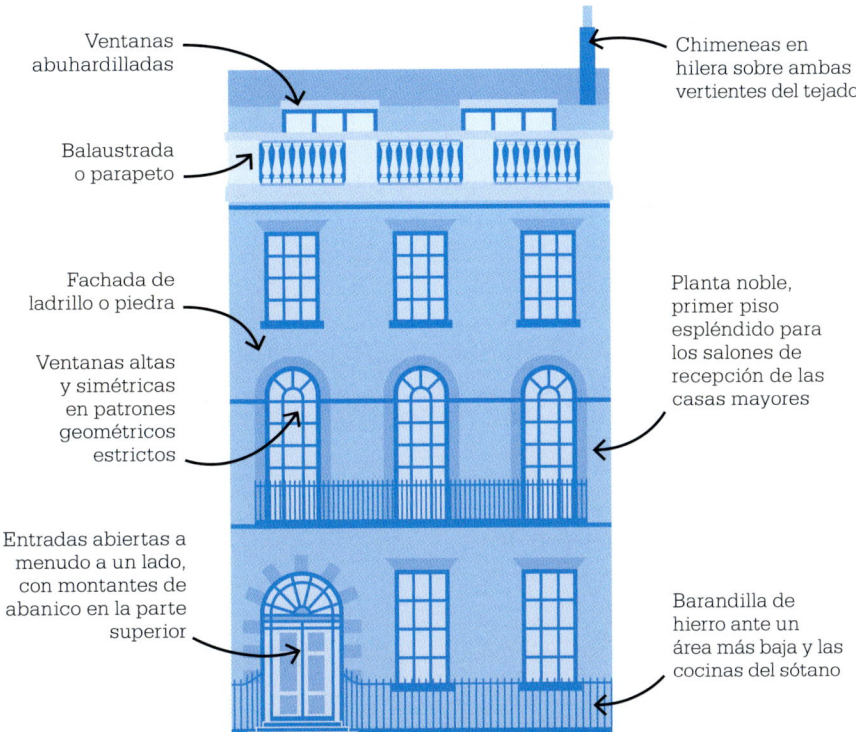

Ventanas abuhardilladas

Chimeneas en hilera sobre ambas vertientes del tejado

Balaustrada o parapeto

Fachada de ladrillo o piedra

Ventanas altas y simétricas en patrones geométricos estrictos

Planta noble, primer piso espléndido para los salones de recepción de las casas mayores

Entradas abiertas a menudo a un lado, con montantes de abanico en la parte superior

Barandilla de hierro ante un área más baja y las cocinas del sótano

John Nash

Nacido en Londres en 1752, John Nash se formó con el arquitecto palladiano Robert Taylor antes de establecerse como promotor. Al no hallar arrendatarios para sus primeros proyectos clásicos en el barrio londinense de Bloomsbury, acabó en la bancarrota y escapó a Gales.

En 1797 volvió a Londres, donde trabajó con asistentes de talento como Augustus Charles Pugin y Decimus Burton, cuyo padre, James, era un promotor inmobiliario muy activo. Empleado por el príncipe regente (el futuro Jorge IV) y James Burton, Nash diseñó el Regent's Park de Londres y los pintorescos adosados neoclásicos de estuco blanco que lo rodean, el palacio de Buckingham, Regent Street, The Mall, el Theatre Real Haymarket y el Marble Arch. Otros proyectos fueron casas de campo, aldeas modelo, iglesias y, a partir de 1815, el Royal Pavilion de Brighton, casa de recreo en la costa para el príncipe regente. Más tarde, la popularidad de Nash decayó por exceder los costes presupuestados, y se retiró a la isla de Wight, donde murió en 1835.

planta noble elevada, con vistas a parcelas de césped y árboles, como si cada vivienda fuera una porción de una gran mansión rural georgiana.

En vez del rico detalle ornamental del Circus, Wood el Joven optó por una fachada también de piedra pero de proporciones geométricas estrictas, con un ritmo sostenido de columnas, ventanas de guillotina altas y simétricas y una balaustrada en el piso superior, tras la cual se veían las ventanas abuhardilladas del ático, el tejado de teja a dos aguas e hileras de chimeneas. Al nivel de la calle, había barandillas de hierro forjado ante las cocinas y trascocinas del sótano. Todas las habitaciones principales tenían techos altos, cornisas y ventanas altas, pero, como en el Circus, las partes traseras del Crescent, de ladrillo, dejaban ver las distintas distribuciones y dimensiones de las diferentes viviendas.

El estilo señorial se difunde

Con 26 años de edad, el arquitecto escocés James Craig ganó un concurso celebrado en 1766 para el diseño de la Ciudad Nueva de Edimburgo. El sencillo trazado en damero de Craig dio pie a uno de los mejores

ensanches urbanos dieciochescos del mundo. En esta época se construyeron también plazas majestuosas en Dublín, con edificios de sobrias fachadas georgianas amenizadas por la discreta variedad de portales y montantes, que a menudo ocultaban opulentos interiores rococó y neoclásicos.

Al otro lado del Atlántico, Georgetown (hoy parte de Washington D. C.) se desarrolló en la década de 1750, con largas calles residenciales de viviendas georgianas, algunas adosadas. Como sus homólogas británicas, esas viviendas siguen estando entre las más deseables de la capital estadounidense.

Los promotores inmobiliarios británicos tuvieron un papel clave en la creación de nuevas calles y plazas georgianas en el siglo XVIII y las primeras décadas del XIX. Entre los de mayor éxito en el Londres del periodo de la Regencia estuvo James Burton, quien financió los edificios adosados neoclásicos en torno a Regent's Park. Diseñados por John Nash y el hijo de

El Royal Crescent, en Bath, epítome de la elegancia georgiana, fue *Royal* a partir de la estancia del príncipe Federico, el segundo hijo de Jorge III, en 1795.

> La aspiración de la arquitectura clásica ha sido siempre lograr una armonía manifiesta de las partes.
> **John Summerson**
> **Historiador de la arquitectura británico (1904–1992)**

Burton, Decimus, su estilo ahondaba en la ilusión de *rus in urbe* («campo en la ciudad») a la que había dado forma John Wood el Joven en Bath.

Detalle auténtico

El redescubrimiento de los edificios clásicos antiguos, en particular los de Grecia, inspiró cada vez más el diseño neoclásico. Las metódicas excavaciones en Herculano, en 1738, y en la cercana Pompeya, una década después, revelaron edificios romanos perfectamente conservados. A partir de mediados del siglo XVIII, el Imperio otomano dio mayores facilidades para acceder a Grecia, y los arquitectos británicos James Stuart («el Ateniense») y Nicholas Revett viajaron allí para medir y dibujar monumentos griegos con toda precisión de detalles. En 1762 publicaron *The antiquities of Athens and other monuments of Greece*, que sería un libro de referencia importante para los arquitectos neoclásicos.

Símbolo de poder

Las líneas puras y las poderosas formas del diseño griego antiguo fueron del gusto de reyes y emperadores europeos y de banqueros y dueños de plantaciones estadounidenses por

El arquitecto italiano **Andrea Palladio proyecta** edificios que expresan la **simetría y proporción romanas clásicas**.

El arquitecto **Inigo Jones introduce sus ideas en la Inglaterra jacobina** y crea un nuevo estilo **anglopalladiano**, pero la guerra civil interrumpe su desarrollo.

Los arquitectos británicos de principios del siglo XVIII **rechazan el Barroco recargado** asociado al catolicismo romano, y optan por la **sencillez clásica** y la perfección geométrica del palladianismo.

Alentado por nuevos estudios de la arquitectura antigua romana y sobre todo griega, el **neoclasicismo** pasa a ser el **estilo arquitectónico dominante de la Inglaterra georgiana**.

El **neoclasicismo se impone en otros países**, sobre todo en Francia, Prusia, Baviera, Rusia y EE. UU., donde **predomina en los edificios públicos** hasta la década de 1930.

igual. William Strickland proyectó el impactante edificio del Segundo Banco de los Estados Unidos, en Filadelfia; completado en 1824, estaba inspirado en el Partenón, como el salón de la fama Walhalla (1842), cerca de Ratisbona (Alemania), promovido por Luis I de Baviera y obra de Leo von Klenze. El Museo Británico, diseñado por Robert Smirke y construido entre 1823 y 1852, tiene una columnata de 43 columnas jónicas, orden utilizado en el Altes Museum de Berlín, obra de Karl Friedrich Schinkel y que se inauguró en 1830.

En 1806, Napoleón Bonaparte, optando por la grandeza de la antigua Roma, encargó a Jean-Francois Chalgrin el diseño del Arco de Triunfo de París, inspirado en el del Arco de Tito, erigido en el siglo I d. C. en Roma, pero más de tres veces mayor.

Durante bastante más de cien años, el clasicismo representó los valores sociales e institucionales de países tan distintos como Gran Bretaña, Francia, Prusia, Rusia y EE. UU., donde su influencia persistió hasta bien entrado el siglo XX. En una era de guerras y revoluciones, el clasicismo produjo edificios grandiosos y elegantes de aspecto impecablemente civilizado, la misma impresión que siguen causando hoy. ∎

ESTE MONUMENTO DEBE PERMANECER POR UNA ETERNIDAD

EL IMPERIO RUSO

En el siglo XVIII, San Petersburgo estaba familiarizada con el Barroco, con notables ejemplos de estilo tanto petrino (favorecido por el zar Pedro el Grande) como isabelino (construido durante el reinado de la emperatriz Isabel).

En 1806, el zar Alejandro I encargó a Andreián Zajárov reconstruir el Almirantazgo de Pedro el Grande, el edificio más importante de San Petersburgo, representación del poder de la armada de Rusia y de las ambiciones imperiales de sus monarcas absolutos. Zajárov no decepcionó: al completarse en 1823, el nuevo Al-

mirantazgo presumía de una fachada neoclásica de 407 m de longitud, repartida en una serie de enormes pórticos dóricos. El arco de la puerta central soporta una torre envuelta en 28 columnas jónicas y rematada por una aguja dorada de 73 m de altura que se eleva en el cielo de San Petersburgo.

En la década de 1780, Zajárov había sido alumno de Jean-Francois Chalgrin en París; Chalgrin había diseñado el Arco de Triunfo y sido discípulo de Étienne-Louis Boullée. Zajárov estuvo claramente influido por Boullée y su contemporáneo

La ciudad de Pedro

Fundada en la desembocadura del Neva por Pedro el Grande en 1703, San Petersburgo se construyó en el estuario a partir del emplazamiento de una fortaleza sueca, en territorio ganado por Rusia a su rival escandinava en la guerra del Norte (1700–1721). Pedro llamó a la nueva ciudad Sankt-Pieter-Burch. Como modelo tenía la Ámsterdam de los Países Bajos, con calles radiales atravesadas por canales que le valieron el apodo de «Venecia del Norte».

El plan urbano inicial fue en gran parte obra del alemán Andreas Schlüter y el suizo Domenico Trezzini. El francés Jean-Baptiste-Alexandre Le Blond introdujo el estilo arquitectónico Barroco-rococó. Unos 30 000 conscriptos, presos y prisioneros de guerra murieron durante la primera fase de construcción de la ciudad.

San Petersburgo se convirtió en capital de Rusia en 1712, y lo fue hasta la Revolución de Octubre de 1917. Su nombre se cambió a Petrogrado en 1914, a Leningrado en 1924 y a San Petersburgo de nuevo en 1991.

Véase también: La columna 26–33 ▪ El arco 38–41 ▪ El Barroco 138–145 ▪ El clasicismo 150–153 ▪ El legado imperial 204–205 ▪ Arquitectura de la Revolución rusa 218–219 ▪ La arquitectura como afirmación 238–241

El arco de triunfo central del edificio del Estado Mayor está rematado por un carro de guerra de seis caballos y una estatua de Niké, antigua diosa griega alada de la victoria.

Claude- Nicolas Ledoux, otro pionero francés del neoclasicismo severo y monumental a gran escala.

Poderío imperial

El vasto Nuevo Almirantazgo de Zajárov captaba el espíritu marítimo y marcial de la entonces capital rusa, y jugaba de forma magnífica con la luz tanto invernal como estival. En invierno se reflejaba en la nieve, y en verano, deslumbraba durante las noches blancas de los meses de junio y julio, en las que el sol no acaba de ponerse.

En 1812, en plena construcción del Almirantazgo, el emperador francés Napoleón invadió Rusia y tomó la ciudad de Moscú, que los rusos incendiaron como respuesta a la in-

vasión. El duro invierno ruso obligó entonces al hambriento y mal aprovisionado y equipado ejército francés a retirarse. De entonces en adelante, el Imperio ruso creció, y su arquitectura se fue volviendo cada vez más grandiosa.

Edificio del Estado Mayor

En 1819, el arquitecto ítalo-ruso Karl Ivánovich Rossi comenzó a remodelar y reconstruir los edificios militares frente al palacio de Invierno de San Petersburgo. Los trabajos tardaron una década en completarse, y el resultado fue el imponente edificio del Estado Mayor, monumental como correspondía al poder militar y la ambición de Rusia.

El edificio amarillo-ocre y blanco de cuatro plantas presenta columnas corintias en un tramo central, elevadas sobre la base de sillería almohadillada. Su planta traza una gran curva de 580 m alrededor del lado sur de la plaza del Palacio. El magní-

fico arco tripartito central está adornado con estatuas y bajorrelieves de motivos militares y guirnaldas.

La grandiosa arquitectura imperial de San Petersburgo ocultaba la miseria que sufría la gran parte de la ciudad, como promesa de un futuro esperanzador que ni los zares ni los posteriores comisarios comunistas tuvieron la capacidad o la voluntad de procurar. ▪

Una joya de la cultura mundial y la ciudad más europea de Rusia.
Valentina Matvienko
Presidenta del Consejo de Rusia
(n. en 1949)

LA ERA INDUSTR

1800–1903

Isambard Kingdom Brunel gana el concurso del diseño de un **puente colgante de hierro** sobre el río Avon en Bristol (Inglaterra).

Comienzan las obras del nuevo edificio del Parlamento británico, el **palacio de Westminster**, construido en estilo **neogótico**.

Un nuevo proceso para **producir acero** ofrece un nuevo metal más ligero y resistente y **nuevas posibilidades a los arquitectos**.

1831

1840

1855

1834

1851

1861

Se funda el **Royal Institute of British Architects** (RIBA) para «el progreso general de la arquitectura».

Se inaugura en Hyde Park (Londres) el **Crystal Palace**, vasto **invernadero prefabricado** de vidrio para la Gran Exposición.

William Morris funda en Gran Bretaña una empresa para promover la artesanía y los ideales del **movimiento *Arts and Crafts***.

Para bombear el agua de las minas de estaño, el herrero británico Thomas Newcomen construyó en 1970 la primera máquina de vapor funcional. Considerablemente mejorada en la década de 1760 por el inventor escocés James Watt, la máquina de vapor impulsó la revolución industrial, que transformaría en industriales sociedades agrícolas de todo el mundo, comenzando por Gran Bretaña.

El ascenso del ingeniero

A partir de la década de 1830, los arquitectos de Europa y EE.UU. comenzaron a crear organizaciones profesionales para regular su actividad y establecer centros de formación acreditados. La explosión de la industria exigió nuevos tipos de edificios, como fábricas y estaciones ferroviarias, en muchos casos diseñados por ingenieros en lugar de arquitectos. Nuevos materiales e innovaciones técnicas, entre ellos un nuevo tipo de acero más ligero y resistente, abrieron nuevas posibilidades arquitectónicas. Entre las asombrosas estructuras creadas en Londres se cuentan la estación de Paddington, de Isambard Kingdom Brunel, cubierta por una cubierta de triple arco de hierro forjado y vidrio, y el Crystal Palace, de Joseph Paxton, enorme invernadero de vidrio prefabricado para la Gran Exposición de 1851. Más tarde, en Francia, Gustave Eiffel construyó la famosa torre Eiffel para la Exposición Universal de 1889.

El neogótico

El clasicismo dieciochesco siguió reinando en el arte y la arquitectura, influyendo incluso en algunas estructuras industriales. Los primeros motores de vapor, por ejemplo, tenían entramados de hierro en forma de columnas griegas y romanas. A principios del siglo XIX, sin embargo, surgió un estilo rival del clasicismo, el neogótico inspirado en las grandes catedrales medievales europeas y caracterizado por los arcos apuntados, los pináculos y las torretas. Sus promotores en Gran Bretaña fueron Augustus Welby Pugin –quien diseñó el nuevo edificio del Parlamento británico de estilo neogótico, junto con Charles Barry– y George Gilbert Scott.

El neogótico fue adoptado en Europa, partes del Imperio británico y EE.UU., donde se dan subgéneros como el gótico carpintero (mansiones con entramado de madera) y el colegial (propio de las universidades). En Alemania se empleó una mezcla ecléctica de elementos góticos, bizantinos y románicos en el

Comienzan en Baviera las obras de **Neuschwanstein, castillo extravagante** repleto de torretas y pináculos.

En Barcelona (España), **Antoni Gaudí** se hace cargo de las recién iniciadas obras del templo de la **Sagrada Familia**, proyecto que modificó por completo y al que desde 1915 se dedicó casi exclusivamente hasta su muerte.

Se completa en París (Francia) la **torre Eiffel**, monumento simbólico de hierro forjado construido para la Exposición Universal.

1869

1883

1889

Década de 1880

El **modernismo (o *art nouveau*)**, que rechaza los estilos históricos y se inspira en **formas vegetales**, arraiga en muchos países europeos.

1887

Se inaugura en Bombay (India) la **neogótica Estación Terminal Victoria** (hoy Chhatrapati Shivaji).

1903

Se completa cerca de Londres (Inglaterra) **Letchworth**, nueva ciudad producto del **movimiento ciudad jardín** que busca combinar lo mejor de la vida urbana y rural.

---

castillo de Neuschwanstein, construcción con carácter fantástico que Luis II de Baviera mandó construir siguiendo la inspiración de las óperas de Richard Wagner.

En busca de un nuevo idilio

A pesar de los espectaculares logros que trajo para arquitectos e ingenieros, la industrialización conllevó también la explotación, el hacinamiento y unos elevados niveles de contaminación. La inhumanidad derivada del industrialismo fue puesta de relieve en sus escritos por el filósofo alemán Karl Marx y los escritores británicos Charles Dickens y John Ruskin, entre otros. Para algunos críticos del industrialismo, la reacción ante ello debía ser un rechazo de la producción en serie y un retorno a la artesanía manual de productos bien diseñados, algo

que también promovió el neogótico. Este fue el principio rector del movimiento *Arts and Crafts*, liderado por el diseñador británico William Morris, que condujo a una generación de edificios excepcionalmente bien construidos en Europa y EE. UU. a partir de la década de 1880.

En la década de 1890, en Gran Bretaña surgió una respuesta nueva a los males de la industrialización, el movimiento de la ciudad jardín, un intento de establecer en el campo pueblos modelo bien planificados y bien comunicados con la ciudad. Relacionado con el movimiento *Arts and Crafts*, este buscaba mejorar la experiencia de la vida urbana para la gente común, como el movimiento City Beautiful en EE. UU. Aunque fue un experimento muy limitado, y las viviendas espaciosas eran demasiado caras para los supuestos

beneficiarios, la ciudad jardín influyó en el urbanismo de países de todo el mundo, y sigue influyendo hoy.

«Arte nuevo»

El *Arts and Crafts* tuvo algún impacto fuera de Gran Bretaña y EE. UU., pero el movimiento asociado *art nouveau*, propagado rápidamente desde Bélgica en la década de 1880, tuvo gran atractivo internacional, y llegó a adquirir identidades arquitectónicas regionales diversas. Cada país puso un nombre propio al estilo sinuoso de formas vegetales: modernismo en España, *Jugendstil* («estilo joven») en Alemania, o *Nieuwe Kunst* («arte nuevo») en Países Bajos. En Barcelona, el arquitecto catalán Antoni Gaudí se inspiró en formas orgánicas para desarrollar asombrosos edificios modernistas, cuyo culmen es la basílica de la Sagrada Familia. ∎

LA EDAD DE LA MAQUINARIA
LA REVOLUCIÓN INDUSTRIAL

EN CONTEXTO

ENFOQUE
Arquitectura e industria

ANTES
1771 En Derbyshire, el inventor británico Richard Arkwright construye Cromford Mills, primera factoría hidráulica de algodón.

1830 En Manchester, el ingeniero británico George Stephenson construye Liverpool Road Station, la primera terminal ferroviaria del mundo.

DESPUÉS
1930–1932 En Nottingham, la farmacéutica Boots hace construir el edificio D10, uno de los primeros con estructura de hormigón armado.

1946–1952 La fábrica de caucho de Brynmawr, en Gales del Sur, incorpora un diseño sofisticado con tejados de cascarones de hormigón.

Pocas transformaciones en la historia humana han sido tan radicales como la revolución industrial, que se difundió por Europa desde fines del siglo XVIII y por Norteamérica en el siglo XIX. Como escribieron Karl Marx y Friedrich Engels en el *Manifiesto comunista* (1848): «Quedan disueltas todas las relaciones fijas, oxidadas, con su cortejo de representaciones y visiones veneradas desde antiguo, mientras todas las recién formadas envejecen antes de poder osificar».

Las nuevas tecnologías, los nuevos materiales y el afán de velocidad y lucro amenazaban con dejar obsoletos los métodos de construcción

Véase también: La prefabricación 168–171 ■ Hierro forjado 176–177 ■ Revivir el pasado 196–197 ■ La estética industrial 206–207 ■ *Hi-tech* 276–277

La estética egipcia adornaba el diseño original de Brunel para el puente de suspensión de Clifton, como muestra la pintura de James Bulwer (*c.* 1832).

que representaba un salto asombroso hacia el futuro. Pritchard murió mientras estaba todavía en construcción, y el coste afectó duramente a Darby, pero el puente se hizo famoso. Un grabado del puente, obra del pintor británico Michael Angelo Rooker, adornó el comedor del presidente de EE. UU. Thomas Jefferson en Charlottesville (Virginia).

Los ingenieros dudaban sobre la conveniencia de disimular o dejar expuestas las estructuras de hierro. En 1831, el ingeniero británico Isambard Kingdom Brunel ganó un concurso de diseño de un puente de peaje sobre la garganta del río Avon, en Clifton, cerca de Bristol. El diseño era un puente colgante de hierro, con una arcada principal de 214 m a 76 m de altura sobre el río. Los extremos no estarían sujetos por torres de hierro expuesto, sino pilares monumentales revestidos de piedra de estilo egipcio, abiertos y coronados por pares de esfinges. Brunel supuso que el público sería reacio a una

> Me opongo a [...] las reglas [...] en la construcción de puentes que, basadas en prejuicios o errores de hoy, puedan comprometer o impedir el progreso de las mejoras de mañana.
> **Isambard Kingdom Brunel**
> **Carta (1848)**

estructura de ingeniería expuesta y esquelética, y por tanto el plan original incluía sarcófagos gigantes de piedra para albergar los anclajes de suspensión que soportaban la tensión del puente a ambos lados de la garganta.

La inspiración para estos rasgos egiptológicos vino de los dibujos de un diseño no realizado para un puente sobre el Neva en San Petersburgo »

y las formas arquitectónicas tradicionales. Ya fuera en el diseño de fábricas, la ampliación de muelles o la construcción de ferrocarriles, los ingenieros de la época se mostraban confiados y capaces. Por otra parte, los arquitectos –con miles de años de precedente y cultura como referencia– tendieron a resistirse a la marea industrial y todo lo que implicaba, incluidos los nuevos edificios y proyectos de ingeniería civil.

Hierro a la vista
En 1773, el arquitecto británico Thomas Pritchard diseñó una estructura de hierro forjado que aún hoy sigue siendo un símbolo de la revolución industrial: el Iron Bridge sobre el río Severn, cerca de Coalbrookdale (Inglaterra), terminado seis años después. Una única arcada de 31 m, obra del siderúrgico local Abraham Darby III, soportaba el osado puente,

El puente de suspensión de Clifton se acabó en un estilo industrial descarnado, sujeta la calzada por tres cadenas de hierro forjado a cada lado.

(Rusia), del ingeniero francés Pierre-Dominique Bazaine, que Brunel había visto en una publicación técnica francesa. La estética egipcia se puso de moda en Francia después de la expedición militar de Napoleón a Egipto en 1798–1801, y se popularizó también en Reino Unido a partir de la victoria naval de Nelson en 1798 sobre los franceses en la batalla del Nilo. Para realizar el aspecto artístico del puente de suspensión de Clifton, Brunel encargó al pintor británico diseñar relieves en hierro fundido con escenas de su construcción para incorporar a las torres.

Las obras del puente comenzaron en 1831, pero la falta de fondos llevó pronto a suspenderlas. Después de otra salida en falso en 1835, la construcción comenzó en firme en 1862, cuando Brunel había fallecido ya. Antes de morir simplificó el diseño, dejando expuesto el ladrillo y prescindiendo del revestimiento de piedra, con el diseño egipcio reducido de lo literal a lo abstracto. Los ingenieros ferroviarios William Henry Barlow y John Hawkshaw introdujeron otros cambios, como ensanchar las vigas que soportaban la calzada y reforzar los cables de suspensión. El puente abrió finalmente al público en 1864.

Ferrocarriles y vapor

En 1833 –mientras estaban detenidas las obras en el puente de suspensión de Clifton–, Brunel fue nombrado ingeniero civil de la Great Western Railway, para el proyecto de una línea ferroviaria de Londres a Bristol. Durante los ocho años que tardó en construirse, diseñó y construyó también un barco de vapor de ruedas para la Great Western Steam Ship Company. Completado en 1838, el Great Western podía cruzar el Atlántico en 15 días. El objetivo de la empresa era llevar pasajeros en un tren *Great Western* de Londres hasta Bristol, y que desde allí continuaran en barco hasta el destino en Nueva York (EE. UU.).

La rápida difusión de la tecnología de comunicaciones aportó un estímulo enorme a la revolución industrial. En 1866, el vapor *Great Eastern* de Brunel tendió el primer cable de telégrafos transatlántico.

Estación de Paddington

Para la terminal londinense de Great Western, Brunel diseñó la estación de Paddington, que reemplazaría de modo permanente el edificio pro-

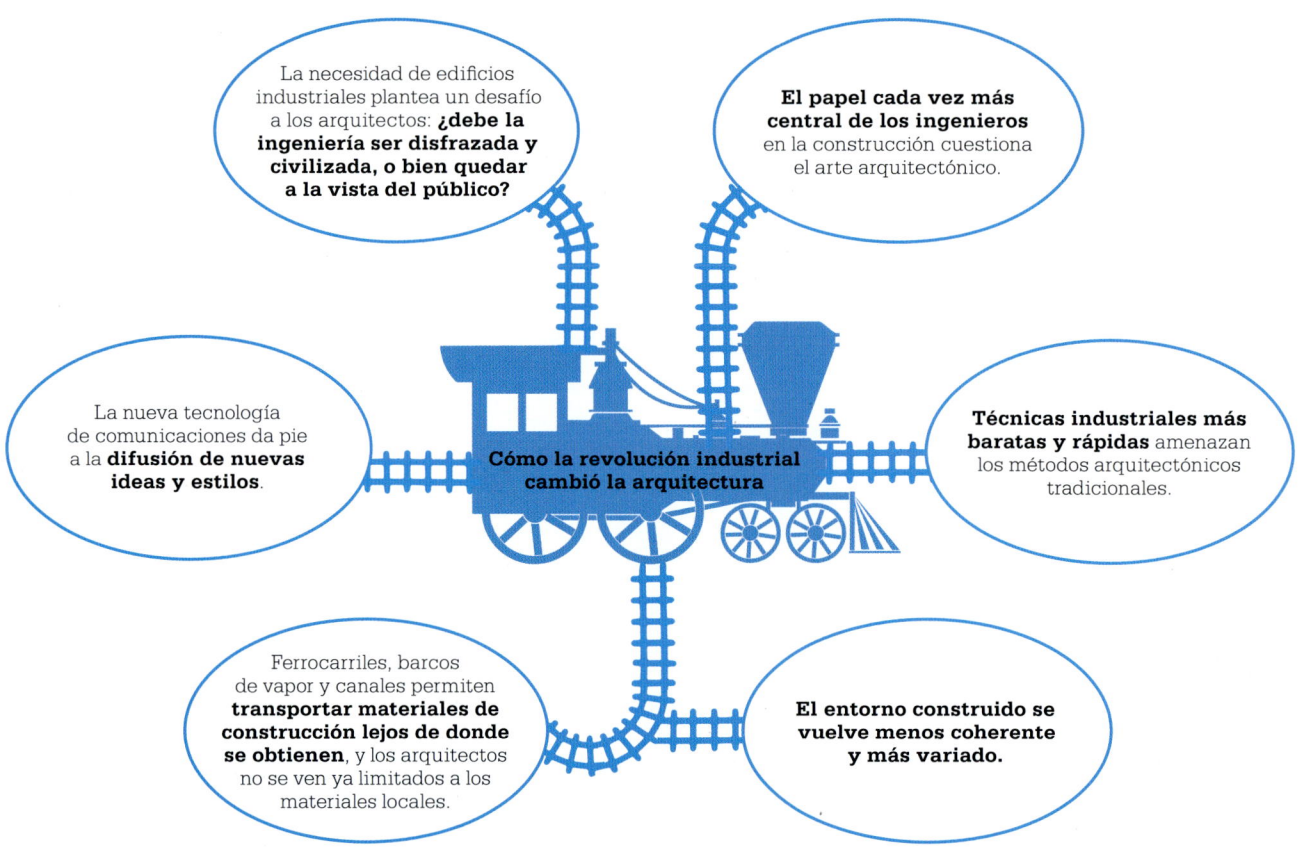

La necesidad de edificios industriales plantea un desafío a los arquitectos: **¿debe la ingeniería ser disfrazada y civilizada, o bien quedar a la vista del público?**

El papel cada vez más central de los ingenieros en la construcción cuestiona el arte arquitectónico.

La nueva tecnología de comunicaciones da pie a la **difusión de nuevas ideas y estilos**.

Cómo la revolución industrial cambió la arquitectura

Técnicas industriales más baratas y rápidas amenazan los métodos arquitectónicos tradicionales.

Ferrocarriles, barcos de vapor y canales permiten **transportar materiales de construcción lejos de donde se obtienen**, y los arquitectos no se ven ya limitados a los materiales locales.

El entorno construido se vuelve menos coherente y más variado.

visional abierto en 1838. Completada en 1854, la estación de Brunel representó un salto adelante de la ingeniería frente al diseño arquitectónico convencional. La mayor cubierta de una estación ferroviaria de la época había de consistir en tres enormes arcos de hierro forjado, formando una nave central con pasillos a los lados que imitaban la arquitectura de las catedrales. En total, las bóvedas medían 73 m de ancho y 210 m de largo.

El diseño de Brunel no tenía una gran entrada para el público: los pasajeros bajaban por rampas al nivel de la calle hasta los andenes bajo la gran estructura. Considerando al público no preparado aún para el diseño ingenieril puro, Brunel encargó al arquitecto británico Matthew Digby-Wyatt refinar el aspecto de la estructura de hierro de la estación. En 1851, sin embargo, con los diseños de la estación de Paddington todavía en la mesa de dibujo, millones de visitantes acudieron a ver el Crystal Palace, una estructura prefabricada, lo cual fue un indicio de la creciente aceptación de la arquitectura e ingeniería industriales. Con todo, Wyatt añadió capiteles a

Viviendas adosadas

Las fábricas del interior industrializado de Gran Bretaña requerían mucha mano de obra. La población rural reclutada por todo el país se trasladó a pueblos mayores y a ciudades desde sus aldeas y granjas, y la solución para alojarla fue construir hilera tras hilera de viviendas adosadas. De construcción lo más barata posible, tenían paredes medianeras por tres lados, y ventanas únicamente en la fachada que daba a la calle. La construcción densa de

estas viviendas era deficiente en cuanto a privacidad, ventilación y saneamientos, y la enfermedad se propagaba rápidamente en ellas. En Edimburgo y Glasgow, los bloques de pisos no eran mucho mejores.

Tras la aprobación de la Ley de Salud Pública de 1875, la construcción de adosados nuevos se fue prohibiendo gradualmente, aunque continuó en Leeds hasta la década de 1930. Algunos se conservan y están habitados; otros fueron restaurados como lugares históricos destinados a los turistas.

las columnas de hierro fundido que soportan los arcos, así como arabescos de hierro forjado en las vidrieras terminales.

Civilizar la industria

En contraste con la discreta fachada exterior de Paddington, la de la estación de Euston, en Londres, era una referencia expresa a la civilización clásica: diseñada en 1837 por el arquitecto clasicista británico Philip Hardwick, el Arco de Euston era un rotundo pórtico (o propileo) dórico

de 22 m de altura ante una estación modesta, pero, en lo arquitectónico, había muy poca relación entre una y otra estructura.

Arquitectónicamente, la revolución industrial planteó el desafío de realizar edificios de un nuevo tipo, desde fábricas, almacenes y estaciones ferroviarias hasta grandes almacenes, mercados al por mayor y oficinas. La arquitectura ferroviaria de los ingenieros –que tuvo gran presencia en la vida, las poblaciones y los paisajes del siglo XIX– fue en sus inicios revestida de formas alusivas a la antigüedad, pero las formas industriales fueron quedando cada vez más expuestas a la vista. El orden antiguo y venerable iba quedando arrumbado en un mundo acelerado, con el fondo sonoro de bombas, martillos y locomotoras de vapor. Los arquitectos tuvieron que responder a las demandas de una época en la que las certezas de Palladio, Vitruvio y los monumentos egipcios parecían superadas de repente. ∎

Las tres bóvedas de la estación de Paddington acababan en paneles verticales de vidrio con arabescos de hierro forjado (xilografía de 1854, del *Illustrated London News*).

ASPIRO A RECREAR

EL NEOGÓTICO

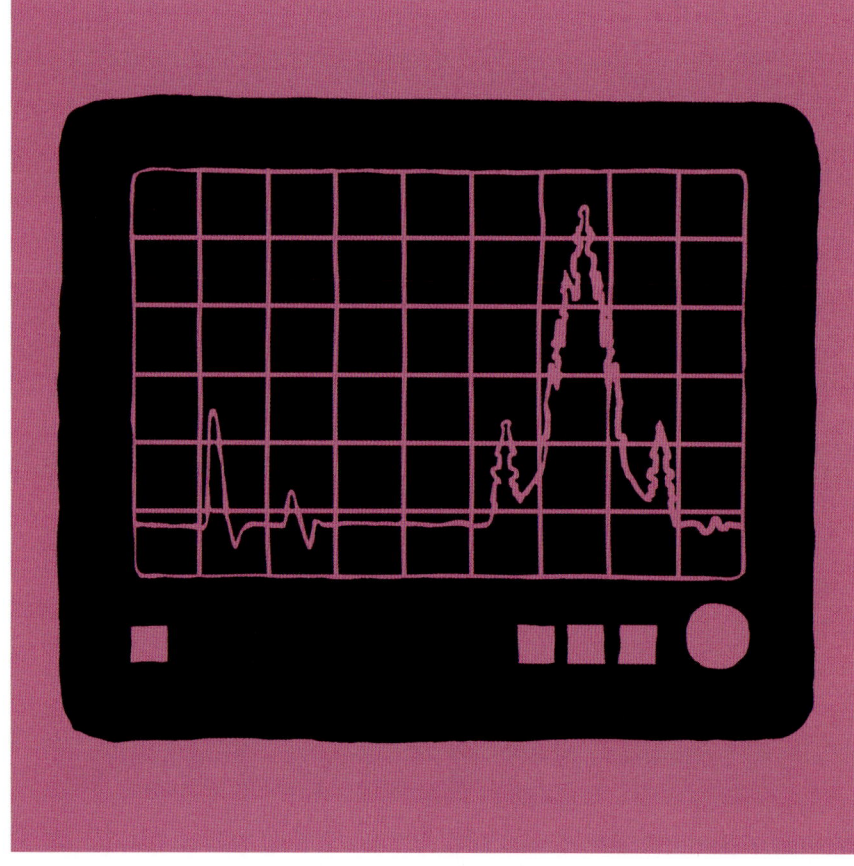

Una combinación de factores literarios, religiosos y políticos movió a los arquitectos británicos de fines del siglo XVIII y el XIX a mirar a la Edad Media en busca de inspiración. La novela del escritor británico Horace Walpole *El castillo de Otranto*, publicada en 1764 y ambientada en un castillo medieval encantado, fue un éxito de ventas y despertó el interés del público por la moda del llamado terror gótico. Como respuesta a la marea ascendente del evangelismo en la Iglesia baja anglicana, la Iglesia alta exaltó las glorias de las catedrales medievales, y durante el siglo XIX se construyeron y restauraron varios miles de iglesias, sobre todo en el estilo neogótico.

En la década de 1830, influyentes figuras políticas británicas defen-

Véase también: La cúpula 46–47 ▪ El gótico 74–81 ▪ El gótico civil 94–95 ▪ Florecimiento gótico tardío 98–99 ▪ La revolución industrial 160–163 ▪ Hierro forjado 176–177 ▪ Revivir el pasado 196–197

dieron la idea de que la arquitectura neoclásica no era la adecuada para los edificios públicos, dadas sus asociaciones con el «peligroso» liberalismo de EE. UU. y el republicanismo de Francia, países ambos en los que dicho estilo había florecido después de sus respectivas revoluciones. Como consecuencia, tras el incendio del palacio de Westminster en 1834, los dos estilos recomendados para reconstruirlo fueron el neogótico y el estilo renacentista temprano de las mansiones isabelinas inglesas, también de moda en la época.

Arquitectos expectantes

Entre los miles de personas que presenciaron la destrucción por el fuego del antiguo palacio de Westminster, la noche del 16 de octubre de 1834, había dos arquitectos: Charles Barry y el joven Augustus Pugin. Poco después, Barry participó en el concurso de proyectos para la reconstrucción del palacio, y encargó a Pugin que realizara los dibujos de inspiración erudita y con detalles góticos que

hicieron destacar su propuesta entre las otras 96. El de Barry fue el proyecto ganador, pero era en lo fundamental clásico, con un barniz de estilo gótico inspirado en la capilla de Enrique VII de la abadía de Westminster, de principios del siglo XVI. A ojos del público británico, sin embargo, la sede del gobierno reconstruida iba a

Al comparar las obras arquitectónicas de los últimos tres siglos con las de la Edad Media, la asombrosa superioridad de las últimas ha de chocar a todo observador atento.
Augustus Pugin
Contrasts (1836)

El palacio de Westminster tiene tres diferentes torres principales: la torre Victoria (izda.), la torre Central y la torre de Isabel, de Pugin, que alberga el reloj y la campana, el Big Ben.

encarnar la estética neogótica. Su diseño fue un momento definitorio en el desarrollo de un estilo nacional, para siempre asociado al largo reinado de la reina Victoria.

Un desafío monumental

En la estimación inicial, se esperaba que costara seis años y 724 986 libras completar el nuevo palacio de Westminster, iniciado en 1840; a la gran escala a la que se realizó, se tardaron 30 años, y su coste excedió largamente los dos millones de libras. Los planes originales fueron revisados para acomodar una nueva sala central octogonal y torres mucho más altas. Como el emplazamiento junto al río Támesis consistía en gran parte en barro –y arenas movedizas en algunas partes–, hubo que asentar primero una enorme plataforma »

Augustus W. N. Pugin

Augustus Welby Northmore Pugin (Bloomsbury, Londres, 1812) fue hijo del arquitecto e ilustrador de origen francés Auguste-Charles Pugin. A los 15 años diseñó muebles para el castillo de Windsor, y cuatro años más tarde, un conjunto para la Royal Opera House.

Se convirtió al catolicismo romano en 1834, y escribió tratados influyentes en los que mantenía que los valores de una sociedad se reflejan en la calidad de su arquitectura. Fue la fuerza militante del neogótico victoriano, y diseñó y supervisó la construcción de iglesias, catedrales, abadías, escuelas y casas góticas. Pugin trabajó a un ritmo frenético, y murió a los 40 años en 1852, tras un colapso nervioso. Fue enterrado en San Agustín, la iglesia que diseñó junto a su hogar gótico en Ramsgate, Kent (Inglaterra).

Obras principales

1836 *Contrasts.*
1841 *The True Principles of Pointed or Christian Architecture.*
1845 *An Apology for the Revival of Christian Architecture in England.*

de hormigón antes de empezar a construir. Para la más alta de las tres torres, la torre Victoria, de 98,5 m, hizo falta el apoyo extra de miles de pilotes de madera. El palacio de cuatro plantas acabó por incluir más de mil estancias y más de 120 escalinatas, comunicadas por unos 3,2 km de pasillos, con patios entre unas y otras. Se construyó principalmente en ladrillo, revestido de caliza de Anston color arena, procedente de canteras en Nottinghamshire y Yorkshire del Sur. Un entramado de hierro forjado, y no de madera, soportaba las tejas de hierro fundido del tejado.

Detalle decorativo

El diseño de Barry era una mezcla magistral de lo antiguo y lo nuevo, e incorporaba hábilmente edificios medievales que sobrevivieron al incendio de 1834, como el Westminster Hall. La ornamentada fachada del palacio de Westminster, salpicada de ventanas góticas y torretas y dominada por tres torres, se extiende a lo largo de casi 280 m en la orilla norte del Támesis. Desde 1844 hasta su prematura muerte ocho años más tarde, Pugin realizó miles de dibujos para los detalles del interior y del ex-

terior del edificio, desde los símbolos tallados de puerros, cardos, tréboles, rosas, flores de lis y rastrillos por todo el palacio hasta el papel pintado, los paneles, las telas, los percheros y la tracería de las ventanas. Un equipo de artesanos formado a lo largo de varios años ejecutó el plan decorativo de los interiores de la Cámara de los Comunes, la Cámara de los Lores, de otras salas y de los pasillos.

Para muchos, la mejor aportación de Pugin al proyecto de Barry fue la torre del Reloj, de unos 96 m de altura, con sus famosos reloj de carillón y campana Big Ben. Terminada en 1859, y cambiado su nombre a torre de Isabel, es una de las referencias más populares de Londres.

Legado popular

Los retrasos y el estrés en la construcción del palacio influyeron en la salud de Pugin y Barry, que murieron tempranamente y sin ver terminado el complejo edificio. Para entonces, bajo la influencia de arquitectos prolíficos como George Gilbert Scott, el neogótico estaba ya presente en abundantes arcos apuntados y pináculos por toda Gran Bretaña. El estilo se difundió también a Euro-

En Gran Bretaña, factores literarios, religiosos y políticos alimentan la **nostalgia por la arquitectura gótica**.

El incendio que destruye gran parte del **palacio de Westminster** da a los arquitectos británicos ocasión de promover el **neogótico**.

El **neogótico** se convierte en el **estilo de referencia de la Gran Bretaña victoriana**, y se difunde por el Imperio británico, Europa y América del Norte.

> Nunca trabajé tanto en mi vida por el señor Barry, pues mañana entrego todos los diseños para terminar su campanario, y es hermoso.
> **Augustus Pugin**
> **Carta a John Hardman (1852)**

pa, el Imperio británico y EE. UU.: en Nueva York, la catedral de San Patricio, la iglesia de la Trinidad y la gran catedral inacabada de San Juan el Divino son todas de estilo neogótico, como lo es la Tribune Tower, en Chicago, completada en 1925.

El estilo norteamericano conocido como gótico carpintero o rural, que floreció entre las décadas de 1840 y 1860, se aplicó en mansiones ornamentadas de entramado de madera, con tejados empinados y arcos apuntados en las ventanas, en algunos casos con vidrieras de colores. En la década de 1880, otro subgénero del neogótico, el gótico colegial, se volvió característico de los edificios universitarios estadounidenses.

Por todo el imperio

Uno de los mejores y más inventivos edificios neogóticos se encuentra en Bombay (India), parte del Imperio británico en la época. La estación originalmente llamada Terminal Victoria, y desde 1996 Terminal Chhatrapati Shivaji, se inauguró en 1887. Mezcla de gótico italiano y detalles tradicionales indios, es obra del arquitecto e ingeniero Frederick William Stevens, quien entró a formar parte del departamento de obras públicas del gobier-

no de India en 1867. La terminal fue el mayor edificio construido hasta el momento por los británicos en India. Stevens estaba influido en parte por el Midland Grand Hotel de George Gilbert Scott, completado en 1873 en la estación ferroviaria londinense de Saint Pancras, y también por los dibujos del mismo arquitecto para el concurso del Reichstag de Berlín en 1872 (que no ganó), que ideaban una gran cúpula acanalada central.

La terminal con su cúpula refleja el estilo neogótico, pero Stevens encargó a alumnos de la escuela de arte local adornos interiores y exteriores, entre ellos, tallas en madera, baldosas decorativas, balaustres y otros detalles que dan arraigo en su India nativa al edificio de arenisca.

Las casas de los arquitectos

Los arquitectos británicos que trabajaron en el exuberante estilo neogótico contribuyeron también al redescubrimiento y puesta al día de la construcción empleando materiales y estilos locales. Un buen ejemplo temprano es la granja Glebe, en Rampisham (Dorset, Inglaterra), proyecto de Pugin para un rector local, completado en 1848. Aparte de una ventana

con tracería, el tratamiento arquitectónico de esta casa de piedra —hoy llamada Pugin Hall— es modesto, y con un diseño y unas dimensiones a la medida del lugar y de su función. También es notable por su planta en forma de molinillo, desde cuyo salón central se accede fácilmente a todas las habitaciones principales de la planta baja y a las superiores.

Aunque admirado por sus colegas, Pugin no fue muy aclamado públicamente. Barry, en cambio, que también diseñó y remodeló grandes residencias, como el castillo de Dunrobin, en Sutherland, y el de Highclere, en Hampshire, fue nombrado caballero por la reina Victoria. Miembro de la Royal Academy y la Royal Society, Barry fue reconocido también con la medalla de oro del Royal Institute of British Architects (RIBA). Poco después de su muerte en 1860 se instaló en el palacio de Westminster una estatua suya de tamaño natural, obra del irlandés John Henry Foley. ∎

La Terminal Chhatrapati Shivaji, construida en neogótico ornamental como oficina central de la Great Indian Peninsular Railway, es hoy la sede de la Central Railway de India.

ENCAJA COMO UN ROMPECABEZAS

LA PREFABRICACIÓN

La prefabricación de componentes estructurales para montar en otro lugar no era un concepto nuevo en el siglo XIX: partes de piedra o madera de estructuras diversas se precortaban y transportaban desde la época de los romanos. Con el advenimiento de la revolución industrial, sin embargo, la prefabricación se empleó a una escala creciente, en buena parte por la facilidad con que las nuevas máquinas eran capaces de dar forma, forjar y fundir materiales de construcción. A partir de la década de 1830, en Reino Unido se produjeron edificios agrícolas y casas prefabricadas. En una era de viajes, exploración y ambiciones territoriales en lugares lejanos, las

Véase también: La columna 26–33 ▪ El arco 38–41 ▪ La revolución industrial 160–163 ▪ Hierro forjado 176–177 ▪ *Hi-tech* 276–277

El Crystal Palace ocupaba 8 hectáreas en Hyde Park. Las mil columnas de hierro fundido de su estructura soportaban una red de 2240 vigas, que enmarcaban 84 000 m² de vidrio.

viviendas apilables por piezas almacenadas en las bodegas de los barcos fueron alternativas viables a plantar una tienda, o levantar una cabaña con materiales locales.

Una maravilla de cristal

En 1851 se montó un ejemplo impactante de arquitectura prefabricada en el Hyde Park de Londres, el Crystal Palace: el mayor invernadero nunca visto en el mundo, que se construyó para albergar la Gran Exposición, proyecto predilecto del marido de la reina Victoria, el príncipe Alberto. Entre mayo y octubre de aquel año, seis millones de visitantes admiraron muestras de Gran Bretaña y de todo el mundo, desde imponentes locomotoras hasta el diamante más grande del mundo. La verdadera maravilla, sin embargo, era la propia sala de exposiciones, una estructura espectacular montada en 17 semanas, desmantelada después de acabar la exposición, y transportada a Sydenham, a unos 13 km al sur.

El Crystal Palace fue un diseño del ingeniero y maestro jardinero autodidacta Joseph Paxton, quien, con menos de un año para construir la enorme sede de la Gran Exposición, empleó la prefabricación a una escala antes inimaginable. El 11 de junio de 1850, Paxton, que había construido invernaderos para los jardines de Chatsworth House, en Derbyshire, hizo un esbozo rápido de su propuesta en un papel secante, y antes de dos semanas ya había preparado planos detallados y costes.

La idea de Paxton tuvo un recibimiento entusiasta por parte de los miembros de la comisión de la Gran Exposición, entre ellos, los ingenieros ferroviarios pioneros Isambard Kingdom Brunel y Robert Stephenson, el presidente del Royal Institute of British Architects, Thomas Donaldson, el presidente de la Institución de Ingenieros Civiles, William Cubitt, y el arquitecto Charles Barry. Tras el concurso celebrado en marzo de 1850, dos meses después de formada la comisión, no se había decidido qué arquitecto realizaría la sede de la exposición: las 245 propuestas (38 llegadas del extranjero) fueron rechazadas, o por criterios estilísticos o de coste –que ascendía hasta las 300 000 li-

bras en algunas propuestas. La estimación del revolucionario diseño prefabricado de Paxton, en cambio, era de solo 79 800 libras (el equivalente a 11 millones de libras en 2022).

Componentes clave

El Crystal Palace era un espacio inmenso, de 563 m de longitud, 139 m de ancho y 41 m de altura, con una superficie más de seis veces la de la catedral de San Pablo. Fue la prefabricación lo que le permitió a Paxton »

[El Crystal Palace] es un lugar maravilloso: vasto, extraño, nuevo e imposible de describir. Su grandeza no consiste en una sola cosa, sino en el ensamblaje único de todas ellas.
Charlotte Brontë
Novelista británica
(1816–1855)

El Crystal Palace era una experiencia deslumbrante para los visitantes, y ofrecía casi 92000 m² de espacio para exhibir unas 100000 muestras.

mantener unos costes bajos. El sistema de columnas y vigas de hierro fundido era modular: consistía en secciones prefabricadas idénticas y fáciles de montar una tras otra. Como el entramado era ligero comparado con las estructuras de piedra, no era necesario excavar para enterrar cimientos que habrían arruinado el terreno de hierba de Hyde Park.

La empresa fabricante de vidrio Chance Brothers, del área de Birmingham, produjo 293000 piezas idénticas de vidrio para encajar en los marcos, que llegaron en tren a Londres y se llevaron a Hyde Park en carros de caballos. Era un tipo de vidrio plano recién inventado, formado a partir de cilindros, y era el más grande que Paxton pudo conseguir. Usando carros guiados por raíles de madera a todo lo largo de la estructura, un equipo de 80 trabajadores podía instalar 18000 de estas grandes láminas de vidrio en una semana.

Con 5000 obreros trabajando siguiendo un programa preciso, el Crystal Palace se erigió en menos de seis meses. También hubo tiempo de

enmendar el diseño y conservar los grandes olmos que había en el terreno de construcción. Para abarcarlos, Paxton propuso bóvedas de cañón de madera y vidrio elevadas por encima del cuerpo principal de la sala de exposición de doble altura, que dieron al edificio un aspecto aún más grandioso. Se pusieron suelos de madera, persianas de lamas para que escapara el aire caliente, y pantallas de percal sin blanquear para reducir el reflejo y el calor del sol. Bajo la dirección del arquitecto y diseñador Owen Jones, el interior de la estructura de hierro se pintó de rojo, amarillo y azul, y las casetas de la exposición se cubrieron de damasco rojo o rosa. Hicieron su debut mundial los cuartos de baño públicos, a los que se accedía previa inserción de una moneda, diseño del ingeniero sanitario George Jennings.

Legado duradero

La Gran Exposición fue todo un éxito: los beneficios ascendieron a 186000 libras, que se dedicaron a la construcción del Museo de Victoria y Alberto y el Museo de Historia Natural

de Londres en South Kensington, así como a becas e investigación. Cuando acabó la exposición, el Crystal Palace se volvió a erigir a una escala aún mayor en Sydenham. Serviría para múltiples fines hasta 1936, cuando resultó destruido en un incendio. El gran invernadero de Paxton se perdió, pero su imagen disparó la imaginación de arquitectos e ingenieros del mundo entero. En 1851 se había plantado una semilla que, de década en década, condujo a una decidida fusión —en lo estructural y lo estético— de arquitectura e ingeniería.

Prefabricados

Menos de tres años antes de la apertura de la Gran Exposición, el carpintero y aserradero James W. Marshall descubrió oro en Coloma (California), desencadenando con ello la fiebre del oro de 1848–1855. Entre las 300000 personas que acudieron a EE.UU. en busca de fortuna, había 25000 prospectores chinos, y trajeron consigo casas modulares prefabricadas de madera de alcanforero, cuyos paneles se podían trabar sin clavos. Como

Un mundo que ve el arte y la ingeniería como cosas aparte no ve el mundo como un todo.
Edmund Happold
Ingeniero estructural
(1930–1996)

hogares eran muy superiores a las tiendas, los carromatos o las partes de barcos abandonados que usaron muchos buscadores de oro.

Las casas chinas podían ser de cualquier tamaño, pero fueron habituales las de 3,7 m × 7,3 m. Cada componente estaba marcado con caracteres chinos para facilitar el ensamblaje. El concepto no era nuevo en China: en 1100, el arquitecto Li Jie escribió *Yingzao fashi* («Métodos de construcción»), que recoge el empleo de diseños modulares en la arquitectura tradicional china. Los componentes prefabricados de madera se ensamblaban para hacer casas, templos y hasta palacios imperiales.

Aplicaciones múltiples

A medida que avanzaba el siglo XIX, los avances en la fabricación de acero y maquinaria llevaron a la producción en serie de elementos estructurales, y el diseño modular se popularizó. En la década de 1830 se exportaron desde Reino Unido cientos de casas prefabricadas de madera y algunas de entramado de hierro para inmigrantes recién llegados a EE. UU. y Australia. En el siglo XX, las casas prefabricadas —entre ellas un número pequeño de casas American System-Built diseñadas por Frank Lloyd Wright— mitigaron la escasez de vivienda por la falta de material de construcción en los años siguientes a la Primera Guerra Mundial. Por entonces era mucho más eficiente, en tiempo, trabajo y coste, usar componentes modulares como las secciones prefabricadas de hormigón y acero, sobre todo para estructuras grandes con elementos idénticos, como los bloques de apartamentos.

Hoy se citan también el control de calidad y el menor impacto ambiental como ventajas de la prefabricación, que alientan su uso regular para edificaciones uniformes, como los bloques de oficinas. Sin embargo, como mostró primero el Crystal Palace y más adelante otras construcciones —como el Edificio Lloyd's, en Londres, o el Centro Pompidou, en París—, la construcción modular también es capaz de producir la arquitectura más imaginativa y espectacular. ∎

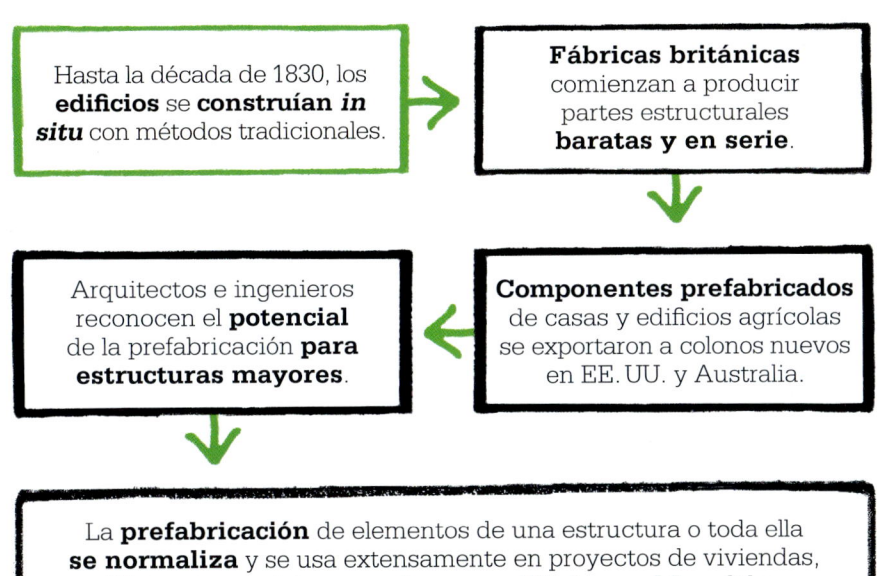

Hasta la década de 1830, los **edificios** se **construían** *in situ* con métodos tradicionales.

Fábricas británicas comienzan a producir partes estructurales **baratas y en serie**.

Componentes prefabricados de casas y edificios agrícolas se exportaron a colonos nuevos en EE. UU. y Australia.

Arquitectos e ingenieros reconocen el **potencial** de la prefabricación **para estructuras mayores**.

La **prefabricación** de elementos de una estructura o toda ella **se normaliza** y se usa extensamente en proyectos de viviendas, edificios comerciales y en **algunos edificios emblemáticos**.

Joseph Paxton

El arquitecto, ingeniero y jardinero Joseph Paxton nació en 1803 en una familia de agricultores de Bedfordshire (Inglaterra). A los 20 años de edad trabajó como jardinero jefe en Chatsworth House, en Derbyshire, donde construyó el Great Conservatory, el mayor edificio de vidrio del país en aquel momento.

En Chatsworth, un miembro del personal cultivó el nenúfar amazónico gigante (*Victoria Regina*, hoy *V. amazonica*), y Paxton comprobó que su hija Annie, de ocho años, podía estar de pie sobre los nenúfares —de hasta 1,5 m de diámetro— sin hundirse. La estructura sólida de dicha planta, hecha de redes de nervaduras que irradian del tallo y soportan la hoja, inspiraron el diseño del Crystal Palace.

En años posteriores, Paxton diseñó las Torres Mentmore, casa de campo para la familia Rothschild en Buckinghamshire. Desde 1854 hasta su muerte, en 1865, sirvió como parlamentario liberal por Coventry.

Obra principal

1851 «What is to become of Crystal Palace?».

EL ESTILO AUTENTICO DE LOS CASTILLOS DE LOS CABALLEROS ANTIGUOS
EL ECLECTICISMO

El castillo de cuento de hadas de Neuschwanstein, en Baviera, representa la arquitectura como autobiografía: cada torre, aguja y pináculo de fantasía e interior operístico del castillo cuenta la historia de Luis II, el soñador rey de Baviera.

Este ascendió al trono en 1864, siete años antes de que Baviera entrara a formar parte del recién creado Imperio alemán. Privado de poder soberano, y sin interés por la política, el rey invirtió energía, encanto personal y una descontrolada deuda personal en el diseño de su ecléctico retiro de montaña; y lo hizo guiado por su amor por la poesía, la música y la arquitectura histórica.

Luis II fue el mecenas del compositor alemán Richard Wagner, al que apoyó para que completara la ópera *Parsifal* (1882), que contaba la historia de un caballero del rey Arturo y su búsqueda del Santo Grial. Luis fue un devoto apasionado de *Parsifal* y de dos óperas anteriores de Wagner: *Lohengrin*, basada en un relato del siglo XIII de un caballero misterioso llegado en un barco arrastrado por un cisne para rescatar a una damisela en apuros, y *Tannhäuser*, la historia de un concurso de poesía y canto de trovadores medievales. El rey estaba decidido a lograr que el diseño de Neuschwanstein encarnara la temática y la estética de las óperas de Wagner en los miles de

El **romanticismo** difunde la fascinación por los **estilos históricos**.

→

Algunos arquitectos se concentran en **un solo estilo historicista**.

↓

Esta **libertad artística** lleva a crear una estética de cuento de hadas.

←

Otros combinan **varios estilos** en sus diseños.

Véase también: El Barroco 138–145 ▪ El neogótico 164–167 ▪ *Arts and Crafts* 178–179 ▪ El *art nouveau* y el modernismo 180–181 ▪ Inicios de la arquitectura moderna 190–195 ▪ El *art déco* 232–233 ▪ La posmodernidad 280–285

La torre más elevada de Neuschwanstein se alza a 65 m sobre el patio. Los planes para otra construcción aún más alta nunca se llevaron a cabo.

toneladas de ladrillo, mármol y piedra elevados hasta una atalaya rocosa en Baviera, no lejos de su hogar de infancia, en Hohenschwangau, también el castillo de un caballero medieval. El estilo wagneriano de Neuschwanstein era una mezcla ecléctica de diseño románico, gótico y bizantino.

Diseños operísticos

Muchos castillos medievales se reconstruyeron en el siglo XIX para hacerlos más pintorescos. En 1867, Luis II visitó dos de ellos en busca de inspiración: Wartburg, en Alemania central, y el castillo de Pierrefonds, en Picardía, en el norte de Francia.

De regreso en Alemania, el rey Luis dio instrucciones al arquitecto Eduard Riedel para que dibujara planos adaptados a las ilustraciones del castillo imaginado, obra del diseñador de escena alemán Christian Jank, quien antes había pintado los escenarios de la ópera *Lohengrin*, de Richard Wagner.

A partir de 1869, con la ayuda de una grúa de vapor y estructuras de acero, Neuschwanstein fue tomando su costosa forma, que combinaba estancias elaboradas –como el salón del Trono y la sala de los Cantores, adornada con pórfido (una roca ígnea) y lapislázuli de imitación, un cielo salpicado de estrellas, estatuas de cisnes y numerosos frescos– con instalaciones modernas, como un ascensor, agua corriente caliente y fría, inodoros con descarga de agua y calefacción central de aire caliente.

Luis vivió solo 172 días en el castillo, hasta su misteriosa muerte en 1886. Neuschwanstein nunca se terminó, pero incluso inacabado ha encantado a visitantes de todo el mundo, como símbolo del romanticismo y eclecticismo del siglo XIX. ▪

Gesamtkunstwerk

Gesamtkunstwerk («obra de arte total»), término alemán de finales de la década de 1820, fue popularizado en los círculos artísticos por Richard Wagner en dos ensayos de 1849: *Arte y revolución* y *La obra de arte del futuro*, donde hablaba de la «obra de arte consumada del futuro», en la que «ninguna de las ricas facultades de las distintas artes quedará sin utilizar». Wagner plasmó el concepto en producciones operísticas complejas, en particular las representadas en el teatro del Festival de Bayreuth, que fue construido con ese fin e inaugurado en 1876.

Si bien los arquitectos de la época de Wagner diseñaban con gran detalle los edificios por dentro y por fuera, la idea de *Gesamtkunstwerk*, aunque no el término en sí, sería relevante en estilos integrados futuros como el *Arts and Crafts*, el modernismo (o *art nouveau*), la Secesión vienesa, el *art déco* y la Bauhaus.

Deseo seguir siendo un enigma eterno para mí mismo y para otros.
Luis II de Baviera
Carta a Marie Dahn-Hausmann (1876)

NO HAY LINEAS RECTAS EN LA NATURALEZA

FORMAS ORGÁNICAS

EN CONTEXTO

ENFOQUE
Formas naturales como componentes estructurales

ANTES
1830–1880 La Renaixença –una de las influencias de Gaudí– hace revivir la lengua y la cultura catalanas.

1879 *Histoire d'un dessinateur comment on apprend à dessiner*, del francés Viollet-le-Duc, muestra el vínculo entre organismos naturales y sistemas estructurales.

DESPUÉS
1938 Los hangares aéreos del arquitecto italiano Pier Luigi Nervi, en Orvieto, se describen como «organismo estructural».

1954 Frank Lloyd Wright acuña la expresión «arquitectura orgánica» en *The natural house*.

2012 El Centro Cultural Heydar Aliyev, en Bakú (Azerbaiyán), exhibe el modelado paramétrico.

En 1883, el joven arquitecto catalán Antoni Gaudí se hizo cargo del proyecto del Templo Expiatorio de la Sagrada Familia, en Barcelona (España), tras dimitir el arquitecto original. Tenía que ser una basílica católica ambiciosamente arrebatadora, ubicada en el nuevo distrito del Eixample. Las obras, financiadas con donaciones privadas, habían empezado el año anterior, y lo que pudo ser una iglesia neogótica, vasta pero convencional, se fue metamorfoseando a lo largo de los años en un edificio totalmente original, que crecía orgánicamente como un gran árbol de múltiples ramas.

Los secretos del diseño

Tras la muerte de Gaudí en 1926, año en que solo se había completado un cuarto de la basílica, prosiguió su labor su ayudante Domingo Sugrañes. En 1936, al inicio de la guerra civil española, el taller donde estaban los planos y maquetas fue incendiado, y Sugrañes murió en 1938. Pasaron muchos años hasta que se retomaron las obras, lentamente, tras poder reconstruir los planos a partir de los restos no quemados.

Los trabajos se aceleraron a partir de 1980, con la participación del arquitecto neozelandés Mark Burry, quien descubrió la inspiración que animaba el diseño de Gaudí a través del desarrollo de lo que se conocería como modelos paramétricos. Utilizando programas informáticos y *software* sofisticados, Burry reconoció que la geometría de Gaudí no residía en manuales de construcción ni libros de diseño, sino en patrones entretejidos e infinitamente repetidos de espira-

Los cuatro campanarios de la fachada de la Natividad se completaron en 1930, y Gaudí solo vivió para ver terminado uno. Las dos torres centrales miden 107 m.

Véase también: El gótico 74–81 ■ El neogótico 164–167 ■ El *art nouveau* y el modernismo 180–181 ■ El expresionismo 212–215 ■ La modernidad sensual 260–261 ■ Forma pura 270–271 ■ El sensacionalismo 300–303

Tan diferente es [la Sagrada Familia] que sigue reorganizando nuestras ideas sobre lo que es o debería ser un edificio.
Adeyemi Akande
Historiador de la arquitectura nigeriano

les, conos y curvas en forma de silla de montar –paraboloides, helicoides e hiperboloides–, presentes en la estructura de árboles y otras plantas.

Lo que Gaudí había querido construir era una iglesia de estructura exenta y autoportante –sin contrafuertes–, que se elevara sobre el horizonte urbano en sintonía con la naturaleza y el espíritu de la creación. Imaginaba una gran nave semejante a un bosque, con piedras talladas y el aspecto de algo vivo. Sobre una bóveda atravesada por luz natural surgirían 18 torres, que representarían a los doce apóstoles, los cuatro evangelistas, la Virgen María y Cristo; la más alta de ellas alcanzaría los 172,5 m.

Gaudí fue nutriendo y modificando el proyecto a partir de una imagen mental clara y con maquetas de papel maché y yeso, y quedaron pocos esbozos o notas. A partir de 1915, cuando se dedicó casi por entero al proyecto, la Sagrada Familia fue en efecto una manifestación artística del propio Gaudí. Había dejado atrás hacía mucho su pasión de juventud por el neogótico, y absorbió innumerables influencias de diseño de diferentes partes del mundo, con el resultado de un estilo de arquitectura intensamente personal.

Criticada y alabada, la Sagrada Familia es única en casi todos los aspectos. Hay quien defiende que nunca debería terminarse, por suponer que los trabajos de construcción posteriores a 1980 no han sido lo previsto por Gaudí, pero él mismo contemplaba, en el espíritu de los canteros medievales, que la basílica sería obra de varias generaciones. ■

La Sagrada Familia tiene rasgos de la arquitectura **gótica tardía española**.

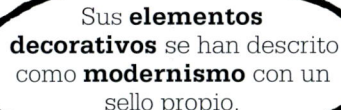

Está influida también por el **movimiento catalán de la Renaixença**.

Sus **elementos decorativos** se han descrito como **modernismo** con un sello propio.

La Sagrada familia es una **fusión** de estilos **ecléctica**, pero armoniosa.

Antoni Gaudí

Hijo de un industrial calderero, Gaudí nació en Reus (o quizá en Riudoms) en la provincia catalana de Tarragona (España) en 1852. Tras un aprendizaje en una fábrica textil, se mudó a Barcelona, donde se formó como maestro antes de estudiar arquitectura. Con el apoyo del empresario textil Eusebi Güell, Gaudí recibió encargos clave, como el Palau Güell, la Colonia Güell y el parque Güell, famoso por sus revestimientos con trozos cerámicos rotos *(trencadís)*.

El neogótico, el movimiento *Arts and Crafts* y el estilo mudéjar influyeron en Gaudí, que en torno a 1900 desarrolló un enfoque muy personal, manifiesto en dos edificios residenciales en Barcelona: la casa Batlló (1904–1906), de cúpula en forma de dragón, y la casa Milà (1906–1912), llamada «La Pedrera».

Cada vez más devoto, a partir de 1915 su trabajo en la Sagrada Familia consumió su atención hasta el punto de vivir en el taller. En 1926 fue atropellado por un tranvía, y falleció en el hospital, donde fue confundido por un mendigo. Desde 1998 se propuso su beatificación, y la Santa Sede ha abierto un proceso para ello.

HAY ATRACTIVO EN LO COLOSAL
HIERRO FORJADO

EN CONTEXTO

ENFOQUE
Ingeniería en altura

ANTES
C. 246 A. C. Se completa el faro de Alejandría, construido en caliza y granito. El antiguo faro egipcio alcanzaba los 118 m de altura.

1311 D. C. Se añade un chapitel envuelto en plomo a la torre central de la catedral de Lincoln, en Inglaterra. Destruido por una tormenta en 1548, se cree que medía 160 m de alto.

1853 Se construye en Nueva York el Observatorio Latting, que inspirará la Torre Eiffel.

DESPUÉS
1930 En Nueva York, el edificio Chrysler, de entramado de acero, es la primera estructura más alta que la torre Eiffel.

2009 El Burj Jalifa, en Dubái, se construye empleando haces de tubos de acero. Con sus 828 m, es el edificio más alto del mundo.

En 1884, el ingeniero civil franco-suizo Maurice Koechlin enseñó a su jefe, Gustave Eiffel, su dibujo de una torre de 300 m de altura. De construirse, sería con mucho la estructura artificial más alta del mundo. Lo esbozado por Koechlin era el perfil esencial de la futura Torre Eiffel, puerta de entrada y foco de atención de la Exposición Universal de 1889 en París. Eiffel mostró el esbozo al arquitecto francés Stephen Sauvestre, quien añadió arcos decorativos en la base de la torre, un pabellón de vidrio en la primera planta y una pequeña cúpula en la cima. Los añadidos transformaron la concepción puntiaguda de Koechlin en una estructura osada, pero elegante, surgida del Campo de Marte de la capital gala.

Concebida la torre y obtenido el encargo, Eiffel se enfrentaba al desafío aún mayor de construirla. Junto con sus lugartenientes Koechlin y el ingeniero civil francés Emile Nouguier, usó 7300 toneladas de hierro

A principios de abril de 1888, los cuatro pilares gigantes de vigas de hierro forjado de la torre Eiffel llegaban hasta la primera planta.

Véase también: El gótico 74–81 ▪ La revolución industrial 160–163 ▪ La prefabricación 168–169 ▪ El rascacielos 198–203 ▪ Retículas y textiles 274–275

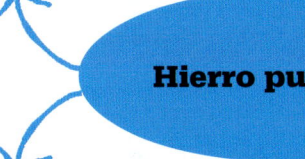

Su **maleabilidad** permite darle forma por martillado y laminado **sin que se rompa**.

Su alta **soldabilidad** permite unir fácilmente las distintas secciones.

Hierro pudelado

Por su **tensión de rotura** elevada, soporta una gran tensión **sin fracturarse**.

Por su **fuerza de compresión** elevada, soporta grandes cargas **sin deformarse**.

pudelado –hierro forjado, repetidamente trabajado por calentamiento y martillado para darle forma– para el entramado. Se eligió el hierro pudelado por ser más barato que el acero, más ligero y resistente que el hierro fundido, y por haberlo puesto ya a prueba Eiffel en la construcción de puentes. Muchos de los 18 038 componentes de hierro de la torre se montaron en secciones prefabricadas, y luego se elevaron y remacharon en su lugar.

Construcción rápida

Las obras de cimentación comenzaron en 1887, y la ingeniería y la construcción precisas permitieron terminar la torre antes de dos años. De 312 m de altura contando el asta de la bandera, la torre soportaba un peso de 10 100 toneladas, incluidos los ascensores, restaurantes y tiendas. Cubierta de 60 toneladas de pintura marrón rojiza, estaba iluminada por lámparas de gas, y emitía haces de luz azul, blanca y roja al anochecer. Durante la Exposición

Universal de 1889, casi dos millones de visitantes hicieron cola para ascender por los 1710 escalones hasta la cima o montar en los ascensores a fin de comer en uno de los tres restaurantes y admirar unas vistas de París que antes solo habían podido ver quienes hubieran viajado en un globo aerostático. ∎

El primer principio de la belleza arquitectónica es que una adecuación perfecta al uso puede determinar las líneas esenciales de una construcción.
Gustave Eiffel
Entrevista para *Le Temps* (1887)

Gustave Eiffel

Nacido en Dijon (Francia) en 1832, Gustave Eiffel, cuya madre había creado un negocio próspero de distribución de carbón, se formó en la École Centrale des Arts et Manufactures de París, donde se especializó en química, y en 1866 creó su propia empresa de ingeniería. Antes de la torre Eiffel, sus encargos más conocidos fueron el viaducto de Garabit (1880–1884), un espectacular puente ferroviario de hierro pudelado sobre el río Truyère, en el macizo Central francés –el puente en arco más alto del mundo en su día–, y el entramado de hierro forjado de la Estatua de la Libertad en Nueva York (1886).

La aportación de Eiffel al estudio de la aerodinámica fue considerable: en 1909 construyó un túnel de viento al pie de la torre Eiffel con el fin de realizar estudios para pioneros de la aviación, como los hermanos Wright, Gabriel Voisin y Louis Blériot; y en 1917 diseñó un caza monoplano. Muy interesado por la meteorología, instaló instrumentos de medición meteorológicos en la torre y en otras 25 localizaciones en Francia. Murió en 1923.

EL DESEO DE PRODUCIR COSAS BELLAS
ARTS AND CRAFTS

EN CONTEXTO

ENFOQUE
Vuelta a los métodos preindustriales

ANTES
1841 Augustus Pugin pone los cimientos del movimiento *Arts and Crafts* en *The true principles of pointed or Christian architecture*.

1851–1853 En *Stones of Venice*, el polímata británico John Ruskin introduce la noción de fidelidad a la naturaleza.

1859 Philip Webb diseña la Red House de Bexleyheath en Londres, precursora de la arquitectura *Arts and Crafts*.

DESPUÉS
1902 Las viviendas de clase obrera del Millbank Estate en Pimlico, en Londres, siguen los principios del *Arts and Crafts*.

1909 Gamble House en Pasadena (California), encarna el enfoque *Arts and Crafts* estadounidense.

Situado en un entorno boscoso y sin detalles decorativos, Stoneywell, en el condado de Leicestershire (Inglaterra), es en muchos sentidos el perfecto edificio *Arts and Crafts*; construido en 1899, es tanto por dentro como por fuera de roca dura —obtenida de muros de piedra seca de la zona—, y su aspecto sólido está reforzado por una alta chimenea de piedra. La casa parece aferrarse a la colina sobre la que se construyó, como si surgiera de la propia roca madre: la planta base tiene tres niveles, y en uno de sus extremos el tejado está tan bajo que casi toca el suelo.

Esta casa de campo victoriana tardía sigue los postulados de un enfoque del diseño que aspiraba a rescatar la arquitectura —y a la sociedad— de la industrialización y la producción en serie, y miraba atrás a un mundo medieval idealizado, que el arquitecto de Stoneywell Ernest Gimson y sus colegas del círculo *Arts and Crafts* concebían como un paraíso terrenal. Inspirados por el neogóti-

Originalmente de paja, el tejado de Stoneywell se cubrió con pizarra local después de un incendio en 1938. Los dinteles de la entrada y el hogar son del mismo material.

Véase también: Florecimiento gótico tardío 98–99 ▪ El neogótico 164–167 ▪ El *art noveau* y el modernismo 180–181 ▪ La ciudad jardín 182–183 ▪ El funcionalismo humanizado 248–249 ▪ Arquitectura verde 292–299

William Morris

Nacido en una familia acomodada en Essex (Inglaterra) en 1834, Morris fue el mayor representante del movimiento *Arts and Crafts*, diseñador textil, pintor, novelista, poeta, impresor, conservacionista y agitador político. En la Universidad de Oxford trabó estrecha amistad con los pintores prerrafaelitas, cuya visión de una utopía neomedieval despertó su interés por el arte y la arquitectura. En 1859 encargó una casa precursora del *Arts and Crafts* al arquitecto Philip Webb. Dos años después fundó la empresa que más tarde pasaría a llamarse Morris & Co., cuyas telas, papel pintado y muebles se concebían como arte. Horrorizado por las injusticias y la fealdad de la sociedad capitalista, Morris fundó la Liga Socialista en 1884, y fue un activo orador público. En su obra *Noticias de ninguna parte*, el autor despierta de un largo sueño en una sociedad socialista perfectamente igualitaria. Murió en 1896.

Obras principales

1882 *Hopes and fears for art.*
1890 *Noticias de ninguna parte.*

co –y en particular por los libros, los edificios y la factura impecable del diseño de mobiliario, telas y suelos de baldosas de Augustus Pugin–, los arquitectos del movimiento se alejaron de las formas góticas intrincadas e históricamente correctas, y optaron por el diseño sencillo en edificios bellamente construidos y duraderos. Algunos fueron escuelas e iglesias, pero en su mayoría fueron casas independientes, construidas en Gran Bretaña entre 1880 y 1910.

Nada debe hacerse con el trabajo del hombre que no valga la pena hacer o que deba hacerse con trabajo que degrade a quien lo realiza.
William Morris
Conferencia «Arte y socialismo»
(1884)

Los interiores de Stoneywell son paredes de piedra encaladas y sin adornos, a tono con la ética naturalista del movimiento, y el mobiliario fue hecho a mano para la casa.

Un ideal ilusorio

La concepción socialista de muchos pensadores del *Arts and Crafts*, con William Morris como figura principal, contemplaba la elevación del artesano y la disolución de las distinciones de clase; pero, por muy artesanal que sea, Stoneywell tiene algo de ilusión: no se construyó para artesanos locales, sino para clientes ricos, y fue caro construirla. El presupuesto inicial fue de 500 libras en 1897, y el coste final fue casi el doble: cuatro veces el precio de una vivienda que pudiera permitirse un trabajador capacitado del sector de la ingeniería.

El coste prohibitivo puso el *Arts and Crafts* fuera del alcance de las masas, pero sus valores naturalistas son manifiestos en muchos arquitectos y movimientos, desde el modernismo hasta la Bauhaus y el estilo de la pradera de Frank Lloyd Wright. ▪

La revolución industrial tiene un efecto **deshumanizador**.

↓

Las artes **decorativas** quedan **relegadas**.

↓

Esto produce **bienes manufacturados pobres** y edificios repetitivos.

↓

La sociedad debería **valorar** como se hacen los **bienes individuales**.

↓

Se desarrolla el movimiento *Arts and Crafts*.

¿ACASO NO NOS OFRECEN MODELOS LAS RAMAS DE LOS ARBOLES?

EL *ART NOUVEAU* Y EL MODERNISMO

EN CONTEXTO

ENFOQUE
Huida de las convenciones

ANTES
1875 Henri Labrouste anuncia el *art nouveau* en la Sala de Lectura de la Biblioteca Nacional de París.

DESPUÉS
1899 Como nueva sede del Partido Obrero Belga, la Casa del Pueblo, de Victor Horta, en Bruselas, encarna la idea del modernismo para todos.

1900 El arquitecto francés Hector Guimard diseña las entradas modernistas del Metro de París.

1925 Los nuevos estilos de diseño de la Exposición Internacional de Artes Decorativas e Industrias Modernas en París se identifican como *art déco*.

1965 La exposición «*Jugendstil* y expresionismo en los carteles alemanes», en Berkeley (EE. UU.), motiva un retorno psicodélico al modernismo.

En 1892, el primer encargo independiente del arquitecto belga Victor Horta fue una casa de cuatro pisos en un distrito nuevo de Bruselas. La casa Tassel iba a ser algo nuevo e individual en casi todos los aspectos, aunque la estrecha fachada a la calle ocultara el carácter de ensueño y sin precedentes del interior. Fue la primera arquitectura reconocible del emergente estilo modernista, o *art nouveau*, término que apareció por primera vez en la revista belga *L'Art Moderne* en la década de 1880, y que identificaba un movimiento que quería apartarse de los estilos historicistas que habían dominado en el siglo XIX.

El interior de la casa Tassel

Tras las macizas puertas de la casa Tassel, y a través de otras interiores, un vestíbulo octogonal conduce a una breve escalinata que da por un lado a una terraza iluminada desde la parte superior, y por el otro, a una escalera curva de geometría compleja, con una baranda de formas vegetales y arabescos sinuosos que surge del suelo de mosaico. La escalera asciende a un ámbito de luz diurna filtrada por vidrio grabado y tintado. El comedor, situado atrás en la planta baja, no tiene vistas ni a la calle ni al jardín exterior, sino a la terraza y al hueco de la escalera. Este es un ámbito recóndito, secreto –de apacibles tonos verdes, naranjas y amarillos–, deliberadamente aislado

La obra de hierro de la escalera de la casa Tassel, inspirada en formas naturales, se refleja de forma hermosa en los patrones sinuosos de paredes y suelos, todo ello obra de Horta.

Katajonakka

El zar de Rusia Nicolás II anunció en 1899 la rusificación del Gran Ducado de Finlandia: los finlandeses debían hablar ruso, adoptar la fe ortodoxa y renunciar a la libertad de prensa, bajo amenaza de invasión. Los pintores, músicos, escritores y arquitectos finlandeses aceleraron el desarrollo de una cultura propia.

La arquitectura del *Jugendstil* alemán desempeñó un papel clave, y desde 1900 empezaron a verse en muchas calles de Helsinki edificios con temas y motivos del *Kalevala*, la epopeya nacional finlandesa. En la nueva área residencial de Katajonakka, los bloques de apartamentos exhibieron tejados y animales folclóricos de piedra propios de los libros de cuentos. El grupo de arquitectos finlandeses a cargo de la primera manzana modernista de Katajonakka, Satamakatu 7, diseñó más tarde el Museo Nacional de Finlandia, que fue completado en 1910, siete años antes de que Finlandia consiguiera la independencia.

de la vida urbana. La escalera principal lleva a un pasaje entre dos patios de luces y, en la parte delantera de la casa, a una sala de fumadores y un cuarto oscuro fotográfico, y sobre estos, hay un estudio y un estudio-laboratorio. Los dormitorios se encuentran bien separados de estas salas de trabajo.

Horta había creado así una pequeña casa urbana perfecta e inesperadamente moderna. Trabajando en solitario, había diseñado la casa Tassel hasta el último detalle, incluida la carpintería, los pomos de las puertas, las vidrieras de colores, los mosaicos y los muebles. La casa era tanto una obra de arte –fusión de arte contemporáneo, diseño, artesanía y arquitectura– como una muestra de lo último en ingeniería estructural. El centro de la casa –el hueco de la escalera y la terraza– tenía una estructura de acero ligero, expuesto y remachado. En lugar de acabar en extremos romos, el acero y el hierro esbeltos estallaban en forma de zarcillos de vid y lirios.

Rápida difusión

El atractivo del modernismo y del *art nouveau* influyó a muchos otros arquitectos. El nuevo estilo, florecimiento exuberante del movimiento *Arts and Crafts*, era tan gozosamente decorativo como verdaderamente moderno, y el ritmo al que se desarrolló fue extraordinario. Desde principios de la década de 1880, la estética de largas líneas sinuosas en forma de látigo, curvas a la deriva y formas flamígeras y vegetales se nutrió del deseo de jóvenes artistas, artesanos, editores de revistas y comerciantes de escapar del medievalismo del *Arts and Crafts*. Bajo muchos nombres distintos –*stile Liberty* en Italia, *Jugendstil* («estilo joven») en Alemania, *Sezessionstil* (estilo Secesión vienesa) en Austria, *Nieuwe Kunst* («arte nuevo») en los Países Bajos y *art nouveau* en Francia– su influencia arquitectónica se extendió rápido desde Bruselas a toda Europa, y luego a EE. UU. y más allá, hasta que la conmoción brutal de la Primera Guerra Mundial la segó de raíz. ▪

No hay líneas rectas en su diseño; todas las líneas son curvas.
Victor Horta
Sobre uno de sus primeros encargos (1889)

Hay un deseo de **escapar del historicismo**.

Las **formas orgánicas y florales** ofrecen inspiración.

La inspiración procede también de **formas geométricas**.

La decoración emplea colores **tenues** en lugar de vivos.

Se desarrolla el *art nouveau*, o modernismo.

LA CIUDAD Y EL CAMPO DEBEN HACERSE UNO

LA CIUDAD JARDÍN

En 1898, el reformador social británico Ebenezer Howard publicó *Ciudades jardín del mañana*, donde proclamaba el movimiento de la ciudad jardín. Espantado por el hacinamiento en las viviendas suburbiales, la contaminación en las ciudades industriales británicas y la pobreza en muchas áreas rurales, buscó un modelo nuevo basado en el apoyo mutuo entre clases sociales. Así, creo la Garden City Association en 1899, y concibió «ciudades jardín» para hasta 32 000 habitantes de todas las clases sociales, que podrían disfrutar en ellas de las ventajas de la vida urbana y rural.

La asociación de Howard celebró su primera conferencia en Bournville (Birmingham), en 1901, con oradores como el fabricante de chocolate cuá-quero George Cadbury –quien había construido recientemente la comunidad modelo de Bournville para sus obreros fabriles–, el dramaturgo y socialista George Bernard Shaw y el arquitecto Raymond Unwin, miembro de la Liga Socialista de William Morris y autor, junto con su colega Barry Parker, de *The art of building a home* («El arte de construir un hogar»).

El sueño

En 1903, Unwin, Parker y un equipo de jóvenes arquitectos del *Arts and Crafts* proyectaron Letchworth Garden City, a 53 km de Londres, experimento en diseño social y urbano que aplicó los principios del *Arts and Crafts* a las viviendas de clase obrera. El resultado fue una red de calles pintorescas, con influencias del plan

Ciudad		Ciudad jardín: instalaciones de trabajo y ocio; buenas comunicaciones; viviendas bien construidas; espacio; aire limpio; acceso a la naturaleza.		Ventajas: mejora de la salud; prosperidad; mejor equilibrio de vida y trabajo; mayor satisfacción.
Campo				

Véase también: Ciudadelas italianas elevadas 114 ▪ La ciudad ideal 115 ▪ *Arts and Crafts* 178–179 ▪ Vivienda expresiva para las masas 226–227 ▪ Nueva arquitectura vernácula 278–279 ▪ Arquitectura verde 292–299

Representación de Letchworth en una pintura de principios del siglo xx. La población está rodeada de campos de cultivo y comunicada con Londres por ferrocarril para combinar lo mejor del campo y la ciudad.

de Christopher Wren para la reconstrucción de Londres tras el gran incendio de 1666. Las casas de ladrillo se distribuyeron generosamente en torno a espacios verdes planeados, con edificios y servicios públicos –como el ayuntamiento, un teatro, una sala de conciertos, una biblioteca y un hospital– en el centro. La expansión de la población quedaba limitada por un «cinturón verde» en el que estaba prohibido construir.

La realidad

Letchworth no atrajo a habitantes de clase obrera deseosos de escapar del hacinamiento de Londres, ni tampoco a trabajadores rurales. Muchos de los allí asentados fueron idealistas vinculados al *Arts and Crafts*, artesanos, teosofistas y socialistas, buena parte de ellos vegetarianos y abstemios. Llegaron a organizarse excursiones a Letchworth, para que los londinenses fueran a ver cómo vivían aquellos «excéntricos» progresistas.

Los hogares ideales de Letchworth fueron los de Parker y Unwin. Un par de casas adosadas, Laneside y Crabby Corner, tienen ventanas batientes, chimeneas de ladrillo, buhardillas con gablete y tejados de teja a cuatro aguas. A un lado de Crabby Corner, Parker añadió una torre de tres pisos, cuyas ventanas superiores se podían replegar para crear un porche donde dormir al aire libre en las noches calurosas.

Tales viviendas no estaban al alcance de la mayoría de la clase trabajadora. Aun así, en 1920 se construyó al norte de Londres otra ciudad jardín, Welwyn, y el movimiento generó ciudades jardín por todo el mundo, incluido en EE. UU., donde el concepto casaba con el movimiento City Beautiful. Los principios de ambos no han dejado de influir en el urbanismo hasta hoy. ▪

El crecimiento de los suburbios

Dada la falta de viviendas para los trabajadores en las urbes en rápido crecimiento de todo el mundo, extender los principios de la ciudad jardín a los suburbios era una idea muy noble. Sin embargo, la expansión de líneas de ferrocarril, tranvías, autobuses y metro favoreció la proliferación de viviendas de bajo coste en terreno barato de las afueras, lo contrario de lo que pretendía Ebenezer Howard con la ciudad jardín. Ocurrió en Londres en la década de 1930 a lo largo de la ruta del Metropolitan Railway, el área apodada Metro-land.

La creciente dispersión urbana se dio en grandes ciudades de todo el mundo, de Shanghái a Atlanta y Ciudad de México. A partir de la década de 1950, en muchos países se intentó limitar el fenómeno con los llamados cinturones verdes.

En otros lugares, la ciudad invade el campo: aquí, el campo debe invadir la ciudad.
Ebenezer Howard
Ciudades jardín del mañana
(1898)

MOVIME
MODER
1903—1970

ENTOS
NOS

El edificio Ingalls de 16 plantas en Cincinnati (EE. UU.) es el primer rascacielos de **hormigón armado** del mundo.

1903

Se construye en Nueva York el **edificio Woolworth**, rascacielos de estilo **neogótico**.

1910–1913

El arquitecto alemán Walter Gropius funda la **escuela Bauhaus** para fomentar el vínculo entre arquitectura, artes y artesanía.

1919

En «Cinco puntos de la arquitectura moderna», **Le Corbusier** esboza lo que considera los **principios clave para construir**.

1926

1909–1910

El estadounidense **Frank Lloyd Wright** diseña la casa Robie, en Chicago, pionera del estilo de la pradera inspirado en el paisaje llano que rodea la ciudad.

1913

El arquitecto austriaco Adolf Loos publica *Ornamento y delito*, donde defiende la **eliminación de la decoración superflua**.

1921

El arquitecto expresionista Erich Mendelsohn utiliza hormigón vertido para lograr la forma escultural de la **torre Einstein**, en Potsdam (Alemania).

1928

En Suecia, la **Biblioteca de Estocolmo**, de Gunnar Asplund, reduce el clasicismo a sus elementos esenciales.

El movimiento moderno en arquitectura engloba lo que en algunos países se llama racionalismo y estilo internacional, y surgió tras la Primera Guerra Mundial (1914–1918) y la pandemia de gripe de 1918–1920, que dejaron, respectivamente, 20 millones y más de 40 millones de muertos. Tal devastación dio lugar a que se compartiera una aspiración a un mundo nuevo y mejor. Para los arquitectos de la posguerra, esto demandaba una nueva arquitectura: la modernidad significaba higiene, luz natural, plantas abiertas, ventanas grandes y aire fresco. Tocaba deshacerse de los diseños ornamentados de preguerra y centrarse en la función de los edificios.

La arquitectura se inspiraría en materiales de vanguardia y en la estética aerodinámica de automóviles, aeronaves y grandes barcos transoceánicos, con formas desprovistas de detalles. En palabras del arquitecto franco-suizo Le Corbusier, una casa es una «máquina de habitar». El valor dado a la eficiencia animó el movimiento futurista en Italia, y la fábrica de automóviles Fiat de Lingotto, en Turín, se diseñó como cadena de montaje continua.

Tendencias distintas

Otro mantra de la modernidad, acuñado por el poeta estadounidense Ezra Pound, fue *«make it new»* («hazlo nuevo»), que los arquitectos llevaron a cabo de muchos modos diferentes. La tecnología siguió aportando métodos y materiales nuevos o mejorados, y produjo los primeros rascacielos de hormigón armado a inicios del siglo xx. En la isla de Manhattan, en Nueva York, donde el suelo era caro y había un aliciente económico para construir en altura, se construyó el edificio Chrysler de 77 plantas en estilo *art déco*. Los motivos geométricos entrelazados y los materiales lujosos del *art déco* reflejaron la prosperidad de la década de 1920 anterior al crac de 1929. En 1958, en Nueva York, se levantó el primer rascacielos con muros cortina de vidrio, el edificio Seagram, del alemán Mies van der Rohe.

Mientras algunos arquitectos construían en altura, otros exploraban el plano horizontal. Instalado en California, el vienés Richard Neutra, que admiraba las casas de planta abierta del pionero del estilo de la pradera Frank Lloyd Wright, practicó una variante relajada de la arquitectura moderna, que condujo más tarde a las atractivas viviendas *easy living* construidas entre 1945 y 1970.

El arquitecto soviético Moiséi Guínzburg diseña el **edificio Narkomfin**, mezcla de apartamentos y servicios públicos.

Se completa en Nueva York el **edificio Chrysler**, que será uno de los ejemplos más populares de arquitectura **art déco**.

La Alemania nazi acoge los **Juegos Olímpicos** en Berlín. El **estadio principal** se inspira en el Coliseo de Roma.

Se completa en gran parte **Brasilia**, nueva capital planificada de Brasil, concebida para ser **funcional y eficiente**.

1928

1930

1936

1960

1929

1931

1952

1963

Villa Tugendhat, en Brno (República Checa), de Mies van der Rohe, es un diseño pionero de **vivienda de planta abierta**.

Se inaugura Nueva Delhi como nueva capital de India. Su arquitectura mezcla elementos **clásicos, islámicos mogoles** e **hindúes**.

En Reino Unido, el **Independent Group** promueve el **brutalismo**, nuevo estilo en hormigón expuesto.

Se completa en Berlín (Alemania) la **Berliner Philharmonie**, sala de conciertos que marca un regreso al **expresionismo**.

En Europa y Rusia surgieron también ideas nuevas: en Alemania, la escuela Bauhaus, fundada por Walter Gropius, quiso reconciliar procesos industriales y valores artesanales, mientras el expresionismo propugnaba que la arquitectura debe evocar una respuesta emocional. En la Unión Soviética, el constructivismo expresó los ideales igualitarios de la Revolución rusa (1917–1923), y usó tecnología moderna para producir edificios funcionales pero imaginativos que satisficieran necesidades sociales. En Finlandia, la misma aspiración animó al matrimonio Alvar y Aino Aalto, quienes diseñaron viviendas en función de las necesidades de sus ocupantes.

El historicismo no fue abandonado: el clasicismo en particular se mantuvo en edificios públicos en las colonias europeas y EE. UU., y gozó del favor de los regímenes autoritarios de Hitler, Mussolini y Stalin. Algunos arquitectos introdujeron un nuevo clasicismo, simplificado y modernizado.

Ciudades de hormigón

Tras la Segunda Guerra Mundial (1939–1945), el hormigón armado fue el material de construcción predilecto del capitalismo, primero en EE. UU., y después globalmente. Barato, ignífugo y con cualidades como aislante acústico, fue la respuesta a la escasez de vivienda en la Europa de posguerra. El estilo de hormigón expuesto inspirado por el idealismo antielitista sería conocido como brutalismo.

En Brasil se aplicó a una ciudad entera, Brasilia, algunos de los principios utópicos que expresó en otros lugares el brutalismo. En gran parte completada bajo la dirección de Oscar Niemeyer en 1960, la nueva capital del país se concibió como ciudad altamente funcional, dividida en zonas segregadas para la vivienda, el ocio, el trabajo y el transporte.

Niemeyer fue notable por valerse del potencial expresivo del hormigón vertido, como lo fue el estadounidense de origen finlandés Eero Saarinen, arquitecto de la terminal de TWA que en 1962 emocionó a los pasajeros en el aeropuerto de Idlewild de Nueva York (hoy Aeropuerto Internacional John F. Kennedy).

Al dominar los nuevos bloques de oficinas y apartamentos el horizonte urbano de ciudades de todo el mundo, destruyendo sus centros históricos, el hormigón fue el elemento definitorio de la arquitectura moderna en su conjunto, y generó un rechazo cultural que iría cobrando fuerza desde inicios de la década de 1970. ∎

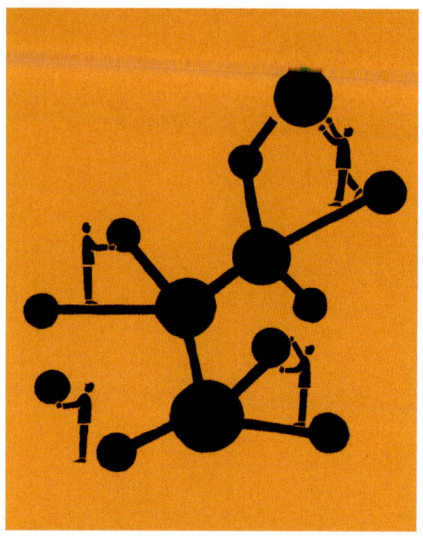

CADA PARTICULA CUMPLE CON UN DEBER ESTRUCTURAL

ARMAZONES DE HORMIGÓN

EN CONTEXTO

ENFOQUE
Construir más alto con materiales más resistentes

ANTES
126–128 D.C. Se reconstruye el Panteón de Roma, con una cúpula ligera de hormigón sin refuerzos.

1824 El constructor británico Joseph Aspdin patenta el cemento Portland, mezcla sintética de caliza y arcilla.

1897 En Swansea (Gales), el molino Weaver –primer edificio de hormigón armado de Europa– alcanza las seis plantas de altura.

DESPUÉS
1936 La presa Hoover, en el río Colorado entre Arizona y Nevada (EE. UU.), es la mayor construcción de hormigón del mundo.

2009 Se completa el edificio más alto del mundo, el Burj Jalifa, en Dubái, de hormigón armado y haces de tubos de acero.

El hormigón armado se utilizaba ya desde hacía medio siglo antes de que, en 1903, se alzaran en Cincinnati (EE. UU.) los 16 pisos (64 m de altura) del edificio Ingalls, anuncio de una revolución arquitectónica que conduciría a edificios de hormigón aún más altos en el siglo XXI. Construirlo no fue una empresa fácil, pues tanto autoridades municipales como la prensa cuestionaron el uso del hormigón, un material conocido por su resistencia a la compresión, pero con baja tensión de rotura. ¿Podría un viento fuerte, o un temblor de tierra, derribar un edificio de semejante altura?

Hormigón a escala

Entre los primeros usos conocidos del hormigón armado con metal estuvo la casa reforzada con hierro proyectada por Theodore Lachez y construida en 1853 por François Coignet en Saint-Denis, en la conurbación de París. En EE. UU., dicha técnica la aplicó a mayor escala Ernest Ransome, de origen británico, quien empleó hormigón con barras de hierro corrugado para el esqueleto entero –un entramado de hormigón– del depósito de Arctic Oil Works en San Francisco en 1884.

Con todo, al comenzar el siglo XX, los edificios de entramado de hormigón más altos no pasaban de las seis plantas. Tenía muchos más el edificio Manhattan Life Insurance, en Nueva York (1894), de 106 m de altura, pero su entramado era de acero.

Los obreros levantaron el edificio Ingalls a un ritmo de tres plantas al mes, gracias al vertido *in situ* de cada segmento del armazón de hormigón.

Véase también: Hierro forjado 176–177 ▪ El rascacielos 198–203 ▪ Le Corbusier tardío 250–251 ▪ Rascacielos de posguerra 252–253 ▪ El brutalismo 256–259

El hormigón es muy **resistente a la compresión, pero no** a la **tensión**.

Si se le incorporan **barras o varillas de acero**, su tensión de rotura es alta.

Con hormigón armado se pueden hacer **entramados** de edificios.

Tales entramados son **muy fuertes** y **rápidos de construir**.

El hormigón es **ignífugo**.

También tiene una gran capacidad de **insonorización**.

Los edificios de entramado de hormigón **vibran muy poco**.

Henry N. Hooper, ingeniero estadounidense del edificio Ingalls, tenía plena confianza en el método de entramado de hormigón de Ransome, al igual que Melville Ingalls, principal inversor del edificio, y se demostró que tenían razón. Tras dos años de disputas, el edificio Ingalls se construyó al fin como una caja monolítica de hormigón, con muros de 20 cm de grosor y un entramado de hormigón compuesto por columnas, vigas, techos y escaleras, todo ello vertido *in situ*, en un armazón excepcionalmente resistente.

A prueba de incendios y temblores

El hormigón armado tenía también otras ventajas, como la rapidez de construcción: el edificio Ingalls tardó solo ocho meses en construirse. La estructura era ignífuga, como se había demostrado el año anterior en el gran incendio de la refinería de la Pacific Coast Borax Company en Nueva Jersey, diseñada por Ransome. Los puentes de Ransome y otras estructuras armadas con acero en San Francisco sobrevivieron al terremoto de 1906. El edificio Ingalls era también a prueba de roedores, pues las ratas no podían atravesar sus paredes, suelos y techos, y en gran medida estaba también acústicamente aislado y libre de vibraciones.

Pese a las ventajas del hormigón, el entramado de Hooper no se podía dejar expuesto, algo considerado antiestético en la época, y se encargó a la empresa arquitectónica local Elzner and Anderson revestir el edificio, con mármol blanco en los tres primeros pisos, y ladrillo vidriado gris en los pisos del 4.º al 15.º. La torre está rematada por un cornisa con detalles griegos de estilo *beaux arts* en terracota esmaltada blanca. ▪

El gran incendio de Chicago

Los revestimientos de ladrillo vidriado, mármol y terracota del edificio Ingalls no se escogieron solo por el aspecto; eran materiales recomendados para los edificios nuevos en EE. UU. desde el gran incendio de Chicago de 1871. El fuego había destruido 17 500 edificios y 117 km de calzadas, murieron 300 personas y más de 90 000 quedaron sin hogar. Otro gran incendio en 1874 destruyó más de 800 edificios.

La respuesta a los incendios revolucionó la arquitectura de Chicago. El mayor empleo de materiales ignífugos hizo de la ciudad de Chicago una de las más seguras contra incendios a mediados de la década de 1880. Primero, hubo edificios de ladrillo revestido de terracota, de diez plantas; luego, en 1885, el edificio Home Insurance, de la misma altura, obra de William LeBaron Jenney, fue el primer edificio de entramado completo de acero del mundo. Los edificios de entramado de hormigón resultarían ser igual de ignífugos, si no más.

El fuego, que se inició en un granero y se propagó rápidamente por el viento y el ambiente seco, destruyó un tercio de las casas de Chicago.

EL ORNAMENTO ES FUERZA DE TRABAJO MALGASTADA

INICIOS DE LA ARQUITECTURA MODERNA

EN CONTEXTO

ENFOQUE
Función contra estilo

ANTES
1854 Se emplea por primera vez hormigón armado, al añadir el yesero británico William B. Wilkinson hierro al hormigón de la casa de un criado.

1907 Se funda la asociación Deutscher Werkbund en Alemania para promover la fusión de la artesanía, la arquitectura y la producción industrial.

DESPUÉS
1937 Walter Gropius y Marcel Breuer ingresan como docentes en la Escuela de Graduados de Diseño de Harvard en EE. UU., donde formarán a arquitectos modernos, como el estadounidense Paul Rudolph.

1948 En el simposio «¿Qué le pasa a la arquitectura moderna?», en el Museo de Arte Moderno de Nueva York, arquitectos europeos y estadounidenses tratan de resolver el debate entre función y estilo, con escaso éxito.

La ausencia de ornamento ha llevado a las demás artes a alturas insospechadas.
Adolf Loos
Ornamento y delito **(1913)**

La Villa Müller, en Praga, muestra el exterior rotundo pero críptico de Loos, en marcado contraste con el interior, oculto, íntimo y ornamentado.

En las primeras décadas del siglo XX, arquitectos de Europa y EE. UU. se enfrentaron a cuestiones similares: ¿cómo debía construirse en la era industrial?, ¿debían abandonarse recursos del pasado como la ornamentación, la artesanía y las referencias a la antigüedad? Las respuestas fueron variadas, contradictorias y objeto de intenso debate. La obra de muchos arquitectos iniciadores del movimiento moderno (racionalismo o estilo internacional) fue idiosincrática y difícil de definir, pero dejaría establecidos el tono y los temas para las generaciones siguientes. Enfrentarse a tales cuestiones acerca de cómo deberíamos vivir convirtió la vivienda doméstica en un fértil escenario para la experimentación arquitectónica.

El problema ornamental

El arquitecto austriaco Adolf Loos dirigió un ataque feroz contra la cultura de la ornamentación que había dominado las artes en Europa durante siglos. Después de visitar EE. UU. a finales del siglo XIX, Loos volvió a Viena animado por el deseo de promover las formas y estilos que había visto en una ciudad cuya arquitectura encontraba anticuada y superficial. En 1913 publicó *Ornamento y delito*, donde defendía que el progreso cultural requería la eliminación del adorno superfluo en los objetos cotidianos y los edificios: «[…] ya que el ornamento no es un producto natural de nuestra civilización, es decir, representa un retroceso o una degeneración». El argumento de Loos se basaba en ideas racistas y sexistas de superioridad cultural estadounidense y europea. Por ejemplo,

Véase también: La revolución industrial 160–163 ▪ *Arts and Crafts* 178–179 ▪ El expresionismo 212–215 ▪ El funcionalismo y el racionalismo 220–225 ▪ Arquitectura elemental 228–229 ▪ El minimalismo constructivo 230–231

> No diseño planos, fachadas ni secciones. Diseño espacios.
> **Adolf Loos**
> **Conversación (1930)**

señalaba a los habitantes de Papúa como ejemplo de «degeneración», por la práctica cultural del tatuaje. Loos no fue ajeno a disputas y controversias: sus tres matrimonios se vieron inmersos en escándalos públicos, y fue condenado por pedofilia en 1928.

Domesticidad introvertida

Loos expresó sus ideas en su arquitectura: los exteriores dramáticamente espartanos ocultaban la experiencia rica de los interiores, reflejo de que cabe matizar sus planteamientos polémicos. Más que rechazar el ornamento de plano, se trataba de restringirlo al ámbito interior privado, y no ostentarlo públicamente en el exterior. El concepto quedó de manifiesto en la Villa Müller, en Praga, completada en 1930 para František Müller, copropietario de una empresa fabricante de hormigón.

De apariencia simple y de forma casi cúbica, la casa tiene muros de carga de hormigón que se extienden hacia arriba para rodear la terraza del tejado. Semejante uso indisimulado –salvo por el recubrimiento de yeso– del hormigón armado era exactamente la clase de aplicación revolucionaria que Müller quería ejem-plificar, y su empleo en toda la obra de Loos influiría mucho en el estilo brutalista de décadas posteriores.

Aunque sus formas austeras se apartaban radicalmente de la estética historicista, Loos estaba influido por la tradición clásica y sus ideas de simetría y proporción. En la Villa Müller, la discreta cornisa alrededor del tejado o la proyección con aspecto de columna que se extiende por una fachada entera demuestran que la oposición de Loos a la ornamentación no implicaba oposición a la tradición clásica. En su ensayo de 1924 «Ornamento y educación», Loos escribió que «la enseñanza del dibujo debe partir del ornamento clásico». Lejos de apuntarse a una moda, era una referencia al lenguaje venerable de la antigüedad.

El *Raumplan*

El interior de Villa Müller ofrece uno de los ejemplos mejor resueltos de lo que Loos llamó *Raumplan* («plan espacial»). Mientras que algunos arquitectos priorizaban las plantas libres y abiertas, Loos valoraba las relaciones entre espacios individuales, y jugaba con sus niveles y alturas. Escribió que «cada espacio requiere una altura diferente: el comedor es sin duda más alto que la despensa, y así los techos se disponen en niveles diferentes». Los interiores de Villa Müller están compartimentados, y crean un juego de espectador y ❯❯

El *Raumplan* representa el concepto de Loos de la experiencia sensual del espacio. En Villa Müller, lo que por fuera parece una caja funcional se dispone en habitaciones, niveles del suelo a alturas específicas y rutas que crean una arquitectura única.

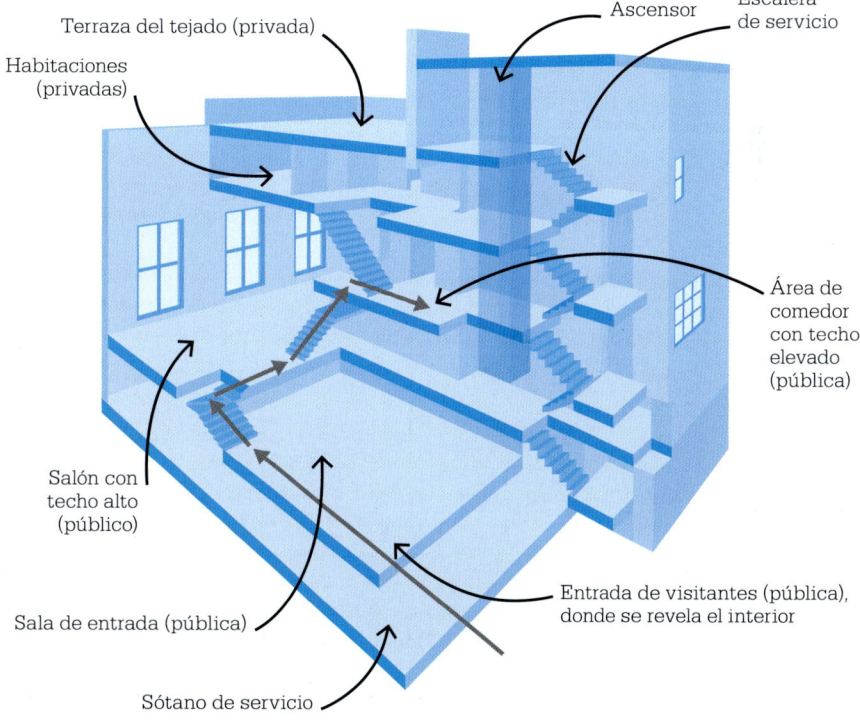

Terraza del tejado (privada)

Habitaciones (privadas)

Ascensor

Escalera de servicio

Área de comedor con techo elevado (pública)

Salón con techo alto (público)

Sala de entrada (pública)

Entrada de visitantes (pública), donde se revela el interior

Sótano de servicio

La Bauhaus

Fundada en 1919 por el arquitecto alemán Walter Gropius, la Bauhaus («casa de la construcción») estaba concebida como nueva escuela radical que uniría las artes en la búsqueda de una expresión creativa única. Maestros líderes de la vanguardia en sus respectivos campos enseñaban el trabajo del metal, textil, tipográfico y de pintura. La escuela se situó pronto en el centro del debate artístico, y estableció la orden del día en cuanto al pensamiento del movimiento moderno a nivel mundial.

Al dimitir Gropius en 1928, ocupó la dirección el funcionalista de izquierda radical Hannes Meyer, pero la dejó en 1930, entre acusaciones de los nazis de que la escuela era un nido de comunistas. Mies van der Rohe transformó la Bauhaus en escuela privada, pero al cerrar esta en 1933, se había alejado de sus raíces artesanales para ocuparse cada vez más de la producción industrial en serie.

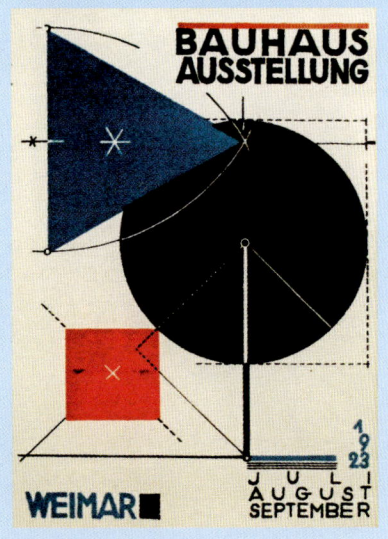

Organizaciones nuevas tratan de **reconciliar los métodos industriales y la artesanía**.

↓

La modernidad racionalista europea ve el **ornamento como frivolidad**, y atiende ante todo a la función.

En EE. UU., la modernidad adopta un **enfoque más naturalista y artesanal** de la ornamentación.

↓

Los horrores de la Primera Guerra Mundial refuerzan la aspiración a ideas nuevas **para un futuro mejor**.

↓

En Europa, el movimiento moderno **adopta la estandarización y la producción en serie**, liderada por la Bauhaus.

En EE. UU., el movimiento moderno asume un estilo arquitectónico **arraigado en e inspirado por el paisaje en el que se construye**.

↓

Ambas tendencias definen la idea de la vida sana y moderna, basada en la **eficiencia, la luz natural y los espacios abiertos**.

espectáculo, no solo entre el interior y la calle –a través de recortes en los muros que rodean la terraza del tejado–, sino también dentro de la casa, creando la calle relaciones «voyeurísticas» entre habitaciones, al aportar vistas de un espacio a otro.

El interior dinámico explica la disposición de las ventanas de la Villa Müller. Aunque puedan parecer desperdigadas al azar, hay un propósito para el lugar que ocupa cada una. No están integradas en un patrón ornamental, sino situadas según su función interior. Los acabados interiores de Loos son una mezcla de madera, seda y mármol, y las cortinas opacas funcionan junto con los distintos niveles y alturas de los techos del *Raumplan* para crear ambientes distintos que excluyen el mundo exterior.

Arquitectura orgánica

Las casas de Loos eran introvertidas, presentando al exterior poco más que una caja de hormigón. Esto tipificaba una preocupación recurrente entre algunos arquitectos modernos, en particular en EE. UU.: que sus edificios guardaban escasa relación con el entorno o el paisaje. Para el arquitecto estadounidense Frank Lloyd Wright, la solución residía en lo que llamó «arquitectura orgánica», generalmente definida como arquitectura vinculada al suelo y desarrollada de dentro hacia fuera en conformidad con el paisaje. Para Wright, el paisaje en cuestión eran las praderas llanas y extensas de Illinois, donde desarrolló el llamado estilo de la pradera, junto con un colectivo de arquitectos afines: la escuela de la pradera.

La figura más influyente de la escuela de la pradera –y maestro de muchos de sus miembros– fue el arquitecto estadounidense Louis Sullivan, conocido sobre todo por uno de los mantras más memorables de la modernidad: «La forma sigue a la función». No se trataba de un llamamiento al diseño racional e industrializado; como herederos del *Arts and Crafts*, la escuela de la pradera prefería edificios que combinaran funcionalidad y belleza, y optaba por materiales naturales como el ladrillo y la piedra, en vez del hormigón.

Singularmente estadounidense

Aunque el estilo de la pradera era moderno, se apartaba de la modernidad europea. Aspiraba a ser singularmente estadounidense, un eco de la apertura de las vastas tierras de una nación aún joven y de la confianza en sí misma en lo cultural e industrial. Construida entre 1909 y 1910, en Chicago, la casa Robie, de Wright, es un modelo de dicho estilo. Sus planos alargados –inspirados en el paisaje llano y extenso que la rodea– le prestan ligereza y dinamismo pese al acabado pesado de ladrillo, con partes proyectadas que dan sombra a las terrazas de abajo. Una enorme chimenea que aporta hogares a cuatro habitaciones distintas se alza a través del centro de la casa, y sirve de eje a la disposición del interior. Las plantas abiertas y alar-

La casa Robie, en Chicago, obra de Frank Lloyd Wright, presenta todo el rigor y funcionalidad modernos, pero en una forma más armoniosa con el entorno que resulta menos ajena que las expresiones europeas.

> *Ninguna casa debería estar nunca sobre una colina [...]. Debería ser de la colina. Perteneciente a ella. Colina y casa deberían vivir juntas, cada una feliz de la otra.*
> **Frank Lloyd Wright**
> *Autobiografía* (1932)

gadas parecen deslizarse una con respecto a otra, separando sutilmente las áreas más funcionales de los espacios de habitación principales.

A tono con la tradición *Arts and Crafts*, se prestó gran atención a cada elemento de la casa. Como dijo Wright, «es imposible considerar el edificio una cosa y sus muebles otra [...], son todos meros detalles estructurales de su carácter y completitud». Los interiores de la casa Robie funden influencias naturales con diseños proto-*art déco*, y ofrecen detalles ricos en madera y vidrio acabados con representaciones estilizadas y angulares de paisajes.

Buscar la síntesis

El estilo de la pradera fue muy influyente en Europa, pese a que sus aspectos más sentimentales y románticos eran casi la antítesis de Loos y del más estricto estilo europeo. Al pasar estas ideas de uno a otro continente, y al escoger los arquitectos entre la más libre e individualista modernidad estadounidense y la más rígida modernidad europea, Wright no fue el único que trató de reunir los diferentes enfoques. En Alemania, la escuela Bauhaus de Walter Gropius (recuadro, izda.) quiso cerrar –sin éxito, en definitiva– la brecha que estaba abriendo la tecnología entre artesanos, artistas y arquitectos. Mientras que Wright no veía por qué no podía haber un encuentro armonioso del ornamento, la naturaleza y el paisaje con la tecnología y la función, el tira y afloja entre artesanía y producción industrial iba a seguir dando forma a la arquitectura moderna hasta bien entrado el siglo XX. ∎

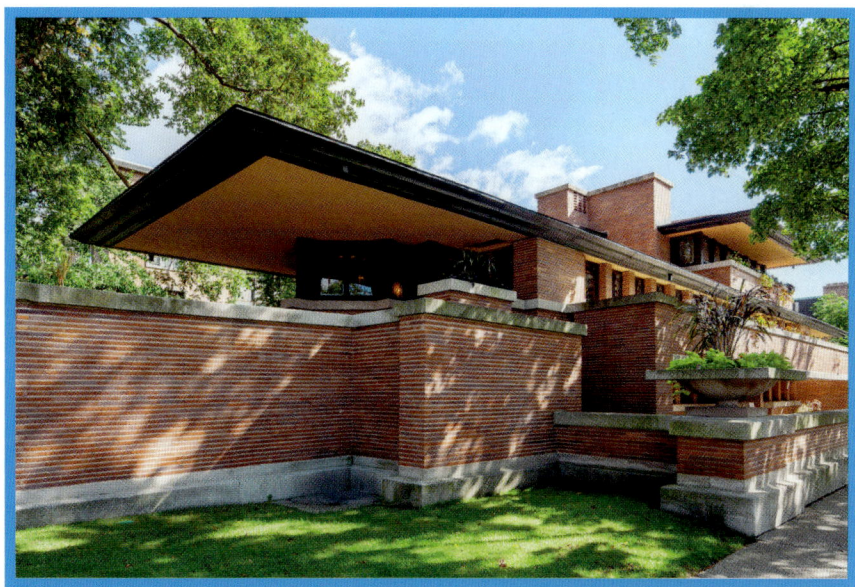

UNO ENTRABA EN LA CIUDAD COMO UN DIOS

REVIVIR EL PASADO

EN CONTEXTO

ENFOQUE
Historicismo

ANTES
1801–1809 El presidente de EE. UU. y arquitecto Thomas Jefferson promueve el estilo federal de edificios monumentales neoclásicos.

Década de 1890 Se funda en EE. UU. el movimiento City Beautiful como respuesta a los problemas sociales derivados del hacinamiento.

DESPUÉS
1965 Se aprueba la Ley de Monumentos Históricos de Nueva York para conservar el patrimonio arquitectónico.

2020 El presidente de EE. UU. Donald Trump ordena que todos los nuevos edificios gubernamentales sean de estilo neoclásico, en un decreto anulado por el presidente Joe Biden en 2021.

El movimiento moderno tuvo muchas tendencias distintas, pero compartían la idea de que los cambios masivos traídos por la revolución industrial y la Primera Guerra Mundial exigían romper con la arquitectura del pasado. No obstante, muchos arquitectos denunciaron tal rechazo y promovieron los estilos tradicionales con renovado vigor. En un enfoque directamente historicista, algunos arquitectos aplicaron estilos como el clasicismo a edificios nuevos, en muchos casos para evocar ideales de grandeza e imperiales. Otros combinaron rasgos y motivos históricos diversos en el llamado eclecticismo; para sus críticos era poco más que pastiche arcaico, pero sus partidarios lo consideraron innovador.

Un nuevo clasicismo

En EE. UU., donde los estilos emergentes de la modernidad europea tardaron en arraigar, el historicismo predominó hasta mediados del siglo xx. Las ideas del imperialismo de EE. UU. —nacidas del deseo de uno de sus fundadores, Thomas Jefferson, de difundir la libertad por el mundo— se combinaron con un renovado interés en la antigüedad clásica y el neoclasicismo *beaux arts*.

La estación Pensilvania (1910), en Nueva York, obra de McKim, Mead y White, estaba inspirada en las termas de Caracalla (de *c.* 216 d. C.), en Roma, y tenía una columnata imponente de orden dórico y pórticos en dos esquinas, que daban a dos vastas salas de espera —para las llegadas y las salidas, respectivamente—, las cuales estaban entre los mayores espacios públicos de la ciudad. Aca-

Los arquitectos historicistas **combinan estilos históricos**…

… para evocar la **grandeza de civilizaciones** y como refuerzo de la **identidad nacional**.

Los arquitectos historicistas miran al pasado para **celebrar** los **logros de la era moderna**.

Véase también: La columna 26–33 ▪ El eclecticismo 172–173 ▪ Inicios de la arquitectura moderna 190–195 ▪ El rascacielos 198–203 ▪ El expresionismo 212–215 ▪ La arquitectura como afirmación 238–241

![Estación Pensilvania]

badas en travertino italiano, se concibieron para ennoblecer la experiencia del viaje y de la vida urbana. Al vestíbulo inferior se le dio un acabado en acero con bóvedas de vidrio.

Combinaciones radicales

El clasicismo del mundo antiguo no fue la única inspiración de la arquitectura historicista. En el edificio Woolworth (1913), en Manhattan (Nueva York), el arquitecto estadounidense Cass Gilbert fusionó la energía de la modernidad con el gótico, dando lugar a un estilo a veces llamado perpendicular americano. En Chicago, la Tribune Tower (1925), diseñada en un estilo neogótico similar por Howells & Hood, se remató con contrafuertes ornamentados.

En Europa se optó por otros estilos historicistas. En Reino Unido,

el Royal Air Force College de Cranwell, en el condado inglés de Lincolnshire, fue un proyecto de James West de 1933 inspirado en el Hospital Royal Chelsea de Londres, diseñado en 1692 por Christopher Wren.

En los países nórdicos, donde la separación de Noruega de Suecia en 1905 y la de Finlandia de Rusia en 1917 había dado ímpetu al nacionalismo, arraigó el estilo romántico nacionalista, que combinaba motivos históricos con la tecnología y las ideas modernas. En Suecia, el edificio del ayuntamiento de Estocolmo (1923), obra de Ragnar Östberg, presenta motivos góticos, románicos y bizantinos en sus columnatas, torretas e interiores, que establecen un paralelismo con los edificios de otra ciudad insular, la Venecia del siglo XV. ▪

La estación Pensilvania se construyó para glorificar la era del ferrocarril, pero su mantenimiento era muy costoso. La estructura sobre la superficie fue demolida en 1965 debido a nuevos y polémicos planes urbanísticos.

Las necesidades básicas, espirituales e intelectuales del hombre nunca serán satisfechas por el diseño escueto y austero del ingeniero-arquitecto.
Ralph Thomas Walker
Arquitecto estadounidense (1889–1973)

UNA EXHIBICION DE FUERZA, DECISION É INTELIGENCIA

EL RASCACIELOS

En la primera década del siglo XX, los inmigrantes llegados en barco a Nueva York podían ver, más allá de la Estatua de la Libertad, los primeros rascacielos de Manhattan. Entre estos estaba el triangular edificio Flatiron, de 86,9 m de altura, completado en 1902, y el edificio Singer (sede de la empresa de máquinas de coser Singer), cuya torre de 41 plantas y 187 m fue el edificio más alto del mundo durante solo un año, de 1908 a 1909. Fue superado al añadir la empresa de seguros Metropolitan Life Insurance Company una torre a su sede en Madison Avenue, que alcanzaba los 210 m.

En 1912, el edificio Woolworth, nuevo e imponente rascacielos apo-

El edificio Flatiron, en la imagen en 1903, lo diseñó en estilo neorrenacentista para un solar triangular el arquitecto de Chicago Daniel Burnham.

dado la «catedral del comercio», alcanzó los 241 m, y mantuvo el título de edificio más alto hasta 1930.

Primeros rascacielos

La palabra *rascacielos* es la traducción de *skyscraper*, que originalmente hacía referencia a las banderas más altas de los barcos, y también a pelotas bateadas a lo alto en el béisbol. La palabra se puso de moda en la década de 1880, cuando algunos edificios nuevos, la mayoría de entramado de hierro, alcanzaron por primera vez los diez pisos de altura. Durante siglos, pocos edificios comerciales o de viviendas pasaron de ocho pisos, y la palabra se aplicó a cualquier estructura más alta, excepto para chapiteles de iglesias y catedrales. Los edificios altos fueron siempre costosos y técnicamente exigentes, además de poco prácticos como lugares de trabajo hasta la invención del ascensor.

El *boom* económico de EE. UU. en la década de 1880 alimentó un crecimiento de la construcción, sobre todo en Nueva York y Chicago. Tras los incendios de la década de 1870, en Chicago se construyeron los primeros edificios a los que llamaron

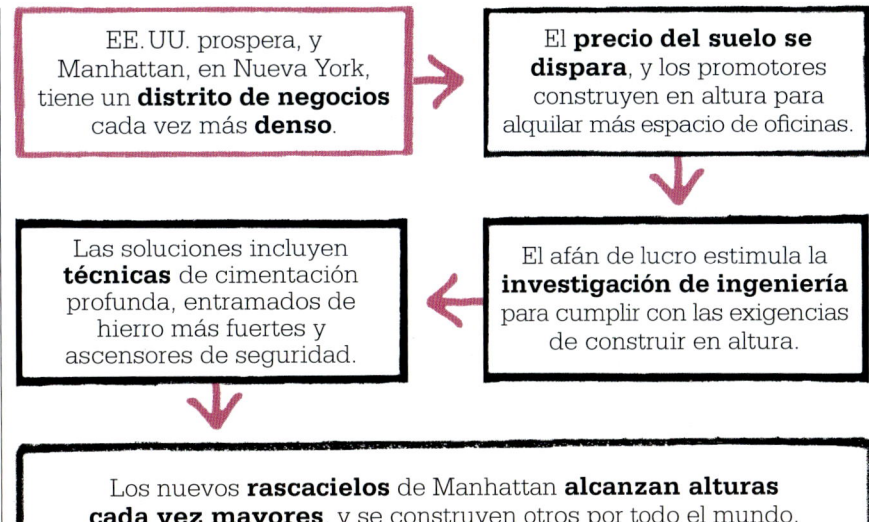

EE. UU. prospera, y Manhattan, en Nueva York, tiene un **distrito de negocios** cada vez más **denso**.

El **precio del suelo se dispara**, y los promotores construyen en altura para alquilar más espacio de oficinas.

El afán de lucro estimula la **investigación de ingeniería** para cumplir con las exigencias de construir en altura.

Las soluciones incluyen **técnicas** de cimentación profunda, entramados de hierro más fuertes y ascensores de seguridad.

Los nuevos **rascacielos** de Manhattan **alcanzan alturas cada vez mayores**, y se construyen otros por todo el mundo.

Un rascacielos es una máquina de hacer rentable la tierra.
Cass Gilbert
Record and guide of New York (1900)

«rascacielos». Eran grandes estructuras rectangulares de entramado de hormigón, adornadas al estilo *beaux arts* clásico y con cornisas grecorromanas. En 1892, Chicago limitó la altura de los edificios nuevos a un máximo de 46 m, principalmente para evitar bloquear la luz al nivel del suelo. En Nueva York, en cambio, entraron en juego factores económicos: en su centro estaba Manhattan, distrito construido sobre una isla granítica larga y estrecha, ideal para cimientos profundos. En la década de 1890, el rápido crecimiento de la población, la falta de suelo disponible y su consiguiente precio astronómico hacían conveniente construir en altura, de modo que fueron apareciendo estructuras cada vez más altas. En 1910, Frank Woolworth, que había hecho una fortuna con las tiendas «*five and dime*» (de artículos a cinco y diez centavos), encargó lo que hoy se considera el primer verdadero rascacielos: un edificio que surge del suelo con un perfil que, idealmente, se estrecha progresivamente con la altura.

Comienzan las obras

Woolworth sabía exactamente lo que quería construir en Tribeca, barrio del Bajo Manhattan. Sería el edificio más alto del mundo, en el estilo neogótico de la torre Victoria del británico palacio de Westminster, con una planta tras otra de espacio de oficinas de alquiler y una entrada grandiosa. Como arquitecto escogió a Cass Gilbert, quien se había hecho un nombre en 1905 al completar el Capitolio del Estado de Minnesota, un bello edificio *beaux arts* coronado por una cúpula inspirada en la de San Pedro, en Roma. Aunque un clasicista en lo esencial —cuyo proyecto final fue el edificio del Tribunal Supremo en Washington D. C., semejante a un templo griego—, Gilbert entendía la verticalidad como clave de la arquitectura gótica.

Los ingenieros de Gilbert fueron los estadounidenses de origen noruego Gunvald Aus y Kort Berle, que habían trabajado con él en el Capitolio del Estado de Minnesota. En los 20 años anteriores a la construcción »

Un tejado de cobre piramidal con una aguja decorada con gárgolas y tracería corona el exterior de terracota de las 58 plantas del edificio Woolworth.

cacielos sería el primero en tener sus propias máquinas de vapor alimentadas por carbón para generar energía.

El edificio Woolworth se terminó en 1913, en menos de dos años, provisto de gárgolas de terracota, un observatorio en la planta 57 y una piscina en el sótano. El suntuoso vestíbulo amarillo tenía mosaicos resplandecientes y figuras de yeso de Gilbert, sosteniendo una maqueta del edificio, de Aus, midiendo una viga, y del propio Woolworth, con unas monedas en la mano.

Los detalles góticos, sobre todo hacia la cima de la torre, se realizaron a escala deliberadamente mayor para hacerlos claramente visibles. El rascacielos iba perdiendo volumen con la altura, de forma escalonada en las plantas 30, 45 y 50. Lo remataba una estructura piramidal de cinco pisos revestida de cobre que culminaba en un chapitel. El diseño escalonado se adelantó a su tiempo, pues a partir de 1916 las leyes municipales de zonificación exigieron reducir progresivamente el volumen de los edificios altos para que no proyectaran una sombra excesiva sobre las calles y los edificios adyacentes de menor altura. La normativa influiría en la forma característica de los posteriores rascacielos *art déco* de Manhattan, entre los que destacan el edificio Chrysler (1928), de 77 plantas y corona con terraza, y el rascacielos Empire State (1930), de 102 plantas.

Éxito instantáneo

La construcción del edificio Woolworth costó unos 13,5 millones de dólares (unos 353 millones de dólares actuales), incluidos los 5 millones que costó el solar. Woolworth pagó el solar y aportó otros 5 millones al

del edificio Woolworth, se había aprendido mucho sobre la ingeniería necesaria para garantizar que las estructuras altas fuesen seguras. Se habían investigado las tensiones ejercidas por el viento, cuya velocidad y lo repentino de las rachas aumentaban con la altura. Era factible que los cimientos sellados penetraran en el granito los 37 m necesarios para soportar la altura y el peso de la

estructura. Se habían hecho pruebas con un sistema de seguridad para los ascensores (recuadro, p. siguiente). Con todo, aún había nuevos desafíos, como la conexión con el alcantarillado, cómo podrían desalojar el edificio los 12 000 futuros empleados en caso de emergencia, cómo llevar agua caliente y fría a todas las 58 plantas y cómo calentar y refrescar un edificio de escala semejante. De hecho, el ras-

proyecto, y otros inversores pusieron el resto. A la cena inaugural, celebrada en la planta 27, acudieron 900 personalidades, y, desde Washington D.C., el presidente Woodrow Wilson apretó el botón que encendió las luces del edificio.

El nuevo edificio contenía más de dos mil oficinas, a las que se accedía por 29 ascensores exprés, y, desde la entrada oeste, las escaleras llevaban directamente a la estación de metro Park Place. El propio Woolworth ocupó planta y media de oficinas, y en el resto del edificio alquilaron espacios docenas de pequeñas y medianas empresas, muchas de ellas de los nuevos sectores tecnológico y de servicios, junto con empresas mayores, varias de ellas de ferrocarriles.

El rascacielos fue aclamado públicamente de inmediato, y *The Wall Street Journal* lo celebró como un edificio «único y uno de los más bellos del mundo». Renovado recientemente, hoy alberga una mezcla de oficinas y apartamentos de lujo.

El inicio de una edad dorada

Woolworth murió en 1919, poco después de la Primera Guerra Mundial,

> Los rascacielos de Nueva York son románticos, un gesto de orgullo [...], pero se ha matado la calle y convertido la ciudad en un manicomio.
> **Le Corbusier**
> Conferencia (1935)

La gran escalinata de mármol del vestíbulo del edificio Woolworth conduce a un entresuelo iluminado por un gran tragaluz de vidrio de color.

pero su arquitecto Gilbert vivió para ver la edad de oro de la construcción de rascacielos de finales de la década de 1920 y la de 1930, que continuó a pesar del crac de 1929. Gilbert participó como asesor en la construcción de uno de los mejores conjuntos de rascacielos de Manhattan, el Rockefeller Center, construido entre 1929 y 1940. Este complejo vertical parecía perfectamente integrado en la maraña horizontal del paisaje urbano de abajo, con tiendas de lujo, salas de juegos y restaurantes en la planta baja de los edificios altos.

Actualmente, el horizonte urbano de Manhattan es toda una cordillera de edificios sobre la que destacan las agujas de sus rascacielos *art déco* más famosos. A lo largo de los más de cien años transcurridos desde que tomó forma el edificio Woolworth, han surgido rascacielos de diseños muy diversos en una competencia por la altura que ha transformado el carácter y el perfil de centros urbanos del mundo entero. ∎

El ascensor de seguridad

Los rascacielos no serían factibles sin el ascensor de seguridad. A principios del siglo XIX se elevaban productos y mercancías con ingenios de vapor, pero la idea de elevar personas de esta manera no surgió hasta la década de 1850, cuando el inventor Elisha Otis diseñó un elemento de seguridad esencial: trabajando en una fábrica de camas en Yonkers (Nueva York), se le ocurrió la idea de un sistema de bloqueo que detenía al instante un montacargas si se rompía el cable.

En 1854, con la ayuda de un asistente para cortar la cuerda de izado, Otis llevó a cabo una demostración con un ascensor de plataforma abierta, en la Exposición de la Industria de Todas las Naciones, en Nueva York. El primer ascensor con sistema de seguridad de Otis se instaló en 1857 en una tienda neoyorquina. Otro inventor, Otis Tufts, patentó un ascensor cerrado para pasajeros en 1859, pero el modelo de Elisha Otis, patentado dos años más tarde, se impuso y fue esencial en los nuevos edificios.

Elisha Otis hace una reverencia tras cortarse el cable, demostrando así la seguridad de su ascensor abierto en el Crystal Palace, en Nueva York.

SIMBOLO VISIBLE DEL PODER

EL LEGADO IMPERIAL

EN CONTEXTO

ENFOQUE
Dar forma al gobierno colonial

ANTES
1858 Reino Unido instituye gobierno directo en India.

1887 El arquitecto británico Frederick William Stevens acaba la Terminal Victoria (hoy Chhatrapati Shivaji) en Bombay, de estilo gótico italiano.

DESPUÉS
1948 El dominio británico en India acaba al entrar en vigor la Ley de Independencia de India de 1947.

1989 Se completa la primera restauración de Rashtrapati Bhavan (la casa del Virrey), del arquitecto indio Sunita Kohli.

2019 Se lanza el gran proyecto de remodelación del área administrativa Central Vista diseñada por Edwin Lutyens unos 90 años antes.

Las potencias coloniales usan **estilos arquitectónicos europeos** en las naciones conquistadas como **símbolo de autoridad** y dominio.

Las **diferencias de clima** y geología pueden requerir el uso de materiales de construcción locales y **modificaciones** estructurales.

Los nuevos edificios emblemáticos pueden incluir **elementos tradicionales del país colonizado** como gesto de integración.

Emergen nuevos estilos arquitectónicos híbridos.

A finales del siglo XIX y principios del XX, el poderío colonial del Imperio británico en su apogeo se expresaba en residencias, edificios administrativos y terminales ferroviarias imponentes: en colonias como Australia y Nueva Zelanda se prefirió a menudo el estilo georgiano, mientras que en Canadá se optó por el alto gótico, por contraste con los edificios neoclásicos de los vecinos EE.UU.

India, con una arquitectura histórica propia y edificios tan célebres como el Taj Mahal, construido durante el Imperio mogol, planteaba un desafío a los británicos, y allí construyeron estructuras imperiales híbridas, en muchos casos mezcla de estilos clásicos europeos con cúpulas islámicas y adornos de inspiración hindú.

El traslado de la capital de India de Calcuta a Delhi, anunciado por el

Véase también: La inspiración islámica 58–63 ▪ Templos indios 68–69 ▪ El Imperio mogol de India 134–137 ▪ El clasicismo 150–153 ▪ Revivir el pasado 196–197 ▪ La arquitectura como afirmación 238–241 ▪ El Imperio italiano 242–245

> La nueva ciudad debía ser una ciudad verdaderamente imperial que absorbiera el legado de las muchas capitales antiguas antes construidas allí.
>
> **Aseem Inam**
> *In the emerging Asian city* **(2012)**

gobierno colonial en 1911, dio lugar a un proyecto ambicioso de construcción imperial. La ciudad de nuevo cuño Nueva Delhi debía ser el logro culminante de la arquitectura colonial y un símbolo de poder, pero su diseño fue largo y arduo: al inaugurarse al fin en 1931, el Imperio británico estaba en declive, y se enfrentaba a la resistencia creciente del nacionalismo indio.

Fusión de influencias

Para el diseño de Nueva Delhi se nombró a los arquitectos británicos Edwin Lutyens y Herbert Baker. Los diseños iniciales de Lutyens, apegado a un clasicismo sobrio y característico, eran claramente europeos, pero hubo presiones políticas para crear edificios de estilo anglo-indio. Aunque reacio en principio, Lutyens

La cúpula de Rashtrapati Bhavan, modificada para evocar una cúpula budista, presenta *jaalis* (celosías) de arenisca roja inscritos en arcos y tallas decorativas en forma de cabeza de elefante.

combinó con éxito elementos clásicos con rasgos hindúes e islámicos mogoles, en lo que le gustaba llamar «vestir para el tiempo».

Una residencia palaciega

Rashtrapati Bhavan (originalmente residencia del virrey, y después edificio del gobierno) fue la estructura más importante del proyecto de Nueva Delhi, y el núcleo del área administrativa llamada Central Vista. La larga y dramática calzada ceremonial King's Way lleva a una columnata aparentemente clásica que define la fachada del gran edificio de cúpula central. Las columnas, sin embargo, son de un diseño que se acabaría conociendo como orden de Delhi, un nuevo orden clásico creado por Lutyens, con campanas inspiradas en los templos hindúes en lugar de hojas de acanto griegas en los capiteles. En lugar de cornisas clásicas, unos doseles proyectados (o *chhajja*), característicos de

la arquitectura mogol, cubren las puertas, las ventanas y los arcos, y proyectan sombras profundas alrededor del edificio. Hay numerosas fuentes con cuencos de piedra a lo largo del borde del tejado, y las *jaalis* –celosías de arenisca roja, perforada en patrones ornamentales– están por todo el edificio. La cúpula central, pensada en un primer momento como referencia al Panteón de Roma, se rediseñó para asemejarse a una estupa budista. En el interior hay tanto salas majestuosas y formales como un jardín de infancia lúdico y encantador.

Después de constituirse la República de India en 1950, se trató de redefinir Rashtrapati Bhavan como símbolo de libertad y democracia, y pasó a ser la residencia presidencial oficial del país. Los elementos clásicos, sin embargo, tan hábilmente combinados con rasgos locales tradicionales, siguen definiendo un estilo híbrido característico, producto del Imperio británico. ■

UN ARTISTA ESTRUCTURAL
LA ESTÉTICA INDUSTRIAL

Eugène Freyssinet, ingeniero estructural francés y pionero del hormigón pretensado, dijo desconfiar de la arquitectura y sentir aversión hacia el arte contemporáneo, pero creó estructuras de hormigón imbuidas de una belleza intuitiva, además de racional y matemática. Su creación más impresionante es la de los hangares gemelos de hormigón para dirigibles que diseñó y construyó en el aeropuerto parisino de Orly (Francia), entre los años 1921 y 1923.

Freyssinet diseñó los hangares como secuencias de arcos parabólicos de hormigón armado, con la forma del extremo de una elipse. El grosor de cada arco se reducía con la altura desde los cimientos de hormigón hasta la corona, a casi 650 m de altura. Cada hangar medía 300 m de largo y constaba de 40 arcos, levantados consecutivamente a medida que se vertía el hormigón en un encofrado movido por raíles. El proceso enteró duró 44 semanas.

La necesaria eficiencia
Para Freyssinet era fundamental perfeccionar el proceso de construcción: estaba bien concebir una forma nueva para una estructura, pero creía que el objetivo del inge-

La Primera Guerra Mundial exige construir nuevos **edificios industriales** de forma rápida y **eficiente**.

→ Se aplican **nuevos métodos** de construcción.

Los nuevos métodos permiten **nuevas formas estructurales**.

La **ingeniería** produce una belleza estructural nueva e inesperada.

El dirigible alemán *Hindenburg* hizo 17 viajes de ida y vuelta a través del Atlántico, entre ellos siete entre Alemania y Brasil.

Dirigibles

El dirigible, aerostato ligero de armazón de acero, tuvo su gran época a partir de 1900 con los primeros zepelines, aeronaves alemanas que tuvieron éxito como transporte comercial y de pasajeros y mercancías durante el primer tercio del siglo xx. Llegaron a ser enormes: el LZ129 *Hindenburg* (1936) medía 245 m de largo.

A los arquitectos e ingenieros les fascinó la ligereza de los dirigibles –y su relación de tanto espacio por tan poco peso–, los hangares avanzados necesarios para albergarlos, y también la posibilidad de que anclaran en lo alto de los rascacielos. Así, cuando el rascacielos Empire State en Nueva York (EE. UU.) fue construido, se equipó con una estación de anclaje para dirigibles, aunque nunca se llegó a utilizar.

En 1937, el incendio y destrucción en Nueva Jersey (EE. UU.) del *Hindenburg*, que usaba hidrógeno sumamente inflamable, puso fin a la era del dirigible comercial, pero este ha resurgido modestamente en el siglo xxi.

niero debía ser también construir de forma rápida, eficiente y económica.

En Orly, una vez en su lugar los arcos, poco había que añadir a los hangares: se insertaron láminas de vidrio amarillo reforzado en las franjas entre las nervaduras de hormigón que conectaban los arcos, para que entrara luz natural en los hangares, además de proteger el tejido que envolvía la estructura de los dirigibles que albergaran. Torretas de hormigón armado ventilaban todo el espacio, y por las pasarelas suspendidas de los arcos circulaban vagones para llevar equipo y personal para el mantenimiento de los vehículos.

Ingenioso y bello
Freyssinet era el director técnico de la empresa Limousin, establecida antes de la Primera Guerra Mundial, constructora de puentes y edificios industriales.

Para los hangares de Orly, Freyssinet usó encofrados de tablas de pino sobre barras de acero para armar el hormigón vertido. Cuando este se secaba, las tablas se retiraban y se reutilizaban.

Aunque los hangares de Orly sean su diseño más famoso, la empresa supervisó la construcción de numerosos edificios industriales entre 1914 y 1928, y Freyssinet demostró que podían ser estructuras de lo más ingenioso y hermoso.

Le Corbusier, cautivado por las posibilidades arquitectónicas de los hangares, publicó fotografías de su construcción en su revista *L'Esprit Nouveau*. No sobrevivieron a la Segunda Guerra Mundial: fue-ron destruidos en mayo de 1944 por bombarderos estadounidenses B-17 Flying Fortress y B-24 Liberator.

Al igual que el ingeniero estructural italiano Pier Luigi Nervi, cuyos hangares de 1935 en Orvieto fueron también destruidos en la Segunda Guerra Mundial, Freyssinet tenía «sentido del equilibrio»: la capacidad de concebir y comprender la estructura de los edificios que construyó, casi todos ellos experimentos. ▪

LOS RECORDAREMOS

MONUMENTOS CONMEMORATIVOS MILITARES

El osario italiano del monte Grappa tiene seis terrazas; en las cinco superiores, los caídos están enterrados en nichos excavados en la piedra blanca local.

Diseñar monumentos conmemorativos bélicos que inspiren a generaciones futuras de todas las lealtades y nacionalidades siempre fue un gran desafío. En 1919, en Londres se erigió un monumento de guerra en madera y yeso de 11 m en Whitehall, cerca del palacio de Westminster. Diseñado por el arquitecto británico Edwin Lutyens, era una original interpretación del cenotafio griego antiguo, un monumento funerario de homenaje a los caídos en la guerra, cuyos restos se encuentran en otra parte. Dedicado originalmente a todos aquellos de la Mancomunidad Británica de Na-

ciones (Commonwealth) que sirvieron y murieron en la Primera Guerra Mundial, el carácter elemental y algo misterioso del nuevo cenotafio captó la atención del público: no había efigie, ni símbolos nacionalistas ni muchas palabras. En 1920 se rehízo en piedra de Portland para perdurar.

Monumento alpino
Sobre la cima de una montaña de 1776 m en las Dolomitas de Italia, el

Véase también: El zigurat 20–21 ▪ La pirámide 22–25 ▪ El legado imperial 204–205 ▪ El Imperio italiano 242–245 ▪ El deconstructivismo 290–291

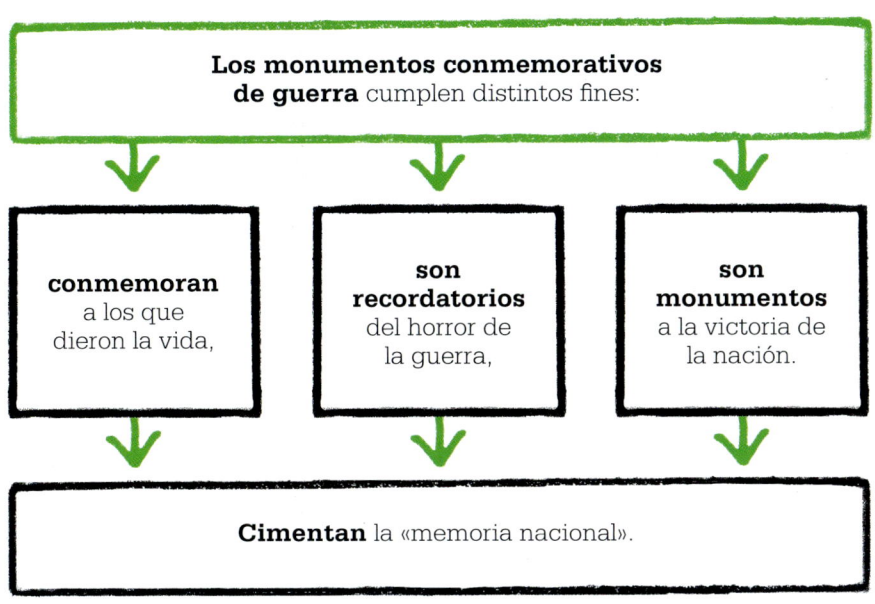

Los monumentos conmemorativos de guerra cumplen distintos fines:

conmemoran a los que dieron la vida,

son recordatorios del horror de la guerra,

son monumentos a la victoria de la nación.

Cimentan la «memoria nacional».

Sacrario di Monte Grappa, completado en 1935, es uno de los monumentos conmemorativos militares más imponentes, donde se guardan los restos (en su mayoría sin identificar) de soldados italianos y austrohúngaros que se enfrentaron en las montañas. Evocador tanto de una fortaleza como de un templo, el gran monumento de piedra blanca fue diseñado por el arquitecto italiano Giovanni Greppi, en colaboración con el escultor Giannino Castiglione. El osario italiano se alza por niveles hasta la tumba del mariscal Gaetano Giardino, al mando del ejército italiano del Grappa, y luego hasta una pequeña capilla circular dedicada a la *madonna* del Grappa.

Desde allí, una calzada de estilo romano de 300 m, la Via Eroica, conduce al Osservatorio, balcón con vistas espectaculares de las Dolomitas. Un segundo osario circular contiene los restos de soldados austrohúngaros. A esta gran altitud, el lugar parece reunir lo mortal y lo divino.

Monumento de Tannenberg

La construcción de monumentos conmemorativos militares imponentes se prolongó hasta el comienzo de la Segunda Guerra Mundial. En Alemania, el ejemplo más destacado fue el monumento de Tannenberg (1927), diseño de los arquitectos Walter y Johannes Krüger, construido en una colina en Prusia Oriental (hoy en día parte de Polonia).

Cuando el mariscal de campo Paul von Hindenburg, vencedor de la batalla de Tannenberg en la Primera Guerra Mundial, fue enterrado allí en 1934, el monumento se convirtió en una suerte de lugar de peregrinaje nacionalista, entreverado de mitología nazi. Ante el avance soviético, los propios alemanes lo destruyeron a comienzos de 1945, y la piedra del lugar se utilizó después para construir un monumento soviético, el monumento a la Liberación de Warmia y Mazuria, en Olsztyn (Polonia). ▪

Monumentos de guerra

Solo en Gran Bretaña hay unos 100 000 monumentos de guerra, desde simples placas hasta cruces de piedra e hitos en pueblos y antiguos campos de batalla. La mayoría son de la posguerra de la Gran Guerra, en la que murieron hombres de prácticamente cada aldea, pueblo y ciudad. Ni entonces ni tras la Segunda Guerra Mundial permitió el gobierno británico la repatriación de los caídos en la batalla: hombres, y después también mujeres, fueron conmemorados con monumentos en sus lugares de procedencia.

Arquitectos británicos destacados –como Lutyens, Reginald Blomfield, Herbert Baker y Charles Holden– crearon diseños oficiales de gran dignidad para cementerios de guerra en Francia, Bélgica y Oriente Próximo de parte de la Comisión de Tumbas de Guerra Imperial (hoy de la Commonwealth), pero se dejó a los municipios decidir el diseño y emplazamiento de los monumentos locales.

El monumento de guerra de Kemerton (Inglaterra) conmemora a los residentes de dicho pueblo que murieron en las guerras mundiales.

TODO DEBE SER REVOLUCIONADO
EL FUTURISMO

EN CONTEXTO

ENFOQUE
Arquitectura en la era de la máquina

ANTES
1911 El pintor futurista italiano Gino Severini visita París (Francia), donde el cubismo influirá en su estilo geométrico.

1912 Los pintores futuristas celebran su primera exposición fuera de Italia, en la galería Bernheim-Jeune de París.

1919–1921 El arquitecto ucraniano Vladímir Tatlin diseña el Monumento a la Tercera Internacional, planeado para Petrogrado en la URSS (actual San Petersburgo, en Rusia) y no construido.

DESPUÉS
1939 La revista futurista *Artecrazia* es cerrada tras criticar al gobierno fascista italiano por condenar la modernidad del racionalismo.

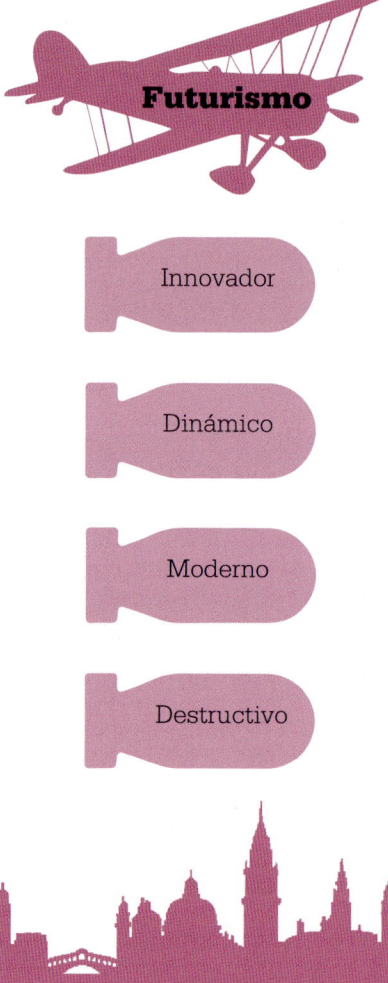

Futurismo

Innovador

Dinámico

Moderno

Destructivo

Mientras otros movimientos del siglo XX trataban de reconciliarse con el pasado o reinventarlo, el futurismo quiso destruirlo y borrarlo, comenzando por el legado renacentista de Italia, donde surgió el movimiento. Pocos edificios futuristas llegaron a construirse, pero la filosofía que animaba el movimiento fue un componente influyente de la modernidad.

Reajuste cultural
El futurismo fue un movimiento artístico y social. En 1909, su fundador, el poeta y teórico italiano Filippo Tommaso Marinetti, publicó en el diario francés *Le Figaro* el «Manifiesto futurista», feroz proclamación de la misión de acabar con la obsesión de la sociedad con la cultura, la historia y la mitología tradicionales, empleando nuevas formas de arte nacidas de la tecnología, la velocidad y la violencia.

Los futuristas difundieron sus ideas en escritos exaltados y en *seratas*, veladas en las que solivantaban al público con discursos provocadores. En 1910, Marinetti publicó su segundo manifiesto, «Uccidiamo il chiaro di luna!» («¡Matemos el claro de luna!»), que describe la luz de la luna ahogada por el resplandor des-

Vista aérea de la fábrica de Lingotto en Turín, con la pista de pruebas para los vehículos en el tejado. Le Corbusier la llamó «uno de los espectáculos más impresionantes de la industria».

lumbrante de cientos de bombillas: una imagen chocante de la tecnología desplazando los símbolos románticos predilectos de artistas y poetas. Más tarde, aquel año, un tercer manifiesto la tomó con Venecia, a cuenta de su obsesión servil con el pasado, y propuso «llenar los canales pequeños y apestosos con los escombros de los palacios viejos, derrumbados y leprosos». Se lanzaron copias del panfleto desde lo alto de la torre del reloj de la plaza de San Marcos.

Los futuristas concibieron nuevas ciudades y edificios radicales para cuando se hubieran barrido los restos del pasado. En su faceta más extrema, el futurismo defendía la violencia y la guerra, que Marinetti creía ofrecería el borrón para la cuenta nueva futurista, y por esta razón muchos de sus partidarios querían que Italia entrara en la Primera Guerra Mundial, a la que fueron como voluntarios cuando así ocurrió en 1915.

Las características fundamentales de la arquitectura futurista serán la impermanencia y la transitoriedad.
«Manifiesto de la arquitectura futurista»

Ciudades nuevas

La visión futurista más duradera fue *La città nuova* («La ciudad nueva»), propuesta publicada en 1914 por el joven arquitecto Antonio Sant'Elia, probable autor también del anónimo «Manifiesto de la arquitectura futurista», de aquel año. Sus dibujos para *La città nuova* muestran grandes rascacielos monolíticos comunicados por calzadas elevadas.

Al igual que Marinetti, Sant'Elia fue a la guerra en 1915, pero murió al año siguiente. Los futuristas continuaron desarrollando sus ideas en nuevos manifiestos, y en 1934, el «Manifiesto futurista de la arquitectura aérea» destacó la fábrica de Lingotto de Fiat en Turín, de 1923, del joven arquitecto Giacomo Mattè-Trucco, como obra verdaderamente futurista. Su estructura se basa en la cadena de producción continua: una rampa de hormigón asciende por el edificio, permitiendo la entrada de materias primas por la base, y culmina en una pista de pruebas en el tejado para probar los automóviles recién terminados. Aunque fuera una estructura específicamente diseñada para su finalidad, fue reconocida como visión de cómo podrían construirse ciudades enteras atendiendo a la función y los procesos tecnológicos, concepto que también influyó en la arquitectura de los primeros años de la Unión Soviética.

Los fundadores del movimiento

El interés por el futurismo comenzó a menguar una vez acabada la Primera Guerra Mundial, entre otros motivos porque escaseaba el dinero para proyectos a gran escala. Al principio, los vínculos del movimiento futurista con el fascismo –Marinetti fue coautor del «Manifiesto fascista» junto con el activista de derechas Alceste De Ambris en 1919– lo hicieron aceptable a ojos del líder fascista Benito Mussolini, pero por poco tiempo. La muerte de Marinetti de un ataque al corazón, en 1944, puso fin al futurismo italiano. ∎

LA FUNCION SIN SENSIBILIDAD NO ES MAS QUE CONSTRUCCION

EL EXPRESIONISMO

EN CONTEXTO

ENFOQUE
Diseño individualista

ANTES
1890–1914 Se adopta en toda Europa el modernismo, o *art nouveau*, altamente decorativo y caracterizado por formas curvas inspiradas en la naturaleza.

1912 Antoni Gaudí completa la casa Milà en Barcelona, edificio expresionista temprano.

DESPUÉS
1937 El arquitecto islandés Guðjón Samúelsson empieza a diseñar la iglesia de Hallgrímur en Reikiavik, de formas serradas reflejo de la geología de Islandia.

1954 Le Corbusier construye una obra nueva y altamente expresiva, la capilla de Notre Dame Du Haut, en Ronchamp, en el este de Francia.

L a emoción plasmada en hormigón ondulado, prismas de vidrio y formas serradas de ladrillo es la esencia del expresionismo. Los arquitectos expresionistas, activos sobre todo en Alemania tras la Primera Guerra Mundial, cuando la mayoría de los arquitectos modernos estaban entregados al racionalismo funcionalista influido por el diseño industrial, mantuvieron que era clave reflejar emociones extremas en el arte de construir.

La individualidad era clave para el expresionismo. Más que unirse en torno a una estética determinada, los expresionistas compartieron una serie de ideas sobre cómo enfocar el acto de diseñar. Desconfiaban de los dogmas que trataban de reglamentar los edificios, y trataron la arquitectura como obra de arte, hasta el punto

Véase también: Formas orgánicas 174–175 ■ Inicios de la arquitectura moderna 190–195 ■ Vivienda expresiva para las masas 226–227 ■ La modernidad estadounidense 246–247 ■ Le Corbusier tardío 250–251 ■ El brutalismo 256–259

> Quienquiera que represente directa y auténticamente lo que le impele a crear es de los nuestros.
> **Die Brücke**
> **Declaración del manifiesto del grupo (1905)**

de priorizar los dibujos conceptuales antes que los aspectos prácticos que implica construir algo. Primaban la habilidad artesanal y los materiales tradicionales, lo cual era un eco de los valores del movimiento *Arts and Crafts*. También apreciaban el potencial expresivo de los nuevos materiales, aunque algunos ambiciosos diseños sobreestimaran sus posibilidades.

Mundos interiores

El expresionismo emergió primero en la pintura y las artes gráficas. En 1905, un grupo de pintores y arquitectos alemanes liderado por Ernst Ludwig Kirchner formó el grupo *Die Brücke* («El puente») en Dresde. Querían liberarse de las convenciones artísticas establecidas, en muchos casos basadas en el realismo, para crear obras con gran carga emocional. En 1911 se formó un grupo similar en Múnich, *Der blaue Reiter* («El jinete azul»), a raíz del rechazo de una exposición en la ciudad de un cuadro radicalmente abstracto de Vasili Kandinsky, *Composición V*.

El término *expresionismo* fue acuñado por el historiador del arte checo Antonín Matějček en 1910, para diferenciar esta corriente artística del impresionismo: los impresionistas trataban de captar los sentimientos inmediatos que producía aquello que percibían a su alrededor, mientras que los expresionistas buscaban manifestar su mundo interior. En la arquitectura, esto significó situar la imaginación del artista por encima de lo demás, tanto del emplazamiento del edificio como del cliente y del estilo o movimiento.

Uso innovador de materiales

Los diseños imaginativos de los arquitectos expresionistas llevaron a un enfoque experimental de los materiales, nuevos o antiguos. Un ejemplo clave del expresionismo es la torre Einstein, en Potsdam (Alemania), diseño realizado por Erich Mendelsohn en 1921 para albergar un observatorio con el que obtener mediciones astrofísicas que probaran la teoría de la relatividad de Einstein. Mendelsohn esperaba poder modelar la estructura entera en hormigón armado, algo que no se había intentado antes. Sin embargo, las dificultades técnicas que presentaba el plano y la escasez global de hormigón en los años siguientes a la Primera Guerra Mundial, obligaron a emplear ladrillo estucado para gran parte del edificio. Aun así, la intención osada de Mendelsohn perdura en el nombre de la torre, »

La forma escultural de la torre Einstein, obra de Erich Mendelsohn, quería expresar el dinamismo del empeño científico y reflejar su propósito funcional como observatorio astrofísico.

El edificio de oficinas Chilehaus (1924), en Hamburgo, obra de Fritz Höger, fue un encargo del magnate naviero Henry Sloman, enriquecido con el salitre chileno. Ejemplo del expresionismo en ladrillo, sus líneas afiladas parecen la proa de una nave.

siendo «Einstein» una alusión clara a *Ein Stein* («una piedra»).

Vidrio y ladrillo

Las formas sensuales logradas con el hormigón vertido fueron solo una de las tendencias del expresionismo. Para el alemán Bruno Taut, el potencial expresivo de la arquitectura residía en usar distintos tipos de vidrio, hasta entonces usado casi exclusivamente para superficies o como material decorativo. Taut visualizó edificios hechos enteramente de vidrio: su pabellón de Cristal, encargado por fabricantes de vidrio para la exposición de la Deutsche Werkbund, una asociación de arquitectos, artistas e industriales, de 1914 en Colonia, tenía una cúpula doble en forma de piña, con vidrio reflectante en el exterior y prismas de colores en el interior, así como una escalera de peldaños de vidrio. Taut llamó al pabellón un «templete de belleza».

> El arquitecto debe tener en sí mismo conciencia y conocimiento de todas las emociones y sentimientos profundos para los que quiere construir.
> **Bruno Taut**
> *La corona de la ciudad* (1919)

Otros arquitectos expresionistas recurrieron a la intensidad descarnada y a bordes afilados y aserrados que se podían lograr con el humilde ladrillo, lo cual condujo al expresionismo en ladrillo, un estilo por derecho propio. El arquitecto alemán Peter Behrens —entre cuyos alumnos se contaron los jóvenes Walter Gropius, Le Corbusier y Mies van der Rohe— fue uno de sus primeros proponentes. En su edificio de administración técnica de la empresa de tintes Hoechst, en Frankfurt, completado en 1924, el vestíbulo de la entrada, de 15 m de altura, consiste en ladrillos verdes, rojos, morados, naranjas y amarillos en una disposición escalonada.

Otro ejemplo impactante del expresionismo en ladrillo es el edificio Chilehaus («Casa de Chile»), en Hamburgo, diseñado por Fritz Höger en 1924 para simbolizar la recuperación económica de la ciudad portuaria tras la Primera Guerra Mundial.

Lento desvanecimiento

El expresionismo arraigó en Alemania como reacción ante las convulsiones políticas y sociales anteriores y posteriores a la Primera Guerra Mundial, y se difundió también a otros países del norte de Europa, como

---

El expresionismo **rechaza formas y tradiciones pasadas**, sobre todo el clasicismo, y **celebra la era moderna**.

| Explora el **potencial expresivo** de los edificios. | Celebra la **belleza inherente de los materiales**, como el ladrillo y el vidrio. | Se sirve de **conceptos imaginarios** no sujetos a limitaciones prácticas. |

El expresionismo es individualista.

Austria, Checoslovaquia, Dinamarca y los Países Bajos. Sin embargo, a medida que el movimiento moderno fue cobrando ímpetu, el expresionismo se desvaneció, pese a su papel central en la carrera temprana de muchos arquitectos de la modernidad. En ningún caso resulta esto más manifiesto que en el de Walter Gropius, quien abandonó el expresionismo aparente de su anguloso monumento a los Muertos de Marzo, en Weimar, y de la casa Sommerfeld, en Berlín, ambos terminados en 1922, y optó por cultivar una arquitectura moderna más dogmática, racionalista.

Al Partido Nazi, que llegó al poder en Alemania en 1933, le importaba poco la distinción entre expresionismo y movimiento moderno, y declaró «degenerados» ambos. Alemania regresó al neoclasicismo, y muchos de sus arquitectos de mayor talento emigraron. ∎

Erich Mendelsohn

Erich Mendelsohn nació en el pueblo alemán de Allenstein (hoy Olsztyn, en Polonia) en 1887, y estudió arquitectura en Berlín y Múnich. Pintor de talento, se pagó en parte los estudios vendiendo cuadros. Aunque influido por el neoclasicismo, el *Jungendstil* y el funcionalismo, a menudo se le relaciona con el expresionismo. Como joven soldado en la Primera Guerra Mundial, realizó dibujos de edificios muy imaginativos, que fueron expuestos y aclamados en Berlín.

Tras la guerra comenzó su carrera arquitectónica. Entre sus éxitos tempranos están la torre Einstein (1921), en Potsdam, y una fábrica de sombreros (1923), en Luckenwalde, para la firma Steinberg, Hermann & Co., con una estructura de ladrillo en forma de sombrero.

En 1933 huyó de la Alemania nazi a Reino Unido, donde adoptó el moderno estilo internacional en su diseño de 1936 para el pabellón De La Warr, en Bexhill-on-Sea. Tras mudarse a EE. UU. en 1941, impartió clases de arquitectura en la Universidad de California en Berkeley hasta su muerte en 1953.

EL AMBIENTE DE LA VIEJA ESPAÑA

ARQUITECTURA NEOCOLONIAL ESPAÑOLA

L a Casa Grande es la estructura principal del castillo Hearst, cerca de San Simeón (California). Construida mayormente en la década de 1920, esta mansión no podía ser más diferente de la arquitectura moderna de las casas que se construyeron por EE. UU. en el primer tercio del siglo XX. Con su gran fachada que recuerda a una iglesia española, era un ejemplo extremo del estilo neocolonial español, que se estaba volviendo predominante en el suroeste de EE. UU. en la época.

La Cuesta Encantada

En 1919, el magnate de la prensa William Randolph Hearst heredó 101 000

Los estados y las ciudades de EE. UU. **buscan una arquitectura propia característica** en lugar de importar estilos europeos.

Los arquitectos miran **a su propio pasado** en busca de inspiración.

En California, los edificios reciben la influencia de las **misiones españolas** construidas entre los siglos XVI y XIX. Surgen dos tendencias…

Una arquitectura muy **decorativa** inspirada en el **barroco español**.

El **estilo misión**, que refleja algunos estilos **del movimiento moderno**.

Véase también: El Barroco latinoamericano 146–147 ▪ El eclecticismo 172–173 ▪ Inicios de la arquitectura moderna 190–195 ▪ Revivir el pasado 196–197 ▪ La modernidad de mediados del siglo xx 254–255

> La Exposición de San Diego es la mejor fuente del estilo español en California.
> **William Randolph Hearst**
> **Carta (1919)**

Dos torres gemelas flanquean la entrada de la Casa Grande del castillo Hearst, que en parte está inspirada en la andaluza iglesia de Santa María la Mayor, en Ronda (España).

ha de terreno cerca de San Simeón, y encargó a la arquitecta Julia Morgan diseñar una mansión sobre una colina, a la que llamó la Cuesta Encantada, más tarde conocida como el castillo Hearst. Morgan, la primera mujer en obtener una licencia de arquitecta en California, y también en licenciarse en la Escuela Nacional Superior de Bellas Artes de París, trabajó en el proyecto durante décadas. Bajo la dirección de Hearst, recurrió a estilos vernáculos históricos, en particular el neocolonial español, buscando una interpretación romántica del estilo de vida californiano.

La visión de Hearst fue influida por la Exposición Panamá-California, celebrada en San Diego en 1915 para celebrar la apertura del canal de Panamá. Los pabellones se construyeron en una mezcla de estilo misión (de muros estucados lisos, con arcadas y patios sombreados) y barroco español (estructuras profusamente adornadas, con torres decorativas) entre jardines de estilo español.

Morgan introdujo diversos rasgos neocoloniales en la enorme propiedad de Hearst, combinados con referencias al Renacimiento italiano y al Barroco. Las tres casas de invi-

tados palaciegas se inspiraron en la arquitectura doméstica española, con superficies encaladas más sobrias, arcadas profundas, balcones y tejados de terracota.

Ensueño californiano

El estilo neocolonial español fue evolucionando hacia algo nuevo, apartado de reglas o contexto histórico algunos. En la década de 1930, se difundió en Florida y México como estilo colonial californiano, dando forma a nuevas villas que evocaban el lujo, la modernidad y el carácter medite-

rráneo español. El estilo fue adoptado incluso en lugares sin vínculos históricos con España, como Australia y China. El lujo discreto, combinado con un efecto nostálgico fuera del alcance de las viviendas modernas, cimentó en el suroeste de EE. UU. este estilo, que sigue vigente en mansiones y propiedades actuales. ∎

CREAR UN NUEVO MUNDO
ARQUITECTURA DE LA REVOLUCIÓN RUSA

Los arquitectos y artistas de vanguardia de Rusia recibieron un espaldarazo tras la revolución de Octubre de 1917, que llevó al poder a Vladímir Lenin y al Partido Comunista, y a la creación de la Unión Soviética. Fue el momento de una nueva estética guiada por ideales utópicos, así como de tipos constructivos revolucionarios. El Decreto sobre la Tierra emitido por Lenin en 1917 abolió la propiedad privada y redistribuyó las haciendas agrícolas, lo cual generó nuevas directrices.

La nueva estética fue explorada y debatida en los Vjutemás (Talleres de Enseñanza Superior del Arte y de la Técnica) y el Injuk (Instituto de Cultura Artística) de Moscú. El principal movimiento resultante fue el constructivismo, que ponía la ingeniería y la tecnología modernas al servicio de ideales sociales.

Formas angulares

El constructivismo lo fundaron el arquitecto Vladímir Tatlin y el artista

Encargo de un sindicato municipal,
el Club Rusakov de Moscú contenía
un cine, una biblioteca y un gimnasio,
además de un teatro.

Véase también: Inicios de la arquitectura moderna 190–195 ■ Revivir el pasado 196–197 ■ El futurismo 210–211 ■ El expresionismo 212–215 ■ El funcionalismo y el racionalismo 220–225 ■ *Hi-tech* 276–277 ■ El deconstructivismo 290–291

> En el hormigón armado tenemos no solo un nuevo material, sino […] nuevas construcciones y un método nuevo para diseñar edificios.
> **Vladímir Tatlin**
> **Revista *Zodchi [Arquitecto]* (1915)**

Aleksandr Ródchenko. Inspirados por el futurismo italiano y la obra de pintores cubistas como Pablo Picasso, optaron por formas angulares y rechazaron la decoración. Los constructivistas apreciaban también el poder del arte y la arquitectura como herramienta de propaganda.

En 1920, Tatlin presentó diseños para un monumento a la Tercera Internacional a la asociación mundial de partidos comunistas. Conocida como torre de Tatlin, debía ser la sede de la organización, pero nunca llegó a construirse. El entramado helicoidal de acero con cuatro estructuras geométricas giratorias, que alojaba un teatro y oficinas, dio lugar a un intenso debate acerca de la relación entre arquitectura, arte y funcionalidad. El escultor ruso Naum Gabo señaló: «O bien construid casas y puentes funcionales, o bien cread arte puro. No confundáis una cosa con la otra».

El Club Rusakov

Por toda la Unión Soviética se construyeron clubes obreros para la educación, la propaganda y las actividades sociales y de ocio. En Moscú, el Club Rusakov (1928), teatro para empleados del tranvía diseñado por Konstantín Mélnikov, cumplía con los ideales constructivistas. Con aspecto de engranaje gigante, sus amplios salientes de hormigón armado contienen tres auditorios, proyectados desde la fachada y sobre la calle. Su forma –a la que Mélnikov llamó «músculo tensado»– remite claramente a la función.

Influir en el cambio

Una idea constructivista perdurable de la época fue la del «condensador social», visión de la vivienda basada en la idea de que la arquitectura podía influir en el comportamiento y disolver las jerarquías sociales. El concepto se asocia sobre todo al arquitecto soviético Moiséi Guínzburg, cuya obra incluye el edificio Narkomfin (1928), en Moscú, mezcla de apartamentos individuales y espacios comunes, entre ellos, cocinas, guarderías, una biblioteca y un gimnasio.

Las ideas constructivistas se difundieron al extranjero, sobre todo a partir de 1924, cuando tuvieron que exiliarse los arquitectos y artistas que rechazaron la rígida preferencia por el neoclasicismo del nuevo líder ruso Iósiv Stalin. Otros arquitectos, como, por ejemplo, Iliá Gólosov, respondieron combinando el constructivismo con elementos neoclásicos, en un estilo al que se llamó posconstructivista. ■

La Rusia posrevolucionaria se funda sobre ideales utópicos de **igualdad social** y del **bien colectivo**.

↓

Realizar tales ideales requiere una **modernización e industrialización** rápidas.

↓

Se crea una nueva arquitectura para un nuevo mundo.

↓

Se adopta la **construcción rápida** y **eficiente a gran escala**, y se rechaza la **estética burguesa**.

UNA CASA ES UNA MAQUINA DE HABITAR

EL FUNCIONALISMO Y EL RACIONALISMO

EN CONTEXTO

ENFOQUE
Diseño basado en la función

ANTES
1904 El arquitecto francés Tony Garnier exhibe diseños para *Una ciudad industrial*, ciudad utópica socialista con áreas segregadas por función.

1918 Tras la Gran Guerra, los arquitectos modernos imaginan un mundo nuevo con hogares funcionales para todos.

DESPUÉS
1947 Le Corbusier crea diseños racionalistas para Chandigarh, primera ciudad planificada de la India independiente.

1956 El diseño de Brasilia, nueva capital de Brasil, se basa en las ideas funcionalistas y racionalistas del Congreso Internacional de Arquitectura Moderna (CIAM), cofundado por Le Corbusier.

1959 La última edición del CIAM rechaza el racionalismo funcionalista de Le Corbusier en favor de enfoques más humanistas del urbanismo.

La forma sigue siempre a la función, y esta es la ley.
Louis Henry Sullivan
Arquitecto estadounidense
(1856–1924)

Los arquitectos comienzan a dar **importancia a la función** de los nuevos edificios.

Las armazones de hormigón liberan espacio en el interior y permiten situar **muros y ventanas solo donde sean esenciales** para el uso del edificio.

Pueden diseñarse viviendas con **espacios abiertos, luminosos y versátiles** para una vida moderna **saludable y eficiente**.

La finalidad da forma al diseño del edificio, y surge una nueva estética funcionalista, premisa esencial del racionalismo.

El concepto funcionalista de la arquitectura –en el que el diseño de un edificio debe reflejar en lo fundamental su finalidad– existe al menos desde los escritos del arquitecto romano Vitruvio, quien, en los diez volúmenes de *De architectura* (siglo I a. C.), destacó la utilidad como esencial para los tres elementos básicos de la arquitectura: *firmitas*, *utilitas* y *venustas* («solidez, utilidad y belleza»). A inicios del siglo XX, la vinculación del funcionalismo con una estética industrial de producción en serie y con la visión de la arquitectura como creación racional y diferenciada del mundo natural fue el producto de lo que se llamará racionalismo, que rechaza el ornamento. Estimulado por los avances de la ingeniería y el transporte, el funcionalismo dejó de ser una mera aspiración a un diseño lógico y útil, y para algunos se convirtió casi en una cruzada moral. Clave en la promoción de estas nuevas ideas fue el francés de origen suizo Charles-Édouard Jeanneret, más conocido como Le Corbusier. En 1923, este publicó *Hacia una arquitectura*, obra que cambiaría el curso de la historia de la arquitectura. Se componía de varios de sus ensayos sobre arquitectura, urbanismo y diseño, publicados antes en *L'Esprit Nouveau*, revista que había fundado en 1920 junto con el poeta dadaísta Paul Dermée y el pintor cubista Amédée Ozenfant, y en la que empleó por primera vez su seudónimo.

Viviendas funcionales
En el primer ensayo de *Hacia una arquitectura*, Le Corbusier declaraba que la arquitectura de su tiempo estaba ahogada por la costumbre. Para él, la profesión de la ingeniería, inspirada por la economía en las formas y gobernada por el cálculo matemático, lograba la definitiva armonía entre forma y función, esencial también para la arquitectura. *Hacia una arquitectura* explicaba en

Véase también: Inicios de la arquitectura moderna 190–195 ■ El minimalismo constructivo 230–231 ■ Le Corbusier tardío 250–251 ■ Una ciudad nueva 262–263 ■ Forma pura 270–271 ■ Accesibilidad 304

detalle cómo crear edificios racionales para la nueva era. El iconoclasta Plan Voisin de Le Corbusier, de 1925, contemplaba reemplazar barrios del centro de París por modernas torres de planta cruciforme entre vías rápidas de circulación rodada.

En cuanto a la arquitectura doméstica, Le Corbusier escribió que las viviendas funcionales producidas en serie eran esenciales para prevenir una revolución de clase. El hogar debía ser una «máquina de habitar», declaró, basada en las nociones de eficiencia y salud de sus ocupantes, y construida rápidamente con materiales modernos, pero también bella.

Cinco puntos clave

En 1926, Le Corbusier identificó cinco puntos de la arquitectura, una serie de principios que aplicar al diseño de las nuevas «máquinas habitacionales». El primero consistía en «pilotis», una red de columnas de hormigón armado para soportar la carga estructural y elevar los edificios por encima

del terreno, liberando la planta de suelo para aparcamientos o actividades de ocio. Esta idea derivó de un concepto anterior de Le Corbusier, el armazón Dom-Ino, entramado de columnas y suelos de hormigón armado que soportan la carga del edificio.

Los pilotis llevaban directamente a los puntos segundo y tercero de Le Corbusier: la «planta libre» y la «fachada libre». Como los pilotis hacían innecesarios los muros de carga interiores, se podían distribuir libremente los espacios en el interior del edificio, al gusto del arquitecto y del cliente. Análogamente, la fachada quedaba liberada de cualquier función estructural, lo cual permitía más opciones de materiales y estilos en los muros exteriores.

Las ventanas alargadas horizontales eran el foco del cuarto punto de Le Corbusier. Como los muros exteriores no eran de carga, podían acomodar grandes aberturas a cada lado del edificio, iluminando el interior sin perjudicar la estabilidad de la estruc-

> Llegaremos a la casa-herramienta [...], hermosa como la estética de las herramientas de trabajo y los instrumentos que acompañan nuestra existencia.
> **Le Corbusier**
> *Hacia una arquitectura (1927)*

tura. El quinto punto consistía en terrazas ajardinadas para compensar la superficie ocupada por el edificio y ofrecer un espacio saludable.

El manifiesto en la práctica

Los cinco puntos de Le Corbusier revelan claramente su misión de construir viviendas y otros edificios tan funcionales, versátiles y eficientes como fuera posible. Esto quedó patente en sus obras de las décadas de 1920 y 1930, así como en las de otros arquitectos de todo el mundo influidos por el enfoque funcionalista o racionalista de Le Corbusier, desde Lúcio Costa y Oscar Niemeyer, en Brasil, hasta Kenzo Tange, en Japón.

En la Exposición Internacional de Artes Decorativas e Industrias Modernas de 1925, en París, Le Corbusier presentó su pabellón de *L'Esprit Nouveau* (su revista de arte), unidad de vivienda modular prototípica, »

La Villa Schwob, en La Chaux-de-Fonds (Suiza), terminada en 1916 según el diseño de Le Corbusier, tiene un armazón Dom-Ino de pilares de hormigón.

La rampa, la chimenea y la barandilla tubular dan un aire de transatlántico a Villa Savoye, cuyas superficies de vidrio inundan de luz el interior.

construida con una estructura cuadricular, con espacio abierto de salón y cocina en la planta baja, y con habitaciones arriba. La reacción de muchos críticos fue hostil.

Fue en encargos privados donde Le Corbusier pudo llevar sus principios a la práctica. La Villa Savoye, en Poissy (Francia), construida entre 1928 y 1931, era un experimento arquitectónico para los clientes adinerados Pierre y Emilie Savoye, descritos por Le Corbusier como «sin prejuicios, ni antiguos ni nuevos», lo cual le dio una gran libertad creativa.

En muchos aspectos, la Villa Savoye es el origen de la típica vivienda «cubo blanco», un edificio nítido y rectilíneo elevado sobre pilotis. Las largas ventanas en todas las caras, posibles gracias a las «fachadas libres» de Le Corbusier, inundan de luz el interior. La casa no tiene una parte delantera o trasera; todos los lados están igualmente abiertos al paisaje y bien iluminados; y la cubierta es una terraza con jardín. Aunque construida a partir de elementos de hormigón preformados, el enlucido blanco la unifica y le confiere una forma singu-

lar: un rasgo que definiría la modernidad en las décadas de 1920 y 1930.

Para la vida cotidiana

Fiel a la concepción de Le Corbusier de la «máquina de habitar», la Villa Savoye estaba organizada en torno a la vida de sus ocupantes. Una rampa central, la *promenade architecturale*, arranca de la planta baja, donde un acceso medido en función del radio de giro de un automóvil crea una impresionante entrada, y asciende hasta la terraza de la cubierta. La barandilla de tubos de metal contribuye a dar a la vivienda su estética de transatlántico, reflejada también en los muebles de metal tubulares diseñados por Charlotte Perriand, con quien Le Corbusier colaboró en los espacios de estar. Le Corbusier compartía la actitud de Emilie Savoye en cuanto a los beneficios para la salud del aire fresco y del sol, y elevó las habitaciones de la villa a un nivel superior donde se

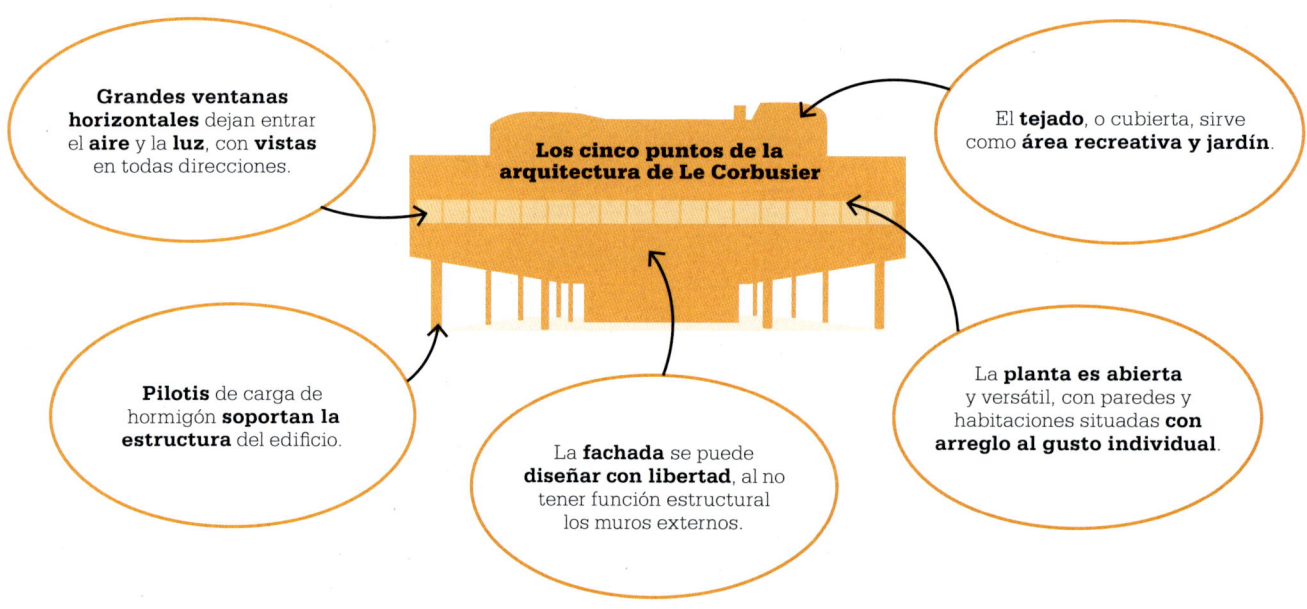

Grandes ventanas horizontales dejan entrar el **aire** y la **luz**, con **vistas** en todas direcciones.

Los cinco puntos de la arquitectura de Le Corbusier

El **tejado**, o cubierta, sirve como **área recreativa y jardín**.

Pilotis de carga de hormigón **soportan la estructura** del edificio.

La **fachada** se puede **diseñar con libertad**, al no tener función estructural los muros externos.

La **planta es abierta** y versátil, con paredes y habitaciones situadas **con arreglo al gusto individual**.

> Después de innumerables reclamaciones, usted ha aceptado finalmente que la casa que construyó en 1929 es inhabitable [...]. Por favor, hágala habitable de inmediato.
> **Emilie Savoye**
> **Carta a Le Corbusier (1937)**

abren a la terraza de la cubierta. Las habitaciones del servicio y el chófer no tenían tales lujos, por encontrarse en la más oscura planta baja, junto al garaje y el espacio de lavandería.

«Inhabitable»

La Villa Savoye fue un éxito como prototipo de los cinco puntos de Le Corbusier, pero no tanto como hogar para sus dueños. Unos años después de instalarse en ella, Emilie Savoye la llamó «inhabitable» debido a las goteras del techo y la pérdida de calor como resultado de las extensas superficies de vidrio. En su afán minimalista, Le Corbusier había eliminado del diseño los tubos de desagüe y alféizares, lo cual dio lugar a otros problemas con el agua y el drenaje. Los Savoye abandonaron la casa durante la Segunda Guerra Mundial, y la ocupación por parte tanto de alemanes como de estadounidenses causó un deterioro grave. A finales de la década de 1950, Villa Savoye se salvó por poco de ser demolida, gra-

La rampa central y la escalera de la Villa Savoye ascienden en una curva sensual desde la planta baja hasta el área de estar de la primera planta y el solárium de la segunda.

cias a una campaña que la rescató como monumento nacional y museo.

El legado de Le Corbusier

Si bien Le Corbusier expresó sus ideas en diseños para residencias privadas, las concibió para producir ciudades enteras. Algunos conceptos clave –como segregar el tráfico de vehículos y peatones y crear una división funcional estricta entre negocios, viviendas, transporte y ocio– se irían aplicando gradualmente. Otras ideas que parecían imposibles en la década de 1920 se hicieron realidad tras la Segunda Guerra Mundial, pues la destrucción de los bombardeos hizo necesario reconstruir muchas ciudades. La visión de Le Corbusier tuvo gran influjo en la actividad constructiva hasta bien entrada la década de 1960. La genialidad de Le Corbusier fue reconocida por la Unesco, que incluyó 17 de sus edificios entre el Patrimonio de la Humanidad, como grandes aportaciones a la arquitectura de la modernidad. ∎

Le Corbusier

Charles-Édouard Jeanneret (más adelante conocido como Le Corbusier) nació en 1887 en La Chaux-de-Fonds (Suiza). Dejó la escuela para formarse como grabador, pero optó muy pronto por la arquitectura, y diseñó viviendas de estilo *Arts and Crafts*. Trabajó aún muy joven para el arquitecto francés Auguste Perret, pionero en el empleo de hormigón armado, y también para el alemán Peter Behrens, diseñador de la fábrica de turbinas de AEG en Berlín.

Entre 1922 y 1940, con su primo Pierre Jeanneret, Le Corbusier desarrolló su estética industrial y construyó originales casas cubistas blancas, además de planificar proyectos enormes de viviendas utilitarias. Más tarde hizo famoso el recurso al hormigón expuesto *(béton brut)* en el bloque de viviendas Unité d'Habitation (1952), en Marsella. Le Corbusier murió en 1965, en Cap Martin (Francia).

Obras principales

1923 *Vers une architecture (Hacia una arquitectura).*
1925 *Urbanisme.*
1948 *Le Modular I.*

LOS MEJORES HOGARES POSIBLES PARA LOS TRABAJADORES

VIVIENDA EXPRESIVA PARA LAS MASAS

El éxito de los proyectos de vivienda social construidos en Austria a inicios del siglo xx afianzó el llamado «modelo de Viena» como referencia para la vivienda pública. Tal modelo superó con creces el de viviendas masivas de baja calidad, estandarizadas y prefabricadas que trataban de paliar la gran escasez de vivienda, pero que más tarde perjudicarían la imagen de la arquitectura moderna.

Viena Roja

Durante el periodo de la *«Rotes Wien»* («Viena Roja»), entre 1919 y 1934 –cuando el Partido Socialdemócrata Obrero (SDAP) austriaco gobernó en la ciudad–, la arquitectura residencial nueva se inspiró en

Salarios bajos y turnos largos obligan a los trabajadores a **vivir hacinados en lugares insalubres** cerca del lugar de trabajo.

Dichas **viviendas** se deterioran tanto que **entran en planes de reconstrucción** de áreas completas.

Algunos países aplican políticas sociales de **vivienda de calidad para todos**, dando prioridad a los más necesitados.

Diseños monumentales y modernos reflejan el compromiso del Estado con el progreso y la oferta de vivienda.

El **Karl-Marx-Hof** simbolizó la transformación de Viena en ciudad moderna tras la derrota y pérdida del Imperio en la Primera Guerra Mundial.

arcos característicamente anchos coronados por estatuas que recorren rítmicamente su longitud. La teatral expresividad de otras construcciones civiles o gubernamentales se empleó aquí deliberadamente para elevar la vida cotidiana de los trabajadores. Era, además, literalmente rojo, con muros exteriores en los que predomina un revestimiento de terracota.

Los grandes arcos del Karl-Marx-Hof conducen a amplios patios interiores arbolados y áreas de juego. Las viviendas en sí son funcionales, concediéndose prioridad a las instalaciones comunales y al complejo en su conjunto, más que a los interiores. Solo están decoradas las zonas públicas, en las que esculturas, murales y elementos decorativos dieron trabajo a artistas durante una época en la que abundaba el desempleo. Reparado después de la Segunda Guerra Mundial, y luego renovado, el Karl-Marx-Hof es un potente símbolo de la vivienda social de calidad que sigue manteniendo Viena. ■

el ideal de vivienda pública bien diseñada como derecho de todos. Se construyó vivienda social asequible para los trabajadores, financiada con nuevos impuestos sobre el lujo.

Lejos de ser meros bloques de viviendas, los «edificios comunitarios» (*Gemeindebauten*, en alemán) ocuparon áreas enteras de ciudades, ofreciendo servicios culturales y sociales como guarderías, escuelas, gimnasios, centros de salud, bibliotecas, tiendas y lugares de ocio. A los inquilinos de los nuevos proyectos se los seleccionaba según sus necesidades, dando prioridad a los sectores más vulnerables. En 1934, en Viena se habían construido más de 60 000 nuevas viviendas comunitarias, habitadas por al menos la décima parte de sus ciudadanos.

A diferencia de los bloques posteriores, en muchos casos aislados en el extrarradio urbano, los objetivos sociales de los arquitectos de los *Gemeindebauten* generaron complejos nuevos plenamente integrados en el tejido histórico de la propia Viena. Los edificios tenían también rasgos propios de las viviendas antiguas –como patios y áreas comunales–, a fin de organizar el espacio en formas conocidas. Los estilos fueron diversos, pero muchos arquitectos recurrieron a la grandeza inspiradora y la monumentalidad del expresionismo para plasmar las aspiraciones sociales de estos osados proyectos.

Palacios del proletariado

El mayor ejemplo de *Gemeindebauten* vienés fue el Karl-Marx-Hof, un complejo de viviendas construido entre 1927 y 1930 por el arquitecto y urbanista Karl Ehn. De 1,1 km de longitud, sigue siendo uno de los edificios residenciales más largos del mundo, donde viven más de cinco mil personas. Con aspecto casi de fortaleza, el complejo combina la monumentalidad expresionista con la geometría marcada del *art déco*, con

Una mayoría socialista […] puede […] beneficiar a los habitantes de la ciudad [y] elevar el prestigio del socialismo en otros lugares.
Robert Danneberg
Político austriaco (1882–1942)

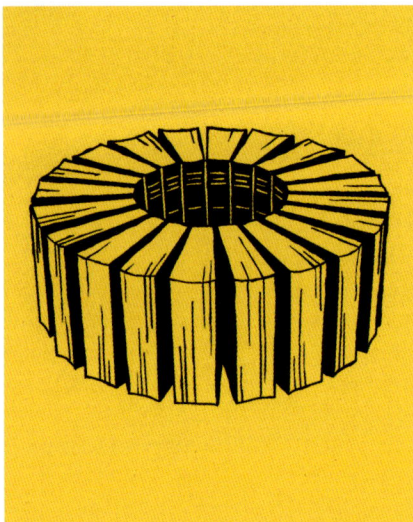

CADA PARTE DEBIA HABLAR
ARQUITECTURA ELEMENTAL

La arquitectura moderna trajo un proceso de racionalización, pero esto significó cosas distintas para unos u otros arquitectos: para algunos, significaba deshacerse de todo lo superfluo o innecesario para la eficiencia y función del edificio, como la ornamentación; para otros, en cambio, la modernidad no consistía tanto en quitar o eliminar como en un proceso de cuidada y calculada síntesis.

En lugar de cultivar una estética industrial, trataron de expresar la modernidad reduciendo estilos históricos, como el clasicismo, a sus elementos más esenciales, y experimentaron con lo que se podía lograr con ese nuevo enfoque.

La búsqueda de una «esencia» arquitectónica conectaba con la antigua aspiración a crear algo trascen-

Un rasgo distintivo de la Biblioteca Pública de Estocolmo es su tambor central elevado, que Asplund planeaba rematar con una cúpula inspirada en la del Panteón de Roma.

Véase también: La cúpula 46–47 ■ El clasicismo 150–153 ■ Inicios de la arquitectura moderna 190–195 ■ El expresionismo 212–215 ■ El funcionalismo y el racionalismo 220–225 ■ Diseño arquitectónico 234–235 ■ El Imperio italiano 242–245

Erik Gunnar Asplund

Erik Gunnar Asplund nació en Estocolmo en 1885, y estudió en la Academia de Bellas Artes de la ciudad. Viajó en 1913–1914 a Grecia e Italia, y la arquitectura clásica le causó una impresión profunda. Tras volver a Suecia, sus diseños para la Capilla del Bosque (1920) y la Biblioteca Pública de Estocolmo (1928) fueron ejemplos de simplicidad geométrica. Para la Exposición de Estocolmo de 1930, que promovía el diseño sueco, creó el muy influyente café Paradise, en el que recurrió extensamente al vidrio y al entramado de acero expuesto.

En 1931, Asplund fue nombrado profesor de arquitectura del Real Instituto de Tecnología de Estocolmo. Obras notables suyas posteriores son el Laboratorio Bacteriológico Estatal de Estocolmo (1935) y la ampliación del Ayuntamiento de Gotemburgo (1937). Muchos críticos consideran que la mejor obra de Asplund es el crematorio del cementerio del Bosque (1935–1940), proyectado junto con su compatriota Sigurd Lewerentz, y que en 1994 fue declarado Patrimonio Mundial por la Unesco. Asplund murió en Estocolmo en 1940.

dente y duradero, e introducía una sensación de escenificación y poder que muchos echaban en falta en las construcciones modernas ligeras, blancas y en forma de caja. Hasta Le Corbusier, acérrimo defensor de lo moderno, reconocía que la arquitectura, en lo fundamental, no es más que «el juego sabio, correcto y magnífico de los volúmenes bajo la luz».

Grandeza moderna

Para algunos, la arquitectura elemental era una forma de dotar de grandeza y monumentalidad a la modernidad, y esto era así para el arquitecto británico Edwin Lutyens, que recurrió a una forma única del clasicismo para representar el poder imperial británico en India. Para otros, como el arquitecto sueco Erik Gunnar Asplund, era un modo de dignificar la infraestructura pública. La obra temprana de Asplund fue neoclásica, y, en vez de abandonar dicho estilo en favor de las nuevas ideas modernas, buscó una síntesis, que aplicó a gran escala en una de sus obras de mayor éxito en la capital de Suecia, la Biblioteca Pública de Estocolmo.

Clásica y funcional

Completada en 1928, la biblioteca proyectada por Asplund es esencialmente clásica en la proporción y la forma, pero con un toque moderno. El gran tambor cilíndrico alberga una sala de biblioteca con tres niveles escalonados, diseñados para encontrar los libros del modo más eficiente posible, y sobre los cuales se levantan muros de aspecto cavernoso. La disposición es funcional, y el interior tiene acabados ricos en madera y yeso, con un suelo de mármol muy influido por el Panteón de Roma. En su exterior muestra motivos clásicos similares, pero en forma muy discreta. La base presenta un almohadillado como el de un palacio renacentista, y el ladrillo revestido de caliza aporta el aspecto de formas singulares y monolíticas. Los elevados portales de entrada remiten a la arquitectura del antiguo Egipto, y la franja de jeroglíficos en estuco que envuelve el edificio representa los temas de los libros que guarda el interior.

Poco tiempo después de terminarse la biblioteca, el estilo de As-

plund evolucionó. En 1931 declaró que «ya no hay necesidad alguna de formas culturales antiguas», y su obra posterior es claramente funcional y racionalista. A lo largo de las décadas siguientes, sin embargo, otros arquitectos recuperaron las formas sintéticas del clasicismo en obras públicas imponentes y monumentales. ■

Por su función como institución pública y sus cualidades arquitectónicas únicas, la Biblioteca Pública de Estocolmo es hoy una manifestación temprana de la arquitectura social nórdica.
Michael Asgaard Andersen
Académico danés (n. en 1973)

MENOS ES MAS
EL MINIMALISMO CONSTRUCTIVO

EN CONTEXTO

ENFOQUE
Minimalismo

ANTES
1885 Se construye en Chicago el edificio Home Insurance, del arquitecto William Le Baron Jenney, primera estructura alta de armazón de acero.

1921 Mies van der Rohe diseña el primer rascacielos de acero y vidrio para Berlín, pero no se construye.

1929 En la Exposición Internacional de Barcelona (España), Mies y Reich crean el pabellón de Alemania con formas modernas precisas y geométricas.

DESPUÉS
1932 Se define por primera vez el racionalismo (o estilo internacional) en vidrio y acero modulares.

1981 La estética del británico John Pawson en el Van Royen Apartment de Londres sienta el enfoque del minimalismo contemporáneo.

En 1929, cuando el arquitecto alemán Ludwig Mies van der Rohe y la diseñadora Lilly Reich presentaron a sus clientes Greta y Fritz Tugendhat sus diseños para la Villa Tugendhat, en Brno (en la actual República Checa), estos mostraban un vasto espacio habitacional aparentemente libre de elementos estructurales. ¿Cómo podría el edificio mantenerse en pie? Al advertir los clientes pequeñas cruces en los planos, con unos 5 m de separación, Mies explicó que eran las columnas de acero que soportarían la estructura.

El concepto de planta abierta (o libre) no llama especialmente la atención hoy, pero lo que proponían Mies y Reich para la Villa Tugendhat era algo revolucionario.

Villa Tugendhat tiene largas paredes exteriores de vidrio en la esquina sureste, característica que resalta la ausencia de muros de carga.

Mies van der Rohe

Figura señera de la arquitectura moderna, Maria Ludwig Michael Mies nació en 1886 en Aquisgrán (Alemania). Tras trabajar en el taller de talla de piedra de su padre (Michael Mies), se mudó a Berlín, donde diseñó casas neoclásicas para clientes ricos. El alemán Peter Behrens se fijó en el, y le invitó a trabajar en su gabinete junto con Walter Gropius y Le Corbusier.

Para remarcar su paso de hijo de artesano a arquitecto, en 1920 cambió su nombre por el de Ludwig Mies van der Rohe (añadiendo «van der» a Rohe, apellido de su madre). En su carrera se incluyó, desde 1930, la dirección de la escuela Bauhaus, la cual revitalizó, aunque los nazis la cerraron en 1933 bajo acusaciones de «marxismo cultural». Mies emigró a EE. UU. en 1938, donde conoció a Frank Lloyd Wright, y se asentó en Chicago. Más tarde, sus diseños racionalistas, minimalistas pero lujosos –como la casa Farnsworth (1951), en Plano (Illinois), y el Crown Hall (1956), en Chicago– tuvieron éxito en un país que trataba entonces de definir una nueva y brillante era comercial. Mies murió en Chicago en 1969.

Un entramado de columnas que soporta suelos de hormigón armado (técnica habitualmente reservada a los edificios industriales) transformaba los interiores y las fachadas de la casa en lienzos libres y disponibles para cualquier intervención que deseara el arquitecto.

Lujo en la simplicidad

El minimalismo está presente en muchos desarrollos arquitectónicos de inicios del siglo XX. Dar prioridad a lo elemental y eliminar los adornos unió en la simplicidad muchas obras emergentes. Para Mies, la aspiración al minimalismo tenía un carácter más absoluto. Su afán de reducir las estructuras a «la piel y los huesos» –inmortalizado en el lema «menos es más»– no consistía en eliminar toda ornamentación para beneficio de la función, sino más bien en transformar la función en algo ornamental por sí mismo, a menudo usando materiales y acabados de gran calidad.

El exterior blanco de Villa Tugendhat, cortado por un gran ventanal corrido, podría parecer a primera vista la casa de campo moderna arquetípica, pero en el interior predominan los materiales y los acabados de lujo. La casa se eleva sobre una terraza plana habilitada en un emplazamiento en pendiente, y en la planta baja (sótano) se ubican espacios de servicio, aparatos de calefacción central y aire acondicionado y controles eléctricos de las ventanas.

En el interior, el área principal de convivencia es un espacio abierto, no compartimentado; pero las zonas de comedor y biblioteca están delimitadas por un panel de ónice, que casi reluce a la luz del sol, y una pantalla curva de ébano. Reich diseñó también impactantes tabiques de vidrio que podían accionarse para descender por debajo del suelo, como las ventanas de un automóvil. Los únicos obstáculos del interior son los pequeños pilares metálicos estructurales, de sección cruciforme y de acabado cromado, que se funden con el contexto.

¿Funcional o frívolo?

Mies y Reich habían creado un minimalismo de gran refinamiento que parecía poner en cuestión el debate entre función y ornamento. Villa Tugendhat presentaba espacios simples y controlados que deslumbraban por la calidad de los acabados. La estructura debería haber satisfecho hasta al funcionalista más riguroso, pero fue criticada al terminarse en 1930, por «frívola», y acusada de «esnobismo moderno». Es a la vez pesada y ligera, antigua pero moderna. Los Tugendhat lo resumieron al describir la casa como «austera y grandiosa, pero no de un modo que oprime, sino de uno que libera». ■

La claridad constructiva llevada a su expresión exacta. A eso llamo yo arquitectura.
Mies van der Rohe

JAZZ VIBRANTE EN PIEDRA Y ACERO

EL *ART DÉCO*

EN CONTEXTO

ENFOQUE
Osadía y decoración

ANTES
C. 1890–1910 El modernismo, precursor del *art déco*, borra los límites entre bellas artes y artes aplicadas.

1912 La *Maison Cubiste*, instalación del Salón de Otoño de París, aplica el estilo cubista al diseño de espacios.

1913 El arquitecto francés Auguste Perret emplea hormigón armado en la fachada geométrica del teatro de los Campos Elíseos, primer edificio *art déco* de París.

DESPUÉS
Década de 1930 Surge en EE. UU. el *streamline moderne*, inspirado en formas curvas y aerodinámicas.

2005 El arquitecto boliviano Freddy Mamani lanza el neoandino, estilo arquitectónico osado influido por el art déco.

A menudo asociado con el glamur de los años veinte, el llamativo y extravagante estilo *art déco* refleja el espíritu confiado de su tiempo. Nació en Francia, y se difundió rápido por el mundo, influyendo en todos los campos del diseño, desde la arquitectura, los muebles y la moda hasta los automóviles y los últimos artilugios domésticos.

Espectáculo impactante

El *art déco* (abreviatura de *arts décoratifs*) despegó en la Exposición Internacional de las Artes Decorativas e Industriales Modernas celebrada en París en 1925, que promovió las artes decorativas frente al impacto

Me encanta Nueva York
[…]. Mires adonde mires
hay decoración.
Tom Ford
Diseñador estadounidense
(n. en 1961)

creciente de la producción en serie. Sus organizadores, la Société des Artistes Décorateurs, insistían en diseños que mostraran «originalidad genuina» y una «inspiración moderna».

La exposición fue un espectáculo de color, destreza y tecnología; en las muestras dominaban formas geométricas derivadas del cubismo, materiales caros y ejecuciones de alto nivel. La tecnología se presentaba como medio para alcanzar la excelencia artística, no como su antítesis, enfoque sobre el que hubo división de opiniones. Le Corbusier se manifestó en contra del exceso decorativo con su austero diseño del pabellón de *L'Esprit Nouveau* (su revista de arte), y declaró que «el arte decorativo moderno no tiene adornos».

Le Corbusier no sintonizaba con el hambre de extravagancia del público, pero Europa adoptó pronto y con entusiasmo el *art déco*, término que él usaba con sorna. Muy empleado en teatros, salas de cine, hoteles y gasolineras, dicho estilo fue en parte una manifestación de la era del jazz, sinónimo de diversión y de lujo.

Templos del comercio

El *art déco* halló suelo fértil en EE. UU., donde se aplicó a muchos edificios de oficinas y bloques de apartamentos.

Véase también: Formas orgánicas 174–175 ▪ El *art nouveau* y el modernismo 180–181 ▪ El rascacielos 198–203 ▪ Arquitectura de la Revolución rusa 218–219 ▪ El funcionalismo y el racionalismo 220–225

Desde finales de la década de 1920, en Manhattan en particular se construyeron varios rascacielos *art déco*, como el edificio Chrysler y el 30 Rockefeller Plaza, completados en 1930 y 1933, respectivamente.

Paradigma del *art déco* estadounidense, el edificio Chrysler fue encargado por Walter P. Chrysler, fundador de la empresa automovilística Chrysler, y proyectado por William Van Alen. Chrysler quería que reflejara la ambición, la tecnología y las formas de la nueva era del motor. También quería que fuera el edificio más alto del mundo, y, con sus 319,5 m lo fue, hasta ser superado por el edificio Empire State en 1931. El diseño de Van Alen era un armazón de acero cerrado con mampostería y revestido de granito verde esmeralda, mármol blanco, ladrillo vidriado blanco y acero inoxidable. Una corona deslumbrante de acero inoxidable remata la torre, y las gárgolas que sobresalen de las esquinas representan águilas y adornos como de capó de automóvil.

Los ricos interiores del edificio Chrysler también reflejan la extravagancia del *art déco*. En el vestíbulo triangular, luces en forma de antorcha emiten un resplandor cálido que acentúa las texturas naturales de las paredes y los suelos de mármol africano e italiano. Las puertas de los ascensores están revestidas de madera en patrones geométricos, y las de entrada, chapadas en cromo.

Alcance global

India y China abrazaron también el *art déco*. La Exposición del Hogar Ideal de 1937 celebrada en Bombay popularizó el estilo entre los jóvenes arquitectos indios, que lo asumieron como un rechazo de la arquitectura victoriana. En China, los arquitectos que estudiaron en el extranjero crearon un *art déco* con elementos tradicionales chinos, sobre todo en Shanghái, donde el edificio del Bank of China de 1937 –una de varias estructuras *art déco* a lo largo del paseo fluvial del Bund– combina la monumentalidad del bloque con los gráciles aleros en curva ascendente típicos de los tejados tradicionales chinos.

Durante la Gran Depresión de la década de 1930, la faceta decorativa del *art déco* se fue sustituyendo por formas curvas más nítidas, con resonancias del perfil aerodinámico de barcos y aviones. El gusto por este estilo decayó con el inicio de la Segunda Guerra Mundial, y pasó de moda tanto en EE. UU. como en Europa. ▪

La corona de siete pisos del edificio Chrysler de Nueva York tiene rasgos *art déco* clave, como «escamas» metálicas y motivos con aspecto de máquina.

Rasgos clave de la arquitectura *art déco*

Curvas sinuosas que crean sensación de movimiento

Formas geométricas rotundas entrelazadas y repetidas

Formas naturales estilizadas, como flores y hojas

Motivos inspirados en el antiguo Egipto y la civilización azteca

Esculturas dinámicas, sobre todo de la forma femenina

LAS SILLAS SON ARQUITECTURA

DISEÑO ARQUITECTÓNICO

U n aspecto fundamental de los movimientos modernos fue concebir la arquitectura como práctica que abarca todos los elementos del diseño de un edificio, también en el interior.

En su autobiografía, el arquitecto estadounidense Frank Lloyd Wright recordaba haberse sentido incómodo al ver equipadas sus creaciones con muebles y decoración que no había diseñado ni escogido: «Muy pocas de las casas me causaban otra cosa que dolor, una vez que los clientes traían sus pertenencias».

Como resultado del enfoque holístico moderno para producir edificios terminados, los límites entre artes decorativas –mobiliario y textiles incluidos– y arquitectura se difuminaron, y tal fenómeno generó la figura híbrida del moderno arquitecto-diseñador.

Casa E-1027

Asomada al mar en Roquebrune-Cap-Martin, en la costa Azul francesa, E-1027 es una casa moderna de dos plantas diseñada por la arquitecta y diseñadora de interiores irlandesa Eileen Gray para su entonces compañero, el arquitecto y crítico francés de origen rumano Jean Badovici.

Completada en 1929, E-1027 recuerda a un crucero oceánico sobre pilotes, y ejemplifica el enfoque integral de la arquitectura y del diseño. El mobiliario era fundamental en la visión de Gray desde el inicio, y los planos de la casa muestran el empleo de los muebles y la decoración como herramientas para delimitar el espacio interior.

La importancia del diseño de interiores para el efecto y la función de la casa terminada es evidente en la atención prestada por Gray hasta al menor detalle. Una descripción de E-1027, escrita con Badovici para su revista *L'Architecture Vivante* («La

La arquitectura externa parece haber absorbido [...] a los arquitectos a expensas del interior.
Eileen Gray y Jean Badovici
L'Architecture Vivante (1929)

Eileen Gray

Eileen Gray nació en Enniscorthy (Irlanda) en 1878. Estudió pintura y lacado en escuelas de arte en Londres y París antes de formarse con el lacador y escultor japonés Seizo Sugawara en París. En 1917, su talento fue reconocido por la revista *Vogue* (en su edición británica). El mismo año recibió el encargo de diseñar el interior del apartamento de la modista parisina Juliette Lévy, para el que produjo muchas obras originales, como el sillón Bibendum, una de sus piezas de referencia. Gray se empezó a dedicar a la arquitectura a finales de la década de 1920.

Compartió el crédito por algunos de sus diseños con Jean Badovici, pero hoy en día se cree que este se arrogó la autoría de muchos que Gray produjo en exclusiva. Como ciudadana extranjera, fue internada en Francia durante la Segunda Guerra Mundial, acabada la cual volvió al diseño, aunque sin el éxito estelar de su carrera anterior. En 1972, sin embargo, se celebró en Londres una exposición de su obra («Eileen Gray: pionera del diseño»), que hizo resurgir el interés en sus trabajos. Murió en París en 1976.

arquitectura viva») en 1929, explicaba cómo los cojines del diván se diseñaron para poder disponerlos a su alrededor como «satélites» y aumentar el número de plazas. La butaca Inconformista de Gray tenía un reposabrazos tapizado, y el otro de acero galvanizado en níquel. Gran parte de los muebles a medida que diseñó estaban integrados en la propiedad, y su intención era que no se hiciera ninguna alteración o añadido posterior.

Control total

Aunque la casa integrada de Gray era de tamaño modesto, otros proyectos contemporáneos demostraron la posibilidad del diseño unificado a escala mucho mayor. El arquitecto francés Robert Mallet-Stevens fue el encargado de todos

los elementos de la villa Cavrois, interpretación moderna de un castillo cerca de Lille, en el norte de Francia, completada en 1932. El diseño de Mallet-Stevens lo abarcó todo, desde los relojes colgados de las paredes hasta los accesorios del gran cuarto de baño y el «espejo de agua» del jardín, que refleja la fachada de 60 m de la mansión.

En 1998, el arquitecto neozelandés asentado en EE. UU. Mark Wigley criticó el afán de decidir todos los detalles del diseño como «una fantasía que tiene que ver con el control, con la arquitectura como control». Fue esta fantasía de orden y control lo que trataron de subvertir los arquitectos posmodernos de la segunda mitad del siglo xx. ■

El mobiliario de Eileen Gray en la casa E-1027, hoy en día restaurado cuidadosamente, empleaba madera, telas exóticas, tapizados y piel, en contraste con los modernos hormigón, acero y vidrio de la estructura del edificio.

UN PALACIO PARA EL PUEBLO

ESTILO SUBTERRÁNEO

La expansión del Metro («the Tube») de Londres en las décadas de 1920 y 1930 vino acompañada de la aplicación del diseño moderno a entornos de lo más cotidiano. Esta edad dorada del diseño del ferrocarril subterráneo fue guiada por su director ejecutivo, Frank Pick, con la ayuda de Charles Holden, arquitecto al que escogió para muchas estaciones.

Pick y Holden colaboraron extensamente hasta jubilarse el primero, en 1940. La aspiración de Pick era hallar una «nueva expresión arquitectónica» que elevara las nuevas estaciones de metro como símbolos potentes de progreso y modernidad,

tanto bellas como útiles. El enfoque marcadamente funcionalista de ambos se resume en el lema de Pick «adecuación al fin».

En busca de inspiración, Holden y Pick estudiaron la arquitectura del norte de Europa, más atentos a ejemplos conscientes de la arquitectura civil moderna que a las propias estaciones. Les interesaron en particular las formas elementales de moda en Escandinavia, que combinaban la utilidad buscada con una

La opulenta estación *art déco* Mayakovskaya del Metro de Moscú, diseño del arquitecto ruso Alekséi Dushkin, fue inaugurada en 1935.

Véase también: Inicios de la arquitectura moderna 190–195 ■ El funcionalismo y el racionalismo 220–225 ■ Arquitectura elemental 228–229 ■ El *art déco* 232–233

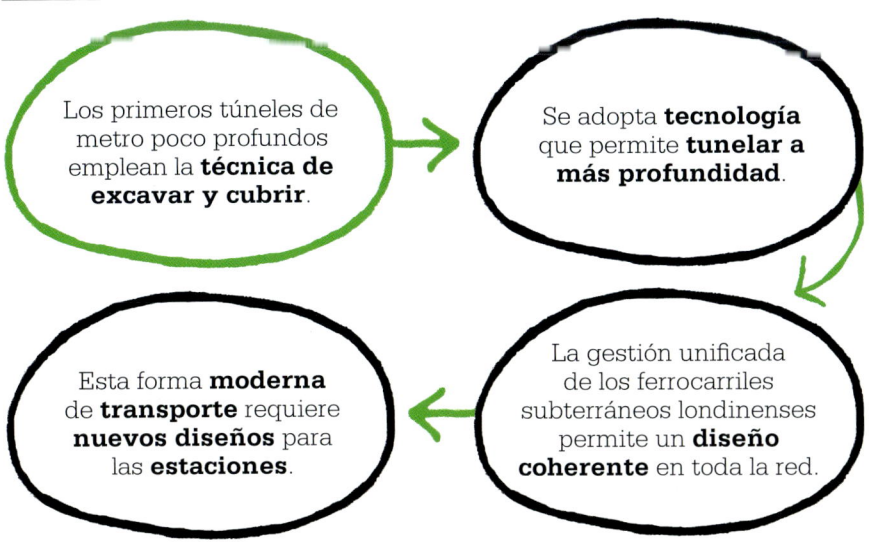

Los primeros túneles de metro poco profundos emplean la **técnica de excavar y cubrir**.

Se adopta **tecnología** que permite **tunelar a más profundidad**.

Esta forma **moderna** de **transporte** requiere **nuevos diseños** para las **estaciones**.

La gestión unificada de los ferrocarriles subterráneos londinenses permite un **diseño coherente** en toda la red.

Charles Holden

Charles Holden nació en Bolton (Inglaterra) en 1875. Estudió en la Escuela Técnica de Manchester y la Escuela de Arte de Manchester. Desde 1899 trabajó para el arquitecto H. Percy Adams en Londres, donde diseñó muchos edificios, como hospitales y bibliotecas. En la década que siguió a la Primera Guerra Mundial, trabajó en 69 cementerios en Bélgica y Francia para la Comisión de Tumbas de Guerra Imperial.

En 1924, Frank Pick le encargó el diseño de siete estaciones del Metro de Londres, a las que seguirían muchas otras. En 1930 viajó por Europa con Pick para estudiar los últimos estilos arquitectónicos. Fue el preludio de la década más productiva de Holden, en la que diseñó muchas más estaciones de metro y la Casa del Senado de la Universidad de Londres. Una de sus últimas estaciones, Gant's Hill, es notable por sus bóvedas de cañón.

Holden tenía también ideas propias sobre urbanismo: era partidario de relocalizar la industria fuera de las ciudades, y acomodar a los trabajadores en viviendas próximas. Murió en 1960.

belleza clásica sencilla. Era el estilo que haría funcionales y libres de modas estilísticas las estaciones londinenses, intemporales y serenamente monumentales, de un modo que define muchas áreas de la ciudad hasta hoy.

Funcional pero hermoso

La influencia continental resulta muy obvia en la estación Arnos Grove (en el norte de Londres), proyectada por Holden. Evocadora de la Biblioteca Pública de Estocolmo, del arquitecto sueco Gunnar Asplund, la estación es en esencia una caja rectilínea con un cilindro en el centro, con varios motivos clásicos elementales y modernizados. El espacio en la fachada habitualmente reservado para un friso decorado cumple aquí un fin de etiquetado, con el nombre de la estación sobre una franja de baldosas azules bajo una cornisa de hormigón.

Fue tal el éxito de las estaciones londinenses que visitantes rusos hablaron de ellas al dictador soviético Iósiv Stalin. Más tarde se consultó a los ingenieros del Metro de Londres en la fase inicial de construcción del Metro de Moscú, cuyo primer tramo se inauguró en 1935. Aunque impresionante, no se compara con la opulencia de la segunda fase (1938), cuyas estaciones ornamentales tienen más aspecto de iglesias que de infraestructura de transportes. Pese a las diferencias estilísticas entre la red londinense y moscovita, el fin era el mismo: elevar servicios públicos a una nueva era de esplendor. ■

La prueba de la bondad de algo es su adecuación al uso.
Frank Pick
Conferencia (1916)

EL DESEO DE MOSTRAR LA PROPIA FUERZA

LA ARQUITECTURA COMO AFIRMACIÓN

La impronta de proyectos imponentes de carácter político —de la vivienda social y los edificios gubernamentales a los estadios y las infraestructuras— está presente en todas las grandes ciudades del mundo. Además de transmitir un mensaje potente, dan forma a la percepción de una estética, distorsionando las asociaciones del pasado para adaptarse a fines nuevos. Una vez puesto un estilo particular de arquitectura al servicio de un fin determinado —por ejemplo, los objetivos de un régimen totalitario—, puede ser difícil verlo desde otra óptica.

Arquitectura totalitaria

Las dictaduras surgidas en Europa en la década de 1930, en particular la

Véase también: El arco 38–41 ■ Inicios de la arquitectura moderna 190–195 ■ Revivir el pasado 196–197 ■ El legado imperial 204–205 ■ Arquitectura de la Revolución rusa 218–219 ■ El Imperio italiano 242–245

Albert Speer

Albert Speer nació en Mannheim (Alemania) en 1905. Se licenció como arquitecto en 1927, y, tras ingresar en el Partido Nazi en 1931, le recomendaron que presentara diseños para el estadio donde se celebrarían los congresos de Núremberg en 1933. Pronto se convirtió en confidente de Hitler, quien le nombró Comisionado para la Presentación Artística y Técnica de los Congresos y Demostraciones del Partido, y luego jefe de la Oficina Principal de Construcción. Sus diseños para la Cancillería, el estadio Zeppelinfeld y el nunca construido Volkshalle eran todos de estilo clásico y monumental, concebidos para dejar ruinas tan hermosas que el Tercer Reich nunca fuera olvidado. En 1942 fue nombrado ministro de Armamento y Producción Bélica del Reich.

Tras la derrota de Alemania en 1945, Speer fue condenado por crímenes de guerra y contra la humanidad y sentenciado a 20 años de prisión. Fue liberado en 1966 y, aunque no logró relanzar su carrera arquitectónica, tuvo éxito como autor escribiendo sobre interioridades del Tercer Reich. Murió en 1981.

de Hitler en Alemania y la de Stalin en la URSS, se sirvieron de la arquitectura para dar forma a la imagen y la historia nacionales. La Bauhaus, en la Alemania de Weimar (1918–1933), y los institutos de diseño Vjutemás, en Moscú, habían promovido las ideas de la modernidad arquitectónica, pero la situación cambió con el ascenso del nazismo y el estalinismo. Hitler condenó la modernidad como «degenerada» por su rechazo de la tradición, y tildó la Bauhaus de nido de comunistas. Algunas obras, como la escultura expresionista monumento a los Muertos de Marzo, de Walter Gropius, fueron demolidas como parte de esta censura. Para Stalin, la modernidad solo era atractiva para la élite cosmopolita, y ni representaba ni inspiraba al proletariado.

En muchos casos, la arquitectura moderna no transmitía más que la función o finalidad. La arquitectura de la antigüedad, en cambio, arrastraba connotaciones culturales seculares de imperio, ilustración, grandeza y tradición. Para Stalin, los edificios clásicos encarnaban mensajes que casaban con el realismo socialista, su nuevo estilo predilecto, que idealizaba la vida en la Unión Soviética. Para Hitler, el clasicismo evocaba una larga historia de imperios poderosos, de los que el Tercer Reich —al que llamó «de los mil años»— pretendía ser un descendiente directo.

El poder de las ruinas

Puede parecer extraño que un nuevo régimen evoque la idea de su propia destrucción, pero esto era precisamente lo que tenía en mente el principal arquitecto de Hitler, Albert Speer. En 1936, Speer publicó el ensayo *Die Ruinenwerttheorie* («Teoría del valor de la ruina»), donde planteaba el concepto de diseñar edificios de un modo que garantizara que un día se convirtieran en ruinas hermosas, ruinas que manifestaran el poder y la grandeza de una civilización mucho después de su colapso y deterioro. Si bien Speer no fue el primero en apreciar el poder de las ruinas –cuyo valor estético fascinó a los románticos–, sí lo fue en explotar la idea con fines políticos. Concibió edificios que conservaran su poder durante siglos y que fueran, en palabras de Hitler, »

Los gobiernos totalitarios promueven una arquitectura que subraya una **imagen de fuerza y poder**.

La **arquitectura de los movimientos modernos** se juzga degenerada y se **rechaza**.

Se opta por la **arquitectura clásica** debido a sus **vínculos históricos con la tradición y el poder**.

Se añade ornamentación **que simboliza ideologías nuevas**.

> Los edificios se alzan aún […] como testimonio del pasado de las grandes naciones.
> **Albert Speer**

«comparables al antiguo Egipto, Babilonia y Roma».

La idea del valor de las ruinas vino acompañada del rechazo a los estilos y materiales modernos. Speer desdeñaba la construcción en acero, a la que suponía una vida de solo unos 50 años. Para los edificios estatales importantes, prefería los muros de carga de piedra, que eran tanto exigentes en fuerza de trabajo como caros. La producción industrial se consideraba adecuada para proyectos masivos de vivienda –mientras los acabados fueran tradicionales–, pero para la obra gubernamental a gran escala, incluida la reconstrucción propuesta de Berlín, el aspecto macizo y la potencia emocional eran la clave.

Estadio Olímpico de Berlín

El régimen nazi aprovechó la ocasión de los Juegos Olímpicos de 1936 en Berlín para promover su ideología a escala mundial, y especialmente ensalzó que se centrarían en un anfiteatro –siguiendo la gran tradición de la antigüedad– y serían los primeros Juegos televisados. El plan original había sido renovar el Deutsches Stadion (Estadio Alemán), diseñado por Otto March para los Juegos de 1916, pero no usado debido al estallido de la Gran Guerra. Sin embargo, Hitler comprendió pronto el valor propagandístico de un estadio nuevo, y se encargó al hijo de Otto March, Werner March, diseñar el nuevo Estadio Olímpico (Olympiastadion).

Según Speer, March propuso inicialmente una estructura moderna de acero, hormigón y vidrio, pero esto estaba completamente reñido con el gusto estético de Hitler y con las ideas de Speer sobre el valor de la ruina. Supuestamente, Hitler amenazó incluso con cancelar los juegos si no se modificaba el proyecto, y solo accedió finalmente al aceptar Speer el encargo de adaptar el diseño de March con el añadido de una fachada neoclásica.

El Estadio Olímpico de Berlín era una versión austera del Coliseo de Roma, terminado en piedra caliza, y al que se accedía por una gran plaza que serviría para acoger desfiles y mítines una vez que acabara la Olimpiada. Flanqueaban la entrada dos enormes torres cuadradas de piedra, entre las que se colgaron los anillos olímpicos. Hitler era partidario de un clasicismo austero, y, aunque proliferaran las esvásticas, el estadio carecía prácticamente de ornamentación. La única excepción eran unas esta-

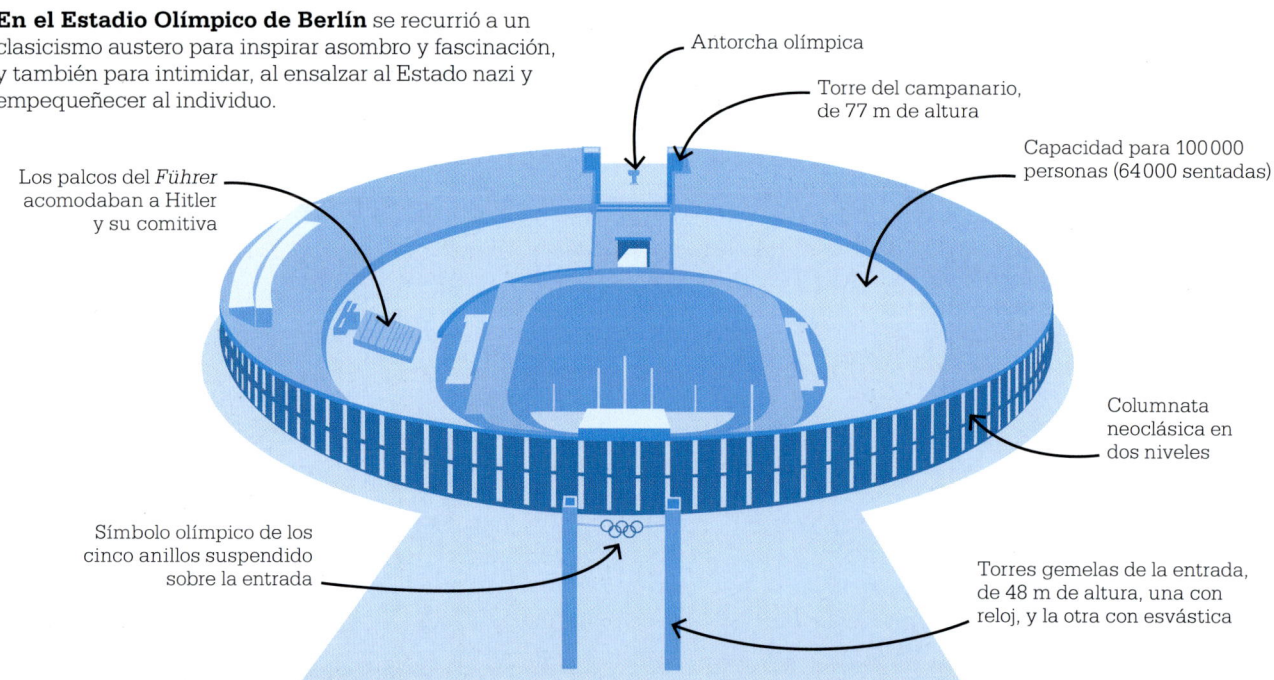

En el Estadio Olímpico de Berlín se recurrió a un clasicismo austero para inspirar asombro y fascinación, y también para intimidar, al ensalzar al Estado nazi y empequeñecer al individuo.

Antorcha olímpica

Torre del campanario, de 77 m de altura

Capacidad para 100 000 personas (64 000 sentadas)

Los palcos del *Führer* acomodaban a Hitler y su comitiva

Columnata neoclásica en dos niveles

Símbolo olímpico de los cinco anillos suspendido sobre la entrada

Torres gemelas de la entrada, de 48 m de altura, una con reloj, y la otra con esvástica

La Biblioteca Estatal Lenin (hoy del Estado ruso), en Moscú, es un diseño neoclásico, e incorpora un friso de dos niveles que representa a lectores junto con soldados y obreros.

tuas de estilo griego de atletas musculosos, obra de Arno Breker, amigo personal de Speer, y de otros escultores patrocinados por el régimen nazi.

Como muchos ejemplos de arquitectura de expresión política, el Estadio Olímpico de Berlín era demasiado grande para abarcarlo con la mirada. Para apreciar su inmensidad era necesario recorrerlo. Durante un tiempo, esta construcción y otras de Alemania generaron fuertes asociaciones con los crímenes del nazismo, lo cual generó propuestas de demolición; aunque otras voces alegaron que, por la misma razón, conservarlas puede servir de advertencia para no repetirlos. Este estadio fue remodelado por completo para celebrar la Copa Mundial de Fútbol de 2006.

Valores soviéticos

En la Unión Soviética, imponer una estética común fue uno de los medios con los que el régimen podía promover su ideología totalitaria, y se construyeron obras monumentales como símbolo de los valores co-

munistas por todo el vasto territorio, que en 1946 incluía más de cien nacionalidades. En los inicios de la era soviética, bajo el liderazgo de Vladímir Lenin (1917–1924), se crearon escuelas de arte con el fin de formar artistas y diseñadores capaces de satisfacer las necesidades del Estado socialista de modos nuevos e imaginativos, proyecto que fue abandonado una vez que Stalin ascendió al poder tras la muerte de Lenin.

Realismo socialista

Stalin creía que la arquitectura y el arte debían ser realistas, tradicionales y libres de abstracción, y encontraba adecuado para este fin el neoclasicismo de la escuela francesa *beaux arts* y su concepto de «arquitectura parlante»: el uso de la forma arquitectónica o la ornamentación alegórica para transmitir ideas.

Aunque no se etiquetaron como degeneradas otras formas de arquitectura, como sí ocurrió en la Alemania nazi, una norma de 1932 prohibió los sindicatos de artistas indepen-

dientes, e instituyó en su lugar el Sindicato Soviético de Arquitectos y la Academia de Arquitectura, que impusieron el realismo socialista oficial en todas las artes. Cuatro reglas redactadas por el Congreso de Escritores Soviéticos en 1934 articularon los nuevos parámetros: las obras de arte debían ser relevantes para los trabajadores, representar escenas de la vida cotidiana, ser realistas en la representación y apoyar los objetivos del Partido Comunista.

Vuelta al clasicismo

Después de haber pasado de moda durante los años posteriores a la Revolución rusa de 1917, los arquitectos neoclásicos del país empezaron a construir de nuevo. La Biblioteca Estatal Lenin, de Vladímir Schukó y Vladímir Gelfréij, encargada en 1929 pero no terminada hasta 1945, ejemplificó la tendencia. Las columnas altas de sección cuadrada –diseñadas para simbolizar la estabilidad y la fuerza de la ideología soviética– están inspiradas por la arquitectura clásica, pero su geometría afilada es un eco del constructivismo. ∎

La arquitectura es la voluntad de una época traducida a espacio.
Mies van der Rohe
«Arquitectura y voluntad de época» (1924)

LA NUEVA ROMA EMERGERA

EL IMPERIO ITALIANO

EN CONTEXTO

ENFOQUE
**Fusión de lo antiguo
y lo moderno**

ANTES
80 D. C. Terminan en Roma
las obras del Coliseo, el mayor
anfiteatro del mundo.

1923 Mussolini se dirige a
los asistentes de la exposición
inaugural de Il Novecento
Italiano, grupo de artistas
partidarios de la representación
romántica y contrarios a la
abstracción.

DESPUÉS
1960 Se completa gran parte
del complejo Esposizione
Universale Roma (EUR) para
los Juegos Olímpicos de Roma,
incluido un estadio diseñado
por el arquitecto fascista
Marcello Piacentini.

2017 Tras 18 años de trabajo,
Studio Fuksas completa «La
Nube», centro de congresos
y complejo hotelero en la EUR.
Es el mayor edificio terminado
en Roma en más de 50 años.

La intersección de fascismo y modernidad se remonta al futurismo italiano de comienzos del siglo XX y a la adopción de una nueva arquitectura nacida de la era industrial. Sin embargo, cuando el futuro dictador fascista Benito Mussolini se convirtió en primer ministro de Italia en 1922, el país estaba atrasado con respecto a otros países europeos en cuanto al progreso tecnológico que tanto celebraban y querían reflejar, tanto fascistas como futuristas. Para Mussolini, la solución no consistía en demoler el pasado, como defendían los futuristas, sino en una fusión de las ideas modernas

Véase también: El arco 38–41 ▪ Revivir el pasado 196–197 ▪ El legado imperial 204–205 ▪ El futurismo 210–211 ▪ El *art déco* 232–233 ▪ La arquitectura como afirmación 238–241

Mussolini hace el saludo fascista junto a una estatua del antiguo conquistador romano Julio César en 1935, poco antes de la conquista italiana de Abisinia (la actual Etiopía).

Mussolini evoca una **imagen idealizada de la antigua Roma** para promover la **ideología nacionalista** de la Italia fascista.

A la vez, quiere proyectar una imagen de **Italia** como **nación moderna**.

Los arquitectos **recrean la visión de Mussolini** por varios medios:

Combinando formas clásicas y **proporciones monumentales** con la ausencia de ornamentación de la **modernidad**.

Usando **técnicas constructivas modernas**.

La **Italia fascista** se presenta como una nación **fuerte, poderosa y avanzada**.

con una representación romántica de la historia antigua de Italia.

La visión de Mussolini se conoció como *romanità*, y quiso imbuir los objetivos modernizadores del fascismo del espíritu de la antigua Roma, aunque fuera en una versión muy simplista. Además de dar forma a edificios, la *romanità* influyó en aspectos de todo tipo, desde los valores sociales, que integraron las nociones romanas antiguas de vigor y coraje, hasta la lengua, incluidos los intentos de resucitar el latín. Mussolini tenía como ambición exportar este nuevo enfoque a las colonias de Italia en África, imitando la difusión de la antigua cultura grecorromana por el Imperio romano.

En lo arquitectónico, la *romanità* condujo al *stile littorio*, que combinaba estilos monumentales históricos de la Roma imperial con las nuevas ideas funcionalistas y racionalistas. Para Mussolini y su régimen, la meta era crear edificios reminiscentes de la arquitectura de la antigüedad, pero construidos de un modo avanzado y moderno.

Construir una nueva Roma

En 1937 se desvelaron los planes para el proyecto Esposizione Universale Roma (EUR), cuya inauguración estaba prevista para 1942, a fin de celebrar los 20 años del fascismo en Italia. El plan maestro de la sede de la EUR, de 194 hectáreas, fue obra de Marcello Piacentini, figura clave de la arquitectura del fascismo y de las colonias italianas. El diseño se basaba en el plano de la antigua Roma –un damero rectilíneo, en parte simétrico, en torno a un foro central– a la misma escala que el centro histórico de la Roma antigua. Piacentini propuso emplear los mismos materiales de construcción, concretamente, caliza, mármol y toba, una piedra volcánica fácil de cortar. También había planes para traer a Roma el obelisco de Aksum, en Etiopía –colonia italiana entonces– y erigirlo en una de sus plazas, como había hecho el emperador Augusto con un obelisco del antiguo Egipto para simbolizar su conquista por los romanos. Además de los elementos históricos e **»** imperiales, había también planes sorprendentemente modernos para un «palacio de Luz», hecho de vidrio.

La Esposizione Universale Roma ni se acabó ni llegó a celebrarse: en 1939 estalló la Segunda Guerra Mundial, y el fascismo italiano fue derrotado en 1943. La EUR quedó en el limbo, llena de los monumentos inacabados de un régimen depuesto.

Coliseo cuadrado

La joya de la corona de la EUR era el palacio de la Civilización Italiana, diseñado por Giovanni Guerrini, Ernesto La Padula y Mario Romano en 1940. Pensado para exponer la obra de artistas italianos en la Esposizione Universale, en parte monumento y en parte edificio, su superficie sin adornos y de arcos simples son muestra del objetivo de Mussolini de reducir la arquitectura clásica romana a sus elementos esenciales. Sería conocido como el Colosseo Quadrato, una versión moderna del anfiteatro histórico de la ciudad. En lo alto de la fachada se inscribió una cita del discurso de 1935 en el que Mussolini anunció la invasión de Etiopía.

A diferencia del Coliseo original de Roma —y de los edificios diseñados por los arquitectos de la Alemania nazi, que emplearon métodos de construcción tradicionales como los muros de carga de piedra—, el palacio de la Civilización Italiana se diseñó para crear la ilusión de una estructura hecha enteramente de piedra. El aspecto macizo del exterior se logró revistiendo un esqueleto de hormigón con planchas delgadas de travertino (piedra caliza), que imitaban el aspecto de una estructura de mármol. El plan original del edificio, vetado por Mussolini, incluía también una rampa que recorría el interior del edificio para que los visitantes circularan por la exposición prevista.

Por todo el imperio

La aspiración de hallar la «esencia arquitectónica» de la antigua Roma influyó también en las construcciones de las colonias africanas de Italia, que en 1936 incluían los territorios de las actuales Libia, Eritrea y Etiopía, así como la mayor parte de Somalia.

En un principio, los arquitectos que trabajaban en las colonias se centraron en proyectar estructuras individuales, como viviendas para los empleados coloniales, edificios gubernamentales y monumentos.

En Libia, el empleo de métodos y estilos constructivos locales contó con el apoyo del «Manifiesto de la arquitectura colonial», de Giovanni Pellegrini, y los escritos del arquitecto Carlo Enrico Rava, quien encontraba «abrumadoramente racionales» las casas libias, con sus vanos pequeños, muros blancos y patios. No se trataba en realidad de respeto a la tradición arquitectónica local, sino más bien de revelar o descubrir la estética de la *romanità* en las colonias. Rava comentó que «la casa árabe [...] no es más que la casa romana antigua, fielmente reproducida».

A diferencia de Libia, Etiopía no había formado nunca parte del Imperio romano, y no se reconocía ningún mérito arquitectónico a sus edificios. Los planes urbanísticos para alojar a los colonos italianos en áreas residenciales nuevas, en particular en la capital, Adís Abeba, trataron a una ciudad histórica y densamente

> Roma es nuestro punto de partida y de referencia; es nuestro símbolo o, si queréis, nuestro mito.
> **Benito Mussolini**
> **Declaración (1922)**

La catedral copta eritrea de Enda Mariam, en Asmara, combina elementos del estilo racionalista italiano con los colores y las técnicas locales.

La arquitectura de las colonias africanas de Italia combinó formas clásicas, como logias y columnatas, con técnicas constructivas locales para mantener fresco el interior.

Muros altos, a menudo rodeando patios interiores, como en la casa árabe tradicional

Vanos pequeños para que no entre calor

Las logias –galerías techadas, de arcos sobre columnas y de lados abiertos– dan sombra

Encalado para reflejar los rayos del sol

Los arcos remiten a la arquitectura tanto clásica como norteafricana

poblada como una *tabula rasa*: los residentes negros de la ciudad debían ser trasladados a barrios propios en las afueras, segregados de los habitantes blancos italianos en el centro. Las rutas de transporte se diseñaron especialmente para limitar la interacción entre los colonizadores italianos y la población local.

«Utopía» blanca

La construcción de la nueva Adís Abeba, basada en planes trazados por los arquitectos Ignazio Giudi y Cesare Valle, comenzó en 1939, pero terminó al año siguiente, al comenzar la campaña del ejército británico para liberar Etiopía. En la vecina Eritrea, en cambio, sobre todo en la capital, Asmara –a la que Mussolini llamó *«Piccola Roma»* («Pequeña Roma»)–, el trabajo de los arquitectos italianos es aún visible hoy. En un plan de 1938 de Vittorio Cafiero –realizado solo en parte debido a la derrota de Italia ante los aliados en África oriental en 1941–, el centro de la ciudad destinado a los italianos blancos fue segregado del barrio «nativo» por un cinturón comercial e industrial en el que los eritreos educados podían tener trato con los italianos. Los edificios, diseñados en estilos diversos, pero en su mayoría influidos por el *art déco* y el futurismo, querían representar el concepto de una «utopía» moderna –para los italianos blancos, al menos–, animada por cafeterías y salas de cine.

El edificio Fiat Tagliero, en Asmara, diseñado por Giuseppe Pettazzi en 1938, es un ejemplo de esta visión. Estación de servicio con aspecto de aeroplano, reflejo de la nueva era de transporte rápido, tiene una torre central y dos «alas» de hormigón armado que dan sombra a sendos patios. La gasolinera, hoy Patrimonio Mundial de la Unesco, es un testimonio de la colonización italiana de Eritrea que aún perdura. ∎

No debería haber duda acerca del carácter y de la civilización de la nación que ha erigido [estos] edificios.
Giovanni Pellegrini
«Manifiesto dell'architettura coloniale» (1936)

LOS EDIFICIOS DEBERÍAN ARMONIZAR CON SU ENTORNO
LA MODERNIDAD ESTADOUNIDENSE

En 1932, abrió en Nueva York una gran muestra llamada «Arquitectura Moderna: Exposición Internacional». Su objetivo era analizar los edificios de la arquitectura moderna internacional de las décadas de 1910 y 1920, pero enseguida fue polémica, ya que reducía la modernidad a un estilo visual de la era de la máquina. La del arquitecto pionero Frank Lloyd Wright fue una de las voces más críticas.

Una etiqueta ofensiva
Los responsables de la exposición, en el Museo de Arte Moderno (Museum of Modern Art, MoMA), eran el historiador estadounidense Henry-Russell Hitchcock y Philip Johnson, primer director del nuevo departamento de arquitectura del MoMA, y posteriormente un arquitecto destacado él mismo. Durante dos años habían reunido y estudiado imágenes y materiales de 15 países. Codificaron los rasgos de los edificios, como la ausencia de ornamentación y la geometría simplificada, y llamaron al resultado «estilo internacional». En vez de analizar la amplia complejidad de los distintos movimientos de la modernidad –ignorando, por ejemplo, el fervor sociopolítico que alimentaba los movimientos modernos en Europa–, despojaron a las obras de cualquier significado contextual específico, interesados al parecer solo en la estética, y agruparon los edificios en función del estilo visual. A Wright le indignaba la idea de que un nuevo estilo industrial de origen europeo fuera la esencia de la modernidad. El estilo internacional, declaró, era «un aborto de la era de la máquina» que pretendía «despojar de la piel y los cuernos al organismo vivo y palpitante que es la arquitectura moderna».

La arquitectura es la más preciosa de las susceptibilidades de un país joven y constructivo.
Frank Lloyd Wright
«In the cause of architecture, II» (1914)

Arquitectura orgánica
Wright siguió trabajando en su propia y muy idiosincrática variante de la modernidad, a la que llamó «ar-

Véase también: El funcionalismo y el racionalismo 220–225 ▪ El minimalismo constructivo 230–231 ▪ El funcionalismo humanizado 248–249 ▪ Rascacielos de posguerra 252–253 ▪ La modernidad de mediados del siglo xx 254–255

quitectura orgánica» y definió como una arquitectura desarrollada desde dentro hacia fuera, funcional pero en armonía e informada por el entorno y el paisaje, en vez de por cualquier noción particular del estilo moderno.

En 1939, Wright terminó la nueva sede de la corporación S. C. Johnson, en Racine (Wisconsin). Conocido como edificio Johnson Wax, fue una serie de bloques de poca altura, a los que se añadió una torre de investigación en 1950. Desdeñando lo que llamaba el «culto a la máquina» del estilo internacional, Wright incorporó formas derivadas de la naturaleza. El edificio Johnson Wax subvierte las cajas rígidas del estilo internacional con el empleo de vidrio y ladrillo curvos, a tono con las ideas de Wright para una arquitectura más «plástica»; esto es manifiesto sobre todo en la torre de investigación de la estructura.

En el interior, columnas que Wright llamó dendriformes (en forma de árbol) se alzan desde el suelo alfombrado de los espacios de oficina de planta abierta, y se abren en capiteles en forma de nenúfar en el techo. Tragaluces de tubos de vidrio iluminan las oficinas. Wright diseñó también el mobiliario, con formas rectangulares curvas a juego con las del edificio, y en tonos terrosos similares.

La teatralidad del edificio de Wright era del todo novedosa, como muchos de sus proyectos, que representaron una evolución ulterior de un estilo estadounidense que fusionó la funcionalidad moderna con un enfoque más humano y natural. ▪

La torre de investigación del edificio Johnson Wax, construida en torno a un núcleo de hormigón armado, es una de las solo dos estructuras elevadas de Wright que se conservan.

Frank Lloyd Wright

Frank Lloyd Wright nació en Richland Center (Wisconsin) en 1867. Estudió brevemente ingeniería antes de trabajar en Chicago para Dankmar Adler y Louis Sullivan, arquitectos de algunos de los primeros rascacielos. Tuvo su propio estudio en 1893, y a principios del siglo xx creó el estilo de la pradera, una arquitectura estadounidense funcional, atenta a la artesanía y que se fundía con el paisaje local. Wright no dejó de refinar su enfoque creativo, llamado más tarde arquitectura orgánica, que a lo largo de más de 70 años aplicó a más de mil edificios, entre ellos las viviendas «usonianas» de bajo coste en la década de 1930, la casa de la Cascada (1937), en Pensilvania, y el Museo Guggenheim de Nueva York (1959). Wright murió en Arizona en 1959.

Obras principales

1932 *La ciudad desaparecida.*
1939 *Arquitectura orgánica.*
1955 *An american architecture.*

LA HUMANIZACION DE LA ARQUITECTURA

EL FUNCIONALISMO HUMANIZADO

L a modernidad arquitectónica racional fue acusada de insensibilidad ante las necesidades humanas desde sus orígenes a principios del siglo XX, y se le ha seguido achacando lo mismo hasta hoy. Para los críticos, si la arquitectura lleva el análisis riguroso y la eficiencia industrial a su conclusión lógica, ¿qué lugar deja a la experiencia sensorial y a edificios que armonicen con su entorno natural? Muchos de tales críticos fueron arquitectos que se consideraban modernos. Aunque de acuerdo con muchos conceptos de la modernidad, discrepaban del

El exterior revestido de madera de gran parte de Villa Mairea se ve como eco de los árboles de alrededor. Las varillas tejidas en una valla se alargan y funden con los muros.

enfoque cada vez más científico y racionalista del diseño, tal como lo expresó Le Corbusier al hablar de «máquinas de habitar».

En contraste con casas funcionales como la Villa Savoye, de Le Corbusier, una caja blanca encaramada a un paisaje verde, otros arquitectos se inspiraron en formas y materiales naturales. Sus diseños seguían

Véase también: El expresionismo 212–215 ▪ El funcionalismo y el racionalismo 220–225 ▪ Vivienda expresiva para las masas 226–227 ▪ El minimalismo constructivo 230–231 ▪ La modernidad de mediados del siglo xx 254–255

> La forma debe tener un contenido, y este debe estar vinculado a la naturaleza.
> **Alvar Aalto**

siendo racional y estructuralmente modernos, pero empezaron a ligar la factura y forma de sus edificios más estrechamente al entorno, volviéndolos menos descarnados y hostiles, y más en consonancia con la experiencia humana.

Atemperar la modernidad

En EE. UU., este enfoque más sensible se manifestó en los diseños de Frank Lloyd Wright, como la casa de la Cascada (Fallingwater House, o casa Kaufmann), de 1935, y en los de la escuela de la pradera, influidos por el paisaje llano de los alrededores de Chicago. En Europa, y sobre todo en Escandinavia, un estilo que algunos llamaron «nuevo humanismo» emergió y ganó influencia a partir de la década de 1940, sobre todo en urbanizaciones centradas en el bienestar de sus residentes. Entre sus pioneros están el matrimonio Alvar y Aino Aalto, arquitectos finlandeses.

Los Aalto, como muchos de sus contemporáneos, diseñaron edificios neoclásicos antes que otros más modernos. Si bien apoyaban muchos de los métodos de la arquitectura moderna, consideraban inhumana su estética cada vez más industrial, y esto condujo a un punto de inflexión

en su obra, cuando la coleccionista de arte Maire Gullichsen, con quien los Aalto habían fundado la empresa de muebles Artek, les encargó el diseño de Villa Mairea, retiro rural en Noormarkku, al oeste de Finlandia, terminado en 1939.

Tratamiento simpático

En Villa Mairea, los Aalto diseñaron una casa moderna funcional con planta en forma de «L», y la embellecieron con materiales diversos en contraste, reflejo del entorno y de los distintos espacios interiores. El suelo, por ejemplo, progresa desde la piedra de la entrada a las baldosas y, luego, hasta la madera y las alfombras en el seno de la casa. Por fuera, se atisba la típica caja blanca moderna, pero combinada con elementos revestidos de madera inspirados en la arquitectura tradicional de Finlandia y Japón.

En el interior, la red estructural de columnas, tan conocida por la obra de Le Corbusier, es más dinámica y azarosa, pero conserva su papel funcional de marcar espacios en una planta abierta. Por dentro y por fuera, formas onduladas suavizan los ángulos rectos de la «L». Con el fin de evitar el «ritmo arquitectónico artificial», como lo llamó Alvar Aalto, dio acabados distintos a las columnas, unas en táctil ratán y otras de hormigón expuesto. Los postes delgados de madera que rodean la escalera evocan los troncos de los abedules de afuera, creando continuidad entre el interior y el exterior.

Un legado importante

Obra muy individualista, rústica pero moderna, con ecos tanto del diseño finlandés tradicional como de Le Corbusier, Villa Mairea demuestra que un edificio funcional no tiene por qué ser inhóspito. La influencia de los Aalto sobre la modernidad fue humanizarla. ∎

Arquitectos destacados de la modernidad destacan la **función** como **principio dominante** del diseño.

Para otros, el excesivo énfasis en el uso **ignora intereses humanos**, como la conexión con el paisaje circundante.

Estos adoptan un **enfoque humano** que incorpora materiales locales y táctiles para mitigar los elementos funcionales e industriales de las casas que diseñan.

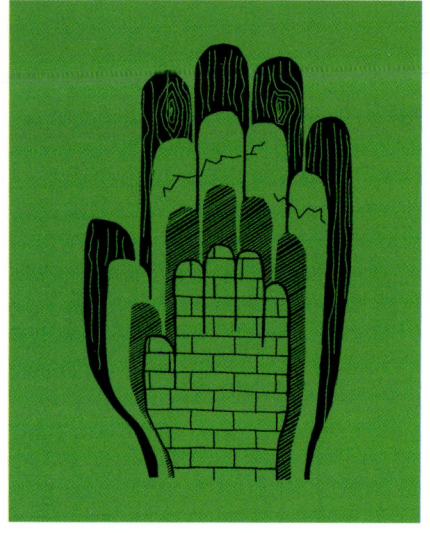

LA VERACIDAD EN LOS MATERIALES DE CONSTRUCCION

LE CORBUSIER TARDÍO

Le Corbusier usa primero el **hormigón** en casas **funcionalistas** de diseño individual.

Reconociendo el potencial del hormigón para edificios de bajo coste, Le Corbusier realiza **planes de vivienda a gran escala**.

Los diseños de Le Corbusier, **antes rígidamente geométricos, se vuelven más fluidos** al moldear el hormigón en formas distintas.

Las **estructuras expresivas de hormigón** de Le Corbusier se anticipan a la tendencia a abandonar el racionalismo funcionalista en Europa.

La carrera de Le Corbusier representa un microcosmos de la modernidad arquitectónica.

A la mayoría de los arquitectos se les conoce por una sola estética, movimiento o estilo característico. El arquitecto francés de origen suizo Le Corbusier, sin embargo, tuvo una capacidad extraordinaria para reinventar continuamente su obra y enfoque. Su estilo en evolución marcó caminos nuevos para otros arquitectos, incluso cuando parecía contradecir ideas propias que había defendido con anterioridad.

En la década de 1950, Le Corbusier era uno de los arquitectos más aclamados del mundo. Después de haber diseñado viviendas vernáculas eclécticas, las ideas sobre arquitectura producida en serie ejemplificadas en viviendas de estilo internacional, como la Villa Savoye, en Poissy (París), alcanzaron una in-

Véase también: Armazones de hormigón 188–189 ▪ Inicios de la arquitectura moderna 190–195 ▪ El expresionismo 212–215 ▪ El funcionalismo y el racionalismo 220–225 ▪ El brutalismo 256–259 ▪ La modernidad sensual 260–261

Notre Dame du Haut, con su tejado en forma de vela, domina el paisaje desde lo alto de una colina. Su torre más alta sobre la capilla principal alcanza los 23 m de altura.

fluencia global. Más tarde, en el bloque de viviendas Unité d'Habitation (1952), en Marsella, y en Sainte Marie de la Tourette (1961), convento próximo a Lyon, optó por el hormigón expuesto *(béton brut)* para crear lo que muchos consideran los primeros ejemplos de arquitectura brutalista. También trabajó en técnicas de moldeado del hormigón, primero en formas geométricas rígidas, y luego en otras más expresivas y sinuosas.

Una capilla escultural

En 1954, Le Corbusier completó un proyecto muy diferente de toda su obra anterior: Notre Dame du Haut, en Ronchamp, en el este de Francia, capilla católica en un lugar histórico de peregrinaje y que había sido destruida en la Segunda Guerra Mundial. Aquí Le Corbusier pareció abandonar ideas anteriores de estructura estandarizada y producida en serie, en favor de un edificio evocador y escultural que responde a su entorno.

Los muros gruesos de mampostería de Notre Dame du Haut se curvan en una esquina como una proa, perforados por vanos pequeños con secciones de vidrio de colores que se amplían hacia el interior para amplificar la luz. Junto a la estructura principal, hay dos capillas menores en su cara norte, cuya forma redondeada asciende sobre el tejado ondulante de hormigón; y hay una tercera capilla lateral en la torre más ancha y alta de la esquina suroeste.

Iluminan el interior las ventanas pequeñas, las aberturas en las torres y una franja estrecha en todo el perímetro del techo, donde las columnas de hormigón insertas en los muros exteriores se elevan 10 cm más para sostener el tejado. La disposición de las ventanas, aparentemente azarosa, está coreografiada para iluminar distintas partes del edificio a lo largo del día. El sol entra por los vanos de la capilla del este al amanecer, y luego por los del muro sur, hasta acabar iluminando la capilla vespertina del oeste al ponerse.

En este edificio modesto, Le Corbusier quiso captar todo el dramatismo y el ambiente de una catedral barroca, empleando lo que consideraba la esencia de toda arquitectura: el «juego sabio, correcto y magnífico» de los volúmenes y la luz.

Espacio e intimidad

El objetivo de Le Corbusier fue crear «un lugar de silencio, de oración, de paz, de alegría interior», lo cual abordó diseñando el edificio como una serie de espacios cóncavos y convexos que abrazaran a los visitantes, pero con una estructura que se dirige también hacia lo alto, gracias al tejado en forma de vela, los muros curvos y las tres torres sobre sus tres capillas, dando con ello la impresión de ser mucho mayor que la superficie que de hecho tiene.

El estilo de Notre Dame du Haut es difícil de definir: para algunos expertos es el primer edificio posmoderno; para otros, un ejemplo temprano de neoexpresionismo. En cualquier caso, dada su influencia evidente en tanta arquitectura posterior, hoy se considera uno de los edificios más relevantes del siglo XX. ▪

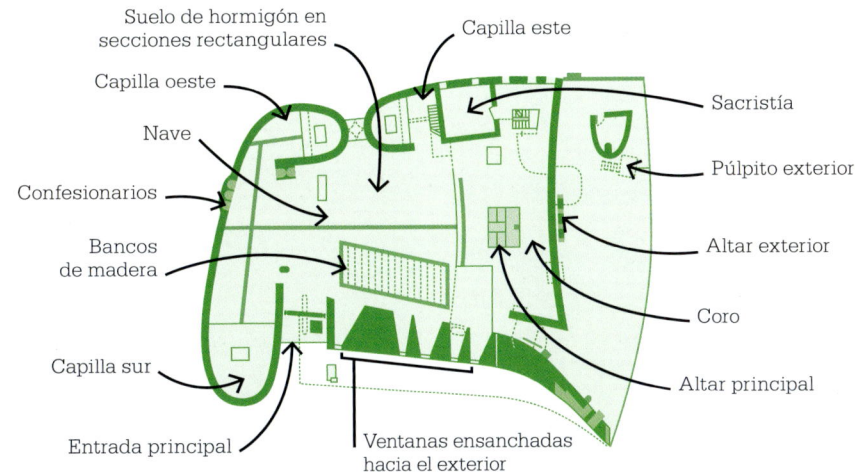

Suelo de hormigón en secciones rectangulares

Capilla este

Capilla oeste

Nave

Sacristía

Confesionarios

Púlpito exterior

Bancos de madera

Altar exterior

Coro

Capilla sur

Altar principal

Entrada principal

Ventanas ensanchadas hacia el exterior

La planta de Notre Dame du Haut –de unos modestos 756 m² – comprende una capilla principal y tres laterales. El suelo de hormigón guarda la pendiente natural de la cresta de la colina, y las curvas de la estructura crean espacios externos: el culto al aire libre tras el coro vincula el edificio aún más con el entorno.

UN MOSAICO DE VIDRIO
RASCACIELOS DE POSGUERRA

EN CONTEXTO

ENFOQUE
Pujanza comercial

ANTES
1885 En Chicago (EE.UU.), el edificio Home Insurance es el primer rascacielos moderno, con sus 42,1 m de altura (ampliado a 55 m en 1890).

1949 Mies completa su primer rascacielos, los apartamentos Promontory, en Chicago (EE.UU.).

1952 El nuevo edificio de la Secretaría de la ONU en Nueva York (EE.UU.), diseñado por Le Corbusier y Oscar Niemeyer, es uno de los primeros ejemplos de rascacielos de vidrio con aire acondicionado.

DESPUÉS
2009 El Burj Jalifa, en Dubái, se alza como el rascacielos de vidrio más alto del mundo.

2019 Bill de Blasio, alcalde de Nueva York, critica la ineficiencia de los rascacielos de acero y vidrio y anuncia un plan para limitarlos.

Los paneles de vidrio del edificio Seagram, insertos entre vigas verticales delgadas de bronce, cubren 11 300 m², dando al edificio al aspecto de una sola gran plancha de vidrio.

Hoy, los rascacielos no llaman tanto la atención, tal es su predominio en el horizonte urbano de ciudades de todo el mundo. Es habitual verlos como símbolos de soberbia empresarial y exceso urbanístico, pero hubo un tiempo en que simbolizaron una nueva y resplandeciente era comercial que encarnaba las esperanzas y la prosperidad de la posguerra. En EE.UU. en particular, alentados por una de las mayores fiebres constructivas de la historia, las grandes torres se alzaron en gran medida libres del juicio moral y político de figuras de la modernidad arquitectónica como Le Corbusier y Walter Gropius, y más bien se reinventaron como iconos de un capitalismo revitalizado.

Rascacielos de vidrio
En 1921, el arquitecto alemán Ludwig Mies van der Rohe propuso lo que habría sido el primer rascacielos de vidrio del mundo, la torre Friedrichstrasse, en Berlín. Nunca se construyó, pero el trabajo de Mies fue muy influyente, y le nombraron director de la Bauhaus en 1930. Al huir de la Alemania nazi a EE.UU. en 1937, contó con el apoyo del arquitecto estadounidense Philip Johnson, quien en 1932 había incluido

la obra de Mies en su «Arquitectura Moderna: Exposición Internacional» en el Museo de Arte Moderno (MoMA) de Nueva York.

En 1954, Samuel Bronfman, dueño de la destilería canadiense Seagram, decidió encargar una nueva sede para la empresa en Nueva York, concretamente en Manhattan. Como directora de planificación nombró a su hija Phyllis Lambert, quien dijo a Bronfman que el edificio debía expresar «lo mejor de la sociedad en la que vives». De una lista impresionante de arquitectos –que incluía a Le Corbusier, Walter Gropius y Frank Lloyd Wright–, el elegido fue Mies, debido al éxito de sus torres de acero y vidrio de Lake Shore Drive, construidas en Chicago entre 1948 y 1951.

El edificio Seagram

Lo que se acabaría conociendo como edificio Seagram fue un encargo sonado para Mies, quien trabajó con Johnson y los arquitectos estadounidenses Ely Jacques Kahn y Robert Allan Jacobs para construirlo. Rechazando las convenciones urbanísticas, Mies no construyó sobre el solar entero, sino que erigió la torre

---

Tras la Gran Depresión y la Segunda Guerra Mundial se da un nuevo ***boom*** del rascacielos.

↓

Vidrio y metal se popularizan como materiales de construcción, reflejo de la nueva tecnología.

↓

Muchos **rascacielos existentes se modifican** y adaptan al gusto moderno, o bien son **demolidos**.

La relación entre tecnología y arquitectura es tan estrecha […], nuestra esperanza es que crezcan juntas.
Mies van der Rohe
Discurso en el Instituto de Tecnología de Illinois (1950)

---

de 157 m y 38 plantas a distancia de Park Avenue, dejando una plaza abierta delante que abría un espacio público en el denso entramado urbano de Manhattan, y conectaba mejor el rascacielos a la ciudad al nivel de la calle.

Fiel al mantra minimalista «menos es más» y a su concepto de «piel y huesos» de la década de 1920, el edificio Seagram de Mies, reducido a los elementos esenciales, fue objeto de un tratamiento altamente detallado y controlado. No se fijó presupuesto alguno al proyecto, y Mies tuvo libertad para emplear materiales lujosos. Al completarse en 1958, era el rascacielos más caro construido nunca. El esqueleto de vigas verticales no estructurales de bronce que dividen la piel de vidrio refleja el armazón subyacente de acero; Mies había querido dejarlo expuesto, pero la normativa obligaba a revestirlo de hormigón ignífugo. La torre entera se sostiene sobre columnas de acero

revestidas de bronce que surgen de la plaza de granito rosa, en una interpretación moderna de la columnata clásica.

Otra frase atribuida a Mies, «Dios está en los detalles», es claramente operativa aquí, en la forma ostensiblemente sencilla sujeta a un proceso de diseño riguroso y refinado. Incluso elementos como las persianas se limitaron a tres posiciones posibles, para prevenir una impresión de variedad incontrolada al verlo desde el exterior.

Lanzar una tendencia

El edificio Seagram marcó el camino a cientos de proyectos posteriores. La estética de la torre de vidrio no solo dominaría la construcción de rascacielos hasta hoy, sino que influyó en el cambio de la normativa urbanística de Nueva York en 1961, que permitió construir a mayor altura a cambio de habilitar una plaza en el exterior de los edificios. ■

UNA ARQUITECTURA DE OMISIÓN ELEGANTE
LA MODERNIDAD DE MEDIADOS DEL SIGLO XX

EN CONTEXTO

ENFOQUE
Un nuevo modo de vida

ANTES
1924 El artículo «Edificios producidos en serie», de Le Corbusier, llama a los arquitectos a adoptar tales métodos de producción.

1947 Comienzan las obras en el prototípico suburbio de casas de Levittown, en el estado de Nueva York; se llegó a tener una casa acabada cada 16 minutos en su pico de construcción.

DESPUÉS
1972 La empresa alemana Huf Haus desarrolla el Huf Fachwerkhaus 2000, método de construcción prefabricada y adaptable.

2003 La revista estadounidense *Dwell* organiza un concurso de diseño de casas prefabricadas de bajo coste.

2021 Se completa en Croydon (Londres) el plan de vivienda modular más alto del mundo, de 44 plantas de altura.

El *boom* de la posguerra en EE. UU. creó nuevas formas de arquitectura comercial y nuevos enfoques de la arquitectura doméstica, muy influida esta por el concepto de vivienda producida en serie de Le Corbusier en la Europa de la década de 1920. Esta concepción fue visible en el crecimiento de los suburbios, que trajo una vida urbana del todo nueva, y también en los prototipos de vivienda elegante construidos en California, asociados con las revistas de moda y Hollywood.

De 1945 a 1966, el programa Case Study House de John Entenza, editor de la revista *Arts & Architecture*, patrocinó a algunos de los arquitectos de la época, como los estadounidenses Charles y Ray Eames, el austriaco-estadounidense Richard Neutra y el finlandés-estadounidense Eero Saarinen. El objetivo era que diseñaran prototipos eficientes y económicos de vivienda nueva para Los Ángeles, como respuesta a la demanda surgida tras la Segunda Guerra Mundial. Esta meta social animaba el proyecto, y el programa hizo converger aspectos de promoción inmobiliaria, arquitectónicos, de publicidad y de estilo de vida, y definió un referente

La escasez de vivienda tras la Segunda Guerra Mundial **vuelve atractiva** la estandarización y la producción en serie.

Los arquitectos desarrollan **planes prototipo** potencialmente reproducibles a gran escala.

Los prototipos tratan de inspirar a compradores y animar a arquitectos y promotores a diseñar **viviendas de calidad producidas en serie**.

Demasiado complejos para ser producidos en serie, los prototipos quedaron como algo **individual y exclusivo**.

Véase también: El funcionalismo y el racionalismo 220–225 ▪ Vivienda expresiva para las masas 226–227 ▪ La modernidad estadounidense 246–247 ▪ El funcionalismo humanizado 248–249 ▪ Rascacielos de posguerra 252–253

La casa Stahl, presente en muchas campañas publicitarias, fotos de moda, programas de televisión y películas, y de planta en forma de «L», tiene un solo muro exterior macizo, y el resto son de vidrio.

de lo moderno y lujoso que perduró durante un tiempo.

Instrucciones de diseño

Se orientó a los arquitectos para que diseñaran casas prototípicas adecuadas para ser producidas en serie y que evitaran destacar como «actuaciones personalistas». Recibieron descuentos en los materiales a cambio de permitir a *Arts & Architecture* publicar fotos y que los proyectos acabados sirvieran como viviendas piloto de muestra durante un mes antes de instalarse sus dueños.

El proyecto Case Study House, basado en la producción en serie y la estandarización, se caracterizaba por partes de vidrio del suelo al techo, entramados ligeros de acero y plantas abiertas, el tipo de arquitectura que había practicado antes Mies van der Rohe, gran figura del racionalismo como movimiento moderno.

La casa Stahl

En 1959, el estadounidense Pierre Koenig completó el proyecto Case Study House número 22, la casa Stahl, en Hollywood Hills, barrio alto de Los Ángeles. La construcción minimalista en acero y vidrio incluye grandes secciones en este último material, y crea una caja transparente que ofrece vistas ininterrumpidas del paisaje de los alrededores. La casa Stahl fue inmortalizada por el fotógrafo estadounidense Julius Shulman, quien captó las luces de Hollywood a lo lejos y el interior moderno y el mobiliario de la casa, visibles a través de los muros de vidrio. Pero en vez de servir como modelo para ser replicada en serie, se convirtió en un símbolo de las aspiraciones sociales modernas.

Pese a los esfuerzos de Entenza, las viviendas del Case Study House resultaban caras, y solo algunas eran reproducibles de modo eficiente. Los promotores se mostraron mucho más eficaces que los arquitectos a la hora de ofrecer vivienda de bajo coste y construcción rápida, y las casas diseñadas por arquitectos siguieron siendo un lujo para la mayoría. Solo se construyeron 26 de las 36 propuestas del Case Study House, pero estas constituyen claros y valiosos ejemplos que muestran una visión singularmente estadounidense de las ambiciones y aspiraciones sociales. ▪

No es un estilo superpuesto […]. Ha surgido de nuestras propias preferencias para la vida moderna.
Greta Magnusson Grossman
Diseñadora sueca (1906–1999)

LA CARA OCULTA Y AIRADA DE LA MODERNIDAD

EL BRUTALISMO

EN CONTEXTO

ENFOQUE
Rechazo del refinamiento

ANTES
Década de 1940 El artista francés Jean Dubuffet funda el movimiento *art brut*, inspirado en estilos no académicos como el grafiti y el arte popular.

1954 Le Corbusier comienza a diseñar las casas Jaoul, par de viviendas acabadas en hormigón y ladrillo, en Neuilly-sur-Seine (cerca de París).

DESPUÉS
1977 Se inaugura en Londres la urbanización Aylesbury, que alberga a unas 7500 personas, y que pronto será conocida como «jungla de hormigón».

1982 Se inaugura en Londres el Barbican Centre, vasto complejo artístico brutalista. Sus muros de hormigón tienen una textura irregular lograda con martillos picadores y bujardas.

Uno de los ejemplos más notables y tempranos de arquitectura brutalista —aunque solo más tarde fue identificado como tal— fue el bloque de viviendas Unité d'Habitation, en Marsella, obra de Le Corbusier completada en 1952. Se había abandonado el armazón de acero previsto debido a la escasez de metal en la posguerra, y Le Corbusier decidió hacer de la necesidad virtud, construyendo en hormigón, y celebrando las costuras e imperfecciones de la superficie, en lugar de revestirlas. Llamó a dicho acabado *béton brut* («hormigón bruto»).

Pese a dicho vínculo con una figura fundacional de la arquitectura moderna, los arquitectos de posguerra inspirados por esta estética

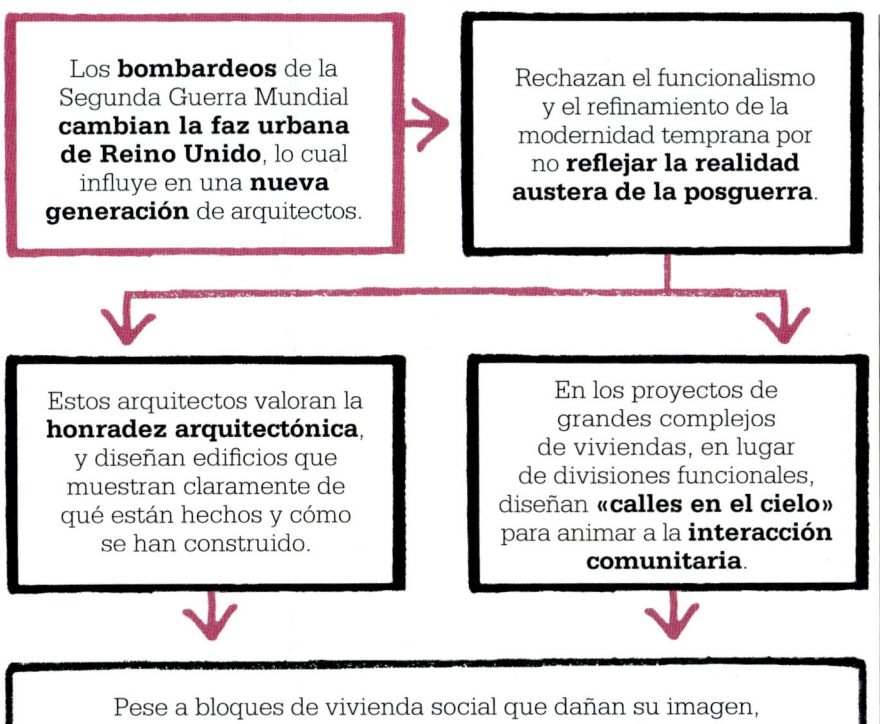

Los **bombardeos** de la Segunda Guerra Mundial **cambian la faz urbana de Reino Unido**, lo cual influye en una **nueva generación** de arquitectos.

Rechazan el funcionalismo y el refinamiento de la modernidad temprana por no **reflejar la realidad austera de la posguerra**.

Estos arquitectos valoran la **honradez arquitectónica**, y diseñan edificios que muestran claramente de qué están hechos y cómo se han construido.

En los proyectos de grandes complejos de viviendas, en lugar de divisiones funcionales, diseñan **«calles en el cielo»** para animar a la **interacción comunitaria**.

Pese a bloques de vivienda social que dañan su imagen, los éxitos del brutalismo se convierten en **referencias arquitectónicas**; su **influencia es global** y, más tarde, dará forma al *high-tech* y al deconstructivismo.

En 1955, Reyner Banham, crítico y miembro del Independent Group, trató de definir el nuevo movimiento en su ensayo «The new brutalism», en *The Architectural Review*. Las características clave que planteó fueron una planta despejada, una estructura que proclamara su función y unos materiales de construcción valorados por sus «cualidades inherentes».

Banham destacó la obra de los arquitectos británicos Peter y Alison Smithson como de una «franqueza sin concesiones», en particular su Escuela Hunstanton, en Norfolk (Inglaterra), de 1954, en cuya estructura de acero y ladrillo no había nada oculto ni disimulado: los materiales y la función estaban claramente a la vista.

Los Smithson expandieron la estética visual del brutalismo, insistiendo en que debían tenerse en cuenta «asociaciones humanas vitales», y encabezaron una rebelión contra la noción de «ciudad funcional» de Le Corbusier, que ellos entendían que no consideraba adecuadamente tales asociaciones. Creían que la ciudad no se debía planificar con arreglo a funciones segregadas, sino surgir orgánicamente de las relaciones más **»**

cruda la practicaron en oposición al funcionalismo de Le Corbusier y sus asociados. Sin interés alguno en complacer el gusto estético establecido, adoptaron el estilo del hormigón expuesto, y lo llamaron «brutalismo». El término deriva de *béton brut*, pero inevitablemente sugiere una cualidad agresiva que ayudó poco a atraerle admiradores.

Elevar lo banal
Para una nueva generación de arquitectos, el enfoque funcionalista estandarizado de las ciudades y los edificios era algo desconectado de la vida real. Para ellos, las lujosas y pulcras residencias del estilo internacional representaban el elitismo y es-

nobismo de quienes durante décadas se habían erigido en guardianes de lo que se permitía que fuera la arquitectura «buena» o «moderna».

Los artistas, arquitectos y críticos afines al llamado Independent Group, pioneros del brutalismo en la Gran Bretaña de posguerra, se reunieron por primera vez en 1952 en el Instituto de Arte Contemporáneo de Londres. Allí cuestionaron que solo fuera arte lo que juzgara digno de llamarse arte una institución académica. ¿Qué impedía conceder tal categoría a lo más cotidiano y banal, desde almacenes de hormigón a vallas publicitarias? Este sería el punto de partida de dos movimientos: el *pop art* y el brutalismo.

Uno puede ver de qué está hecho Hunstanton, y cómo funciona, y no hay otra cosa que ver que el juego de los espacios.
Reyner Banham
En *The Architectural Review* (1955)

Los Smithson

Peter Smithson (Stockton-on-Tees, Inglaterra, 1923) y Alison Gill (Sheffield, Inglaterra, 1928) se conocieron en Newcastle, donde ambos estudiaban arquitectura. Se casaron en 1949. Fueron autores prolíficos, y, con la ayuda de Reyner Banham, sus ideas alcanzaron gran notoriedad.

La Escuela Hunstanton, de 1954, en Norfolk, fue el primer proyecto brutalista aclamado en Gran Bretaña. A ambos se les reconoce haber popularizado el concepto de «calles en el cielo»: construyeron pasarelas elevadas, pensadas para ser comunales y libres de vehículos, en la urbanización Robin Hood Gardens, en Londres, y en muchos otros proyectos de vivienda social en Reino Unido.

Otros diseños notables del matrimonio Smithson son los tres edificios del complejo The Economist, en una plaza peatonal elevada, en la calle Saint James de Londres. Alison Smithson murió en 1993, y Peter, en 2003.

Obras principales

1953 «House in Soho, London».
1967 *Urban structuring*.
1974 *Without rhetoric: an architectural aesthetic*.

íntimas y cotidianas entre las viviendas, la calle y los vecindarios, en lo que llamaron *doorstep philosophy* («filosofía de umbral»). Pero los intentos de traducir tales ideas a formas construidas tuvieron poco éxito.

El propio Banham encontró difícil reconciliar la tendencia filosófica del brutalismo con la visual. Al republicar su artículo en 1966, ya como libro y titulado *The new brutalism: ethic or aesthetic?*, concluyó que el brutalismo no había logrado ir más allá de un estilo visual.

El National Theatre

Uno de los pocos ejemplos que combina la contundencia visual del brutalismo con sus ideales urbanos y sociales es el Royal National Theatre de Londres (Inglaterra), diseño del británico Denys Lasdun para el complejo artístico Southbank de la ciudad, completado en 1976. Lasdun no se definía explícitamente como brutalista, pero se distanció del funcionalismo dominante en la modernidad europea, y dijo no haber aceptado

Las «calles en el cielo» caracterizan el complejo Robin Hood Gardens (Londres), proyecto de vivienda de la década de 1960 que fracasó en parte por la delincuencia en los puntos ciegos de las pasarelas.

Pertenecer es una necesidad humana básica […], la calle corta y estrecha del barrio pobre triunfa donde a menudo fracasa la reforma espaciosa.
Alison y Peter Smithson
Informe para el Congreso Internacional de Arquitectura Moderna (1953)

nunca el urbanismo de Le Corbusier. Como los Smithson, prefería el crecimiento orgánico de las ciudades.

El National Theatre de Lasdun, construido junto al Támesis y el puente de Waterloo, ilustra bien su visión de la arquitectura como paisaje urbano. Describió su trabajo como «una extensión del contexto», usando formas modernas que respetan el espíritu del entorno, pero «sin recurrir al pastiche histórico». La forma del edificio resulta de la superposición de niveles planos horizontales sobre los dos torreones de tramoya y otras torres menores. En su borde exterior,

El **National Theatre** incluye tres escenarios, restaurantes, bares y talleres. Sus espacios públicos, extendidos a lo largo de pasarelas exteriores, forman lo que Lasdun llamó un «cuarto teatro».

los niveles forman terrazas abiertas que se extienden por toda la longitud del edificio por la parte que da al Támesis. Para Lasdun, las terrazas públicas eran teatros para las interacciones de la vida cotidiana, y servían para reducir a escala humana una estructura abrumadoramente grande, creando bolsas menores de espacio.

Texturas variadas

El uso de hormigón manteniendo la impresión del encofrado es un rasgo distintivo del National Theatre de Lasdun. El efecto se logró vertiéndolo entre paredes de grandes tablas bastas tratadas con chorro de arena, para así dejar en el muro la impronta y textura de la madera. Cada encofrado se usó un máximo de dos veces para garantizar la variedad de los acabados texturales dentro y fuera del teatro.

Lasdun declaró que el hormigón evocaba «lo no sofisticado y lo permanente», además de «ruinas antiguas», y añadió que no importaba si «se estría, le salen verrugas o le crecen líquenes». Otros sí encontraron antiestéticos los efectos del desgaste, y no podían ver el hormigón como algo separado de sus aplicaciones industriales. El príncipe Carlos llamó al teatro «una manera astuta de construir una central nuclear en el centro de Londres».

Brutalismo global

El nuevo brutalismo, como lo definió Banham, fue un movimiento relativamente breve y localizado, pero el potente estilo visual al que dio lugar adquirió nuevos significados en manos de arquitectos y gobiernos posteriores. En Gran Bretaña vino a simbolizar el estado de bienestar, al ser visible en muchos encargos de viviendas y edificios públicos de alto perfil. Aunque empleado de forma consciente y cabal en proyectos como el complejo residencial Alexandra and Ainsworth, obra de Neave Brown, en Londres en 1968, las viviendas sociales construidas por promotores con prefabricados baratos de hormigón, que se demostrarían luego poco seguras, contribuyeron a una actitud crítica generalizada ante el estilo.

Como el desarrollo del brutalismo coincidió con la independencia de

India y de muchos países africanos, varios nuevos gobiernos lo escogieron para simbolizar el rechazo a la dominación europea. En el diseño de muchos nuevos edificios públicos y estructuras civiles, sin embargo, participaron muchos arquitectos europeos. Entre los ejemplos están los edificios gubernamentales de Le Corbusier en Chandigarh (India), la nueva capital doble de los estados de Punyab y Haryana, y el Kenyatta International Convention Centre, en Nairobi, de 1973, diseñado por el keniano David Mutiso y el noruego Karl Henrik Nøstvik.

En el siglo XXI se ha empleado el hormigón expuesto con dinamismo renovado en obras como el MAXXI (Museo Nacional de las Artes del Siglo XXI), en Roma (Italia), de la arquitecta anglo-iraquí Zaha Hadid, y el campus de la UTEC, en Lima (Perú), de la empresa irlandesa Grafton Architects, de 2015. Uno de los desafíos a los que se enfrenta, sin embargo, es el de la sostenibilidad. ∎

La torre y el auditorio brutalista del Kenyatta International Convention Centre fue un encargo del primer presidente de Kenia Jomo Kenyatta, completado a tiempo de acoger la Conferencia del FMI/Banco Mundial de 1973.

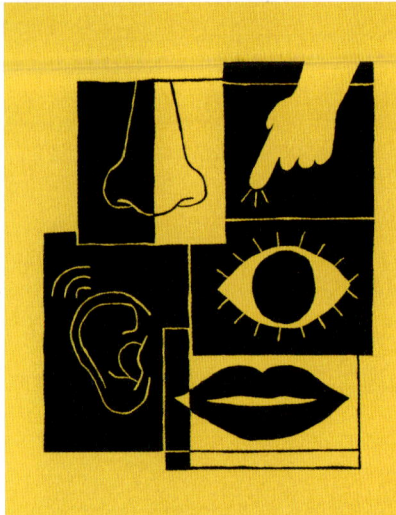

ESTIMULACION SENSORIAL
LA MODERNIDAD SENSUAL

EN CONTEXTO

ENFOQUE
**La fusión de
función y emoción**

ANTES
1935–1941 En Madrid, los
arquitectos Carlos Arniches
y Martín Domínguez y el
ingeniero Eduardo Torroja
emplean por primera vez
estructuras delgadas de
hormigón en el Hipódromo
de la Zarzuela.

1953 En México, el emigrado
alemán Mathias Goeritz
declara en su *Manifiesto de
la arquitectura emocional* que
la función de toda arquitectura
es la emoción.

DESPUÉS
1960 El ingeniero y arquitecto
uruguayo Eladio Dieste usa
hormigón ondulado y bóvedas
de ladrillo en la iglesia de Cristo
Obrero, en Atlántida, cerca de
Montevideo.

1973 Se inaugura la Ópera
de Sídney, estructura con
bóvedas en forma de concha.

E l 2 de julio de 1956, la revista *Time* traía en portada un
retrato del arquitecto estadounidense de origen finlandés Eero
Saarinen; en el interior, un artículo titulado «The maturing modern»
(«El moderno maduro») celebraba «la
preeminencia de EE. UU. en la arquitectura moderna», con referencia a la
«fabulosa expansión industrial» del
país en los años de la posguerra, y
declaraba que los jóvenes arquitectos estadounidenses estaban inspirando a sus homólogos franceses,
igual que habían influido en la modernidad los europeos en el pasado.

Arquitectos como Mies van der
Rohe habían proyectado nuevos rascacielos urbanos, reflejo de la creciente confianza económica de la
época. Las empresas empezaban a
comprender que una arquitectura
más expresiva y sensual podía formar parte de su imagen, y quisieron
edificios que no fueran meramente
funcionales, sino que apelaran también a la imaginación y a los sentidos de sus usuarios.

La sensación de volar
En 1955, el aeropuerto de Idlewild
(hoy John F. Kennedy) de la ciudad
de Nueva York lanzó el proyecto de
la «Ciudad Terminal» para absorber
el creciente tráfico aéreo. Se pidió a
cada compañía aérea que encarga-

La expansión industrial
de posguerra en EE. UU.
**refuerza la confianza
empresarial** y alimenta una
ola de **proyectos nuevos**.

Las empresas
comprenden que una
arquitectura osada puede
**ayudar a comunicar
su mensaje**.

Los arquitectos crean edificios tecnológicamente
avanzados que **evocan una respuesta emocional** que
promueve la visión y el éxito de las empresas.

Véase también: La ciudad jardín 182–183 ▪ La modernidad pionera 190–195 ▪ El funcionalismo 220–225 ▪ Le Corbusier tardío 250–251 ▪ El brutalismo 256–259

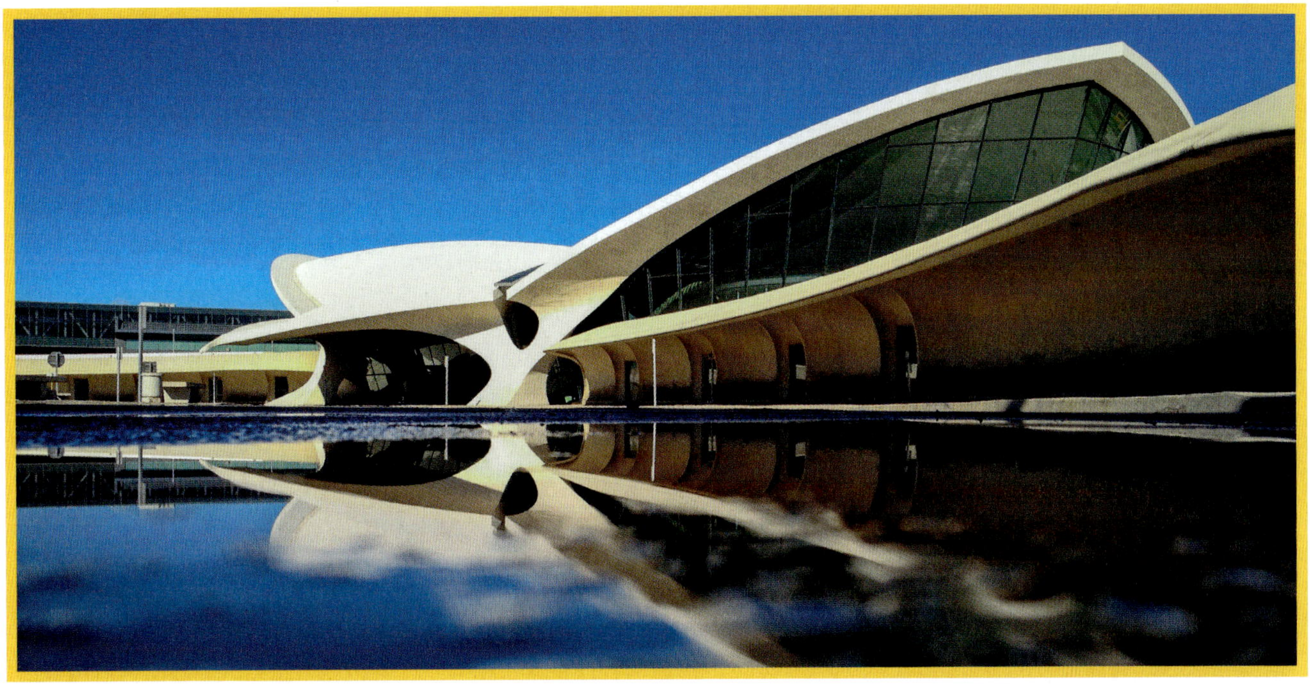

El exterior de la terminal de TWA produce la impresión de un avión futurista a punto de despegar, reflejo de la intención del diseño de Saarinen: «interpretar la sensación de volar».

ra edificios propios con sus propias instalaciones. Conscientes del potencial promocional de un edificio icónico, Trans World Airlines (TWA) contrató a Saarinen, luminaria de la osada modernidad estadounidense.

Saarinen se propuso crear un edificio que encapsulara la emoción y el lujo del viaje aéreo. Tras una fase de diseño prolongada, dio con una forma: techos curvos de hormigón soportados por columnas en forma de «Y», y muros cortina de vidrio. Se cuenta que la forma curvilínea se le ocurrió durante el desayuno, al dar la vuelta a media cáscara vaciada de pomelo y apretar el centro. Las capas de hormigón, tecnológicamente sofisticadas, se remodelaron numerosas veces, para garantizar que no se agrietaran al verterlas en formas únicas y continuas.

Saarinen quería que la transición del suelo al aire fuera lo más armónica y natural posible, y esto tiene su reflejo también en el interior del edificio. Este tenía una sala de espera baja, con bancos de hormigón forrados en color rojo oscuro, tres espacios para restaurantes y un bar privado para los clientes de primera de TWA. El panel informativo de salidas, ovalado y de solapa dividida, fue una de varias innovaciones tecnológicas, y el edificio no solo cumplía un fin funcional, sino que lo trascendía por medio del espacio y la forma.

Vida breve renacida

Abierta en 1962, la terminal de TWA fue celebrada como un gran éxito de Saarinen, y TWA fue alabada por la fe depositada en la arquitectura. *The New York Times* la llamó «el espacio modelado más dinámico de su era». Los rápidos cambios en el transporte aéreo llevaron a abandonar el sistema de Ciudad Terminal a partir de la década de 1990, y la propia TWA cerró en 2001, pero el edificio de Saarinen pervive. En 2019 reabrió como hotel, tan futurista en su estética como cuando fue creado. ■

> En tu cuerpo no tienes líneas rectas. ¿Por qué habría que tenerlas nuestra arquitectura?
>
> **Philip Johnson**
> **Arquitecto estadounidense (1906–2005)**

NO SIMPLEMENTE DISEÑADA, SINO COREOGRAFIADA

UNA CIUDAD NUEVA

Con la destrucción de las ciudades durante la Segunda Guerra Mundial, la visión de un urbanismo moderno y ordenado contemplada desde 1928 en muchas sesiones del Congreso Internacional de Arquitectura Moderna (CIAM) parecía al fin algo factible. Al comenzar la reconstrucción, muchos urbanistas recurrieron al esquema de la CIAM para la nueva ciudad.

En 1933, Le Corbusier elaboró el manifiesto «Carta de Atenas», que incluye varios conceptos desarrollados en el cuarto encuentro de la CIAM, con recomendaciones sobre cómo reformar las ciudades (la «imagen del caos») con un urbanismo ordenado y eficiente. Una idea central era la segregación funcional, o división basada en cuatro categorías: vivienda, ocio, trabajo y transporte. Tales áreas quedarían separadas por cinturones verdes, y el «tráfico continuo» discurriría por carreteras que atravesarían toda la ciudad. Otras ideas eran una suficiente exposición al sol de los apartamentos y unas rutas de trán-

---

Tras la Segunda Guerra Mundial se **reconstruyen áreas urbanas** y se **construyen ciudades nuevas** con criterios del urbanismo moderno.

La teoría urbanística favorece la **segregación de funciones** (residencial, laboral, etc.) y el tránsito de **vehículos**, en lugar del de peatones.

El diseño rígido de la ciudad no consigue atender a una **población en expansión**, que se desborda en comunidades satélite no planificadas.

Las teorías de la CIAM se descartan en favor de un enfoque que deja lugar a la impredecibilidad y el **desarrollo orgánico**.

La catedral de Brasilia tiene una planta circular, y la soportan 16 columnas curvas masivas de hormigón. La construcción comenzó en 1958, y no terminó hasta 1970.

Teoría frente a práctica

La calidad de vida prevista para todos los residentes no se materializó. Brasilia era demasiado formal, no dejaba lugar al crecimiento, sus autopistas eran un impedimento para caminar… y era poco lo que había a escala humana. Desde los inicios, los obreros de la construcción crearon campamentos, y en las afueras algunos construyeron chabolas sin acceso a la red de saneamiento municipal. Hoy viven 2,5 millones de personas en el área metropolitana de Brasilia, muchas de las cuales viajan diariamente desde poblaciones satélite en transportes abarrotados a sus trabajos en el centro, en cuyas viviendas pocos pueden permitirse vivir.

Al plasmar la «Carta de Atenas» en un proyecto real, los planificadores de Brasilia revelaron lo difícil que resulta aplicar únicamente el análisis científico y el orden funcional a algo tan orgánico y cambiante como una ciudad. ▪

sito y tráfico basadas en «estudios analíticos rigurosos». Por toda Europa y América del Norte, estos principios se han plasmado a menor escala en muchos proyectos residenciales, como en las manzanas orientadas para maximizar su soleamiento, distanciadas entre sí para no proyectar sombra unas sobre otras y separadas de las carreteras por franjas verdes. En 1955 se presentó una oportunidad mucho mayor: no reconstruir una ciudad devastada por la guerra, sino construir una del todo nueva.

La ciudad de Brasilia

La idea de Brasilia se remonta a 1827, cuando un consejero del emperador de Brasil Pedro I presentó un plan para una ciudad nueva. El plan fue retomado por el candidato presidencial Juscelino Kubitschek como promesa de campaña, cumplida tras jurar el cargo en 1956. Un jurado internacional escogió a Lúcio Costa para desarrollar el plan maestro. Costa integró en el diseño de la ciudad muchos principios de la «Carta de Atenas», como el plan en forma de cruz con dos grandes ejes en intersección para facilitar la segregación funcional. El tráfico rodado influyó mucho en esta forma, con avenidas amplias conectando los ejes y con distancias entre manzanas concebidas para vehículos, más que para peatones.

Brasilia estaba en su mayor parte acabada en 1960, menos de cuatro años después de comenzar a construirse. De este a oeste discurre el Eixo Monumental, un eje con edificios administrativos y políticos a ambos lados, cada uno separado de una autopista de seis carriles por una área extensa de espacio verde. En la Esplanada dos Ministérios, primera sección del eje, hay muchos edificios expresivos diseñados por el arquitecto brasileño Oscar Niemeyer, entre ellos, el Congreso Nacional de Brasil y la catedral de Brasilia. Atraviesa el eje de norte a sur una franja de «superbloques» residenciales basados en los diseños de Le Corbusier y divididos en barrios con comercios, escuelas e instalaciones comunitarias.

Los materiales del urbanismo son: cielo, espacio, árboles, acero y hormigón: en ese orden y esa jerarquía.
Le Corbusier

FANTASIA DESBORDADA
ESPÍRITUS LIBRES

Las fachadas curvas y en ángulo
de la Filarmónica de Berlín, terminada
en 1963, evocan los árboles del cercano
parque Tiergarten.

Tras la Segunda Guerra Mundial, el ideal moderno de una gran narrativa para la arquitectura y el urbanismo fue cada vez más criticado. Para muchos, su fe en la estandarización, la industria, la ciencia y cierta superioridad moral lo hacían inadecuado para responder a las necesidades humanas cotidianas. La libertad a la que aspiraban quienes rompieron sus parámetros es palpable en las formas que crearon. Los interiores angulares y cavernosos y el exterior ondulante del edifico de la Filarmónica de Berlín, por ejemplo, señalaron un regreso

triunfal al expresionismo, suprimido por el nazismo en su Alemania nativa, así como por las ortodoxias de la modernidad en otros lugares. El arquitecto alemán Hans Scharoun diseñó la Filarmónica en 1956. El enfoque de Scharoun y de arquitectos afines fue pronto etiquetado como neoexpresionista por quienes lo vieron como vuelta al expresionismo alemán de la década de 1920. Sin

Véase también: El expresionismo 212–215 ▪ Le Corbusier tardío 250–251 ▪ Rascacielos de posguerra 252–253 ▪ El brutalismo 256–259 ▪ Forma pura 270–271 ▪ El deconstructivismo 290–221 ▪ El sensacionalismo 300–303 ▪ Formas nuevas 308–311

> El espacio en que vivimos no es estático, sino de naturaleza dinámica.
> **Hans Scharoun**

embargo, para los iniciadores del expresionismo, las pulsiones originales de tal estilo no habían desaparecido: simplemente, había llegado el momento en que era política y tecnológicamente factible realizar sus visiones de gran carga emocional.

Contra la corriente

La carrera de Scharoun y la fortuna del expresionismo fueron de la mano a mediados del siglo xx. Después de haber estudiado en Berlín, fue un miembro activo del movimiento expresionista original posterior a la Primera Guerra Mundial. Durante el régimen nazi, cuando muchos de sus colegas expresionistas huyeron de Alemania, y su trabajo fue etiquetado como «degenerado», Scharoun se quedó. Hubo un cambio peculiar en su obra, en la que los interiores expresivos quedaban disfrazados por fachadas mucho más convencionales, que en opinión de algunos eran de un mal gusto deliberado, como protesta.

Recién acabada la Segunda Guerra Mundial, los aliados nombraron a Scharoun como director del Departamento de Construcción y Vivienda Municipal de Berlín. Sus planes controvertidos le llevaron a ser susti-

tuido poco después, pero luego ganó el concurso de diseño para la nueva Filarmónica de Berlín, destruida por un bombardeo en 1944.

Teatralidad funcional

La Filarmónica de Berlín es impactante vista desde el exterior –aunque el característico revestimiento de aluminio se le añadiera posteriormente–, pero lo cierto es que el edificio fue concebido de dentro hacia fuera. Los vestíbulos tienen una forma casi desconcertante, con columnas de hormigón que soportan escalinatas entrecruzadas y balcones con ángulos proyectados sobre el techo. Los críticos lo llamaron «arquitectura Caligari», en referencia a la película expresionista alemana de terror *El gabinete del doctor Caliga-*

ri, de 1920. Sin embargo, la sala de conciertos, en el seno del edificio, es una muestra de la fusión de función y expresión que había preocupado siempre a Scharoun.

A pesar de su aspecto, la sala es simétrica, con un escenario central pentagonal rodeado de terrazas de butacas en una disposición irregular bajo las formas inclinadas del techo. Este está diseñado para proyectar el sonido hacia el público. Un órgano imponente, obra de Karl Schuke, complementa estas formas ocupando el lugar central. La Filarmónica marcó el camino a una serie de edificios culturales de referencia, aunque nadie podría haber previsto la reñida carrera global por tener símbolos arquitectónicos expresivos e icónicos que vendría después. ∎

Una modernidad centrada en la **función** y la **eliminación del ornamento** suprime el expresionismo.

Tras la Segunda Guerra Mundial, los arquitectos rechazan el **funcionalismo** del estilo internacional y optan por un mayor **individualismo**.

Esto lleva a una vuelta a la **expresión individual** y la **experimentación formal**.

Los **avances tecnológicos** permiten hacer realidad visiones expresionistas **hasta entonces imposibles de construir**.

DE LA
POSMODE
EN ADELA
1970–PRESENTE

RNIDAD
NTE

El estadio principal de los Juegos Olímpicos de Múnich (Alemania) se remata con una gran **cubierta de plexiglás**.

1972

Abre en París (Francia) el **Centro Pompidou**. El diseño de dentro hacia fuera —con los **elementos de servicio al exterior**— tiene éxito entre el público.

1977

En Reino Unido, el nuevo **edificio Sainsbury** en el Worcester College (Universidad de Oxford), ofrece una reinterpretación de la arquitectura **vernácula**.

1982

En España se celebra la Expo de Sevilla. Entre sus joyas arquitectónicas figura el folclórico **pabellón de Hungría**, que trata de «conectar la tierra y el cielo».

1992

1973

En Australia se termina la Ópera de Sídney, un triunfo de la **arquitectura imaginativa** y la **ingeniería moderna**.

1982

En Bangladés, el **edificio de la Asamblea Nacional**, de Louis Kahn, combina elementos monumentales y vernáculos.

1984

Abre en Stuttgart (Alemania) la **Neue Staatsgalerie**. Su juego de elementos tradicionales y modernos tipifica el **diseño posmoderno**.

1997

En España, el **Museo Guggenheim de Bilbao**, del canadiense asentado en EE. UU. Frank Gehry, revierte la trayectoria de una ciudad en reconversión.

A mediados del siglo XX, muchos profesores de arquitectura no veían la modernidad como un mero estilo, sino como el punto final de la propia arquitectura, por responder a todas las necesidades racionales. En las últimas décadas del siglo XX, los arquitectos empezaron a poner en tela de juicio tal ortodoxia. El libro del estadounidense Robert Venturi *Complejidad y contradicción en la arquitectura* (1966) fue un llamamiento a una riqueza que llevaba ausente de la arquitectura moderna varias décadas.

Formas líricas

La forma empezó a parecer al menos tan importante como la función. En la vanguardia de este cambio, las «velas» de hormigón de la Ópera de Sídney, una hazaña de ingeniería acabada en 1973, provocan una respuesta emocional. Reflejo de la espectacularidad de la ópera y del entorno portuario, el edificio parece sublime, y no solo como símbolo de Sídney, sino de la propia Australia.

Hubo muchas otras respuestas a la arquitectura pulcra y descarnada de la modernidad: unas exploraron de nuevo el diseño vernáculo y regional; otras dirigieron una mirada nueva al clasicismo, tratando de hacer revivir o reinventar los estilos del siglo XVIII. En Francia, el complejo de viviendas Les Espaces d'Abraxas, de Ricardo Bofill, en los suburbios de París, proponía un Versalles moderno para el pueblo en hormigón prefabricado. En Bangladés, el diseño del estadounidense Louis Kahn para el edificio de la Asamblea Nacional, o Jatiya Sangsad Bhaban, logró ser tanto monumental como sensible, gracias a la sensación atemporal y elemen-tal que imparten las formas geométricas, el emplazamiento junto a un lago y el juego de la luz natural.

En el extremo opuesto de la reacción contra la modernidad estaban los posmodernos, que, al buscar la individualidad, incorporaron elementos lúdicos o *kitsch*.

Iconos arquitectónicos

A finales de la década de 1970, a los arquitectos Richard Rogers (británico) y Renzo Piano (italiano) se les encargó el proyecto de un centro de las artes en París: el Centro Pompidou. Su propuesta inauguró una nueva estética de la era de la máquina: la estructura dinámica, con los ascensores, cableado eléctrico y tuberías del agua al exterior del edificio, era un eco de la filosofía del futurismo italiano y del constructivismo ruso de principios del siglo XX.

La OMA, de los Países Bajos, completa la casa Lemoine en Burdeos (Francia), vivienda imponente y compleja **accesible en silla de ruedas**.

1998

La arquitecta pakistaní **Yasmeen Lari** lanza la «arquitectura descalza», encaminada a la **sostenibilidad**.

2005

Comienzan las **obras de Masdar**, ciudad isleña en el golfo Pérsico concebida para no generar CO_2 **ni desechos**.

2008

El nuevo estudio de Palinda Kannangara en Sri Lanka ejemplifica la **modernidad tropical** en armonía con las condiciones y tradiciones locales.

2015

2001

Abre el **Museo Judío** de Berlín, del arquitecto polaco-estadounidense Daniel Libeskind, que emplea la forma y el espacio para reflejar la experiencia judía.

2007

En Alemania, el arquitecto suizo Peter Zumthor completa la **capilla Bruder Klaus**, que busca crear un **«silencio hermoso»**.

2012

Zaha Hadid completa el **Centro Cultural Heydar Aliyev** en Azerbaiyán, producto del diseño asistido por ordenador.

2020

Los acuerdos sobre cambio climático mueven a 136 países a comprometerse a reducir las **emisiones de la construcción** y mejorar la eficiencia energética.

Los visitantes iban al Centro Pompidou a ver tanto las obras expuestas en su interior como el edificio mismo. A finales del siglo XX, otros edificios de una originalidad impactante habían alcanzado una categoría icónica, entre ellos el Museo Guggenheim Bilbao, en España, al que pronto siguió el Museo Judío de Berlín, ambos ejemplos de arquitectura deconstructivista, que buscaban subvertir la idea de orden formal.

En el siglo XXI, esta tendencia a la arquitectura emocionante se plasmó también en varios rascacielos, como el Burj Jalifa, en Dubái, de 828 m de altura, y edificios con diseños innovadores como los de la arquitecta anglo-iraquí Zaha Hadid. Algunas de estas estructuras fueron una reacción tardía frente a la modernidad de la vieja escuela, y otros, la expresión de un éxito económico hambriento de espectáculo y novedad. El advenimiento del CAD, o diseño asistido por ordenador, hizo posibles nuevas formas extraordinarias.

Arquitectura ética

La preocupación por el medio ambiente, así como la reacción frente a una idea de la vida basada solo en el dinero, el consumo y los rascacielos, empezaron a empujar la arquitectura en una dirección distinta en la segunda década del siglo XXI. Hubo dos caminos para ello: uno, manifiesto en la obra del británico Norman Foster, era poner los avances tecnológicos al servicio del medio ambiente. Foster + Partners había inaugurado este enfoque en 1997 con la torre Commerzbank, en Frankfurt, un rascacielos «verde» con invernaderos que aprovechaba la luz y la ventilación naturales para reducir el consumo energético.

Otra vía de avance es la arquitectura que emplea materiales tradicionales y reciclados y se funde con el entorno. Los arquitectos de las partes del mundo más afectadas por las mayores temperaturas y el ascenso del nivel del mar han estado generalmente en la vanguardia de tales iniciativas, caso de Palinda Kannangara en Sri Lanka, Yasmeen Lari en Pakistán y Marina Tabassum en Bangladés.

También expresaron un deseo de mayor sencillez edificios como la capilla Bruder Klaus, en Mechernich (Alemania), que apelan a la intimidad e invitan a la reflexión, en lugar de proyectar valores comerciales, culturales o políticos. La arquitectura actual no solo aspira a respetar la vida de las personas, sino la vida misma, en toda su rica diversidad, complejidad y belleza natural. ∎

EL LIMITE DE LO POSIBLE

FORMA PURA

Las memorables «velas» de hormigón de la Ópera de Sídney, terminada en 1973, plantearon uno de los desafíos de ingeniería estructural más difíciles que se hayan intentado. El arquitecto danés Jørn Utzon no tenía idea de cómo se podrían construir cuando ganó el concurso para diseñar el edificio, y únicamente dos años después de comenzar las obras dio con la solución: tratar las velas como segmentos de una esfera, cada una hecha de dos medias conchas simétricas.

Formas expresivas como la de la Ópera de Sídney reavivaron el debate sobre función y forma de la modernidad temprana, y sobre si la forma de un edificio debía reflejar su finalidad. Utzon entendía la función y la finalidad en términos de «funciones humanas» de la expresión emocional, algo ignorado por la modernidad ortodoxa en opinión de muchos. «En lugar de una forma cuadrada», escribió Utzon, «he hecho una escultura; una escultura que cumple con las funciones necesarias». Como en una escultura, las velas de la Ópera simbolizan el dramatismo de lo que tiene lugar en las salas de concierto que cubren, con la forma de un monumento digno de su tiempo. El concepto tenía una larga historia. En palabras de Utzon, «si se piensa en una iglesia gótica, se estará más cerca de lo que he querido lograr».

Desafío y compromiso
Construir la ópera fue un proceso polémico, y no faltaron los problemas. Las obras comenzaron antes de que

La solución esférica para las «velas» de la Ópera fue crucial para realizar el diseño de Utzon. Sus azulejos se diseñaron para reflejar el cielo y el mar sin un resplandor excesivo.

Véase también: El gótico 74–81 ▪ La modernidad sensual 260–261 ▪ Espíritus libres 264–265 ▪ Conectar el cielo y la tierra 288–289 ▪ El sensacionalismo 300–303 ▪ Modernidad con alma 306–307 ▪ Formas nuevas 308–311

Nuevas posibilidades constructivas permiten formas más experimentales y complejas.

Libres de restricciones, los arquitectos **diseñan edificios que transmiten expresión y emoción.**

Los edificios devienen **símbolos de una era moderna compleja.**

Pero los críticos denuncian que los arquitectos **atienden a su ego y a sus deseos propios** a expensas de la funcionalidad.

el diseño estuviera terminado, los costes se dispararon, hubo retrasos, y un nuevo gobierno cuestionó la competencia de Utzon, al que tildaron de soñador y poco práctico. Obligado a dimitir, volvió a Dinamarca.

Peter Hall toma el relevo

En 1966, la concha hueca de hormigón pasó a manos del arquitecto australiano Peter Hall, y se abandonó la visión unitaria de Utzon, que incluía madera en el interior para complementar las velas de hormigón, y alegres estallidos de colores vivos.

Hall también invirtió los respectivos fines de las dos salas de concierto: los conciertos clásicos pasaron a la sala principal –que en la práctica resultó demasiado cavernosa para la acústica requerida–, y las óperas, a la menor de las dos, que no tenía capacidad suficiente. Se renunció a dejar expuesta en el interior la estructura que sostenía las velas de hormigón –al modo de las catedrales góticas en las que se había inspirado Utzon–, y también

La Ópera de Sídney tardó 14 años en terminarse. Crear un podio de materiales sueltos para cimentarla contribuyó a exceder el coste presupuestado.

al vidrio en partes del vestíbulo en lugar de muros, previsto para conectar más el edificio con su entorno portuario. Muchos aspectos que habrían unido la forma característica con la finalidad de un espacio emotivo se eliminaron, y Hall argumentó que hubo cambios necesarios para cumplir con exigencias legales y de seguridad.

El debate continúa

El argumento de que la expresión tiene un precio para la funcionalidad se sigue esgrimiendo contra la arquitectura imaginativa, y con un grado variable de justificación. Pese a todas sus dificultades, sin embargo, la Ópera de Sídney es una maravilla del diseño, y testimonio de una visión arquitectónica que consiguió reavivar la fe en el poder simbólico que pueden tener los edificios. ▪

No sé de dónde viene la forma, pero nada en absoluto tiene que ver con la funcionalidad o con aspectos sociológicos de nuestra arquitectura.
Philip Johnson
Arquitecto estadounidense (1906–2005)

EL MATERIAL COMO LUZ GASTADA

MONUMENTALIDAD MODERNA

En 1944, el crítico arquitectónico suizo Sigfried Giedion publicó un ensayo titulado «La necesidad de una nueva monumentalidad». Fundador en 1928, junto con Le Corbusier, del Congreso Internacional de Arquitectura Moderna (CIAM), que había establecido el programa funcionalista de la modernidad, Giedion cuestionaba ahora los aspectos desatendidos por dicho enfoque.

Anticipándose a los cambios culturales globales que seguirían a la Segunda Guerra Mundial, Giedion reclamaba devolver a la arquitectura su simbolismo y su «valor lírico». Las ciudades que se iban a reconstruir iban a necesitar símbolos monumentales con los que se identificaran sus habitantes, y edificios que fueran satisfactorios más allá de lo funcional. Giedion definió «monumento» como algo que traduce a un lenguaje simbólico la potencia cultural de la humanidad, idea desdeñada por una modernidad entregada a la concepción más utilitaria de las viviendas y

Tras la Segunda Guerra Mundial se cuestiona la capacidad de la arquitectura moderna para encarnar **ideas culturales colectivas**.

Los arquitectos emplean **estructuras geométricas** simples y la **luz natural** en edificios que transmiten una idea de «eternidad».

A diferencia del brutalismo, similar pero aún funcionalista, estos edificios tienen **gran potencia simbólica**.

Si bien su estética es moderna, emplean **formas abstractas** e ideas procedentes de la arquitectura histórica y tradicional.

Véase también: El expresionismo 212–215 ■ El brutalismo 256–259 ■ Espíritus libres 264–265 ■ Forma pura 270–271
■ Conectar el cielo y la tierra 288–289

Las formas geométricas abiertas en la fachada de la Jatiya Sangsad Bhaban, abstracciones de otras tradicionales bengalíes, aportan al interior patrones de luz cambiantes a lo largo del día.

las oficinas. No veía inconveniente en los materiales modernos, y rechazaba la idea de copiar monumentos históricos; de lo que se trataba era de usar las técnicas modernas para crear monumentos dignos del siglo xx.

Arquitectura de la eternidad

Pocos encarnarían la noción de monumentalidad moderna mejor que el arquitecto estadounidense Louis Kahn. Inició su carrera en la década de 1930, atento a la vanguardia europea y diseñando proyectos en EE. UU. que se atenían al estilo internacional de la época. Más tarde varió su enfoque, y planteó una serie de consideraciones nuevas en un trabajo de 1944 titulado «Monumentality». Como ocurría con Giedion, no eran los materiales modernos lo que preocupaba a Kahn, sino el modo en que se empleaban. Tras su nombramiento como arquitecto residente de la Academia Americana

en Roma en 1950, Kahn visitó ruinas antiguas en Italia, Grecia y Egipto, y le interesó cómo podían los edificios transmitir una «sensación de eternidad». Clave para ello, a su entender, eran las nociones de simplicidad y reducción, una combinación de formas esculturales expuestas y monolíticas con el empleo poético de la luz natural, a la que llamó «dadora de todas las presencias».

La Jatiya Sangsad Bhaban

En 1962 le surgió a Kahn la ocasión de llevar a la práctica sus ideas: el diseño de la nueva Jatiya Sangsad Bhaban (edificio de la Asamblea Nacional) en Daca, en Pakistán Oriental (hoy Bangladés). El diseño impactante y monolítico se basa en un conjunto de bloques cúbicos y cilíndricos asomados a un lago artificial, acabados en hormigón expuesto entreverado de una rejilla de mármol blanco. En el centro se encuentra la gran asamblea circular, a cuyo al-

rededor se disponen de forma concéntrica ocho salas menores y otros espacios, como un restaurante, oficinas y alojamientos.

Envuelve el edificio una segunda piel gigante en la que se abren grandes cortes geométricos, y es en los espacios así creados donde entra en juego la concepción de la monumentalidad y la luz de Kahn. La gran altura del techo deja lugar para amplios espacios cavernosos atravesados por pasarelas, formando los cortes geométricos áreas iluminadas, que a su vez intensifican las sombras en las partes en intersección del edificio.

Kahn, influido por la arquitectura romana antigua y la bengalí, incorporó al edificio referencias al pasado, pero no por medio de la imitación, sino de manera abstracta. La Jatiya Sangsad Bhaban es una muestra duradera de la capacidad de la arquitectura moderna para lograr la carga monumental de la arquitectura histórica. ■

La monumentalidad en la arquitectura transmite el sentimiento de su eternidad.
Louis Kahn
«Monumentality» (1944)

UN MUNDO DE FORMAS DEL TODO NUEVO

RETÍCULAS Y TEXTILES

EN CONTEXTO

EN CONTEXTO

ENFOQUE
Avances en la innovación estructural

ANTES
1896 El ingeniero Vladímir Shújov emplea un tejado de membrana y rejilla extensible de acero en la Exposición Industrial y de Arte de toda Rusia, en Nizni Nóvgorod.

1955 Frei Otto construye su primera estructura textil, un pabellón musical en forma de silla de montar, en Kassel (Alemania).

DESPUÉS
2000 Frei Otto crea con el arquitecto japonés Shigeru Ban una estructura reticulada toda de papel y cartón para la Expo 2000, en Hannover (Alemania).

2018 Se instala la «Tienda de Maidan», refugio de entramado metálico y tela, diseño del ABVM Studio de Italia, en un campo de refugiados de Grecia.

Los avances de la ingeniería hacen posible cubrir espacios extensos con estructuras **ligeras, flexibles** y **económicas**.

Los arquitectos aprecian el potencial de tales avances para diseñar **refugios baratos fáciles de construir, desmantelar** y **reutilizar**.

El desarrollo de **tejidos** y **plásticos sintéticos** resistentes y ligeros vuelve posible construir **estructuras textiles permanentes**.

Estas estructuras **cubren áreas grandes**, como **recintos deportivos** y **aeropuertos**, de forma sencilla y ligera.

Los entramados delicados de acero y membranas textiles sinuosas usados desde la década de 1960 se ocupan de uno de los conceptos más sencillos en arquitectura, delimitar o cubrir un espacio, pero lo hacen de forma futurista e impactante. Un acero más ligero y fuerte y unos nuevos materiales delgados pero resistentes, como la fibra de vidrio recubierta y el plexiglás, permitieron usar métodos cada vez más eficientes para distribuir la carga. Las cubiertas ganaron en resisten-

Véase también: Inicios de la arquitectura moderna 190–195 ■ La arquitectura como afirmación 238–241 ■ Forma pura 270–271 ■ *Hi-tech* 276–277 ■ Arquitectura verde 292–299

> He construido poco. Pero he construido muchos castillos en el aire.
> **Frei Otto**

cia, pero no a base de añadir masa, sino por la geometría de sus formas onduladas. Inspiradas en estructuras naturales delicadas pero robustas, como alas de insectos y telarañas, las cubiertas gigantes de membrana textil y entramado reticular reflejaron un optimismo arquitectónico que aspiraba a cambiar el mundo.

Arquitectura de supervivencia

El arquitecto e ingeniero alemán Frei Otto fue clave en el desarrollo de la estructura reticular. Otto era consciente tanto del despilfarro de los recursos naturales en los proyectos de construcción como de la falta de viviendas de calidad mínima para millones de personas. También creía que, para ser sostenible, la arquitectura debía dejar de preocuparse por la permanencia, y eso le llevó a ver la solución en las retículas –baratas, ligeras, versátiles y fáciles de instalar. Era, en palabras de Otto, «una arquitectura de supervivencia».

La carpa del Estadio Olímpico de Múnich está sujeta por 58 mástiles de acero, entre los que casi 480 km de cables de acero soportan la gran cubierta de plexiglás transparente.

La cuestión tenía una gran carga política para Otto. Prisionero de guerra en Francia en la Segunda Guerra Mundial, fue empleado como arquitecto del campo, y erigió estructuras simples con materiales escasos. Más tarde estudió las estructuras textiles, y en 1964 creó su propio Instituto de Estructuras Ligeras en la Universidad de Stuttgart. En la Expo 67, en Montreal (Canadá), fue aclamada la estructura textil del pabellón de Alemania Occidental, expresión de «la ligereza contra la brutalidad», en completo contraste con la monumentalidad de los arquitectos nazis.

Estadio Olímpico de Múnich

Los diseños humanitarios de Otto no se realizaron, pero el pabellón de Alemania Occidental de 1967 había demostrado el potencial de sus ideas.

El mismo año, Günter Behnisch, inspirado por el trabajo de Otto, ganó el concurso de diseño del estadio de los Juegos Olímpicos de 1972 en Múnich. Rehuyendo toda monumentalidad que pudiera recordar al Estadio Olímpico de Berlín de la era nazi, diseñó el estadio como una agrupación de elementos reunidos bajo una sola cubierta transparente, a modo de carpa. Pese a que el proyecto estuviera reñido con el enfoque funcional y no simbólico de Otto, Behnisch le invitó a colaborar en el diseño, y el resultado fue una hazaña técnica de precisión inmensa, y una estructura de osadía espectacular.

Como Behnisch, los arquitectos británicos *hi-tech* (de alta tecnología) se vieron influidos por las ideas de Otto, lo cual se refleja en estructuras como el Millennium Dome (1999), de Richard Rogers, y el Great Court (2000) del Museo Británico, de Norman Foster, ambos en Londres. El dramatismo visual y la amplitud de las estructuras hechas con membranas textiles –y sus ventajas ambientales y de coste– siguen inspirando a diseñadores de estadios, aeropuertos y otros grandes proyectos. ■

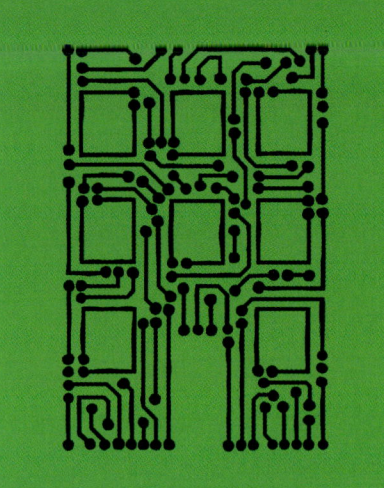

PONGO LA ESTRUCTURA POR FUERA
HI-TECH

El estilo arquitectónico *hi-tech* se inspiró en la ingeniería y tecnología modernas. A menudo se describe como una arquitectura «de dentro afuera», por el rasgo clave de poner a la vista al exterior entramados de acero, tuberías y otros elementos habitualmente ocultos en la estructura.

Dos grandes influencias

Los jóvenes arquitectos británicos iniciadores del estilo *hi-tech* en la década de 1960 –muchos de ellos eran exalumnos de la escuela de la Asociación de Arquitectura, en Londres– combinaron su entusiasmo por la tecnología con el optimismo en cuanto a su capacidad para cambiar el mundo. Una influencia clave fue el trabajo del inventor e ingeniero estadounidense Richard Buckminster Fuller (1895–1983), quien concibió estructuras innovadoras para ahorrar energía y materiales, con el objeto de proteger los recursos finitos del

El Centro Pompidou no fue del gusto de todos al principio. *Le Figaro* lo comparó al monstruo del lago Ness, pero al público le encantó, y en el primer año tuvo hasta 25 000 visitantes al día.

Le dije que lo había diseñado yo, y me pegó en la cabeza con el paraguas.
Richard Rogers
Comentando un encuentro con una viandante parisina en el exterior del Centro Pompidou (2018)

planeta. A mediados de la década de 1940, para responder a la escasez de vivienda en EE. UU., desarrolló prototipos de casas ligeras hechas con elementos prefabricados para reducir costes, pero no se llegaron a producir. Otra influencia importante fue el trabajo especulativo del grupo británico Archigram, que en la década de 1960 imaginó ciudades enteras con elementos modulares para poner al día, o reemplazar al quedar obsoletos.

Un gran juguete urbano

La flexibilidad fue clave en el diseño del Centro Pompidou, inaugurado en París en 1977. Concebido por un equipo que incluía a los arquitectos Richard Rogers (británico) y Renzo Piano (italiano), el edificio tiene un armazón de acero ligero que soporta una red externa de conductos de colores –azul para el aire acondicionado, amarillo para el cableado eléctrico y verde para el agua– y escaleras mecánicas y ascensores en rojo. La disposición permite áreas interiores ininterrumpidas y adaptables por las que el público circula fácilmente.

Los pasillos cavernosos de vidrio a lo largo del exterior del Centro Pompidou tipifican el carácter pragmático e industrial del edificio, y ofrecen vistas panorámicas de París.

Este gran centro cultural fue el controvertido ganador del primer concurso público internacional en Francia en 1971, escogido entre 681 proyectos. Sus diseñadores lo concibieron como complejo artístico de marcado carácter social, y Piano lo llamó «un gran juguete urbano». Esperaban crear interiores abiertos y adaptables para cualquier uso en las diez plantas. Suelos enteros del tamaño de dos campos de fútbol estaban diseñados para elevarse o descender, y se propuso una gran pantalla exterior para que desde la plaza se viera una fachada dinámica y siempre cambiante.

A la hora de realizar las ambiciosas propuestas, sin embargo, el presidente Giscard d'Estaing, sucesor de Georges Pompidou, redujo el presupuesto, y se abandonaron la pantalla y algunos elementos flexibles.

La estructura dinámica y siempre cambiante, imaginada casi medio siglo antes por los futuristas italianos, se había mostrado de nuevo escurridiza, pero seis plantas tienen plataformas modulares adaptables para proyectos muy diversos.

La influencia *hi-tech*

Si bien los edificios plenamente flexibles no se han materializado, la estética *hi-tech* pervive en edificios nuevos de todo el mundo: muchas infraestructuras de transportes y aeropuertos incorporan los grandes interiores despejados y la ligereza y sencillez simbólicas de este estilo. ■

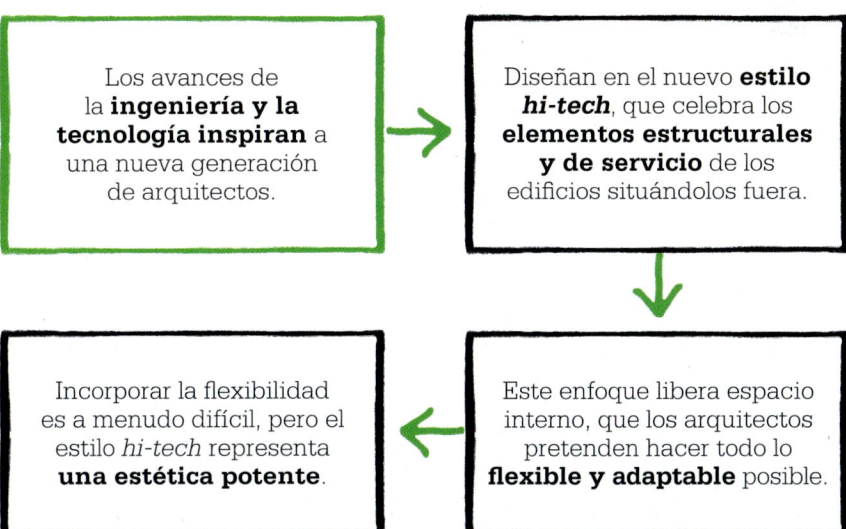

Los avances de **la ingeniería y la tecnología inspiran** a una nueva generación de arquitectos.

Diseñan en el nuevo **estilo *hi-tech***, que celebra los **elementos estructurales y de servicio** de los edificios situándolos fuera.

Este enfoque libera espacio interno, que los arquitectos pretenden hacer todo lo **flexible y adaptable** posible.

Incorporar la flexibilidad es a menudo difícil, pero el estilo *hi-tech* representa **una estética potente**.

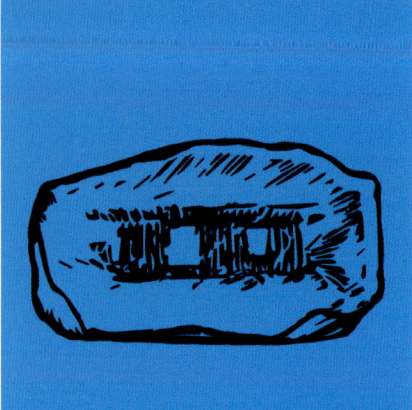

EL PASADO SE TRANSFORMA PARA SER PARTE DEL PRESENTE

NUEVA ARQUITECTURA VERNÁCULA

EN CONTEXTO

ENFOQUE
Reconectar con el entorno

ANTES
1911 La casa Taliesin, en Wisconsin (EE.UU.), de Frank Lloyd Wright, combina técnicas modernas, materiales vernáculos y formas inspiradas en el paisaje.

1979 En Londres, el Centro Cívico Hillingdon, de Andrew Derbyshire, refleja su entorno suburbano con ladrillo rojo y tejados inclinados de teja.

DESPUÉS
2018 La Building Better, Building Beautiful Commission del gobierno de Reino Unido recomienda los estilos vernáculos para las viviendas.

2019 El arquitecto británico Peter Barber reinterpreta las casas adosadas en la urbanización de McGrath Road al este de Londres.

La **arquitectura moderna** es cada vez más **criticada** en la «guerra estilística» en Reino Unido.

→

La atención a los **estilos tradicionales** trae una **vuelta** a formas históricas de arquitectura.

↓

Algunos arquitectos defienden la **posmodernidad**.

←

Otros construyen en un estilo más cotidiano y vernáculo vinculado a la **historia, el clima y el entorno**.

La arquitectura moderna era omnipresente en Reino Unido en la década de 1980, pero su aceptación era discutible. Al calor de una controversia sobre estilos en la que el príncipe Carlos abogó por un regreso a la arquitectura tradicional, muchos rechazaron la falta de identidad de los estilos modernos, y cada vez más arquitectos estaban desilusionados con el diseño funcionalista, en cuyos ejemplos más humildes habían fracasado las promesas utópicas.

Pocos arquitectos adoptaron sin más el historicismo clásico preferido por el príncipe Carlos, pero sí llegó a predominar el regreso a la tradición y la historia. Esto fue más evidente en edificios de referencia o exhibición de la posmodernidad, que hicieron un uso libre y lúdico de los elementos clásicos y los colores vivos.

Vuelta a lo vernáculo
Más discretamente, la reacción contra la modernidad se manifestó también en el regreso a formas vernáculas que priorizaran la vinculación con el entorno y el clima locales, antes que a cualquier noción de estilo o estética. Mucha de esta arquitectura «neovernácula» retomó el carácter del movimiento *Arts and Crafts* del siglo XIX y principios del XX —en particular en el sentido de que, a

> A través de este proceso evolutivo en lugar de revolucionario, se promueve el arte de la arquitectura.
> **Richard MacCormac**
> **Conferencia (1983)**

menudo, a fin de crear una arquitectura más apropiada para un entorno dado, los arquitectos aprendieron simplemente a mirar a su alrededor.

Pragmatismo romántico

Como no es de extrañar, los arquitectos adoptaron en muchos casos el enfoque neovernáculo en lugares ya de por sí bellos, definidos por un contexto natural y arquitectónico rico en el que inspirarse. El británico Richard MacCormac construyó varias residencias de estudiantes en campus universitarios idílicos, entre los que destaca el edificio Sainsbury, en el Worcester College de la Universidad de Oxford, de 1982, cuyo bloque residencial se asoma a un lago.

A tono con la nueva tendencia, MacCormac no tuvo que mirar más allá del propio Worcester College y de la arquitectura tradicional en piedra caliza de los cercanos montes Cotswolds. Su diseño reinterpretaba una casa del guarda universitaria, con una entrada de ladrillo que conducía a un cuadrángulo en miniatura. También reevaluó la galería clásica cubierta, o logia, del edificio principal de la universidad, en forma de pilares de ladrillo y hormigón que sostienen una terraza elevada con vistas al lago.

Accesible pero secreto

La forma del edificio Sainsbury parece un conjunto más o menos simétrico de lo que casi podrían pasar por casas tradicionales de los Cotswolds, como una «comunidad de habitaciones dispuestas alrededor de cocinas». Lejos de las aspiraciones utópicas de la modernidad, su concepción era sencilla y directa, vinculada con la tradición constructiva local y con el paisaje.

Como escribió MacCormac: «Me interesa la idea de una arquitectura fácilmente accesible, simpática en su parte ostensible y pública, y aún así secreta y excelente al entrar en ella y comprenderla».

En septiembre de 1983, el edificio Sainsbury ocupó la portada de *The Architectural Review*, que agrupó a MacCormac con otros arquitectos bajo la etiqueta del «pragmatismo romántico». No se trataba tanto de un estilo como de inquietudes compartidas, como una forma sencilla y directa de enfocar la finalidad y la construcción de los edificios, a menudo tomada de la realidad física circundante, combinada con una sensibilidad romántica.

Las prácticas constructivas vernáculas nunca habían desaparecido, pero aquí regresaron al primer plano del debate arquitectónico, y mostraron que las técnicas modernas podían servir para poner al día la historia, en lugar de meramente copiarla. Algunos críticos juzgaron excesivamente conservador el carácter deliberadamente inofensivo de la tendencia; sin embargo, en lugares donde la sensibilidad respecto al patrimonio es una prioridad, continúa siendo muy popular, cuando no lo esperado o exigido. ▪

El edificio Sainsbury presenta motivos modernos, como las ventanas proyectadas, y una sala común de suelo bajo situada al nivel del lago adyacente.

MENOS ES UN ABURRIMIENTO
LA POSMODERNIDAD

EN CONTEXTO

ENFOQUE
Expresión lúdica

ANTES
1896 En EE. UU., Louis H. Sullivan expresa, con su máxima «la forma sigue siempre a la función», que el diseño exterior de los edificios debe reflejar el plano y las funciones interiores.

1923 Le Corbusier publica *Hacia una arquitectura*, manifiesto de la arquitectura moderna.

1972 La demolición de parte de la urbanización Pruitt-Igoe en San Luis (EE. UU.), de la década de 1950, lleva a Charles Jencks a declarar «el día que murió la arquitectura moderna».

1972 *Aprendiendo de Las Vegas*, de Robert Venturi, Denise Scott Brown y Steven Izenour contribuye a lanzar la posmodernidad.

DESPUÉS
1985 La empresa italiana Alessi comienza a producir el hervidor de agua posmoderno 9093, con pájaro en la boquilla, diseño de Michael Graves.

1988 Para los críticos, la exposición «Arquitectura deconstructivista» del Museo de Arte Moderno de Nueva York marca el fin de la posmodernidad.

2011 El Museo Victoria y Alberto de Londres presenta la gran retrospectiva «Posmodernidad: estilo y subversión 1970–1990».

L
a posmodernidad emergió en la década de 1960 como desafío a la modernidad, de un modo en buena parte análogo a cómo, 400 años antes, lo hiciera el manierismo como reacción frente a las reglas y el perfeccionismo del Renacimiento. La posmodernidad fue una reacción contra la clase de austeridad y elitismo que habían defendido figuras como Le Corbusier y Mies van der Rohe. El dogma «la forma sigue siempre a la función», consideraban algunos, había llevado a una arquitectura moderna en gran parte monótona y carente de indi-

La casa Vanna Venturi tiene un aspecto casi infantil. Las ventanas de formas diversas no guardan la simetría, y el arco esbozado sobre la entrada no cumple ningún fin.

vidualidad. La posmodernidad proponía una riqueza y variedad arquitectónica nueva, con licencia para el juego y la subversión en cuanto a la historia de la arquitectura. Dicho movimiento, triunfante por unos años, prácticamente se había desvanecido al final del siglo, pero en ese breve periodo produjo algunos de los edificios más idiosincráticos y controvertidos del mundo.

Desarrollos tempranos
El punto de partida de la posmodernidad fue la obra del arquitecto estadounidense Robert Venturi *Complejidad y contradicción en la arquitectura*, de 1966, aunque el término en sí lo acuñó el historiador de la arquitectura estadounidense Charles Jencks en 1975. La obra de Venturi animaba a los arquitectos a buscar inspiración en la arquitectura del pasado, además de en la arquitectura local, incluso vernácula o popular. La inspiración podía venir tanto de un templo dórico grie-

La modernidad visible antes de la década de 1980 era muy gris, restrictiva, utilitaria y bastante doctrinaria.
Terry Farrell
«Postmodern architecture»,
en *Dezeen* (2015)

Véase también: El Renacimiento 106–113 ▪ El manierismo 116–117 ▪ El funcionalismo y el racionalismo 220–225 ▪ La modernidad estadounidense 246–247 ▪ Rascacielos de posguerra 252–253 ▪ La modernidad de mediados del siglo XX 254–255

go como de una cantina de carretera; como escribió Venturi: «Me gustan los elementos híbridos en lugar de puros […], prefiero la vitalidad desaliñada a la unidad obvia». Venturi enmendó la máxima de Mies van der Rohe «menos es más», diciendo que «menos es un aburrimiento» *(less is more/less is a bore)*, y su actitud ecléctica e irreverente ante la cultura tanto del pasado como popular vino a ser el equivalente arquitectónico de Andy Warhol y del *pop art*.

Creaciones en Pensilvania

Ya antes de publicarse su libro, Venturi había dado forma a sus ideas en diversos edificios en Estados Unidos, comenzando por la casa que construyó para su madre en Chestnut Hill (Pensilvania). Completada en 1964, y posteriormente llamada casa Vanna Venturi, es conocida sobre todo por su fachada, con forma de gran frontón, con un corte vertical en el centro sobre la entrada cuadrada, y con una chimenea asimétrica de tamaño exagerado. El arquitecto

italiano Aldo Rossi atribuyó a la casa el haber «liberado la arquitectura en EE. UU. y más allá».

Alrededor de la misma época que la casa mencionada, Venturi construyó también la casa Guild, vivienda social para ciudadanos de la tercera edad en Filadelfia (Pensilvania). El edificio de ladrillo de seis plantas tiene una gran ventana semicircular que recuerda a un frontón clásico, una sola columna gruesa y negra al nivel de la calle y un rótulo con letras como el de un supermercado. En el diseño original destacaba una antena de televisión dorada sobre el tejado, según Venturi «símbolo de los mayores, que pasan tanto tiempo viendo la televisión».

Tanto en la casa Vanna Venturi como en la casa Guild, Venturi mezcló rasgos contradictorios, haciendo de lo prosaico arte, y ambos se consideran entre los ejemplos más tempranos de la arquitectura posmoderna. A principios de la década de 1970, Rossi inició su propia revuelta contra la modernidad. Aunque de-

> Me gusta ser lo correcto en el lugar equivocado, y lo equivocado en el lugar correcto […], siempre pasa algo interesante.
> **Andy Warhol**
> **Artista estadounidense (1928–1987)**

clarara que no podía ser posmoderno, pues nunca había sido moderno, se le cuenta entre los líderes del movimiento, aduciendo como prueba principal el cementerio de San Cataldo, iniciado en 1971 y no terminado, de formas vigorosas, colorido vivo y referencias históricas características.

La Neue Staatsgalerie

También en otros lugares se construyeron edificios posmodernos influyentes. La Neue Staatsgalerie (Nueva Galería Estatal), en Stuttgart (Alemania), de 1977, de los británicos James Stirling y Michael Wilford, se ha visto como paradigma del movimiento. Las obras de esta galería de arte empezaron en 1979, y se terminaron cinco años después. El diseño de Stirling y Wilford incorpora elementos tradicionales de los museos clásicos del siglo XIX y materiales industriales modernos, »

Las rampas peatonales y las escaleras de la Neue Staatsgalerie tienen pasamanos de colores vivos rosa y azul, y las vigas y conductos de ventilación son azules y verdes.

como columnas, frontones y arquitrabes de travertino y arenisca, junto con elementos metálicos *hi-tech* en colores vivos. El edificio entero es una conversación animada entre lo antiguo y lo nuevo, algo muy apropiado para un museo.

El edificio es todo ángulos inusuales, plantas peculiares y sorpresas. Para Stirling y Wilford, lo inclinado del emplazamiento no presentaba problemas, sino más bien oportunidades. La planta baja es el aparcamiento, y la terraza de la primera planta exhibe el acero verde hoja y el vidrio de la fachada curva, que contrasta con los tonos sombríos amarillo pardo y gris de la cantería tradicional. El suelo de goma tachonada del vestíbulo es también de color verde vivo, y las escaleras llevan de este a las galerías de la segunda planta, donde una gran rotonda central abierta en la parte superior alberga un jardín de esculturas. Los colores vivos del edificio contrastan con las propias galerías, en las que los tonos serenos y neutros no distraen de las obras expuestas.

Otro diseño posmoderno de éxito fue el estudio de TV-am en Londres (Inglaterra), diseñado por el arquitecto británico Terry Farrell y terminado en 1981. El edificio, posteriormente rediseñado, era una gran estructura gris junto a un canal, de fachada curva y tejado rematado por enormes hueveras. El interior consistía en una serie de espacios inspirados en distintas partes del mundo, entre ellos, un templo japonés y un zigurat mesopotámico, con predominio de colores, formas y motivos llamativos.

Legado y reacción en contra

La arquitectura posmoderna floreció con la bonanza económica de la década de 1980, de cuya exuberancia en el gasto fue el emblema. Encarnó la tendencia el edificio AT&T (hoy edificio Sony), completado en 1984 en Madison Avenue, en Nueva York, de los arquitectos estadounidenses John Burgee y Philip Johnson. Ambos habían contribuido al desarrollo de la arquitectura moderna, pero estaban abiertos a abrazar

El antiguo estudio TV-am, en Camden Lock, en Londres, estaba rematado por enormes hueveras, símbolos del desayuno inglés y también referencia a la tradición de usar urnas decorativas.

ideas nuevas. El rascacielos, de 37 plantas, está revestido de granito rosa y rematado por un enorme frontón abierto.

Excesos caricaturescos

El aspecto lúdico característico de la posmodernidad está presente en edificios como el Oudhof («edificio Ray Ban»), de 1990, en Ámsterdam (Países Bajos), del neerlandés Mart van Schijndel, y el jardín de infancia Wolfartsweier (2002) en Karlsruhe (Alemania), de los artistas-arquitectos Tomi Ungerer y Ayla Suzan Yöndel. El estilo se prestaba también al exceso caricaturesco, como en el edificio M2 (1991), del arquitecto japonés Kengo Kuma, sala de muestras de la empresa Mazda en Tokio, dominada por una amplia torre de ocho plantas de altura que asemeja un fragmento de columna jónica.

Cultura pop

Mucho antes que cualquiera de estos ejemplos extremos, la posmo-

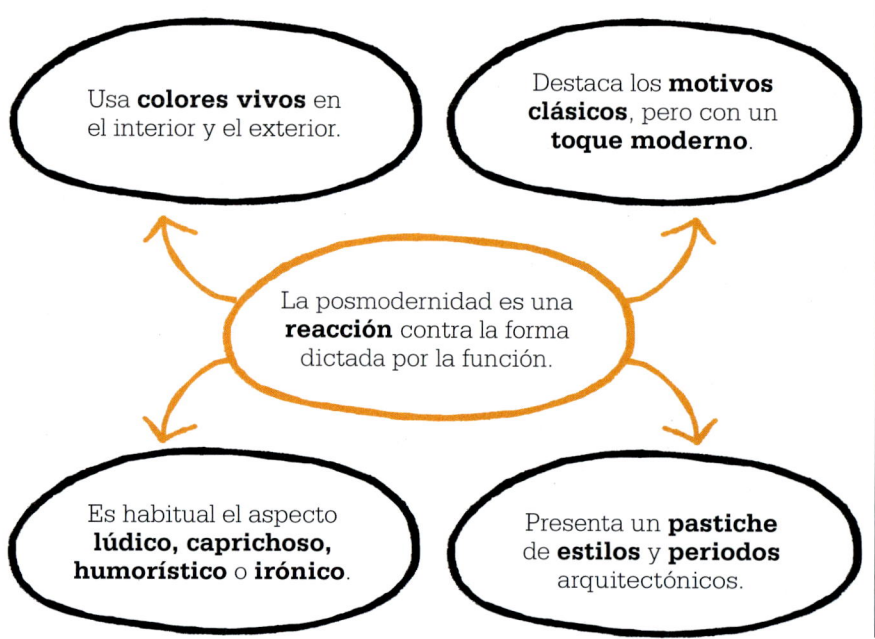

Usa **colores vivos** en el interior y el exterior.

Destaca los **motivos clásicos**, pero con un **toque moderno**.

La posmodernidad es una **reacción** contra la forma dictada por la función.

Es habitual el aspecto **lúdico, caprichoso, humorístico** o **irónico**.

Presenta un **pastiche** de **estilos** y **periodos** arquitectónicos.

dernidad se encontraba en el punto de mira de los críticos, y su tendencia al pastiche había conseguido unir en la ira tanto a tradicionalistas como a los defensores de la modernidad. En la obra *La arquitectura moderna desde 1900* (1982), el historiador británico William J. R. Curtis escribió que Philip Johnson, con su edificio AT&T, había «hecho poco más que pegar citas históricas a una torre de oficinas estándar». Curtis desdeñaba lo que él consideraba como la reducción de un rascacielos a una valla publicitaria de dibujos animados en el horizonte urbano, y esto le parecía sintomático de la presión a la que estaba sometida la arquitectura para ser una mera herramienta de mercadotecnia. Los peores temores de Curtis se hicieron realidad con el edificio Team Disney (1986), en Burbank (California), donde el muy estimado arquitecto estadounidense Michael Graves, en opinión de muchos, fue demasiado lejos en el flirteo con la cultura pop al emplear a los siete enanitos de Blancanieves como cariátides,

las figuras esculpidas que toman el lugar de columnas para soportar un entablamento.

Sin restricciones

A finales de la década de 1990, la posmodernidad, dividida en una multitud de tendencias, entre ellas el sensacionalismo y el deconstructivismo, había llegado hasta sus últimas consecuencias. Su legado, sin embargo, es omnipresente: actualmente, los arquitectos se sienten libres de tomar prestadas ideas de donde gusten, sin estar atados a reglas o ideologías. Para bien o para mal, la idea del edificio como medio publicitario se ha vuelto habitual en todo el mundo, y, actualmente, la mayoría de los rascacielos tienen que recurrir a trucos efectistas de alguna clase para afirmar su individualidad. ∎

El jardín de infancia Wolfartsweier es arquitectura lúdica, en forma de gato: la «boca» es la entrada; los «ojos», ventanas; la «panza», el aula; y el «rabo», un tobogán.

Robert Venturi

Robert Venturi nació en 1925 en Filadelfia (EE. UU.). Se licenció en arquitectura en la Universidad de Princeton, en Nueva Jersey, y trabajó para el arquitecto de origen finlandés Eero Saarinen. En 1954, una beca le ofreció la oportunidad de estudiar en la Academia Americana en Roma. Allí se familiarizó con la obra de los arquitectos manieristas, que se habían servido con libertad del vocabulario arquitectónico tradicional para crear obras de gran originalidad.

Al regresar a Filadelfia en 1956, Venturi trabajó en el gabinete de Louis Kahn, hasta crear uno propio en 1960. También dio clases de teoría arquitectónica en la Universidad de Pensilvania, y sus programas docentes fueron la base de *Complejidad y contradicción en la arquitectura*, descrito por un crítico como «el escrito más importante sobre la creación arquitectónica desde el libro de Le Corbusier *Hacia una arquitectura*, de 1923».

Obra principal

1966 *Complejidad y contradicción en la arquitectura.*

LA VIDA COTIDIANA DEBE SER EXALTADA

CLASICISMO POSMODERNO

Entre una carretera de tráfico denso y un complejo comercial en Marne-la-Vallée, cerca de París (Francia), se encuentra Les Espaces d'Abraxas, conjunto chocante de tres grandes edificios neoclásicos: Le Palacio, L'Arc y Le Théâtre. No se trata de un complejo artístico, ni de una residencia regia, como podrían sugerir los nombres y el estilo, sino de 591 apartamentos de alquiler, también incluidos en la forma monumental de L'Arc (el gran arco). Obra del arquitecto español Ricardo Bofill y terminados en 1982, son un ejemplo del juego estilístico posmoderno en su faceta más surrealista.

Los posmodernos buscaron perturbar el ideal moderno de una arquitectura definida por un solo gran relato del cambio social, y abrazaron la pluralidad, subvirtiendo así la lectura establecida de los estilos

---

Los arquitectos posmodernos buscan **desafiar** la ortodoxia moderna de una sola arquitectura utópica y funcional.

Vuelven a los estilos históricos, y **se sirven de la tradición clásica** para **subvertir** sus convenciones.

En el «clasicismo de estilo libre», las formas y motivos clásicos se **adaptan y transforman**.

Esto **separa el aspecto de los edificios de su función**, en ocasiones con un efecto irónico.

El monolítico Le Palacio, de 18 plantas, de Les Espaces d'Abraxas contiene unos 440 apartamentos y cierra tres lados del patio en el que se alza L'Arc.

arquitectónicos históricos con nuevas interpretaciones y significados, y mezclando lo moderno y lo antiguo. El historiador Charles Jencks, principal definidor del movimiento posmoderno en la arquitectura, denominó a este concepto «doble código».

Un Versalles para el pueblo

El propósito ostensible de Ricardo Bofill al recurrir al neoclasicismo en Les Espaces d'Abraxas era elevar la vida de parisienses de clase trabajadora a través de formas y disposiciones históricas. Sería un «Versalles para el pueblo», creado como respuesta directa a los anónimos bloques modernos de viviendas de la periferia de París.

La disposición de los bloques se inspira en el urbanismo barroco, con énfasis en la monumentalidad y la sensación de movimiento. La forma de luna creciente del Théâtre, con una sucesión de columnas monolíticas, envuelve y delimita un gran patio, con escalones bajos como los de un anfiteatro que miran hacia el arco central. El bloque en forma de «U» de Le Palacio cierra el lado opuesto, y presenta una interpretación mucho más abstracta y geométrica de las proporciones clásicas.

Les Espaces d'Abraxas se construyó a base de hormigón armado prefabricado, de un color terroso para armonizar mejor con los edificios de alrededor. Atraviesa la urbanización un eje central al que se asoman puertas clásicas exentas que enmarcan los portales de entrada. Se trata de motivos clásicos, pero las reglas rigurosas del pasado están distorsionadas con el uso de nuevas escalas y composiciones.

¿Heroico u opresivo?

El neoclasicismo monolítico bien puede resultar opresivo y tiránico en lugar de heroico, cosa cierta en particular en su aplicación histórica por regímenes totalitarios. En Les Espaces d'Abraxas, la manzana en forma de creciente que cierra el patio central puede evocar grandeza, pero al mismo tiempo actúa también como panóptico –prisión circular con las celdas dispuestas alrededor de un espacio central–, de manera que quienes se encuentran en el centro se sienten constantemente vigilados.

Visto así, quizá no sorprenda que Les Espaces d'Abraxas fuera inmortalizado en la película distópica de 1985 *Brazil*, y sirviera también para representar el opresivo Capitolio en la adaptación al cine de *Los juegos del hambre*. Con todo, la grandeza teatral del clasicismo de estilo libre definiría muchos proyectos de alto perfil en las dos últimas décadas del siglo xx, hasta que su popularidad se desvaneció con la llegada del nuevo milenio. ▪

Nuestro propósito serio era hacernos abrir los ojos, asaltándolos con cosas en el paisaje cotidiano consideradas feas, de mal gusto y estrafalarias.
Denise Scott Brown
Artforum (2010)

LA ESPIRITUALIZACION DE LA NATURALEZA
CONECTAR EL CIELO Y LA TIERRA

EN CONTEXTO

ENFOQUE
Arquitectura cristiana moderna

ANTES
1883 El arquitecto catalán Antoni Gaudí hace los primeros diseños de la basílica barcelonesa de la Sagrada Familia.

1967 El británico Frederick Gibberd completa la catedral metropolitana de Liverpool, rematada por una corona de pináculos.

1989 El japonés Tadao Ando completa la iglesia de la Luz, en Osaka, un edificio de hormigón de una simplicidad descarnada.

DESPUÉS
2007 El arquitecto suizo Peter Zumthor termina la capilla Bruder Klaus, en Alemania.

2018 El Vaticano encarga diez capillas para un bosque en Venecia (Italia).

Muchos arquitectos consideran que la **modernidad no ha ofrecido ideas nuevas** a la arquitectura religiosa.

Miran al pasado para **reinterpretar tradiciones** y técnicas **históricas** de un modo marcadamente moderno.

Los símbolos y el ornamento se mantienen, pero la **prioridad** es la **experiencia del espacio**.

Esto genera un uso inventivo de las **formas dinámicas** y la **luz natural**.

La muy idiosincrática obra del arquitecto húngaro Imre Makovecz (1935–2011), activo desde finales de la década de 1950, aportó una energía que había estado ausente del intento de definir una arquitectura espiritual o religiosa moderna. Se inspiró en el medio rural de Hungría –entonces en la órbita de la Unión Soviética–, donde sus primeros edificios fueron una respuesta directa a los insípidos bloques prefabricados de los arquitectos de la potencia dominante. Makovecz recurrió a elementos tradicionales, como los tejados inclinados y las formas dinámicas en madera, para crear edificios que tuvieran el poder de unir a las comunidades de las aldeas en proceso de rápida desaparición del país. Católico devoto, su trabajo le valió numerosos encargos para iglesias que expresaran su traducción de la tradición a formas modernas e inspiradoras.

Makovecz llamó a su obra «arquitectura orgánica», término acuñado por una de sus mayores influencias, el arquitecto estadounidense Frank Lloyd Wright, para describir un en-

Véase también: El gótico 74–81 ▪ Formas orgánicas 174–175 ▪ La modernidad estadounidense 246–247 ▪ Le Corbusier tardío 250–251 ▪ La modernidad sensual 260–261 ▪ Espíritus libres 264–265 ▪ Monumentalidad moderna 272–273

> Mi objetivo es contrarrestar el hechizo subsensible de la civilización técnica con el poder imaginativo supersensible.
> **Imre Makovecz**

foque que concedía prioridad a la relación entre los edificios, antes que a cualquier consideración estilística.

Mundo de fantasía

Makovecz echaba gravemente a faltar el enfoque de Wright en la arquitectura contemporánea. «Hoy en día, ¿a quién le importa el vínculo entre la textura interior de un edificio y el suelo que lo rodea?», lamentó una vez. Para Makovecz, no se trataba solo del terreno sobre el que se asienta un edificio, sino de la idea más grandiosa de conectar sus diseños «al cielo y a la tierra», idea inspirada por el arquitecto y antropósofo –o «científico espiritual»– austriaco Rudolf Steiner. Acudiendo a la tradición vernácula y al folclore húngaros, Makovecz aspiraba a crear algo que pareciera haber estado «en el mundo antes de emerger la humanidad, en el mundo de los inicios». Los resultados parecen de un mundo de fantasía, con bóvedas de nervaduras de madera como costillas que forman cúpulas bulbosas impresionantes, rematadas por chapiteles que mezclan la iconografía cristiana con símbolos paganos como el Sol y la Luna, no sin controversia al respecto.

El Pabellón de Hungría

Con el fin de la Unión Soviética en 1991, la arquitectura de Makovecz adquirió un significado totalmente nuevo como símbolo de una Hungría democrática, reconciliada con sus tradiciones y su historia, y se le encargó representar al país con el diseño del pabellón para la Expo 92 de Sevilla (España). En parte iglesia y en parte gesto político, el pabellón parece el casco de un gran barco invertido. En el interior, la estructura expuesta del tejado crea un techo espectacular sobre el que se proyecta la luz.

Sobre la entrada hay una talla en forma de búho, con dos ventanas circulares rematadas por alas. Un muro corta en diagonal el centro, simbolizando el lugar de Hungría entre la Europa del Este y la occidental: las fachadas de estilo eslavo miran hacia Rusia, y las del oeste son barrocas. Tras esta fachada oeste hay un árbol que representa el *égig érö fa* («árbol altísimo»), símbolo folclórico húngaro de ramas que se extienden hasta el cielo y raíces que se hunden en el submundo. En el pabellón de Makovecz, las ramas casi tocan el techo, y las raíces están expuestas bajo un suelo de vidrio.

Cuando fue creada, esta arquitectura intensamente simbólica y emocionante era algo del todo aparte, y una señal de que los arquitectos estaban redescubriendo el poder del espacio y la experiencia para transmitir ideas espirituales. ▪

Siete chapiteles de madera rematados por símbolos surgen de la pizarra gris del tejado del pabellón de Hungría para la Expo 92. Entre los símbolos hay una cruz, un sol y una luna creciente.

LA FORMA INTERROGADA
EL DECONSTRUCTIVISMO

EN CONTEXTO

ENFOQUE
**Romper con el
pensamiento lineal**

ANTES
1967 El filósofo francés
de origen argelino Jacques
Derrida introduce el concepto
de deconstrucción en
De la gramatología.

1982 El arquitecto suizo
Bernard Tschumi diseña
uno de los primeros proyectos
deconstructivistas, el Parc de
la Villette, en París (Francia).

DESPUÉS
1997 Frank Gehry completa el
Museo Guggenheim de Bilbao
(España), uno de los edificios
deconstructivistas más
famosos, aunque Gehry
rechazara tal etiqueta.

2009 Zaha Hadid completa
el museo MAXXI en Roma
(Italia), edificio de hormigón
expuesto de formas afiladas
en intersección típicas
del deconstructivismo.

De forma ostensible, el anguloso y metálico Museo Judío
de Berlín, que fue inaugurado en 2001, es un edificio altamente
disfuncional: no tiene puertas exteriores, solo es accesible por un pasadizo subterráneo al que se accede
por un edificio adyacente del siglo
XVIII, y poca luz natural penetra en
sus espacios, debido a lo estrecho
y angular de las ventanas, y las escaleras y los itinerarios no parecen
conducir a parte alguna. El edificio
trata de representar la experiencia
de los judíos en Alemania a través
de un uso único de la forma y del
espacio. Es, tal como lo describió el
arquitecto polaco-estadounidense
Daniel Libeskind, «una experiencia,
que en parte es aciaga».

Subversión del orden

Aunque Libeskind nunca se haya
identificado con la etiqueta en cuestión, su trabajo en el Museo Judío
es un ejemplo temprano de deconstructivismo arquitectónico, enfoque
que busca socavar y subvertir las
nociones de orden formal, racionali-
dad y claridad. El deconstructivismo
rechaza como mito que sea posible

Los estilos históricos
subrayan ideas de
orden formal y claridad
basadas en conceptos de
proporción y armonía.

El **deconstructivismo**
perturba tales ideas, creando
**composiciones formales
inusuales** que desafían la
disposición y los espacios
tradicionales.

Las composiciones
deconstruidas sirven
de modo nuevo para
que los edificios
comuniquen ideas.

Los espacios que
anteponen el significado y
la experiencia a la utilidad
reavivan los debates sobre
forma y función.

La fachada de zinc-titanio del Museo Judío de Berlín está atravesada por ventanas en cortes oblicuos que hacen imposible distinguir las plantas que contiene.

planificar meticulosamente para la finalidad y uso de un edificio, y prefiere aceptar como fuente de nuevo potencial las relaciones a menudo desordenadas, y hasta violentas, entre espacios y usuarios.

Iniciadores del movimiento

En 1988, los arquitectos estadounidenses Philip Johnson y Mark Wigley fueron los comisarios de la exposición «Arquitectura deconstructivista» en el Museo de Arte Moderno (MoMA) de Nueva York, que reunía la obra de varios arquitectos, entre ellos, Libeskind, Frank Gehry y la anglo-iraquí Zaha Hadid. Johnson y Wigley consideraban que el deconstructivismo había recogido el testigo del movimiento de vanguardia constructivista ruso de principios del siglo xx, al crear no solo una estética del desorden, sino un tipo de arquitectura que «pone en cuestión las ideas de estabilidad

Esta es una arquitectura de perturbación, dislocación, deformación, desviación y distorsión.
Mark Wigley
Arquitectura deconstructivista (1988)

y coherencia que asociamos a la forma pura». El deconstructivismo no tiene un manifiesto fundacional o misión declarada, y distintos arquitectos lo interpretan de formas diversas. Para Libeskind, es un medio para crear espacios ricos en experiencia, con la forma arquitectónica casi enteramente al servicio del relato del edificio y de la creación de un ambiente. Sus diseños para el Museo Judío de Berlín integran múltiples significados y metáforas, que en muchos casos tienen el efecto deliberado de incomodar y desorientar.

Crear experiencias

Para Libeskind, los tres principales relatos de la historia judía en Alemania son la continuidad, el exilio y el Holocausto, convertidos aquí en tres ejes que atraviesan la forma del museo. El Eje del Exilio conduce a un jardín de grandes maceteros de hormigón, los cuales están inclinados para captar la desorientación y la inestabilidad que sintieron los judíos obligados a marcharse de Alemania. El Eje del Holocausto acaba en un silo descarnado de hormigón al que únicamente se puede acceder por un pasadizo subterráneo, y que evoca opresión o ansiedad. Otros vacíos abiertos en el edificio representan la vida judía aniquilada en Berlín, e impiden toda posibilidad de una ruta cabal a través del mismo. Las ventanas exteriores, estrechas y en distintas orientaciones, rara vez coinciden completamente con las ventanas interiores. La narrativa interna se impone al uso de los visitantes, o más bien busca ser algo que exige perturbar dicho uso.

El Museo Judío de Berlín está tan repleto de sus significados propios que corre el riesgo de dificultar el fin de exponer muestra alguna. Esto ha atizado de nuevo el debate sobre el valor de la forma frente a la función, y sus fundamentos teóricos han sido criticados por elitistas o excesivamente intelectualizados. Con todo, el museo representó un cambio drástico hacia un enfoque nuevo del poder de la forma arquitectónica en sí misma, algo que definiría las primeras décadas del nuevo milenio. ■

ARMONIA CON LA NATURALEZA

ARQUITECTURA VERDE

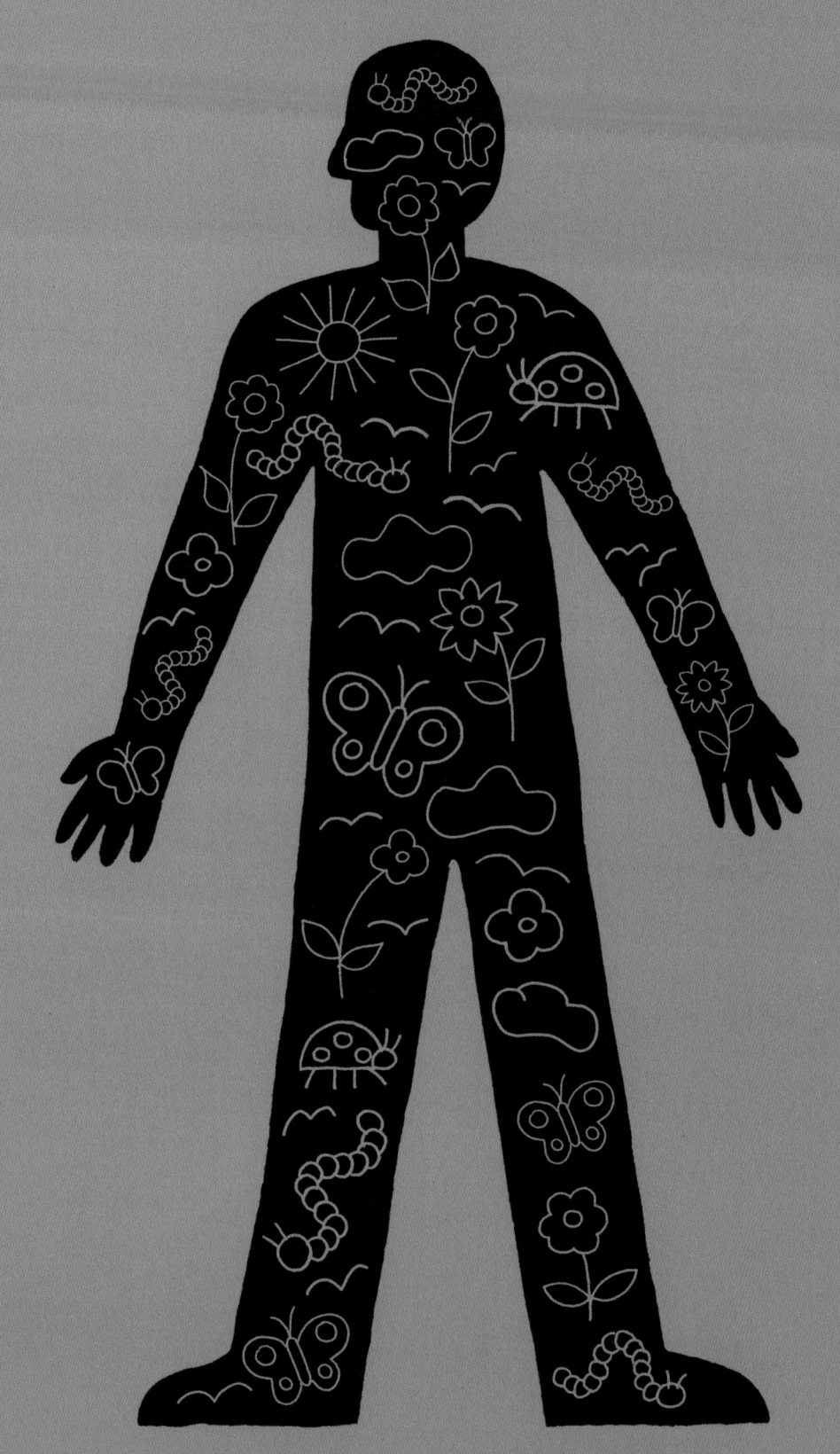

Se empieza a construir con **materiales básicos** disponibles.

⬇

Se inventan **materiales nuevos**, y sistemas **mecánicos** y **eléctricos** se incorporan a los edificios.

⬇

La **construcción** y el **funcionamiento** de los edificios devora los recursos finitos del mundo.

⬇ ⬇

Algunos arquitectos plantean **volver a construcciones más simples** y menos exigentes en recursos.

Otros buscan **soluciones tecnológicas**, como aparatos inteligentes y **materiales innovadores**.

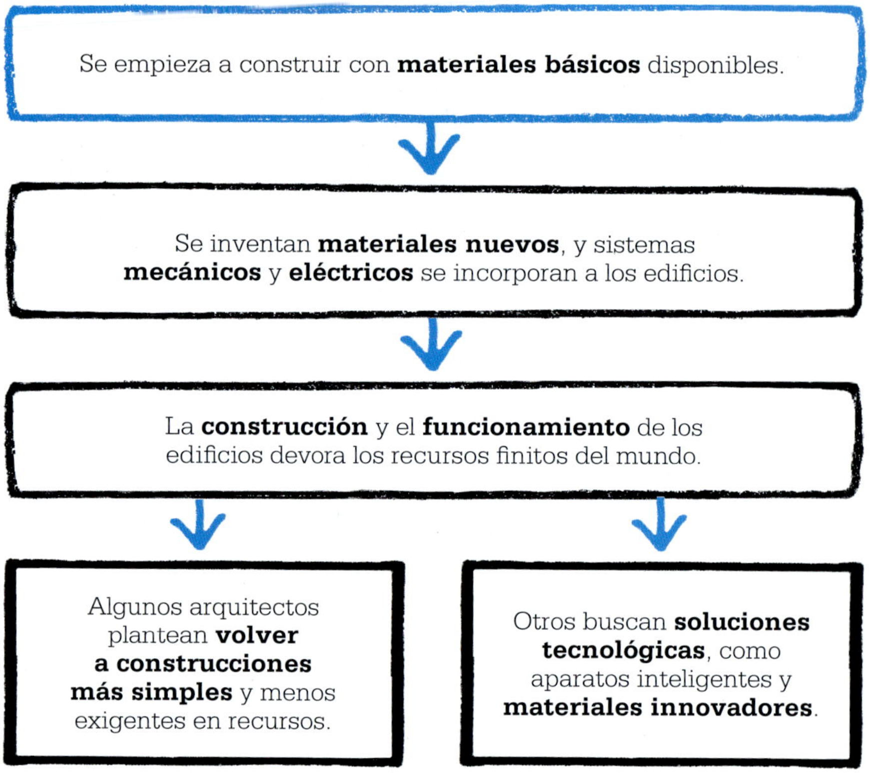

Uno de los aspectos más importantes de la arquitectura actual es hacer edificios «verdes», es decir, cuyo diseño, construcción y uso minimice su impacto negativo sobre el clima y el medio ambiente. El diseño deliberadamente no dañino es un fenómeno posindustrial. Antes del siglo xix y del empleo generalizado del carbón mineral para la calefacción, casi todos los edificios eran relativamente «verdes», al no depender de combustibles fósiles. Como combustibles se empleaban madera, carbón vegetal o estiércol animal, los edificios no tenían luz ni ventilación artificiales, y se construían habitualmente con los materiales más a mano: piedra, madera, ladrillo y barro.

Los edificios del siglo xxi son mucho más complejos, y requieren servicios y sistemas para crear y mantener los ambientes en los que preferimos vivir y trabajar. Tales tecnologías tienen un coste del que somos cada vez más conscientes, en particular por las demandas que supone para el planeta y los recursos naturales una población mundial en rápido crecimiento.

Aunque la tendencia a crear una arquitectura consciente en lo ambiental se ha intensificado en los últimos años para responder a la exigencia generalizada de una acción urgente y no trivial, para algunos arquitectos clarividentes fue una prioridad desde hace décadas.

Una huella ligera
El arquitecto australiano Glenn Murcutt, nacido en 1936, se estableció profesionalmente por su cuenta en la década de 1970, cuando comenzaba a haber una creciente preocupación por el impacto de la actividad humana sobre el planeta. Como resulta-

do de las revoluciones tecnológicas, muchos países de Occidente experimentaron un crecimiento económico importante, pero acompañado de malestar por las consecuencias de la producción y del consumo sobre el medio ambiente. Para concienciar a la sociedad de la importancia de protegerlo, unos 20 millones de personas marcharon en EE. UU. en el primer Día de la Tierra, el 22 de abril de 1970. La escasez de petróleo en varios países, entre ellos el de Murcutt, Australia, también puso en primer plano del debate público la preocupación por el consumo de energía.

En dicho contexto, Murcutt fue un pionero de las viviendas ecológicas, «adaptadas a la tierra y al clima», como fueron descritos sus edificios al ganar en 2002 el premio Pritzker de Arquitectura, el más prestigioso de su ámbito en el mundo. Decidido a «tocar el suelo levemente» –frase hecha de los indígenas australianos para una conducta armónica con la tierra–, ha creado edificios que responden al clima y al paisaje del país.

La simplicidad como deber

Si bien Murcutt estaba en la vanguardia de la respuesta de la arquitectura moderna al medio ambiente, sus métodos no dependían demasiado de la última tecnología, sino que en muchos casos aplicaban ideas simples para crear edificios soste-

La casa Ball-Eastaway, en Glenorie (Australia), diseñada en 1982 para los pintores Syd Ball y Lynne Eastaway, tiene el tejado de metal corrugado común en la arquitectura de Glenn Murcutt.

Hipótesis Gaia

El químico británico James Lovelock (1919–2022) propuso en 1972 la hipótesis Gaia. Llamada como la diosa griega de la Tierra, postula que la vida en el planeta forma una red de actividad que lo regula y que perpetúa las condiciones necesarias para sí mismo, como la composición estable de la atmósfera.

En 1979, la hipótesis Gaia se popularizó gracias al libro de Lovelock, *Gaia, una nueva visión de la vida sobre la Tierra*. Desde entonces, la idea de la conexión entre todos los seres vivos no ha dejado de animar a personas de disciplinas diversas a pensar en nuestro impacto sobre el planeta, y la arquitectura no es una excepción. En 1984, el arquitecto británico Howard Liddell fundó un gabinete ecoarquitectónico llamado Gaia Architects, y, en 2020, el arquitecto burkinés-alemán Francis Kéré (premio Pritzker en 2022) participó en el comité del programa Growing Gaia, que exploraba las implicaciones de dicha hipótesis para la arquitectura contemporánea.

nibles, inspirándose en las técnicas constructivas vernáculas y específicas de cada región de su país natal. Este enfoque refleja la influencia del naturalista y escritor estadounidense del siglo XIX Henry David Thoreau, cuya perspectiva sobre los beneficios de un modo sencillo de vida resuena en la creencia en la simplicidad como un «deber moral».

La obra prototípica de Murcutt, la casa Marie Short, diseñada en 1975 para un emplazamiento junto al río María en Kempsey, al norte de Sídney, se construyó usando materiales localmente disponibles, sobre todo madera de una serrería cercana. Grandes secciones de los muros externos consisten en persianas ajustables de acero, que regulan la cantidad de luz solar que entra en la casa y permiten que circule el aire para refrescarla. «Cuando tenemos calor, transpiramos», señaló Murcutt, «y

los edificios deberían hacer algo similar. Abrirse y cerrarse». Los aleros amplios del tejado de metal corrugado dan sombra, y la casa, sobre pilotes, está a casi un metro del suelo, lo cual facilita la ventilación e impide entrar a serpientes y otros reptiles.

Continuidad e innovación

La simplicidad vernácula de los diseños sostenibles de Murcutt ayuda a explicar la continuidad manifiesta entre sus edificios tempranos y sus proyectos más recientes. Uno de sus edificios más admirados es la casa Marika-Alderton, diseñada para la artista y líder comunitaria aborigen Banduk Marika y su compañero Mark Alderton en 1990. El edificio se encuentra en la comunidad predominantemente aborigen de Yirrkala, en la región de Arnhem del Este, del Territorio del Norte, en Australia, área de clima tropical, lluvias abundantes y viento fuerte ocasional. Fue diseñado como prefabricado, y transportado en dos contenedores hasta el lugar, donde se atornilló y ensambló.

Este edificio elemental consiste en un armazón de acero, plataforma **»** de madera y muros de listones de contrachapado y madera que se deslizan o pivotan, sin ventanas de vidrio. El tejado de chapa tiene tubos pivotantes para expulsar aire caliente, y aletas verticales para dirigir la brisa fresca a las zonas de estar. El interior es un espacio único, con baño y dormitorios separados por paneles de listones para que pase el aire.

Aunque Murcutt se ha inspirado en tradiciones constructivas sencillas, cada una de sus casas tiene innovaciones propias que tienen en cuenta las condiciones locales. La casa Magney (1984), en Moruya, en la costa de Nueva Gales del Sur, tiene un tejado en forma de «V» para recoger el agua de lluvia, luego reciclada para uso humano. La casa Donaldson (2017), al norte de Sídney, está revestida de paneles de zinc negro para protegerla de los incendios forestales; y los depósitos de agua bajo la casa, que abastecen el baño, pueden servir también para apagar fuegos.

Materiales ecológicos

La concepción de Murcutt, en la que se prefiere adaptar el diseño y la construcción de un edificio al medio que forzar a este a acomodar el edificio, está presente en otras partes del mundo. El arquitecto chino Li Xiaodong, por ejemplo, emplea solo materiales de construcción ecológicos de origen local. Su biblioteca comunitaria situada en una aldea de las afueras de Pekín, terminada en 2011, está hecha de madera y revestida de palos del tipo de los recogidos todo el año por los aldeanos para sus cocinas de leña.

Mientras que en Asia los diseñadores experimentan con materiales ecológicos tradicionales como el bambú, en el hemisferio norte los arquitectos han vuelto a las construcciones en madera a gran escala, y de forma impactante en los rascacielos de madera. En 2019, la recién completada torre Mjøsa, en Brumunddal (Noruega), de 85 m y 18 plantas de altura, se erigió como el edificio más alto de madera del mundo. Este tipo de edificios se construyen con madera manufacturada, material compuesto hecho con tiras, partículas, fibras o láminas de madera unidas con un adhesivo. La madera lamina-

> No puedo dedicarme a la arquitectura sin considerar minimizar el consumo de energía.
> **Glenn Murcutt**
> **Discurso de aceptación del premio Pritzker (2002)**

da y encolada, o *glulam*, sirve para columnas y vigas rectas y curvas. La madera laminada cruzada, o contralaminada, hecha de capas delgadas en ángulo recto cada una con las contiguas, se cree de resistencia igual a la del acero estructural, y es perfecta para muros y suelos.

Reducción de emisiones

Construir edificios modernos de madera, ya sea en altura o de otro modo, tiene beneficios ambientales importantes, ya que los edificios convencionales están entre los mayores causantes de emisiones de gases de efecto invernadero. La Alianza Global para los Edificios y la Construcción estima que la manufactura del hormigón genera el 8 % de las emisiones globales, y la del acero, el 5 %. Otras emisiones se deben a la manufactura del vidrio y a la extracción, procesado y transporte de todos estos materiales.

Por contraste, los árboles absorben y atrapan el dióxido de carbono

Los paneles de vidrio en los muros de la Biblioteca Liyuan, en las afueras de Pekín, están cubiertos de palos para dar sombra y moderar la temperatura del edificio.

La torre de madera Mjøsa, en Noruega, es una construcción modular: grandes secciones prefabricadas forman el exterior, lo cual permite un proceso constructivo más eficiente.

en la madera, y se estima que, con la construcción en madera, el número de envíos en camiones a las obras se reduce hasta un 80 %, al ser más ligera. El resultado es un proceso de construcción que consume considerablemente menos combustible y es menos contaminante. Los árboles empleados para construir con madera se obtienen en muchos casos de lugares próximos, y pueden plantarse otros nuevos, a diferencia de los materiales no renovables usados en la manufactura del hormigón y del acero. En la construcción de torres altas de madera se usa, sin embargo, algo de hormigón: al ser tan ligeras, el suelo de las plantas superiores tiene que ser de hormigón para añadir peso a la estructura y estabilizarla ante vientos fuertes y prevenir que se muevan en exceso. En algunos rascacielos de madera hay barras de acero de la base a la cima, para mejorar su estabilidad.

Proyectos verdes a gran escala

Desde 2008, uno de los mayores experimentos en la sostenibilidad futura de alta tecnología y urbana verde está teniendo lugar en Abu Dabi. La ciudad de Masdar, diseñada por la empresa británica Foster + Partners, tiene por principal objetivo promover y estimular la innovación tecnológica, la educación y la investigación y desarrollo, y busca también desarrollar un modelo de ciudad guiado por la política de neutralidad de carbono y residuos cero, con energía producida por aerogeneradores y paneles solares. En el compacto centro de la ciudad, el calor desértico se compensa con edificios revestidos de terracota, en calles cortas y estrechas con abundante sombra y ventilación natural, con la ayuda de versiones actualizadas de los catavientos tradicionales de la región para atrapar y canalizar la brisa. Para el transporte estaba previsto un sistema subterráneo de cabinas eléctricas autoguiadas, pero, aunque hayan entrado en servicio algunos prototipos, el sistema se considera demasiado caro para una adopción generalizada. Si bien a la altura de 2022 Masdar acogía a varios cientos de estudiantes universitarios y más de mil empresas innovadoras, la población tardará años en alcanzar los 50 000 habitantes previstos.

Al completarse en 1997, la torre Commerzbank, de 53 plantas, obra de Foster + Partners en Frankfurt (Alemania), era el edificio más alto » de Europa y la primera torre de oficinas ecológica. Emplea sistemas naturales de iluminación y ventilación: todas las oficinas cuentan con luz natural y ventanas que se abren, para que los ocupantes controlen su entorno inmediato. Tener ventanas que se pueden abrir puede parecer anodino, pero reduce el consumo energético a la mitad, en comparación con las torres de oficinas que dependen exclusivamente de sistemas artificiales de aire acondicionado para regular la temperatura.

La definición de un edificio «verde» es amplia: se aplica a todo edificio que reduce o elimina impactos negativos para el medio ambiente. En San Francisco, el arquitecto italiano

La torre Commerzbank, en Frankfurt (Alemania), está diseñada para admitir tanta luz natural como sea posible con el fin de mejorar la eficiencia energética.

Renzo Piano dotó a su edificio de la Academia de Ciencias de California, acabado en 2008, de una cubierta «viva» con hierba y montículos, que absorbe el agua de lluvia y refresca el edificio. El perímetro de la cubierta es un voladizo de vidrio con casi 60 000 células fotovoltaicas, que cubre hasta el 10 % de las necesidades energéticas del edificio. Los muros contienen un aislante hecho con tela vaquera reciclada.

El arquitecto vietnamita Vo Trong Nghia busca también recuperar la naturaleza en el paisaje urbano, incorporando árboles y vegetación a sus edificios. Entre sus proyectos estuvo una casa con jardines por niveles en el tejado, casas con aberturas en la fachada donde crecen árboles y una propiedad consistente en una serie de cajas de hormigón, como maceteros gigantes, en los que crecen también árboles. Muchos de sus edificios tienen el aspecto de

> Intentamos devolver la naturaleza a la ciudad, proteger el medio ambiente y formar un vínculo entre humanidad y naturaleza.
> **Vo Trong Nghia**
> **Entrevista en «CNN Style» (2016)**

haber sido recolonizados por la selva tropical.

Problemas con el diseño verde

Según el *Informe sobre la situación mundial de los edificios y la construcción de 2021*, del Programa de las Naciones Unidas para el Medio Ambiente, a la construcción y funcionamiento de los edificios correspondió el 38 % de las emisiones globales de CO_2 por causas energéticas en 2015. Está claro, por tanto, que la tendencia arquitectónica de coronar los edificios con árboles o hierba y reciclar el agua de lluvia no es la respuesta adecuada. Los edificios deben facilitar también un funcionamiento sostenible durante su ciclo vital, incluido en último término el fin de su vida útil.

Aunque muchos arquitectos y sus clientes hacen hincapié en los rasgos sostenibles de nuevos proyectos de construcción, algunos críticos señalan que, en realidad, no siempre están a la altura del discurso. Para el autor y ecologista estadounidense Wade Graham, por impresionantes que puedan parecer los elementos verdes de las bioconstruc-

trucciones, erigirlas puede consumir recursos en abundancia, y, cuando se finalizan, los propios edificios no siempre se integran con éxito entre la infraestructura existente, con la dependencia del automóvil como resultado.

Un ejemplo citado por Graham es la sede del gigante tecnológico Apple en Silicon Valley, Apple Park (diseñada en parte por Foster + Partners), de la que dijo que «depende de vastos aparcamientos (aunque sean discretamente subterráneos en su mayoría)» para sus 13 000 empleados que acuden en automóvil, y por tanto tiene una huella ambiental tan grande como un parque de oficinas convencional.

¿Un futuro más verde?

Hoy se está aplicando la acción concertada a escala nacional e internacional. En 2020, 136 países incluyeron medidas relativas a las emisiones generadas por edificios, o bien para mejorar la eficiencia energética, en sus Contribuciones Determinadas a Nivel Nacional –que miden la aportación de los países a la reducción del total de emisiones globales totales–, en los términos del Acuerdo de París sobre cambio climático. Un número creciente de ciudades y gobiernos está adoptando códigos constructivos estrictos, por los que

Si queremos reducir y con el tiempo invertir el daño ambiental que estamos causando, tendremos que reformular nuestros edificios.
Architects Declare
Grupo británico de arquitectos activistas del clima (2021)

Cientos de arbustos cubren las dos torres del Bosco Verticale, en Milán (Italia). Nutridos por un sistema de riego integrado, absorben dióxido de carbono y contribuyen a la biodiversidad.

los planes para nuevas estructuras deben acreditar la sostenibilidad de los materiales de construcción, el diseño general, los métodos de construcción y el empleo de recursos para su funcionamiento.

Se trata de un nivel de exigencia elevado para arquitectos, promotores y demás implicados en el ámbito de la construcción. Ahora, los edificios no solo deben crear espacios resguardados y bellos para la actividad humana, sino hacerlo además de manera sostenible y sin exceder el presupuesto. Sin embargo, está claro que, para no agotar los recursos del planeta, la arquitectura verde no puede quedar en una mera moda pasajera, sino que debe ser una consideración necesaria para toda la construcción futura. ∎

TRABAJO DESDE DENTRO HACIA FUERA

EL SENSACIONALISMO

EN CONTEXTO

ENFOQUE
Formas emblemáticas

ANTES
1973 Se inaugura la Ópera de Sídney, del arquitecto danés Jørn Utzon, nuevo símbolo de la Australia moderna.

1977 Richard Rogers y Renzo Piano completan en París el Centro Pompidou, edificio para exposiciones de diseño radical y atractivo global.

DESPUÉS
2009 El remate del rascacielos Burj Jalifa, en Dubái (EAU), lo convierte en la estructura más alta del mundo.

2010 La anglo-iraquí Zaha Hadid completa la Ópera de Cantón en China, diseñada para parecer dos cantos rodados redondeados por el río cercano.

Al visitar en 1997 el Museo Guggenheim de Bilbao, en el País Vasco (España), el crítico arquitectónico de *The New York Times* Herbert Muschamp escribió: «Ha saltado la noticia de que aún hay milagros, y aquí ha habido uno grande». El museo, diseño del arquitecto estadounidense de origen canadiense Frank Gehry, es un edificio moderno emblemático por su forma tan desacostumbrada, e hizo de una ciudad posindustrial en reconversión un destino turístico. En 2022, casi 25 millones de personas habían visitado el museo.

El impacto del edificio en la arquitectura –y el enfoque de los edificios para fines culturales en las ciudades– sería más diverso. Como satélite del Guggenheim de Nueva York,

Los muros curvos de titanio del Guggenheim de Bilbao, combinados con su entorno acuático, le dan un aspecto de barco que alude a la historia industrial y naviera de la ciudad.

diseñado por Frank Lloyd Wright e inaugurado en 1959, el de Bilbao fue posible gracias a un modelo de financiación en el que el gobierno local se hizo cargo de la construcción y los gastos ordinarios, a cambio del prestigio del nombre Guggenheim y de sus colecciones y comisarios. Los críticos de este enfoque colaborativo lo apodaron «McGuggenheim».

Por todo el mundo, ciudades con economías en apuros empezaron a reclamar su propio espectáculo arquitectónico sensacional, y esto a su vez suponía dar prioridad a la regeneración desde arriba frente al apoyo y expansión de las iniciativas culturales existentes.

Sensacionalismo y sensibilidad

El Guggenheim de Bilbao se asocia a menudo con el afán de construir edificios espectaculares como ese, y por lo general menos logrados, fenómeno que se ha conocido como «efecto Bilbao». Sin embargo, centrarse en las décadas de construcciones imitativas que provocó este museo podría llevar a subestimar la calidad del proyecto de Gehry, que, además de ser una referencia visual ineludible y de gran impacto, muestra simultáneamente una conciencia sensible de su entorno inmediato. Si bien la forma del edificio puede parecer azarosa –a tono con los enfoques posmoderno y deconstructivista asociados a la obra de Gehry–, sus costados ondulantes son un reflejo de la historia de construcción naval de Bilbao, con el museo hundido en una plaza junto al paseo flu-

vial de la ría. Los visitantes acceden por una escalera que asciende hasta un amplio atrio, en un contraste de estrechez y espacio abierto inspirado en las densas calles peatonales y gran plaza principal (la plaza Nueva) del centro histórico. Diseñado como nexo donde convergen pasarelas, escaleras y ascensores, el atrio conecta todas las alas del museo, y las áreas extensas de vidrio ofrecen vistas impresionantes de Bilbao.

Experimentación espacial

Aunque el exterior revestido de titanio es famoso por su forma chocante y anticonvencional, el interior fue proyectado teniendo presente la experiencia del usuario, de modo fiel al método de Gehry de comenzar el proceso de diseño por el interior. De las diecinueve galerías que emanan del atrio, diez se diseñaron con muros en ángulo recto unas con » respecto a las otras, mientras que nueve son de geometrías más desacostumbradas, en un alejamiento de las convenciones del «cubo blanco» de los espacios de arte contemporáneo. El diseño del interior fusiona arte y función, con la colisión de geometrías en vidrio, metal y piedra característica del deconstructivismo.

Reconocimiento global

Aunque el Guggenheim de Bilbao desencadenara una ola de estructuras deliberadamente promocionales, el concepto de una obra arquitectónica como referencia o emblema visual de una ciudad, o incluso de un país, no carecía de precedentes históricos, como, por ejemplo, la gran pirámide de Guiza, en Egipto, o el Taj Mahal, en India. Al tratar sobre el proyecto del Guggenheim con las autoridades locales de Bilbao, estas lo plantearon en los siguientes términos: «Señor Gehry, necesitamos la Ópera de Sídney. Nuestra ciudad se muere».

El éxito del proyecto mostró que, en una era de globalización y cobertura mediática global, una obra arquitectónica impresionante podía revertir la decadencia de una ciudad, y muchas otras se mostraron ávidas por seguir el ejemplo. En muchos casos, el resultado fueron edificios en los que la novedad formal y el aspecto promocional se imponían a la función y la adecuación al medio. El fenómeno planteó también una cuestión clave para la arquitectura: si darse a conocer es la prioridad, ¿reduce eso el edificio a ser un marco para hacerse fotos, en lugar de ofrecer a sus usuarios una experiencia más satisfactoria y de mayor alcance?

Construir espectáculos

A fines del siglo XX, en toda la cultura posmoderna fue general la tendencia a primar la imagen por encima de la experiencia, lo cual describió el filósofo y crítico estadounidense Fredric Jameson como «una nueva superficialidad [...], toda una nueva cultura de la imagen». Si bien esto se suele manifestar en medios «planos» –un nuevo mundo de pantallas digitales,

La arquitectura es una industria de servicios [...]. A veces, el producto final alcanza la categoría de arte, o eso lo llaman al menos.
Frank Gehry
Revista *The Atlantic* (2011)

de los teléfonos inteligentes a las vallas publicitarias gigantes–, también en los edificios se prestó atención a su traducción a una imagen plana, más que a cualquier conexión con un propósito social más amplio.

Históricamente, muchos aspectos habían contribuido a la categoría simbólica de los edificios, bien fueran las circunstancias del encargo, los avances tecnológicos o un acontecimiento particular. Pero a inicios del siglo XXI el centro de atención se desplazó a las formas radicales, debido a los avances informáticos –aplicados con gran efecto por Gehry en Bilbao– que hacían posibles geometrías complejas del todo nuevas.

La creación deliberada de espectáculo no dejaba de ser un desafío, algo que quedó de relieve al surgir formas más libres con el declive de la modernidad: debido a las dificultades que acarreó la construcción de la Ópera de Sídney –proyecto que tardó casi quince años en completarse–, su arquitecto, Jørn Utzon, fue acusado de soñador y de poco práctico.

El atrio del Guggenheim de Bilbao (España) contiene una combinación compleja de curvas y líneas rectas, e incorpora materiales diversos, entre ellos, vidrio, acero y caliza.

Además de los desafíos materiales que plantea construir edificios sensacionales, los arquitectos debían estar también alerta ante el peligro del mal uso. Como escribió el crítico estadounidense Aaron Betsky, «hacer uno [de esos edificios] es difícil, y la mayoría de los artistas y arquitectos fracasan. Lo que es más complejo aún es la tarea de salvar ese espectáculo de convertirse en una mera herramienta publicitaria más».

Arquitectos estrella

El uso de lo espectacular como herramienta publicitaria tuvo su reflejo en una palabra que surgió cuando se terminó el Guggenheim de Gehry: *starchitect* («arquitecto estrella»). Hasta entonces, los arquitectos no solían tener un renombre comparable al de practicantes de otras artes, pero arquitectos como Gehry y la anglo-iraquí Zaha Hadid se hicieron muy famosos por sus estilos.

El uso de formas sensacionales para dotar de prestigio a proyectos públicos se volvió común. En el noreste de Francia, el arquitecto japonés ganador del Pritzker Shigeru Ban diseñó el Centro Pompidou-Metz, completado en 2010, con un tejado ondulado de madera de gran efectismo. Otros proyectos optaron por los

No debería subestimarse el deseo del público de tener buenos edificios emblemáticos.
Charles Jencks
Historiador de la arquitectura estadounidense (1939–2019)

Países y ciudades advierten el **poder de la arquitectura sensacional** para **relanzar sus economías** y atraer turismo.

Animados por ejemplos de éxito, se desarrollan proyectos de regeneración a lo largo de las décadas de 1990 y 2000, encargando a **arquitectos de alto perfil proyectos** en sus estilos característicos.

A menudo, estos arquitectos logran efectos formales impresionantes usando **nuevas tecnologías informáticas**.

El fenómeno **es adoptado también por empresas y promotores privados**, que aspiran a crear rascacielos espectaculares.

trucos visuales, como las oficinas del Consejo Nacional de Desarrollo Pesquero, en Hyderabad (India), de 2012. Las estructuras que eran ensalzadas como «emblemáticas» nada más publicarse sus planos servían para llamar la atención de empresas y promotores privados, como en el caso de la torre del Puente de Londres, o The Shard, de Renzo Piano, de 72 plantas, el edificio más alto de Europa cuando se terminó en 2013, y el octavo en 2022.

¿Una era que se desvanece?

Aunque se diga que la época de los arquitectos estrella ha pasado, la arquitectura sensacionalista como tendencia continúa, aunque sea sobre todo en países en los que los fondos disponibles y los menores tiempos de construcción lo permiten, como en el golfo Pérsico o China. Un ejemplo se está materializando en la isla de Saadiyat (Abu Dabi), como espacio dedicado al turismo cultural. En 2017, el arquitecto Jean Nouvel completó allí una delegación del Louvre, edificio construido sobre el agua y rematado con cúpulas reticuladas de metal.

El crítico británico Tom Dyckoff escribió en *The age of spectacle* (2017) que «los residentes de la ciudad del espectáculo de hoy dan vueltas por ella solícitos, como turistas pasivos, hambrientos de plenitud a través de la experiencia». Con los edificios y la tierra tratados como mercancía, muchos creen que los espacios experienciales son cada vez más raros, cuestión que están afrontando formas más comunales de arquitectura que se relacionan con el usuario, en vez de solo con la imagen. ∎

LA CASA DEFINIRA MI MUNDO

ACCESIBILIDAD

La arquitectura suele basarse en supuestos sobre quién la usa; y, al diseñar un edificio, demasiado a menudo se da por supuesto que sus usuarios no serán personas con discapacidad. La consecuencia de ello es que lo no previsto se trata como problema que resolver *a posteriori*. ¿Cómo integrar mejor la accesibilidad desde el principio?

Construir alrededor de la persona

En 1998, la Office for Metropolitan Architecture (OMA), cofundada por el arquitecto neerlandés Rem Koolhaas en 1975, completó en Francia la casa Lemoine (o «casa en Burdeos»), para Hélène y Jean-François Lemoine. El inicial proyecto de hogar minimalista fue transformado debido al accidente de automóvil sufrido por Jean-François, quien tuvo que usar silla de ruedas. «Al contrario de lo que usted pueda esperar, no quiero una casa sencilla», le dijo al parecer a Koolhaas. «Quiero una casa compleja, pues la casa definirá mi mundo».

La OMA tomó esto como una oportunidad para liberar a la familia

La discapacidad [...] no es un hecho neutral u objetivo; se hace y rehace a través de sentimientos, experiencias y encuentros cotidianos.
Jos Boys
Arquitecta y académica británica

de los obstáculos a los que se enfrentan los usuarios de silla de ruedas. Centró su proyecto en el uso de la silla de ruedas, incluido un fragmento de suelo habitable y elevable que comunica las tres plantas de la casa. Le Corbusier había aspirado a la universalidad con «máquinas de habitar» funcionalistas, y OMA demostró que los espacios funcionan mejor cuando son las experiencias de sus habitantes las que animan el diseño. ∎

Véase también: Inicios de la arquitectura moderna 190–195 ▪ El funcionalismo y el racionalismo 220–225 ▪ El minimalismo constructivo 230–231

UNA TRADICION VIVA
REGRESO AL CLASICISMO

EN CONTEXTO

ENFOQUE
**La persistencia
del clasicismo puro**

ANTES
1965 La ampliación del
Tribunal Penal Central de
Inglaterra y Gales, en Londres,
del británico Donald McMorran,
da una interpretación más
escultural de las proporciones
y formas clásicas.

1996 En la Trienal de Bolonia
(Italia), una exposición sobre el
Renacimiento urbano europeo
promueve el regreso a los
estilos arquitectónicos clásicos.

DESPUÉS
2008 Quinlan Terry completa
la nueva enfermería del
Hospital Real de Chelsea,
de Christopher Wren.

2013 El estudio de arquitectura
clásico ADAM termina el
pórtico nuevo del campo de
críquet The Oval, con capiteles
basados en la insignia de tres
plumas del príncipe de Gales.

P ese a los auges, declives y regresos de su popularidad a lo largo de la historia, el clasicismo nunca desapareció, y, fuera cual fuese el estilo dominante, tuvo siempre arquitectos adeptos.

Dos de tales arquitectos, los británicos Quinlan Terry y John Simpson, se beneficiaron de una nueva vuelta a la popularidad del estilo en la década de 1980, al hilo de la defensa de una arquitectura más tradicional por el entonces príncipe Carlos. En 1997, Simpson ganó el concurso para ampliar y renovar la Queen's Gallery del palacio de Buckingham, en Londres, uno de tres pabellones

como templos diseñados por John Nash a principios del siglo XIX.

La galería se terminó en 2002, con una entrada clásica sin concesiones que añadió Simpson. De estilo similar al de Nash en el cuadrángulo central del palacio, la entrada tiene un pórtico denso en columnas en piedra blanca de Portland que lleva a un vestíbulo de doble altura e interiores ricamente decorados, con columnas jónicas y un delicado trabajo en escayola.

En dicho contexto, los motivos clásicos parecen lo adecuado, pero se ha cuestionado su relevancia en el siglo XXI, sobre todo por las asociaciones con los totalitarismos del pasado. Según Terry, aunque los estilos clásicos hayan sido objeto de apropiación con fines políticos, su «gramática se mantiene neutral, como la pintura en la paleta del pintor». ∎

El pórtico de la Queen's Gallery
tiene columnas dóricas bajo un
frontón y un tejado soportado por
triglifos de pizarra verde, un homenaje
a los órdenes arquitectónicos griegos
clásicos.

UN SILENCIO HERMOSO
MODERNIDAD CON ALMA

Entre los excesos formales de la posmodernidad, algunos arquitectos se movieron hacia una mayor sencillez en su búsqueda de significado. En las décadas de 1960 y 1970, los arquitectos brutalistas exploraron el minimalismo y la materialidad (la aportación de los materiales al efecto de la totalidad de un edificio); ahora estaban ya habituados a crear experiencias arquitectónicas que respondieran a un mundo

Como respuesta a una posmodernidad obsesionada con la imagen, algunos arquitectos **vuelven a ideas sencillas**.

Influidos por ideas sobre la **experiencia integral**, diseñan edificios que **dan prioridad a lo que perciben los sentidos**.

En lugar de adoptar un estilo o método de representación particular, **dejan a los materiales hablar por sí mismos**, dejándolos a menudo sin tratar.

Como resultado, los **espacios parecen atemporales**, y **son capaces de comunicar algo especial** a quien los visita.

El interior de la capilla Bruder Klaus pone en primer plano los materiales empleados en su construcción, como el suelo de estaño-plomo fundido *in situ*.

que parecía cada vez más absorto en la superficie y la apariencia.

Experiencia auténtica

En *Los ojos de la piel* (1996), el arquitecto finlandés Juhani Pallasmaa acudió a la fenomenología —el estudio filosófico de cómo experimentamos el mundo— para afirmar que la arquitectura moderna fracasaba por su fijación con las imágenes a la hora de crear «experiencias humanas auténticas», de materialidad, tacto, olor o sonido, todo a considerar por el arquitecto al diseñar. Algunos de los mejores ejemplos de este enfoque surgieron en Suiza, en la obra de Valerio Olgiati y Peter Zumthor. Ambos creían en una arquitectura que no necesitaba incluir referencias a nada ajeno a sí misma, una obsesión de la posmodernidad. Zumthor trataba de crear edificios que «no representan nada, simplemente son», y de los que emana «un silencio hermoso».

Espacio poético

Zumthor era ya famoso a mediados de la década de 1990, pero fue en 2007 cuando terminó un proyecto que pareció sintetizar sus ideas en un único espacio. La capilla Bruder Klaus, en Mechernich, en el oeste de Alemania, se alza sola en el campo llano. El exterior es simple, de hormigón pálido, y el interior, de hormigón chamuscado, el resultado de un proceso que tuvo algo de ritualista: los propietarios, sus parientes y amigos colocaron 112 troncos de árbol en forma de tipi con abertura cenital, que sirvieron de molde para el hormigón vertido después; y luego los quemaron lentamente hasta dejar solo el tizne.

En los días soleados, el tragaluz cenital, en forma de lágrima, da variados aspectos de rayos de sol al acanalado del interior. Aunque es una capilla, hay muy pocos símbolos religiosos. Para Zumthor, se trata de conectar con la capacidad para conmover de un espacio y lugar, empleando poco más que la luz y la superficie. El resultado creó una referencia para un proceder arquitectónico más lento y poético. ▪

La arquitectura no va de forma. Va de muchas otras cosas.
Peter Zumthor
Conferencia en el Royal Institute of British Architects (RIBA) (2013)

HAY 360 GRADOS, ¿POR QUE ATENERSE A UNO?

FORMAS NUEVAS

EN CONTEXTO

ENFOQUE
Innovaciones formales

ANTES
1950 El arquitecto ucraniano Frederick Kiesler idea una «casa sin fin», «elástica» para satisfacer las necesidades de sus habitantes, y de forma orgánica, sin esquinas ni geometrías tradicionales.

1999 Future Systems usa la última tecnología naval en el Centro de Medios, enteramente de aluminio, del Campo de Críquet Lord's, en Londres.

DESPUÉS
2008 Snøhetta completa la Ópera de Oslo, en Noruega, con planos largos que extienden una plaza hasta el tejado.

2020 La consultoría de ingeniería Buro Happold crea un «algoritmo de crecimiento» para generar la geometría del Museo del Futuro, en Dubái.

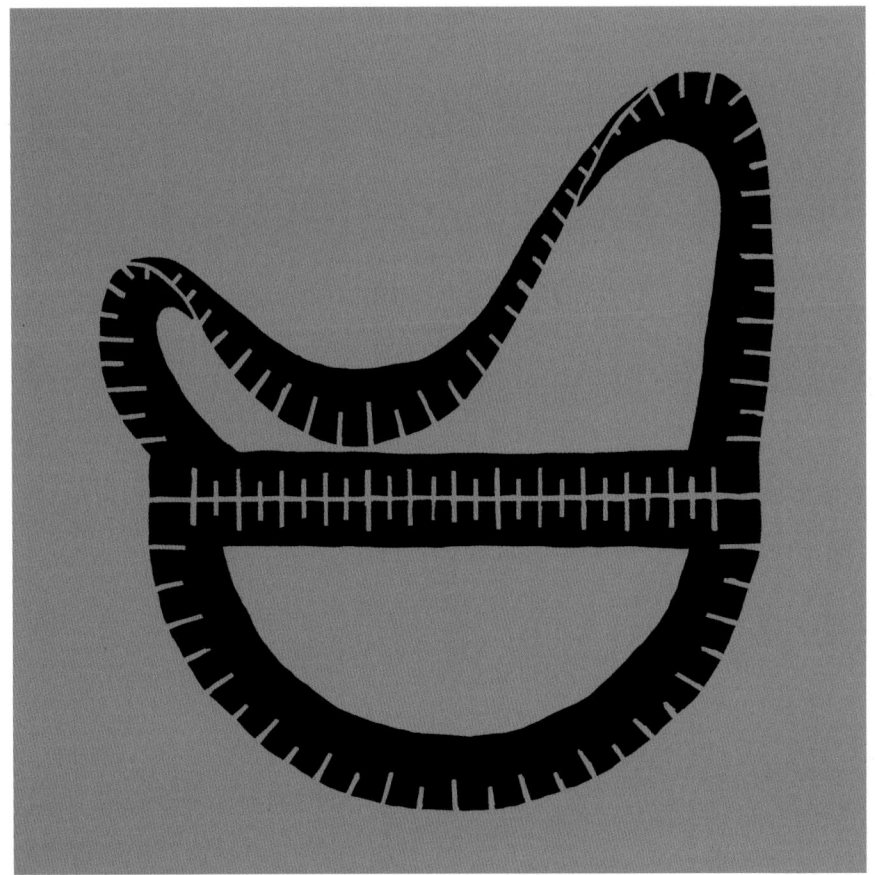

Desde fines de la década de 1960, el pensamiento arquitectónico quiso responder a la supuesta muerte de la modernidad y sus aspiraciones utópicas. El sueño de un único estilo funcionalista estaba hecho añicos, y, con la emergencia de varios estilos nuevos, había una especie de crisis de identidad en la arquitectura.

La idea misma de un «movimiento» parecía algo grandilocuente y superado. Para algunos, la arquitectura llevaba demasiado tiempo tratando de influir en campos en los que simplemente no podía tener un papel. Si bien es imposible separar los edificios del contexto político, económico y sociológico en que fueron creados,

La estructura central de la Cidade da Cultura de Galicia adopta parte del trazado urbano medieval de Santiago de Compostela, distorsionado en una geometría fluida.

que ocupa un lugar preciso en su contexto. Las formas se fundían con el entorno, difuminando los límites entre interior y exterior. Un ejemplo temprano de ello, de 1999, fue uno de los proyectos del propio Eisenman, la ondulante Cidade da Cultura de Galicia, en Santiago de Compostela (España). Aquí, para Eisenman, se trataba de desestabilizar la relación acostumbrada entre suelo y edificio a través de la fusión de ambos.

Parametricismo

En la década de 1990 emergió una forma y un enfoque nuevos del lenguaje arquitectónico, posibilitados por tecnologías que apenas empezaban a hallar aplicaciones en el campo de la arquitectura. Conocido como diseño asistido por ordenador, o CAD (*computer-aided design*), el diseño paramétrico usa algoritmos informáticos para generar formas nuevas de espacio tridimensional. En lugar de ser algo generado manualmente por un arquitecto, en el diseño »

la idea de que la arquitectura pueda tener efecto alguno sobre dichas realidades perdió credibilidad.

La atención se desplazó a áreas en las que claramente sí podían influir arquitectos y diseñadores: la forma, la composición y los materiales de construcción. La concepción propia o estilo característico del arquitecto se volvió más importante, y con ello surgió una nueva generación de edificios «emblemáticos» y arquitectos «estrella». Los experimentos formales, estimulados por los rápidos avances de la tecnología informática, llevaron a una explosión de formas globulares, curvas y geometrías complejas que inyectaron vida nueva al propósito de la arquitectura: crear espacios. Fue una nueva era de hallazgos en la forma, en la que los diseños podían surgir de modo natural, en lugar de seguir reglas prescritas.

Búsqueda de autonomía

El arquitecto estadounidense Peter Eisenman, figura central del breve movimiento deconstructivista, trató de definir este cambio, y habló de un desplazamiento hacia lo que llamó «autonomía de la arquitectura». A lo largo de la historia, la estética arquitectónica estuvo guiada por ideas de otros ámbitos, generalmente de las bellas artes y la filosofía. Esto había reforzado la división entre la arquitectura como disciplina artística o poética, por un lado, y la arquitectura como servicio con funciones fundamentales que cumplir, por otro.

Eisenman defendía el cambio a una arquitectura liberada, como «un discurso independiente, libre de valores externos, clásicos o de cualquier otro tipo». El concepto de una arquitectura autónoma buscaba devolver la atención a la tarea de crear formas, y sacudirse la obsesión de la modernidad por la responsabilidad social, descrita por el historiador de la arquitectura K. Michael Hays como «el lastre de la utilidad».

Lo que surgió fue un enfoque que usaba nuevas disposiciones formales dinámicas para cuestionar la idea del edificio como un objeto singular

Quiero que [los edificios] conecten […] para formar un nuevo tipo de paisaje.
Zaha Hadid
Entrevista en *The Guardian* (2006)

paramétrico, la forma de un edificio requiere crear un modelo virtual con una lógica interna propia, basada en un conjunto de reglas, relativas a elementos estructurales —como la altura de los muros o la inclinación del tejado— o los materiales o componentes requeridos. Si un elemento de un diseño o superficie cambia, el resto responde y se adapta para cumplir con tales reglas. El resultado son formas de una modernidad impactante, que luego pueden someterse a procesos de análisis estructural y fabricación, con vistas a construirlas.

El diseño paramétrico presentaba la clase de sistema cerrado y autóno-

Yo no trabajo la función.
Peter Eisenman

mo para generar formas que interesaba a arquitectos como Eisenman, y hasta parecía capaz de volver obsoleto el debate sobre la forma y la función. Las funciones básicas de un edificio podían incorporarse a una regla establecida que se cumpliría sistemáticamente, mientras el arquitecto se centraba en la expresión de formas más orgánicas y naturales. En su forma más extrema, un ordenador podía simplemente recorrer todas las iteraciones de realizaciones estructurales posibles para un conjunto de parámetros formales, y escoger el más adecuado para el proyecto.

Blobitecture
El arquitecto estadounidense Greg Lynn fue uno de los iniciadores de estas formas generadas por ordenador, y creó lo que llamó *blob architecture*, o *blobitecture*, de formas esferoides unidas por planos ondulantes. Este enfoque produjo un breve subestilo característico por sus formas globulares, manifiesto en dos proyectos: el edificio Selfridges, en Birmingham (Reino Unido), de Future Systems, y la futurista Kunsthaus Graz, en Zúrich

El Centro Heydar Aliyev está envuelto en una piel continua y fluida, construida sobre un marco espacial tridimensional y un interior no interrumpido por elementos de soporte.

(Suiza), de los arquitectos británicos Colin Fournier y Peter Cook.

Se trataba de formas y de hazañas estructurales imposibles antes del desarrollo del CAD, que fue también decisivo a fin de resolver la división de planos curvos en elementos estructurales individuales, para poder fabricarlos. Lynn mostró cómo, con los parámetros o requerimientos que se desee a modo de instrucciones dadas a un ordenador, pueden «crecer» obras arquitectónicas.

El diseño paramétrico aportó una plétora de nuevas técnicas y oportunidades. Ante la aversión predominante a definir nuevos estilos o movimientos, los conceptos del enfoque paramétrico desembocaron en toda una ideología, el parametricismo. Un trabajo de 2008 del arquitecto alemán Patrik Schumacher, de Zaha Hadid Architects, incluía en su título la expresión «Manifiesto parametricista». En él explicaba que el parametricismo estaba singularmente situado para dotar a la arquitectura de herramientas para aspectos tan diversos como las inquietudes ecológicas y ambientales o las complejidades de la vida urbana moderna. En vez de depender de formas geométricas rígidas, la nueva forma de diseñar podía producir «entidades animadas, dinámicas e interactivas». Los edificios podrían ser parte de un sistema interconectado integrado en el diseño de la ciudad. Schumacher reconocía como precursora de este enfoque la obra de Frei Otto, quien había abarcado áreas amplias con estructuras reticulares fluyentes.

El Centro Heydar Aliyev

Quizá el ejemplo más completo del parametricismo sea el Centro Heydar Aliyev, en Bakú, capital de Azerbaiyán. Diseñado por la arquitecta anglo-iraquí Zaha Hadid para un concurso en 2007, se concibió como centro nacional para acontecimientos culturales, con un museo, una sala de conferencias, espacios de exposición y un auditorio, y desde el principio se buscaba romper con la arquitectura rígida y geométrica de Bakú, herencia de la era soviética.

Acabado en 2012, la forma fluyente del centro es distinta a cualquier otra cosa a su alrededor, hasta el punto de que puede ser difícil hacerse una idea precisa de su escala. El edificio entero es una forma ondulante y fluyente singular, fruto de las técnicas de diseño paramétricas. Hadid lo llamó «completamente sin costuras», y en el interior crea espacios como los de una caverna. El edificio asciende y se envuelve a sí mismo para definir las alturas del interior —sin necesidad de columnas—, y el exterior se derrama en una serie de vueltas y giros sinuosos sobre la plaza que lo rodea. Encarna la idea de ser producto de un sistema: hasta el patrón que forman los bordes de las baldosas blancas que lo revisten alude a sus orígenes como algo generado por ordenador. Diseñado como expresión de un futuro brillante para Azerbaiyán, el centro proclama también el poder de la arquitectura para crear nuevas formas de espectáculo.

Lo emocionante de estas nuevas posibilidades definió buena parte de la arquitectura mundial en la primera década del siglo XXI. En la siguiente, como reacción, surgiría un interés renovado en los fines sociales del papel del arquitecto. ■

Con el **fin de la modernidad**, surge una atención renovada a la arquitectura como **empeño artístico** creador de formas.

Los arquitectos crean formas nuevas complejas con **diseño asistido por ordenador**.

Las **formas fluidas y dinámicas** se dan a conocer como **parametricismo**.

En lugar de planteamientos basados en la **función o la utilidad**, el diseño se ve impulsado por estas nuevas **composiciones formales**.

Los arcos múltiples del tejado de la Ópera de Sídney están compuestos por 2194 grandes paneles de hormigón prefabricado de 15 toneladas cada uno. Las obras comenzaron en 1959, y no terminaron hasta 1973.

Diseño asistido por ordenador

El diseño asistido por ordenador (CAD) surgió en el ámbito de la ingeniería y la aeronáutica para realizar análisis de resistencia y carga estructural. Una de las primeras aplicaciones de alto perfil de la capacidad computacional en el campo arquitectónico se dio en la Ópera de Sídney (Australia), proyecto en el que, en 1961, la usaron colaboradores del ingeniero británico Ove Arup para calcular la geometría compleja de las conchas de hormigón del tejado.

En el espacio de unos años, el CAD pasó de herramienta para analizar diseños predeterminados a algo capaz de asumir un papel fundamental en la creación de los diseños mismos. Desarrollos más recientes en el modelado de la información de construcción (BIM) han permitido el diseño computarizado de edificios enteros. Actualmente continúa el debate sobre si el CAD debe ser solo una herramienta de representación más, análoga al lápiz o la pluma, o si debe dar forma a los fundamentos del diseño, crearlos e influir en ellos.

COMPRENDER LA ARQUITECTURA POR LA COMPRENSION DEL ENTORNO
ARQUITECTURA DE ÁFRICA OCCIDENTAL

EN CONTEXTO

ENFOQUE
La adecuación a la especificidad del lugar

ANTES
1948 Comienzan las obras de la gran mezquita de Niono, en el sur de Malí, edificio neovernáculo que emplea materiales naturales como al adobe y la madera de palmera.

1975 Los arquitectos franceses Jean-François Lamoureux y Jean-Louis Marin completan la Feria Internacional de Dakar, en Senegal, pirámide brutalista y parte de la ola de arquitectura moderna que celebra la independencia en muchos países de África.

DESPUÉS
2018 David Adjaye presenta los diseños de la catedral nacional de Ghana, en su capital, Accra, descrita como «referencia en la que se entrelazan religión, democracia y tradiciones locales en un todo simbólico».

En 2011, el arquitecto ghanésbritánico David Adjaye publicó *Adjaye, Africa, Architecture*, documento fotográfico de su estudio de la diversa arquitectura vernácula, colonial y contemporánea del continente. En sus palabras: «[…] a diferencia de trabajar en Europa o Estados Unidos ahora mismo, en África uno puede tratar de asignar un paradigma nuevo [a la arquitectura]».

Si bien muchas ciudades africanas son parte de la tendencia global a la rápida urbanización, en ellas puede identificarse uno de los nuevos paradigmas –o modelos de diseño– en una ola de arquitectura africana occidental que busca integrarse plenamente en la especificidad del lugar. Alejándose del desarrollo urbanístico genérico, el arquitecto burkinés Francis Kéré y el nigeriano Kunlé Adeyemi han construido edificios con y para comunidades rurales, o amenazadas, y han tratado la arquitectura como práctica que asume la responsabilidad de mejorar las condiciones de vida.

Como respuesta a las realidades del entorno en que trabajan, Kéré, Adeyemi y otros superaron la limitación de recursos y la falta de mano de obra cualificada con un uso imaginativo de los materiales, así como implicando a las comunidades locales en el diseño y la construcción, aportando así formación para futuros proyectos. Para Kéré, esto consistió en volver a la aldea en la que se había criado y construir una escuela sostenible en adobe.

Escuela flotante de Makoko
Una de las aportaciones más notables de Adeyemi a la arquitectura de Nigeria fue la escuela prototipo en Makoko, poblado de chabolas surgido hace un siglo en un área próxima al puente Third Mainland, en Lagos (Nigeria). Aunque parcialmente está en tierra firme, gran parte del poblado se construyó sobre pilotes en el agua de la laguna, a poca distancia

No por tener recursos limitados tiene uno que aceptar la mediocridad.
Francis Kéré
Entrevista en *ArchDaily* (2022)

Véase también: El barro 90–93 ▪ El funcionalismo humanizado 248–249
▪ Arquitectura verde 292–299 ▪ Respuesta a la Tierra 316–317

del distrito financiero en rápido crecimiento de Lagos. La pervivencia de la comunidad de Makoko se halla cada vez más amenazada, tanto por el cambio climático como por las medidas de las autoridades municipales, que en 2012 despejaron forzosamente y destruyeron varias áreas.

Makoko fue objeto de un proyecto de investigación del estudio de Adeyemi, NLÉ, que identificó la necesidad de más escuelas y un nuevo espacio comunitario. Como respuesta se concibió un proyecto piloto, la escuela flotante de Makoko, o MFS I. La estructura serviría como escuela, pero ejemplificaría también cómo un edificio flotante puede servir para otros propósitos diversos.

Desafíos ambientales

El edificio empleó soluciones de bajo coste para enfrentar los desafíos que imponía el entorno: la base, por ejemplo, se hizo con barriles de plástico reciclados. En lugar de un proceso de diseño y construcción determinado desde arriba, Adeyemi describe cómo «la innovación [...] no provenía solo de nosotros, sino en gran parte de la propia comunidad».

No faltaron las dificultades para la escuela: en 2016 —ya desocupada por problemas de seguridad— fue casi destruida por una tormenta. Algunos dirían que la escuela era más simbólica que funcional, pero tuvo la virtud de llamar la atención sobre la demolición de Makoko y de movilizar los esfuerzos para resistir. Además, siguen construyéndose nuevas versiones.

Por encima de todo, el proyecto mostró el cuidado y la sensibilidad requeridos en la relación con las comunidades y su entorno, no solo para realizar conceptos impresionantes, sino para edificios que aporten beneficios genuinos y sostenibles. ■

La escuela flotante de Makoko, en Lagos (Nigeria), tiene una base de plástico que soporta una estructura triangular de tres plantas hecha con madera local.

Francis Kéré

Francis Kéré nació en la aldea de Gando (Burkina Faso) en 1965. En 1985 se trasladó a Berlín (Alemania) para formarse como supervisor de desarrollo especializado en carpintería. Diez años más tarde, habiéndose cualificado en la escuela nocturna, Kéré se matriculó en el curso de arquitectura de la Universidad Técnica de Berlín. En 2001 se completó la primera escuela diseñada por Kéré en su aldea natal, Gando. Kéré implicó a la comunidad en la construcción de la escuela, comunicando los planes del proyecto con dibujos en la arena, y usó métodos y materiales vernáculos.

Además de diseñar otros edificios públicos en África, Kéré, nacionalizado alemán, ha completado otros grandes proyectos por el mundo, entre ellos, unos edificios en el puerto de Zhoushan, en la costa oriental de China, como parte de la transformación de un área posindustrial en centro recreativo y de ocio. En 2022, Kéré fue el primer africano y el primer arquitecto negro en ganar el prestigioso premio Pritzker de Arquitectura.

UN TRATO ENTRE ARQUITECTURA Y NATURALEZA
LA MODERNIDAD EN SRI LANKA

EN CONTEXTO

ENFOQUE
Regionalismo arquitectónico

ANTES
1930 En Colombo, capital de Ceilán (hoy Sri Lanka), el gobernador británico Herbert Stanley inaugura el edificio neobarroco del Parlamento, símbolo del poder colonial.

1948 El arquitecto Luis Barragán combina elementos modernos y vernáculos mexicanos en su casa y estudio de Ciudad de México.

DESPUÉS
2019 Kosala Weerasekara Chartered Architects (KWCA), de Sri Lanka, completa una vivienda y estudio en Colombo que combina materiales y principios de la modernidad tradicional y tropical.

2021 Palinda Kannangara gana el premio Geoffrey Bawa por su Frame Holiday Structure de pilotes y vidrio en Imaduwa, en el sur de Sri Lanka.

La modernidad del estilo internacional es **criticada por ajena al entorno y a la tradición**.

El regionalismo se opone al carácter universal de la modernidad creando edificios que responden a su entorno.

Este enfoque **antepone las condiciones específicas del entorno** a cualquier idea de estilo o forma.

Dado el **carácter «anónimo»** de muchos edificios y la necesidad de **responder al cambio climático**, el regionalismo sigue siendo popular.

A primera vista, la vivienda y estudio que diseñó para su propio gabinete el arquitecto esrilanqués Palinda Kannangara en 2015, en Rajagiriya (Sri Lanka), parece un fragmento de modernidad europea aterrizado en un paraje tropical: una forma cúbica de hormigón expuesto, amueblada con sillas Barcelona de Mies van der Rohe. Sin embargo, incorpora rasgos que pocos diseñadores se atreverían a proponer en Europa, dado el clima. La brisa fresca entra por amplias superficies de ladrillo perforado, y un gran ventanal abatible permite abrir por completo el salón al exterior.

La obra de Kannangara es la última evolución del estilo conocido como modernidad tropical, iniciado en la década de 1950 por los arquitectos esrilanqueses Minnette de Silva y Geoffrey Bawa. Subvirtiendo el globalismo del estilo internacional, produjo edificios vinculados al clima, la topografía y las tradiciones del entorno. Aunque como movimiento fuera producto de la independencia

Véase también: La modernidad estadounidense 246–247 ▪ El funcionalismo humanizado 248–249 ▪ Nueva arquitectura vernácula 278–279 ▪ Modernidad con alma 306–307 ▪ Respuesta a la Tierra 316–317

Minnette de Silva

Nacida en Kandy, en Ceilán (hoy Sri Lanka), en 1918, Minnette de Silva se formó como arquitecta en India y Reino Unido. Al independizarse Sri Lanka del Imperio británico en 1948, De Silva volvió de Londres a su país, y el mismo año inició su carrera arquitectónica, que estrenó con la casa Karunaratne, en Kandy, el primer edificio proyectado por una mujer en Sri Lanka.

Durante la década de 1950, De Silva desarrolló su estilo en encargos en Sri Lanka, entre ellos viviendas y bloques de apartamentos. Fue defensora de una visión de la arquitectura que infundía un sabor regional a la modernidad, argumentando que «es esencial absorber lo absolutamente necesario del Occidente moderno, y aprender a conservar lo mejor de nuestras propias formas regionales». Su obra posterior incluyó proyectos públicos a mayor escala, como el Centro de las Artes, en Kandy, iniciado en 1982. En 1996, dos años antes de su muerte, De Silva recibió la Medalla de Oro a la excelencia arquitectónica por el Instituto de Arquitectos de Sri Lanka.

de Sri Lanka del Imperio británico en 1948, su enfoque es nuevamente relevante hoy, cuando los arquitectos exploran más la relación entre los edificios y el medio ambiente.

Regionalismo crítico

La modernidad tropical es un ejemplo del denominado regionalismo, que se basa en la idea de que los edificios deben responder a las condiciones específicas del entorno antes que a cualquier noción abstracta de estilo. Esto lo abarca todo, desde el clima a las tradiciones constructivas locales, con el recurso a prácticas constructivas vernáculas, lo cual es frecuente. Minnette de Silva, por ejemplo, contrató a artesanos locales para tejer tapices de pared, y algunas de sus estructuras tienen muros de tapial, erigidos con una mezcla de tierra amasada y paja compactada en un encofrado de madera.

El trabajo de De Silva y Bawa precedió a la entrada del regionalismo en el debate arquitectónico general, que llegó con la publicación, en 1983, del ensayo del historiador de la arquitectura británico Kenneth Frampton «Hacia un regionalismo crítico: seis puntos para una arquitectura de resistencia». En él, Frampton defendía una arquitectura basada en el lugar como única solución frente a la marea de universalización arquitectónica, a tono con muchas de las ideas de De Silva y Bawa.

Una ética ecológica

La obra de Kannangara forma claramente parte de esta tendencia, o de lo que llama «ética y *ethos* ecológicos», entre otras cosas por haberse formado con el arquitecto Anura Rantavibhushana, quien trabajó con Bawa durante dieciséis años. Su adopción de estos conceptos muestra lo adecuados que resultan en una época de crisis climática. Los espacios abiertos de su estudio y vivienda en Rajagiriya combinan la relación estrecha con el paisaje con

Los huecos entre ladrillos de la vivienda y estudio de Palinda Kannangara en Sri Lanka dejan escapar el calor y entrar la brisa, reflejo de un enfoque del control térmico consciente del clima.

una estrategia de refrigeración eficaz, ya que ha creado en la casa un microclima que hace innecesaria la ventilación mecánica, costosa en energía. En lo posible, los materiales se obtuvieron en la zona o se reciclaron, como los adoquines de la escalinata que conduce a un corredor que enmarca el paisaje. ■

UN MECANISMO PARA SANAR EL PLANETA
RESPUESTA A LA TIERRA

Los métodos de construcción modernos suelen perjudicar el medio ambiente. Mientras países de todo el mundo formulan estrategias a largo plazo ante el problema, los arquitectos que trabajan en áreas ya afectadas por la emergencia climática deben diseñar edificios que funcionen con éxito en los entornos más difíciles.

Dos arquitectas a la vanguardia de esta tendencia, la paquistaní Yasmeen Lari y la bangladesí Marina Tabassum, recurren a lo que Lari llama «conocimiento situado»: la idea de que, si bien la tecnología tiene un papel que desempeñar para paliar el cambio climático y ayudar a los afectados por desastres naturales, algunos de los mejores métodos se pueden encontrar recurriendo a las técnicas arquitectónicas tradicionales y a las comunidades amenazadas de desaparición que las crearon. Para ambas, este enfoque implica un cambio fundamental en la concepción del papel y de la tarea del arquitecto, no como creador de diseños

---

Los arquitectos responden a los **efectos negativos del cambio climático**.

Se replantea el uso de materiales generadores de CO_2, en particular el hormigón, y se escogen **materiales naturales**, como la madera.	Se promueven remodelaciones en los edificios para hacerlos ecológicamente sostenibles, en el llamado ***retrofitting***.	En áreas afectadas por el cambio climático, los arquitectos usan **métodos y materiales locales** en estructuras fáciles de montar.

> Necesitamos una generación de arquitectos que resistan la tentación del reino de lo visual.
>
> **Marina Tabassum**
> **«Letters to a young architect»**, en
> *The Architectural Review* (2020)

grandiosos a modo de declaración, sino como conceptualizador y habilitador del cambio social y ambiental.

Arquitectura descalza

Yasmeen Lari, primera mujer arquitecta de Pakistán, inició su carrera diseñando viviendas y oficinas en Karachi en la década de 1960. Tras el terremoto de 2005 en Cachemira se generó interés por cómo la arquitectura puede ayudar a minimizar el impacto de los desastres naturales sobre el medio y la población.

Lari emplea diseños y materiales sencillos cuyo uso sea asequible a la población necesitada, y vincula la arquitectura neutra en carbono con la idea de justicia social para las comunidades golpeadas por la pobreza. En la provincia de Sindh, al sureste de Pakistán, desarrolló el modelo de «arquitectura descalza»: formó a comunidades rurales en el

uso de materiales locales, sostenibles y neutros en carbono (bambú, cal, barro y otros) para hacer elementos de construcción y otros productos, con los que, además, pudieran luego comerciar para salir de la pobreza –lo que ella llama «crear empresarios descalzos». Lari ve en este modelo un potencial mecanismo para sanar al planeta.

Arquitectura que responde

En Bangladés, Marina Tabassum ha mostrado cómo diseñar edificios funcionales para áreas en las que las inundaciones son inevitables. Es el caso de la mezquita de Bait Ur Rouf, acabada en 2012, en Faydabad, distrito densamente poblado y propenso a las inundaciones de Daca, la capital. Reposa sobre un basamento elevado que mantiene el edificio por encima del agua de las crecidas, y que sirve también como espacio comunal apartado del bullicio de la calle. Tabassum también ha proyectado y construido viviendas para los habitantes de los *char*, terrenos de nueva

formación creados por los sedimentos depositados en las inundaciones. La opción de usar casas prefabricadas es costosa, y erigirlas requiere mano de obra cualificada. Por ello, Tabassum ha propuesto una alternativa, la *khudi bari* («casita pequeña»), una estructura barata de bambú, fácil de construir y con capacidad para una familia de cuatro miembros. Para evitar el peligro de las crecidas, algunas se elevan sobre pilotes, y otras tienen una planta baja de lados practicables para facilitar la evacuación del agua.

Las *khudi bari* son una respuesta de Tabassum al riesgo en que viven los más afectados por el cambio climático. Como dijo a *The Guardian* en 2021: «La industria de la construcción causa la mitad de las emisiones globales, pero quienes viven en zonas costeras en riesgo por la subida del nivel del mar tienen una huella de carbono cero». A medida que las crisis ecológicas se agraven, los enfoques económicos y de respuesta al medio planteados por Lari y Tabassum serán cada vez más vitales. ■

El exterior simple de ladrillo de la mezquita de Bait Ur Rouf, en Daca (Bangladés), además de reducir los costes de construcción, se corresponde con la arquitectura popular de la región.

DIRECTO

RIO

DIRECTORIO

El cobijo es una necesidad humana fundamental, y su construcción ha ido dando forma gradual y sutilmente al entorno y al paisaje durante milenios. La arquitectura nació cuando a la mera necesidad se le sumó la intencionalidad y el diseño, y los ejemplos más antiguos que aún perduran hablan del ingenio de sus creadores, y, en algunos casos, también de sus creencias más profundas. Sea para ofrecer seguridad frente a los elementos o los ataques, o para venerar a soberanos terrenales o deidades, la arquitectura es una actividad multifacética y amplia a caballo entre el arte y la funcionalidad, y a menudo combina ambos aspectos. Las personas protagonistas, los edificios y los movimientos clave se han tratado en la parte principal de este libro; aquí exploramos algunos de los muchos otros ejemplos.

CIUDADELA DE VAN
Turquía (siglos XI–VII A. C.)

El reino de Urartu, cultura de la Edad del Hierro en los montes de Armenia, estuvo centrado alrededor del lago Van, en lo que hoy es el este de Turquía. Construyó su mayor asentamiento fortificado, la ciudadela de Van, al este del lago, sobre un afloramiento rocoso de 100 m de altura, en adobe sobre basalto sin argamasa, y sobre cimientos de roca escalonada. Se abrieron dos zanjas defensivas directamente en la roca, y, según se ve en un relieve en bronce conservado, tenía muros de 10 m de alto con torres, crestería, puertas con arcos y ventanas rectangulares.

Véase también: La Gran Muralla 37 ▪ Los pueblo 66–67 ▪ El castillo 72–73

LEPTIS MAGNA
Libia (siglos I–III D. C.)

Esta ciudad portuaria en la costa mediterránea de la actual Libia contiene algunos de los ejemplos de la arquitectura romana mejor conservada fuera de Roma. Era ya una ciudad próspera cuando el emperador Septimio Severo, oriundo de la ciudad, inició un gran programa de construcción hacia 203 d. C. Se amplió el puerto, se construyeron una basílica y un templo en el Foro de Septimio Severo, y un arco de triunfo donde se cruzan las dos calles principales. El arco, de caliza revestida de mármol con relieves decorativos elaborados, es inhabitual por su diseño de cuatro lados abiertos.

Véase también: La columna 26–31 ▪ El arco 38–41 ▪ La basílica 48–49

TEMPLO DE KUKULCÁN
México (c. siglos VIII–XII)

El templo maya yucateco de Kukulcán es una pirámide escalonada de caliza construida entre los siglos VIII y XII, sobre otra mucho más antigua y menor. Se encuentra en la ciudad de Chichén Itzá, sobre un cenote (cueva inundada). Cada una de las cuatro caras del templo cuenta con una amplia escalinata de 45 grados, con un total de 365 escalones entre las cuatro, que simbolizan los días del año. Dedicado a la deidad Kukulcán, serpiente emplumada representada en esculturas en la base de la cara norte de la pirámide, la estructura mide 30 m de alto y 55,5 m de ancho.

Véase también: El zigurat 20–21 ▪ La pirámide 22–25

MONTE SAINT-MICHEL
Francia (iniciado en el siglo VIII)

Hogar de ermitaños cristianos desde el siglo VI d. C., Monte Saint-Michel comenzó a tomar forma arquitectónica con una iglesia erigida por el obispo Aubert en el siglo VIII en el islote homónimo. En 966 se construyó un monasterio benedictino, con una abadía románica, criptas y capillas subterráneas añadidas en 1060. La cumbre del islote es la Merveille, edificio gótico de 35 m de altura y tres niveles completado en 1228 que contiene una capellanía, claustros y un refectorio. El lugar fue fortificado a partir del siglo XIV.

Véase también: El románico 70–71 ▪ El gótico 74–81

TEMPLO DEL SOL DE KONARK
India (siglo XIII)

Dedicado al dios solar hindú Suria, se trata de una estructura de piedra parcialmente en ruinas en forma de carro gigante con 24 ruedas de talla intrincada, tirado por siete caballos. Los relieves en la piedra son notables por la iconografía y los temas. Se trajeron de lejos piedras de varios tipos, como la laterita roja para el núcleo, el esquisto de clorita para los dinteles y marcos de las puertas y la más blanda kondalita para otros elementos escultóricos o estructurales. El edificio, de 30 m de altura, estaba en origen emparejado con una torre de 61 m.

Véase también: Templos indios 68–69 ▪ Templos del Sureste Asiático 86–87

CATEDRAL DE SAN BASILIO
Moscú (Rusia) (1561)

La catedral ortodoxa rusa de San Basilio situada en la plaza Roja de Moscú, encargada por Iván el Terrible, es uno de los edificios más reconocibles del mundo. Consiste en ocho capillas en torno a una novena capilla central, cada una con una torre de ladrillo rematada por una cúpula en forma de bulbo. Cada cúpula tiene patrones geométricos propios, como espirales, franjas, zigzags y rombos. El estilo se considera inspirado en la arquitectura eclesiástica bizantina y en las iglesias de madera. La estructura de ladrillo rojo tiene un entramado interno de madera, sobre cimientos de piedra. Las cúpulas fueron originalmente doradas, hasta que se pintaron en el siglo XVII.

Véase también: Arquitectura bizantina 52–53 ▪ Entramados de madera 82–85

GRAN PALACIO REAL
Bangkok (Tailandia) (iniciado en 1782)

Los edificios de madera originales de la residencia oficial del monarca tailandés se reconstruyeron en 1785 en piedra de la capital abandonada, Ayutthaya. El estilo *prasat* está muy presente en los tejados de múltiples niveles con agujas elevadas, que simbolizan el centro del universo, el monarca y el Buda. Los cuatro complejos de la corte tienen cada uno distintas funciones: real, estatal, religiosa y residencial.

Véase también: Templos del Sureste Asiático 86–87

SINAGOGA DE LA CALLE ELDRIDGE
Nueva York (EE. UU.) (1887)

Entre 1880 y 1924, más de 2,5 millones de judíos emigraron a EE. UU. Cuando se completó en 1887, la sinagoga de la Calle Eldridge, en el Lower East Side de Manhattan, fue la primera del país construida por judíos de Europa del Este. Como muchas sinagogas de fines del siglo XIX e inicios del XX, evoca la arquitectura hispanomusulmana en rasgos como los arcos de herradura. Muy deteriorada a mediados del siglo XX, en 1996 fue declarada Hito Histórico Nacional, y los trabajos de restauración finalizaron en 2007.

Véase también: Arquitectura hispanomusulmana 64–65

TUMBAS DE KASUBI
Kampala (Uganda) (1882–1966)

Las tumbas de Kasubi se encuentran en el recinto de un palacio construido en 1882 por Muteesa I, *kabaka* (rey) de los baganda, pueblo bantú de Uganda. Hay cuatro reyes enterrados en un «bosque sagrado», área bajo una estructura en forma de cúpula de 31 m de diámetro y 7,5 m de altura. El tejado está hecho con 52 anillos concéntricos de hojas de palmera, símbolo de los 52 clanes baganda. Hechas originalmente de madera, paja, caña, zarzo y barro, las tumbas se reforzaron en 1938 con una estructura de acero y hormigón, y quedaron muy dañadas por un incendio en 2010.

Véase también: El barro 90–93 ▪ Modernidad con alma 306–307

CASA DE ADOLPH MUELLER
Decatur, Illinois (EE. UU.) (1910)

Marion Mahony Griffin fue la primera mujer arquitecta licenciada en EE. UU., y uno de los primeros empleados de Frank Lloyd Wright. Su diseño para esta casa suburbana tiene los rasgos del estilo de la pradera, con amplias líneas horizontales como un reflejo del paisaje. El tejado de estilo japonés con gabletes y aleros curvos forma un motivo triangular repetido en las ventanas de vidrio tintado y detalles del interior.

Véase también: El Japón del periodo Edo 128–131 ▪ Inicios de la arquitectura moderna 190–195

ROYAL SHAKESPEARE THEATRE
Stratford-upon-Avon (Inglaterra) (1932)

Cuando en 1926 un incendio destruyó el edificio gótico victoriano original de 1879, la arquitecta británica Elisabeth Scott diseñó un teatro de ladrillo rojo para el lugar natal de William Shakespeare. Austero y de aspecto poco acogedor por fuera, su interior *art déco* ricamente decorado conducía a un teatro cavernoso de 1400 asientos. Una reforma intensiva en 2010, en hormigón, ladrillo y madera, reconfiguró el auditorio, reemplazando el arco del proscenio con un escenario que se proyecta hacia el área de asientos.

Véase también: Arquitectura elemental 228–229 ▪ El *art déco* 232–233

TRENTON BATH HOUSE
Nueva Jersey (EE. UU.) (1955)

El estadounidense de origen estonio Louis Kahn (1901–1974) señaló este vestuario para una piscina al aire libre como un punto de inflexión en su tratamiento del espacio, la forma y la luz. Su planta cruciforme tiene un atrio central abierto al cielo, y tejados piramidales que parecen flotar sobre los pilares y muros de hormigón de los cuatro recintos. Económico y minimalista, en él se da el empleo hábil de los ángulos, las líneas de visión y los bloques de hormigón, que le imparten un aire de intimidad y libertad.

Véase también: El funcionalismo y el racionalismo 220–225 ▪ Monumentalidad moderna 272–273

UNIVERSIDAD DE IBADÁN
Estado de Oyo (Nigeria) (décadas de 1950–1960)

El campus de la primera universidad de Nigeria, iniciado en 1948, lo diseñaron los arquitectos británicos Maxwell Fry y Jane Drew. El uso de hormigón armado para edificios con verjas moldeadas para sombra y ventilación y de formas orgánicas curvas se inscribían en la llamada modernidad tropical. El lugar incluye salas de reunión, lugares de culto, un comedor con el primer tejado de cascarón de hormigón de África occidental,

una torre del reloj y el primer sistema acuático de alcantarillado de Nigeria.

Véase también: Arquitectura de África occidental 312–313 ▪ La modernidad en Sri Lanka 314–315

MUSEO DE ARTE DE SÃO PAULO
Brasil (1968)

La arquitecta italobrasileña Lina Bo Bardi quiso crear un museo que fuera literalmente un contenedor de arte, accesible a todos. Soportado por enormes pilares de hormigón, el edificio imita un contenedor de transporte marítimo gigante con muros de vidrio, elevado 8 m sobre el nivel de la calle, lo cual permite a los visitantes caminar bajo la estructura de hormigón de 72 m de largo hasta la plaza pública, más allá. A las dos plantas aéreas corresponden otras dos bajo tierra, a las que se añadió una tercera en 2001.

Véase también: Espíritus libres 264–265 ▪ Forma pura 270–271

MUSEO DE ARTE CONMEMORATIVO DE ALLEN (AMPLIACIÓN)
Ohio (EE. UU.) (1976)

El estadounidense Robert Venturi diseñó una ampliación posmoderna para el edificio neoclásico de 1917 de Cass Gilbert. La fachada ajedrezada en granito rosa y arenisca roja reinterpreta y armoniza con el estilo italianizante del edificio principal, con sus columnas y su tejado de teja roja. Se usaron ventanas corridas de estilo internacional para los espacios educativos y de talleres, dando prioridad a la funcionalidad sobre la estética.

Véase también: Rascacielos de posguerra 252–253 ▪ La posmodernidad 280–285

EMBAJADA DE EE. UU.
Tokio (Japón) (1976)

Diseño conjunto de Norma Merrick Sklarek –primera arquitecta afroestadounidense registrada en EE. UU.– y el argentino-estadounidense César Pelli, la embajada de EE. UU. en Tokio consiste en una torre de doce plantas y ala paralela de oficinas de tres plantas, a ambos lados de un patio central con terrazas, un jardín y un auditorio. De estilo internacional moderno, su fachada de vidrio y acero tiene partes de hormigón ocultas que le imparten uniformidad. Todas las partes del edificio se fabricaron en EE. UU., salvo el hormigón, mezclado *in situ*.

Véase también: La modernidad estadounidense 246–247 ▪ Rascacielos de posguerra 252–253

MONUMENTO A LOS VETERANOS DE VIETNAM
Washington D. C. (EE. UU.) (1982)

El monumento a los Veteranos de Vietnam, diseño de la arquitecta estadounidense Maya Lin, es un espacio conmemorativo en la Explanada Nacional de la capital de EE. UU. Su rasgo principal son los dos muros de 75 m de largo, con una serie de paneles hundidos de granito negro con los nombres de 58 318 estadounidenses muertos o desaparecidos en combate. Los muros, dispuestos en forma de «V», alcanzan 3 m de altura en el ángulo de encuentro. Uno de ellos apunta al monumento a Washington, y el otro, al monumento a Lincoln. Las estatuas de bronce *Los tres soldados* y *Monumento a las mujeres de Vietnam* se añadieron en 1984 y 1993.

Véase también: Monumentos conmemorativos militares 208–209

EDIFICIO DEL BALLET DE SAN FRANCISCO
California (EE. UU.) (1983)

El edificio de la estadounidense Beverly Willis para el Ballet de San Francisco se funde discretamente con el estilo clásico de los edificios neorrenacentistas de los alrededores en el distrito Civic Center. Las proporciones clásicas y monumentales son evidentes en la fachada de cuatro plantas, cuya altura equivale a la de un edificio de oficinas de ocho plantas. Otros elementos de la entrada incorporan y reinterpretan rasgos de estilo clásico o teatral. Columnas cilíndricas lisas, por ejemplo, soportan tres balcones curvos sobre un techo elevado que imitan el arco del proscenio de los teatros, y los muros curvos de vidrio recuerdan a un telón que se mueve. En el interior, techos de 5 m de altura y grandes ventanas aportan luz abundante y espacio para salas de ensayo.

Véase también: El funcionalismo y el racionalismo 220–225 • Clasicismo posmoderno 286–287

PRESA DE ITAIPÚ
Río Paraná (Brasil y Paraguay) (1984)

La colosal planta hidroeléctrica construida conjuntamente por Brasil y Paraguay a lo largo de su frontera común tardó nueve años en terminarse, y requirió 12,3 millones de metros cúbicos de hormigón. Compuesta por cuatro presas interconectadas que se extienden por casi 8 km, la presa principal de hormigón (del tipo de gravedad alivianada) mide 196 m de altura, alberga veinte generadores de turbinas y está unida a presas laterales de hormigón, o con relleno de piedra o tierra. Alimentada por un embalse de 160 km de largo, la instalación genera más energía que ninguna otra central hidroeléctrica, salvo la de la presa de las Tres Gargantas, en China.

Véase también: Armazones de hormigón 188–189 • La estética industrial 206–207

TEMPLO DEL LOTO
Delhi (India) (1986)

El templo del Loto, en forma de flor de loto parcialmente abierta de 34 m de altura, es un lugar de culto de la fe bahaí. Conforme a la creencia de esta religión en las propiedades místicas del número nueve, el proyecto del arquitecto iraní-estadounidense Fariborz Shahba plantea nueve caras dispuestas en un patrón circular, cada una compuesta por tres «pétalos» revestidos de mármol. Agrupados en anillos concéntricos de nueve pétalos, los dos anillos interiores se curvan hacia dentro y envuelven el espacio de culto en el interior, mientras que los pétalos del anillo exterior se curvan hacia fuera, dando sombra a las nueve entradas. Por estas se accede a la sala de oración central, con capacidad para 1300 personas; y en el recinto exterior hay nueve estanques y jardines.

Véase también: Forma pura 270–271 • Conectar el cielo y la tierra 288–289

CENTRO EASTGATE
Harare (Zimbabue) (1996)

Espacio multiusos de oficinas, centro comercial y aparcamiento, el Centro Eastgate, en Harare, del zimbabuense Mick Pearce, es una estructura de diseño eficiente, de atrio con tejado de vidrio suspendido sobre vigas de celosía de acero entre un par de edificios de hormigón armado. Una serie de chimeneas de ladrillo de aspecto industrial extraen aire caliente del interior, contribuyendo a estabilizar la temperatura. El exterior de ladrillo tiene balcones preformados de hormigón, que dan sombra a las ventanas, aportan espacio para plantas que disipan el calor y aumentan la superficie del edificio, permitiendo que libere calor de modo eficaz.

Véase también: Arquitectura verde 292–299 • Arquitectura de África occidental 312–313

CASA DANZANTE
Praga (República Checa) (1996)

Concebida durante la Revolución de Terciopelo de 1989 contra el comunismo, el edificio llamado Casa Danzante simboliza el renacimiento creativo de una República Checa independiente. Diseño conjunto del arquitecto checo Vlado Milunić y el canadiense-estadounidense Frank Gehry, la torre de vidrio y acero se inclina sobre un rotundo cilindro de hormigón de una sola pata, salpicado de ventanas proyectadas caricaturescas e imperfectamente alineadas, dando al conjunto aspecto de una pareja de bailarines. Una serie de molduras paralelas se curvan en ondas sobre el hormigón, y realzan la impresión de movimiento. Anima el diseño la representación abstracta, casi surrealista, de una sociedad dinámica liberada del totalitarismo estático.

Véase también: El deconstructivismo 290–291 • El sensacionalismo 300–303

BIBLIOTECA BRITÁNICA
Londres (Reino Unido) (1998)

La construcción de la Biblioteca Británica, con una estructura de aluminio extruido, llevó más de 30 años desde su concepción hasta su finalización, y fue el mayor edificio nuevo del siglo XX en Reino Unido, para albergar más de 170 millones de volúmenes. El arquitecto británico Colin St. John Wilson revistió el armazón de arriba abajo en ladrillo rojo duro, como algunos edificios de los alrededores. El vestíbulo tiene el techo en ángulo, lo cual enmascara su verdadera altura, suavizando la impresión que produce la escala enorme del edificio en los visitantes.

Véase también: El funcionalismo humanizado 248–249 ▪ El brutalismo 256–259

CENTRO DE EDUCACIÓN AMBIENTAL CUSANO
Filadelfia (EE. UU.) (2001)

Diseñado para el Servicio de Pesca y Vida Silvestre de EE. UU. por Susan Maxman & Partners, este complejo educativo de dos edificios está en el lugar de un antiguo vertedero de desechos de la construcción, cerca de otro de basura, una refinería de petróleo y un aeropuerto. Es un ejemplo de regeneración sostenible de un páramo industrial, reduce el riesgo de inundación de las marismas, y aumenta la biodiversidad de la reserva natural de los alrededores. Los edificios tratan in situ las aguas residuales y las reutilizan, y tienen calefacción y enfriamiento geotérmico, y pavimentos porosos para una mejor dispersión del agua de las inundaciones.

Véase también: Arquitectura verde 292–299 ▪ Respuesta a la Tierra 316–317

PABELLÓN BLUR
Lago Neuchâtel (Suiza) (2002)

Construido para la Expo 02 —sexta exposición nacional suiza–, el pabellón efímero Blur, del estudio de arquitectos estadounidense Diller Scofidio + Renfro, empleó el agua para crear una innovadora «arquitectura de la atmósfera». Elevado 23 m sobre el lago Neuchâtel, empleó un diseño de «tensegridad», un sistema rígido estabilizado por miembros opuestos en tensión y compresión, consistente en puntales y varillas metálicas soportados en voladizo desde la costa. Esta estructura provisional tomaba agua del lago, la filtraba y expulsaba en forma de microgotas a alta presión desde 35 000 boquillas, para crear una nube como de ensueño alrededor del edificio y de sus visitantes. Fue desmantelado unos meses después de terminado.

Véase también: Retículas y textiles 274–275 ▪ Formas nuevas 308–311

MUSEO DE ARTE CONTEMPORÁNEO DEL SIGLO XXI
Kanazawa (Japón) (2004)

Este edificio llano y geométrico yuxtapone un perímetro circular de vidrio rodeando una serie de patios y unidades rectilíneos. Diseñado por los arquitectos japoneses Kazuyo Sejima y Ryue Nishizawa, la planta juega con las convenciones de un museo formal, animando a los visitantes a moverse libremente entre sus quince espacios de galerías. Algunas de estas no tienen luz natural, y otras están iluminadas por tejados de vidrio. El muro externo de vidrio inunda el edificio de luz, actuando como una membrana permeable que suaviza la transición entre el exterior del museo y los espacios de exhibición del interior.

Véase también: La modernidad sensual 260–261 ▪ Espíritus libres 264–265

MUSEO DE NINGBO
Ningbo (China) (2008)

Desde el exterior, los muros lisos del complejo cultural obra del arquitecto chino Wang Shu dan solo pistas sutiles de las piezas de museo históricas de Ningbo –una de las ciudades más antiguas de China– que alberga en su interior. Destacan las tejas *wapan*, método de reconstrucción tradicional que reutiliza los materiales resultantes de los daños causados por tifones, y el bambú recubierto de cemento refleja los recursos naturales de la zona. Los edificios del complejo se inclinan en una referencia a las montañas cercanas y al perfil angular de los barcos de los que dependía el comercio marítimo de la ciudad.

Véase también: Espíritus libres 264–265 ▪ Formas nuevas 308–311

TORRE AQUA
Chicago (EE. UU.) (2009)

El interior escultural ondulado de este rascacielos de 82 plantas de Chicago evoca las aguas del cercano lago Míchigan y los afloramientos de caliza estriada de la región. Los balcones de hormigón proyectados de forma orgánica, como extensiones de los suelos, se curvan alrededor del exterior de vidrio y acero como olas espaciadas al azar, que dan sombra a las habitaciones de abajo y extienden la vista de las de arriba, mientras desvían los vórtices de viento habituales entre edificios altos. Su reinterpretación del estilo internacional de mediados del siglo XX rinde homenaje a uno de los arquitectos más famosos de la ciudad, Mies van der Rohe.

Véase también: El rascacielos 198–203 ▪ Formas nuevas 308–311

UNIVERSIDAD DE INGENIERÍA Y TECNOLOGÍA
Lima (Perú) (2015)

Imitando los acantilados costeros que separan la capital peruana del océano Pacífico, esta mole de diez plantas, obra de las irlandesas Yvonne Farrell y Shelley McNamara tiene terrazas escalonadas y grandes huecos que dirigen la luz a lo profundo del interior, y crean espacio para jardines colgantes de varios pisos. De estilo brutalista y hecho con secciones de hormigón armado, las áreas comunes con plantas para los alumnos están en la cara sur que da al público, invitando a los residentes de Lima a interactuar con los cafés, el cine, el teatro y los espacios de exhibición. Los espacios públicos están en la planta baja, y las oficinas, las aulas y la biblioteca, en las superiores.

Véase también: Armazones de hormigón 188–189 ▪ El brutalismo 256–259

EDIFICIO THREAD
Sinthian (Senegal) (2015)

Instalación comunal, cultural y artística en la aldea de Sinthian, en el Senegal rural, el edificio Thread adopta una idea de la artista textil alemana Anni Albers: a través del arte «se puede ir a cualquier parte desde cualquier parte». Diseño de la arquitecta japonesa-estadounidense Toshiko Mori, construido por artesanos locales en bambú, ladrillo y paja, el complejo incluye estudios artísticos, espacios abiertos de uso comunitario, dos dormitorios para artistas visitantes, y un jardín para compartir métodos agrícolas. La pendiente del tejado dirige la lluvia a canales en los suelos de baldosa que recogen el agua para los aldeanos.

Véase también: Arquitectura de África occidental 012–313 ▪ Respuesta a la Tierra 316–317

MUSEO NACIONAL DE HISTORIA Y CULTURA AFROAMERICANA
Washington D. C. (EE. UU.) (2016)

Testimonio impactante de la experiencia negra en EE. UU., el Museo Nacional de Historia y Cultura Afroamericana cuenta con un exterior en tres niveles inspirado en la corona de una figura esculpida nigeriana. El edificio está revestido con 1200 paneles de aluminio color bronce, en un patrón geométrico tomado del trabajo del hierro en el sur del país, en gran parte obra de personas esclavizadas. Fue diseñado por el arquitecto ghanés-británico David Adjaye.

Véase también: Retículas y textiles 274–275 ▪ Modernidad con alma 306–307

MERCADO DE LIDETA
Addis Abeba (Etiopía) (2016)

Apartándose del centro comercial arquetípico de vidrio y acero con aire acondicionado, este diseño artístico del arquitecto catalán Xavier Vilalta emplea secciones prefabricadas de hormigón, perforadas como una rejilla de agujeros cuadrados de tamaño diverso para dejar pasar el aire. Estos recuerdan la textura y los patrones de tejidos etíopes tradicionales. Un atrio en forma de cono invertido se ensancha a medida que asciende y se abre al tejado, actuando como conducto para extraer aire caliente del interior.

Véase también: La prefabricación 168–171 ▪ Formas nuevas 308–311

COMPLEJO HIKMA
Dandaji (Níger) (2018)

La arquitecta nigeriana Mariam Kamara diseñó Hikma («casa de sabiduría»), transformación de una mezquita ruinosa en biblioteca, aulas, áreas de juego infantiles, un jardín y una mezquita nueva. Todo el edificio muestra los ladrillos locales de tierra amasada, que abaratan el coste y regulan la temperatura de los espacios internos. Artesanos locales revistieron los muros con una mezcla de adobe y elementos conservantes, e hicieron tejidos y cuerdas para paredes divisorias y biombos. El hormigón se usó solo en columnas estructurales y dinteles. Dada la actual escasez de madera, material de construcción local tradicional, se empleó metal para detalles del interior, como las escaleras.

Véase también: El barro 90–93 ▪ Conectar el cielo y la tierra 288–289 ▪ Modernidad con alma 306–307

CASA DE LA MÚSICA
Budapest (Hungría) (2022)

El recién creado museo de la música y espacio de actuaciones de Hungría se encuentra en un parque urbano, entorno que inspiró al arquitecto japonés Sou Fujimoto a recrear la sensación de estar bajo el dosel arbóreo. El tejado ondulado y en forma de ameba está perforado por agujeros curvos que aportan luz y ventilación y permiten que los árboles sigan creciendo. El techo lo soportan columnas esbeltas como troncos de árbol, y está decorado con una rejilla de formas geométricas doradas que imitan hojas.

Véase también: Formas orgánicas 174–175 ▪ El sensacionalismo 300–303

GLOSARIO

ábside Nicho semicircular al final de un edificio; habitualmente asociado a la arquitectura eclesiástica, pero propio también de la arquitectura precristiana romana antigua.

adobe Ladrillo hecho con una mezcla de barro y otros ingredientes orgánicos, como paja, y secado al sol; describe también el estilo de arquitectura caracterizado por el uso de tales ladrillos, en particular en América, Oriente Próximo y África.

almohadillado Textura de los muros en los que contrastan sillares de acabado rústico con otros lisos.

arabesco Forma decorativa, propia del arte islámico, de líneas fluidas e intrincadas.

arbotantes Arco o medio arco externo que transfiere la carga de una *bóveda* o *tejado* a un apoyo de piedra.

arista Intersección de dos *bóvedas* de cañón.

arquitrabe Viga apoyada directamente sobre una columna y que forma la base del *entablamento*.

art déco Estilo arquitectónico y de las artes decorativas que se desarrolló en Europa en la década de 1920, y se difundió al resto del mundo durante la siguiente. Rascacielos estadounidenses, como el edificio Chrysler, se consideran a menudo sus mejores ejemplos.

Arts and Crafts Movimiento británico de las artes visuales de mediados del siglo XIX, opuesto a la industrialización y que celebraba la artesanía tradicional. (En parte se asocia al *art nouveau*.)

atrio Patio interior de un edificio. En la arquitectura romana antigua, es ortogonal, y a menudo abierto a los elementos.

beaux-arts Estilo desarrollado en Francia durante el siglo XIX, y adoptado como modelo para la arquitectura civil en muchas ciudades de EE. UU. Combinaba principios de diseño de la arquitectura *clásica* con materiales de construcción modernos.

bóveda Arco proyectado que forma el techo de un edificio.

bóveda de crucería Elemento estructural proyectado que soporta los paños de una *bóveda*.

brutalismo Estilo arquitectónico de mediados del siglo XX caracterizado por el empleo del hormigón expuesto y las formas macizas y angulares. Desarrollado en Europa, se popularizó por todo el mundo, y fue elegido para edificios de referencia en países africanos liberados recientemente de la dominación colonial.

buhardilla Estructura cerrada, en muchos casos con ventana, proyectada desde un tejado.

capitel Parte superior de una columna *clásica*, de estilo austero o decorativo.

casetones Serie de paneles hundidos cuadrados u octogonales usados para adornar techos.

churrigueresco Estilo arquitectónico español del Barroco, practicado también en los antiguos virreinatos de Perú y Nueva España, caracterizado por su abigarrada ornamentación (como la propia de la familia de arquitectos Churriguera, de quienes toma su nombre).

clásica, arquitectura Arquitectura basada en principios establecidos en las antiguas Grecia y Roma.

claustro Patio cubierto que conecta una iglesia y un monasterio.

clave Piedra colocada en el ápice de un arco o *bóveda de crucería*; sujeta las demás piedras en su lugar para que el arco soporte la carga.

columnata Serie regularmente espaciada de columnas, que a menudo soportan un tejado.

constructivismo Movimiento de diseño vanguardista desarrollado en Rusia en torno a 1914, y que alcanzó relieve en la Unión Soviética durante la década de 1920.

contrafuerte Refuerzo de piedra o mampostería de un muro.

corintio *Orden* originario de la antigua Atenas. Las columnas corintias se caracterizan por *capiteles* elaborados decorados con motivos de hojas de acanto.

cornisa Moldura superior horizontal de un *entablamento*.

cúpula Cubierta de espacios de forma diversa consistente en arcos rotados sobre un punto de simetría.

deconstructivismo Movimiento arquitectónico de fines del siglo XX influido por las teorías de la *posmodernidad*, que perturbaba y fragmentaba las formas tradicionales para crear otras radicales.

dintel Soporte horizontal de carga sobre un vano o puerta.

dórico *Orden* de columnas acanaladas y *capiteles* austeros, con diferencias menores entre sus versiones griega y romana.

dovela Sillar en forma de cuña, empleado en bóvedas o arcos.

encofrado Marco para dar forma al hormigón o barro. Tradicionalmente son de madera, pero en las estructuras modernas se emplea con frecuencia el acero.

entablamento Sección superior de un *orden* soportada por las columnas, y que consta de *arquitrabe*, *friso* y *cornisa*.

estilo internacional Estilo funcionalista que, como forma ortodoxa del *racionalismo*, dominó en todo el mundo a mediados del siglo XX; caracterizado por líneas limpias y uso abundante del vidrio.

estuco Pasta de secado lento a base de cal, empleada a menudo para acabados decorativos en paredes y techos.

expresionismo Movimiento, popular en Europa en la década de 1920, que buscaba crear una arquitectura emocional a través de la experimentación con la forma.

fachada Parte externa delantera de un edificio.

friso Sección media del *entablamento*, a veces decorada con tallas.

frontón Remate triangular bajo el extremo de un *tejado a dos aguas*.

funcionalismo Tendencia popularizada a principios del siglo XX por arquitectos como Le Corbusier, en la que la forma del edificio debe ser dictada por la función. Es la matriz estilística del *racionalismo*, *estilo internacional* o *movimiento moderno*.

futurismo Movimiento de principios del siglo XX surgido en Italia en la literatura y las artes visuales y que celebraba la tecnología y el dinamismo.

gablete Remate triangular de cornisas o que realza puertas, que recuerda a un *frontón*.

hipóstila, sala Sala cubierta por un tejado soportado por filas de columnas.

hispanomusulmana Arquitectura islámica desarrollada en la península Ibérica durante la Edad Media, con estilos relacionados en el Magreb, Sicilia y Malta; se caracteriza por el empleo del arco de herradura y los motivos decorativos geométricos.

historicismo Adopción de estilos históricos en edificios nuevos.

hormigón armado Hormigón con una tensión de rotura elevada, lograda generalmente al incluir barras de acero.

italianizante Estilo popular en el siglo XIX, primero en Europa y luego EE. UU., que mitigaba los principios austeros de la arquitectura *clásica* con añadidos, como el tejado a dos aguas, el *tejado a cuatro aguas* y las torres.

jónico *Orden* originario de Asia Menor, caracterizado por los adornos en forma de rollo (volutas) en sus *capiteles*.

lanceolada Ventana alta y estrecha rematada por un arco apuntado.

manierismo Estilo arquitectónico surgido en Italia en el siglo XVI, que subvertía sutilmente las convenciones *clásicas* de la arquitectura renacentista.

ménsula Elemento estructural en voladizo que soporta carga, como la de un arco.

minarete Torre, generalmente junto a una mezquita, para llamar a los musulmanes a la oración.

modernidad Término que alude al conjunto de corrientes arquitectónicas de los movimientos modernos que promovieron el minimalismo funcionalista y que dominarían la arquitectura occidental durante la primera mitad del siglo XX.

modernismo Conjunto de movimientos arquitectónicos y de las artes decorativas de finales del siglo XIX y principios del XX, de formas curvas inspiradas sobre todo en la naturaleza. En distintos países recibió diversas denominaciones: *art nouveau* en Bélgica y Francia, modernismo en España e Hispanoamérica, *Jugendstil* en Alemania y países nórdicos, *Sezession* en Austria, estilo moderno en los países anglosajones, *Nieuwe Kunst* en Países Bajos, y estilo *liberty* o *floreale* en Italia.

movimiento moderno Véase *racionalismo*.

muqarna Estilo de bóveda ornamentada con un patrón de colmena, propio de la arquitectura islámica.

neoclasicismo Forma de la arquitectura *clásica* basada en la familiaridad directa de los edificios de la antigüedad.

neovernáculo Estilo arquitectónico de finales del siglo XX que incorpora técnicas constructivas tradicionales a diseños modernos.

obelisco Pilar de piedra acabado en forma de pirámide en la parte superior.

orden En la arquitectura *clásica*, reglas que determinaban la disposición y diseño de las columnas y el *entablamento*. A los órdenes griegos –dórico, jónico y corintio– se sumaron otros posteriores, como el toscano y el compuesto.

palladianismo Estilo arquitectónico muy influido por los principios *clásicos*, desarrollado por el arquitecto italiano Andrea Palladio durante el siglo XVI.

pilastra Columna rectangular adosada al muro.

pórtico Estructura cubierta soportada por columnas en al menos uno de sus lados.

posmodernidad Movimiento global surgido durante la segunda mitad del siglo XX que respondió a la *modernidad* con un enfoque lúdico, y en algunos casos, con el exceso.

racionalismo Estilo arquitectónico internacional de entre 1925 y 1965, aproximadamente, derivado de los conceptos del *funcionalismo*, que busca racionalizar los procesos constructivos. Entre sus figuras sobresalen Walter Gropius, Ludwig Mies van der Rohe o Le Corbusier, entre otros muchos.

rejilla Estructura reticular a modo de celosía, generalmente de madera o acero; debe su resistencia a la doble curvatura.

rococó Estilo decorativo del siglo XVIII derivado de la arquitectura del Barroco.

sensacionalismo Estilo arquitectónico popularizado en todo el mundo a finales del siglo XX y principios del XXI; empleaba formas inusuales para conseguir efectos visuales espectaculares.

tapial Método de construcción a base de tierra amasada compactada (semejante al *adobe*) en un *encofrado*.

tejado a cuatro aguas Tejado de cuatro caras, todas inclinadas hacia el muro.

tejado a dos aguas Tejado consistente en dos lados en pendiente y una cresta central.

tracería Patrón decorativo de líneas en la sección superior de una ventana *gótica*.

trifolio Motivo de tres círculos superpuestos empleado como elemento decorativo en las ventanas góticas.

vernácula, arquitectura Arquitectura popular de todo el mundo, diseñada y construida conforme a las tradicionales locales.

INDICE